北京师范大学史学文库

近代中德关系史论

孙立新　著

商务印书馆
The Commercial Press
2014年·北京

图书在版编目(CIP)数据

近代中德关系史论/孙立新著.—北京:商务印书馆,2014
(北京师范大学史学文库)
ISBN 978-7-100-09875-5

I.①近… II.①孙… III.①中德关系—国际关系史—研究—近代 IV.①D829.516

中国版本图书馆 CIP 数据核字(2013)第 057914 号

所有权利保留。
未经许可,不得以任何方式使用。

近代中德关系史论

孙立新　著

商　务　印　书　馆　出　版
(北京王府井大街 36 号　邮政编码 100710)
商　务　印　书　馆　发　行
北　京　市　艺　辉　印　刷　厂　印　刷
ISBN 978-7-100-09875-5

2014年4月第1版　　开本 880×1230　1/32
2014年4月北京第1次印刷　印张 12 $\frac{7}{8}$

定价:36.00元

《北京师范大学史学文库》编辑委员会

顾　问：何兹全　龚书铎　刘家和　瞿林东　陈其泰
　　　　郑师渠　晁福林
主　任：杨共乐
副主任：李　帆　易　宁
委　员（按姓氏笔划为序）：
　　　　马卫东　王开玺　王冠英　宁　欣　汝企和
　　　　张　皓　张　越　张荣强　张建华　郑　林
　　　　侯树栋　耿向东　梅雪芹

《北京师范大学史学文库》总序

北京师范大学历史学系是中国高校最早形成的系科之一,由1902年创办的京师大学堂"第二类"分科演变而来。1912年称北京高等师范学校史地部,1928年单独设系。1952年院系调整,北京师范大学历史学系与辅仁大学历史学系合并。北京师范大学历史学系的师资力量与综合实力,由此得到了前所未有的加强,为日后的发展奠定了良好的基础。

在百年的演进历程中,一批享誉海内外的著名学者,如李大钊、钱玄同、邓之诚、朱希祖、王桐龄、张星烺、楚图南、陈垣、侯外庐、白寿彝、柴德赓、赵光贤等,先后在北京师范大学历史学系辛勤耕耘。经几代人的努力开拓,北师大历史学系学术积累丰厚,学风严谨,久已形成了自身的优势与特色。

如今的北京师范大学历史学系是我国历史教学与研究的重镇,学科门类大体齐备,师资力量较为雄厚,既有国内外知名的老教授何兹全、龚书铎、刘家和等,又有一批崭露才华并在国内外史学界颇具影响的中青年学者,综合实力居全国高校历史学科前列。在教学方面,我系的课程改革、教材编纂、教书育人,都取得了显著的成绩,曾荣获国家教学改革重大成果一等奖。在科学研究方面,同样取得了令人瞩目的成就,如由白寿彝教授任总主编、我系众多教师参与编写的多卷本《中国通史》,被学术界誉为"20世纪中国史学的压轴之作"。其他教师的学术论著也多次荣膺国内外各类学术奖项,得到学界好评。

北京师范大学历史学系业已铸就自己的辉煌,但学术的发展无止境。今天,中国社会政通人和,学术研究也日新月异,我们又面临着新的挑战与机遇。为了更好地传承先辈学者的治学精神,光大其传统,进一步推动学科与学术的发展,本系决定编辑《北京师范大学史学文库》,陆续出版我系学者的学术论著,以集中展示北京师范大学历史学系的整体学术水准。同时,相信这也将有助于推动我国历史学的发展。

商务印书馆向以奖掖学术、传播文化著称,此次《北京师范大学史学文库》的编辑出版,也承蒙其大力支持。在此,谨致由衷谢忱!

《北京师范大学史学文库》编辑委员会

目　录

前　言 …………………………………………………………… 1

第一部分：理论方法论探索

一、帝国主义理论从"中心"到"边缘"的视角转换 …………… 1
　（一）以欧洲为中心的帝国主义理论 ……………………… 5
　（二）"边缘取向的"帝国主义理论 ………………………… 21
　（三）西方帝国主义理论的辩护倾向 ……………………… 28
　（四）西方帝国主义理论的学术启示 ……………………… 33
二、"跨文化相互作用"的理论和实践 ………………………… 39
　（一）从现代化理论到跨文化相互作用理论的转变 ……… 41
　（二）跨文化相互作用的理论构想 ………………………… 49
　（三）跨文化相互作用理论在实践当中的运用 …………… 63

第二部分：19世纪德国新教传教士的
跨文化接触和感知

三、新教传教的"文化帝国主义" …………………………… 79
　（一）德国新教中国传教的兴起 …………………………… 80
　（二）布道、建站、办学、行医 …………………………… 87
　（三）"精神征服"的主观意志 ……………………………… 96

四、花之安的中国研究……………………………………… 102
　(一)从传教士到"汉学家"……………………………… 103
　(二)翻译和诠释中国古典作品…………………………… 111
　(三)撰写中国报道,勾勒中国图像………………………… 119
　(四)论证基督教传教事业的合理性………………………… 128
五、德国新教传教士论义和团运动爆发的原因……………… 132
　(一)指控基督教新教传教的社会舆论……………………… 133
　(二)德国新教传教士的反击………………………………… 137
　(三)对于"真正的"原因的探寻…………………………… 147

第三部分:卫礼贤与中德文化交流

六、论东西方文化………………………………………………… 163
　(一)反观自身,检讨西方文化……………………………… 164
　(二)揭示中国人的生活智慧………………………………… 169
　(三)倡建"世界新文化"…………………………………… 176
七、以传教作为文化交流的媒介………………………………… 183
　(一)一种全新的传教方法…………………………………… 183
　(二)重新认识基督教教义,坚决反对宗教狂热……………… 188
　(三)综合东西方文化,建立大同世界……………………… 194
八、创办"尊孔文社"…………………………………………… 204
　(一)崇拜孔子人格,得领儒门遗泽………………………… 204
　(二)研讨中德学术,推动文化交流………………………… 214
　(三)冲决宗教藩篱,追求"永恒真理"…………………… 221

第四部分:德占胶澳与中德相互作用

九、从海洋战略角度看德占胶澳事件…………………………… 237

（一）德国海洋战略的兴起……………………………… 238
　　（二）德国海军建设的进行……………………………… 243
　　（三）在中国沿海占领海军据点计划的形成…………… 246
　　（四）"选港之争"与出兵胶州湾………………………… 256
　　（五）德占胶澳的"得"与"失"…………………………… 265
十、帝国主义时代的中德"合作"办学……………………… 270
　　（一）德国在华创办大学的提议………………………… 271
　　（二）中国政府的回应与中德谈判……………………… 279
　　（三）中德联合创办"青岛特别高等专门学堂"………… 287
十一、德占时期青岛中国人社会…………………………… 297
　　（一）德意志帝国占领前的青岛………………………… 298
　　（二）劳工阶层和商人群体……………………………… 300
　　（三）文人士绅和青年学生……………………………… 305
　　（四）买办、华人警察和职员…………………………… 308
　　（五）前清遗老遗少……………………………………… 311
十二、青岛中国商人群体的形成…………………………… 315
　　（一）德占前的商业贸易和商人………………………… 316
　　（二）德占后中国商人的重新聚集……………………… 320
　　（三）对殖民政策的抗争………………………………… 325
　　（四）与外商的合作和竞争……………………………… 332

第五部分：近代中德关系史德文文献和档案介绍

十三、德文著述提要………………………………………… 341
　　（一）当事人的报道……………………………………… 341
　　（二）研究性著作………………………………………… 358

（三）资料整理和汇编……………………………………… 379
十四、德文档案馆藏状况简介……………………………… 388
　（一）联邦档案馆柏林分馆……………………………… 388
　（二）联邦档案馆弗赖堡分馆（军事档案馆）………… 391
　（三）柏林外交署政治档案馆…………………………… 393
　（四）柏林普鲁士机密国家档案馆……………………… 394
　（五）慕尼黑巴伐利亚国家档案馆……………………… 395

前　言

本书是我多年来关注、研究近代中德关系史的一个阶段性成果汇总,主要由五部分组成:第一部分属于理论方法论探索;第二部分讨论19世纪德国新教传教士的跨文化接触和感知;第三部分论述卫礼贤与中德文化交流;第四部分是德占胶澳与中德相互作用;第五部分是近代中德关系史德文文献和档案介绍。这五个部分虽不能涵盖近代中德关系史的所有内容,初看起来,其相互之间也缺乏紧密联系,但它们集中反映了我长期思考的一个问题,即如何编纂中德关系史,或者从更广泛的意义上说,如何编纂中外关系史,才能摆脱外交史、事件史和条约史编写模式,消除"欧洲中心论"或说"西方中心论"的片面性,全面展示"关系史"理应包括的涉及政治、经济、军事、宗教、社会文化等多方面的内容,真正体现中外双方"相互的"关系。为此,我对中外学者的大量论著进行了认真研读,并从西方史学家"边缘取向的"帝国主义理论和"跨文化相互作用"理论中获得了一些启发,也想在自己的学术实践过程中加以贯彻。

对于跨文化接触和感知,我主要选择了19世纪德国新教传教士作为研究对象,力图通过考察他们撰写的大量中国报道,分析其对中国的认识和态度,以便更准确地理解和把握其在华传教活动。至于其他来华德国人,例如商人、外交官、科学考察者、专业技术人员、新闻记者和士兵等,也很有必要进行研究,但限于时间,此项工作我至今尚未展开。

把卫礼贤与其他德国新教传教士区别开来,主要是基于下列考虑:我坚持认为卫礼贤已经不属于19世纪了,他不仅是一种新中国观的典型代表,而且后来也改变了自己的职业,成为赫赫有名的汉学家。类似的转变也发生在诸如福兰阁(从外交官转变为汉学家)和夏德(从海关职员转变为汉学家)等人身上。德国汉学研究的兴起实与近代中德关系发展有密切联系,期望将来能有更多的相关著述问世。

1897年德意志帝国占领胶州湾无疑是近代中德关系史上的一个重大事件,其影响也是多方面的。就中德关系来说,它一方面加强了德国在华的政治军事实力;另一方面也引起了中国社会各种各样的应对,其中既有排斥、抵抗,也有顺从乃至"合作"。抵抗是主流,但方式方法多种多样,既有以暴抗暴的武装斗争,又有和平的政治谈判和经济竞争。通过研究,我们可以确信,中国社会应对和抵抗外来侵略的能力是相当灵活、相当顽强的,并且最终决定中国社会发展方向和命运的,不是外来侵略者,而是中国社会自身。恰恰由于越来越多的中外接触和交往,近代中国社会成为一个多种文化的混杂物,与人们以往所理解的"传统的"、"现代的"或"西化的"都不一样。或者说,中国有自己的传统和现代,与西方各国的传统和现代不可同日而语。中国的现代是多种文化元素的交汇混合,其中既有本土的,也有外来的,而这种交汇混合的景观一直延续至今。

为了为国内学者提供一些便利,也为了激励自己未来的工作,我还对与近代中德关系史相关的德文文献和德国档案馆馆藏状况进行了系统梳理，发现了许多极有价值但尚未被开发利用的原始资料，由此可知，我们的研究只是刚刚开始，未来的道路仍漫长而艰辛。

1996—2001年，我在第二次赴德留学、师从约瑟夫·贝克(Josef-Becker)教授攻读博士学位期间，曾接触西方学界的跨文化研究，选取19世纪德国新教传教士的中国观为研究课题，用德文写作并由德国马堡科学出版社出版了《19世纪德国新教传教士的中国观——关于跨文化接触和感知问题的一项个案研究》[①]一书，这可算是我从事近代中德关系史研究的起步之作。

2001年8月回国后，承蒙管华诗校长的厚爱，我到中国海洋大学创办了一个"德国研究中心"，并确立了以近代中德关系史为重点的研究方向，自2003年起又承担了山东省社科规划办的"19世纪中德关系史新探"科研项目。时至今日，已撰写并发表学术论文10余篇，主编论文集2部，翻译、译校论文、专著、史料集20余篇部。而构成本书各部分的篇章有的也以论文的形式发表过，部分论文还是合作研究的成果。刊登的杂志和文集有《文史哲》、《史学月刊》、《理论学刊》、《山东大学学报》、《中国海洋大学学报》、《中共青岛市委党校青岛行政学院学报》、《北大德国研究》、《北京师范大学学报》、《清史译丛》、徐祥民主编的《海大法学评论》、中国人民大学基督教文化研究所主编的《汉学与神学——基督教文化学刊》，以及印之虹、叶隽、希·卡斯帕赫勒、史娜迷主编的《中德文化对话》等，合作者则有孙虹、胡新晶、王保宁、于晓华、朱光涌、王苧

[①] Sun Lixin, *Das Chinabild der deutschen protestantischen Missiones des 19. Jahrhunrts. Eine Fallstudie zum Problem interkultureller Begegnung und Wahrnehmung*, Marburg 2002.

萱、刘宁、崔文龙、黄怡容和张湉等，特此注明，以表谢忱。

出于全书体例要求，我对各个篇章进行了重新命名，对其内容也作了一定的修订，所涉及的外国人名除了原有的中文名字和一些约定俗成的译法外，其余的均根据新华通讯社译名室编《德语姓名译名手册》修订本（商务印书馆1999年）加以改正，以期更符合规范。

自2006年受聘担任北京师范大学"985"工程研究员，2008年正式调入北京师范大学历史学院以来，我备受各级领导和同事体贴入微的关心帮助，如鱼得水，欣慰之至。而本书之能得以付梓出版，也完全仰仗学院同人和商务印书馆的鼎力支持，对此，我铭感不尽，谨致万分感谢。

当然，由于本人才疏学浅，书中错谬舛误之处恐不在少数，敬请读者批评指正。

孙立新
2010年10月5日

第一部分：
理论方法论探索

一、帝国主义理论从"中心"到"边缘"的视角转换

在研究近代中德关系时,殖民主义和帝国主义问题是不可回避的。尽管在中德接触的早期阶段,起推动作用的主要是德国传教士和商人等非国家力量,但他们都是在西方殖民主义和帝国主义侵略扩张的大背景下开始行动的。西方殖民主义和帝国主义的侵略扩张构成了近代中德关系的总体框架,也使这一关系呈现出明显不平等的性质和特征。

对于西方殖民主义和帝国主义现象,我国史学工作者在以往很长一段时间里,是以揭露和批判其滔天罪行为主的,并且深受"反西方"意识形态的影响和制约,带有强烈的政治化倾向。自20世纪90年代初起,学术性探讨逐渐兴起,学术成果也不断涌现。[①]

[①] 1991年,罗荣渠教授在北京大学历史学系首倡殖民主义史研究。紧接着,北京大学历史学系把该项研究纳入本系世界史专业的重点科研项目,制订了编写多卷本《殖民主义史》的"八五"科研规划,并获得国家社科基金资助,成为国家社科基金"八五"重点项目之一。1999—2003年,梁志明主编《殖民主义史·东南亚卷》、林承节主编《殖民主义史·南亚卷》、郑家馨主编《殖民主义史·非洲卷》、高岱和郑家馨著《殖民主义史·总论卷》相继由北京大学出版社出版。其他代表性著作还有:张顺洪、李安山:《大英帝国的瓦解——英国的非殖民化与香港问题研究》,社会科学文献出版社1997年版;张顺洪、孟庆龙、毕健康:《英美新殖民主义》,社会科学文献出版社1999年版;姜守明:《从民族国家走向帝国之路》,南京师范大学出版社2000年版;陈晓红:《戴高乐与非洲的非殖民化研究》,中国社会科学出版社2003年版。

与以前相比,新的研究不仅题材更加广泛,内容更加丰富,而且评价也更加多样,但总的说来,经验描述居多,理论创新不足。对于殖民主义和帝国主义在近代中德关系中的表现更缺乏深入探讨。

反观西方学术界,不少史学家自20世纪30年代起就提出了多种多样的新解说和新模式;自20世纪60年代起,更有了突破性的理论创新。归纳起来,大致有极端民族主义和强权政治解说、客观主义解说、结构主义解说以及自由贸易帝国主义理论、社会帝国主义理论、"边缘取向的"帝国主义理论等。这些理论观点虽然存在着这样或那样的缺点,甚至是反对马克思列宁主义、为资本主义制度辩护的,但也包含不少深入细致的考察,个别观点还能开拓我们的视野,启发我们的思考。因此,在我们研究近代中德关系史时,有必要对西方史学家的帝国主义理论有一个比较全面的了解,分析批判其荒谬错误之处,学习借鉴其正确合理的成分。①

在考察西方史学家的帝国主义理论时,我们还必须注意以下几点:首先,就定义来说,在西方史学家的帝国主义理论中,殖民主义和帝国主义大体是同义的,两者的区别仅仅表现在时间关系、方式方法和表现形式上。因此,西方史学家所谈的帝国主义理论实际是包括殖民主义和帝国主义两种既有区别又有联系的历史现象的。其次,从侧重点来看,几乎每一种解说都有自己关注的重点,但对某个方面的强调并不等于完全忽略和否定其他方面的重要

---

① 我国学者对西方史学家的理论观点已有所了解和借鉴,但还不够全面。参阅李继东:《近十多年来国外殖民主义史研究动态概述》,《湘潭大学学报》(社会科学版)1989年第1期;高岱:《西方学术界殖民主义研究评析》,《世界历史》1998年第2期;高岱:《"殖民主义"与"新殖民主义"考释》,《历史研究》1998年第2期;高岱:《英、美学术界有关殖民主义史分期问题研究评析》,《历史教学》2000年第9期;高岱、郑家馨:《殖民主义史·总论卷》,北京大学出版社2003年版。

性。实际上,各种理论之间有许多重合之处,对于一些史实也是有共识的。因此,在考察西方史学家的帝国主义理论时,我们不仅要注意其相互间的差别,也要注意其相似或相同的方面。再者,从发展趋势来看,西方史学家的帝国主义解说最突出和最重要的一个倾向就是视角转换,也就是说,从以欧洲为中心的解说向"边缘取向的"解说的转变,这也是西方学术一个最新的发展动态。这种"边缘取向的"解说尤其对于研究近代中德关系有直接的借鉴意义。

下面我们先根据德国史学家沃尔夫冈·J. 莫姆森(Wolfgang J. Mommsen)著《帝国主义理论》和古斯塔夫·施密特(Gustav Schmidt)著《欧洲帝国主义》这两部总结性著作[①],对西方史学家的帝国主义理论作一总体考察,然后再对其辩护倾向加以分析批判,最后讨论这些理论对于近代中德关系史研究的学术意义。

(一) 以欧洲为中心的帝国主义理论

不少西方史学家把帝国主义看作是一种极端民族主义现象。早在1935年,美国史学家威廉·L. 兰格尔(William L. Langer)就在刊登于《外交事务》的《帝国主义批判》一文中把不列颠的帝国主义主要解释为"越出欧洲疆域的民族主义规划"。[②] 格奥尔格·利

---

　① Wolfgang J. Mommsen, *Imperialismustheorien. Ein Überblick über die neueren Imperialismusinterpretationen*, 2., ergänzte Auflage, Göttingen 1980; Gustav Schmidt, *Der Europäische Imperialismus*, München 1989.

　② William L. Langer, "A Critique of Imperialism", in: *Foreign Affairs* 14, 1935. 参阅 Wolfgang J. Mommsen, *Imperialismustheorien. Ein Ueberblick über die neueren Imperialismusinterpretationen*, 2., ergänzte Auflage, Göttingen 1980, S. 58.

希特海姆(Georg Lichtheim)同样把帝国主义解释为极端民族主义的结果。不过,他认为,民族主义部分地受到了那些出于经济的或别的原因而对帝国主义扩张感兴趣的团体的操纵。民众的爱国主义受到严重腐蚀,变成了帝国主义的一种工具。"当没有别的大众化资源可供利用的时候,帝国主义作为一个运动,或者,如果人们更愿意的话,作为一种意识形态,就抓住了民族主义。但是人们也可以把这个论断反过来理解,即一旦时机成熟,民族主义就会自动地转化为帝国主义。"[1]

德国史学家 Th. 席德尔(Th. Schieder)、W. J. 莫姆森和 K. 罗厄(K. Rohe)等人也都把欧洲的帝国主义解释为民族主义的上升形式,只是在"官方的"帝国主义(作为政府政策的世界政治)和"民族主义的"帝国主义(宣传协会)之间作出了一定的区别。[2]

英、法诸国学者如 H. 布伦施威克(H. Brunschwig)、D. C. 华特(D. C. Watt)、M. S. 安德森(M. S. Anderson)和 R. 日朗(R. Girault)等人则把帝国主义理解为一种"民族的帝国主义"。他们还列举下列事实来加以论证:1. 民族思想构成这个时代政治活动的框架条件,既可以被保守派和资产阶级利用,也可以为左派民主的

---

[1] Georg Lichtheim, *Imperialism*, New York/London 1971, p. 81. 参阅 Wolfgang J. Mommsen, *Imperialismustheorien. Ein Überblick über die neueren Imperialismusinterpretationen*, 2., ergänzte Auflage, Göttingen 1980, S. 59.

[2] Th. Schieder, *Europa im Zeitalter der Nationalstaaten und europäische Weltpolitik bis zum Ersten Weltkrieg. Handbuch der Europäischen Geschichte*, Bd. 6, Stuttgart 1968; W. J. Mommsen, *Das Zeitalter des Imperialismus*, Frankfurt 1969; K. Rohe, *Ursachen und Bedingungen des modernen britischen Imperialismus vor 1914*, in: W. J. Mommsen (Hrsg.), *Der moderne Imperialismu*, Stuttgart 1971, S. 60—84. 参阅 Gustav Schmidt, *Der Europäische Imperialismus*, München 1989, S. 118.

利益服务。2.欧洲工业国家的扩张最终在1910—1911年之后,同关心出口的商业帝国主义一起,极大地鼓励了反国际主义的势力。3.追求日耳曼化,主张种族分离的政治家不仅经常运用残暴手段压制少数民族的权力要求,他们的政策也影响到与邻近国家的关系。4.那些在海外自我奋斗而又有强烈民族意识的商人和金融家、军人、总督等,激发了正式统治的建立:殖民管理的扩张;把"发展地区"置于殖民部门领导之下。通过他们推行的、从"宗主国"的首都出发很难控制的"亚帝国主义",也通过他们在母国煽动起来的宣传战,帝国的塑造者们经常把冲突的潜势从边缘地区再进口到宗主国。用"新右派"反对官方谨慎的世界政策的抗议形式来回运问题的做法取代了"扩张的新闻舆论"所追求的通过殖民扩张来输出国内问题的做法。[①] 从最后一点中,我们已经可以看出"边缘取向的"帝国主义理论的影响了。关于"边缘取向的"帝国主义解说,我们将在下面予以较详细的介绍。

有的学者甚至把帝国主义看作纯粹的强权政治,强调大国为了自我保护或者更确切地说为了争夺霸权而不断进行斗争的必要。他们部分地沿袭了兰克把历史当作大国为了自我保护或者更确切地说为了争夺霸权而不断进行斗争的总概念来理解的历

---

① H. Brunschwig, *Mythes et réalities de l'impérialisme colonial francais 1871—1914*, Paris 1960; D. C. Watt, *A History of the World in the 20th Century*, London 1967; M. S. Anderson, *The Ascendence of Europe. Aspects of European History 1815—1914*, London 1972; R. Girault, *Diplomatic européenne et impérialismes. Histoire des relations internationales contemporaines*, I: *1871—1914*, Paris/New York 1979. 参阅 Gustav Schmidt, *Der Europäische Imperialismus*, München 1989, S. 118—119。

史观,也部分地继承了古典的、从外交史的角度解释帝国主义进程的做法。①

德国史学家温弗里德·鲍姆加特(Winfried Baumgart)是这种解说的典型代表。他在《帝国主义——1880—1914年英国和法国殖民扩张的思想和实践》一书中,以英国和法国的帝国主义为例,对帝国主义的本质作出了比较系统的理论表述。按照鲍姆加特的见解,帝国主义原本是世界政治体系框架内强化了的大国政治的一种形式,它在强权政治层面上"展示了18世纪和19世纪初年欧洲列强内阁政治不间断的继续"。② 鲍姆加特把权力维持和权力获得看作是社会转变的决定性推动力量,虽然他也把某些"工业经济"和"人口统计"因素结合到解说之中。③ 对于鲍姆加特来说,主要民族国家的权力欲和国际的权力竞争是该时代的塑造力量。他列举了非德意志的世界大国之间的补偿贸易和分割条约来说明"帝国主义"受"政治"支配的情况。可以精密分析估算的政治战略注重用那些对于维护欧洲大国的均衡政治具有决定性意义的原则来调整在海外的进程。④

英国学者R.海姆(R. Hyam)、G.马丁(G. Martin)和德国学

---

① Wolfgang J. Mommsen, *Imperialismustheorien. Ein Überblick über die neueren Imperialismusinterpretationen*, 2. , ergänzte Auflage, Göttingen 1980, S. 61.

② Winfried Baumgart, *Der Imperialismus. Idee und Wirklichkeit der englischen und französischen Kolonialexpansion 1880—1914*, Wiesbaden 1975, insbes. S. 5f. 参阅 Wolfgang J. Mommsen, *Imperialismustheorien. Ein Überblick über die neueren Imperialismusinterpretationen*, 2. , ergänzte Auflage, Göttingen 1980, S. 61—62.

③ 参阅 Wolfgang J. Mommsen, *Imperialismustheorien. Ein Überblick über die neueren Imperialismusinterpretationen*, 2. , ergänzte Auflage, Göttingen 1980, S. 62.

④ 参阅 Gustav Schmidt, *Der Europäische Imperialismus*, München 1989, S. 118.

一、帝国主义理论从"中心"到"边缘"的视角转换

者拉尔夫(Raulff)也沿袭了这个传统。① 英国学者 R. 朗豪(R. Langhorne)和德国学者 K. 希尔伯兰德(K. Hildebrand)、A. 希尔格鲁伯(A. Hillgruber)、L. 加尔(L. Gall)等人则强调寡头政治的国家竞争对欧洲世界的影响,并且指出,欧洲权力关系的根本变革和移位不间断地受到"主要的强权政治的竞争思想"的制约。②

在 W. L. 莫姆森看来,强权政治的解说揭示了帝国主义列强之间的对立冲突情况。然而,它往往会把某个局部因素绝对化。事实上,强权政治只是促使帝国主义进程加速发展的因素,绝不是引发这些进程的因素。因此,强权政治的解说模式对于高度复杂的帝国主义进程的解释力是有限的。在这里,居于首要地位的是传统的外交史解说模式的复活,进一步放弃了对导致帝国主义扩张的经济因素的分析。即使必须承认,大国的竞争与争夺和扩大强权有密切联系,并且可能在国际事务中发挥一种自发作用,但它自身无法充分说明帝国主义异常强大的活力。另外,对扩大权力的追求并非帝国主义时代所特有的事情,它不能说明帝国主义进程产生的根本原因。③

---

① R. Hyam/ G. Martin, *Reappraisals in British imperial history*, London 1975; Raulff, *Zwischen Machtpolitik und Imperialismus. Die deutsche Frankreichpolitik 1904—1906*, Düsseldorf 1976. 参阅 Gustav Schmidt, *Der Europäische Imperialismus*, München 1989, S. 118.

② R. Langhorne, *The Collapse of the Concert of Europe. International Politics 1890—1914*, London 1981; K. Hildebrand, *Imperialismus, Wettrüsten und Kriegsausbruch 1914*, in: *Neue politische Literatur* 20, 1975, S. 160—194 und S. 339—364; A. Hillgruber, *Deutsche Grossmacht- und Weltpolitik im 19. und 20. Jahrhundert. Aufsätze*, Düsseldorf 1977; L. Gall, *Die europäischen Mächte und der Balkan im 19. Jahrhundert*, in: *Historische Zeitschrift* 228, 1979, S. 551—571;. 参阅 Gustav Schmidt, *Der Europäische Imperialismus*, München 1989, S. 117—118.

③ Wolfgang J. Mommsen, *Imperialismustheorien. Ein Überblick über die neueren Imperialismusinterpretationen*, 2., ergänzte Auflage, Göttingen 1980, S. 62.

还有一些史学家倾向于把帝国主义解释成为一个客观进程，并且主要从西方"进步的"文明与第三世界"落后的"本土文化的冲突角度来分析其产生的原因。帝国主义被说成是西方文明在全球范围内传播这一长期发展过程的结束阶段。赫伯特·吕梯（Herbert Luethy）就以特别激进的方式，把帝国主义与以现代科学技术为主要内容的西方文明传播联系起来。① 在他看来，西方的殖民扩张主要是由成千上万的殖民者、开拓者和冒险家们所推动的，他们同时也构成了西方文化的能量过剩，彻底摧毁了"欧洲以外过时的、萎靡的或僵化的秩序和统治体系"。② 欧洲大国通常是在海外地区出现权力真空，并且不允许另有选择的情况下，才制定计划并加以实施的；它们是被召去消除"肆无忌惮的自由抢劫"、克服已出现的混乱局面，并且一步一步地把局势引入正常轨道的。殖民化因此不是对处于劣势的民族的剥削，而是一种教育工作，它极大地促进了殖民地的"文明化"。③

---

① Herbert Luethy, "Colonisation and the Making of Mankind", in: *The Journal of Economic History*, Bd. 21, 1961, p. 483.; Herbert Luethy, "Ruhm und Ende der Kolonisation", in: Herbert Luethy, *Nach dem Untergang des Abendlandes*, Köln 1965, S. 362—386. 参阅 Wolfgang J. Mommsen, *Imperialismustheorien. Ein Überblick über die neueren Imperialismusinterpretationen*, 2., ergänzte Auflage, Göttingen 1980, S. 63.

② Herbert Luethy, "Ruhm und Ende der Kolonisation", in: Herbert Luethy, *Nach dem Untergang des Abendlandes*, Köln 1965, S. 370f. 参阅 Wolfgang J. Mommsen, *Imperialismustheorien. Ein Überblick über die neueren Imperialismusinterpretationen*, 2., ergänzte Auflage, Göttingen 1980, S. 63.

③ Herbert Luethy, "Ruhm und Ende der Kolonisation", in: Herbert Luethy, *Nach dem Untergang des Abendlandes*, Köln 1965, S. 363. 参阅 Wolfgang J. Mommsen, *Imperialismustheorien. Ein Überblick über die neueren Imperialismusinterpretationen*, 2., ergänzte Auflage, Göttingen 1980, S. 64.

在戴维·兰德斯(David Landes)看来,"宗主国里的商人们始终对殖民主义经营的好处不抱多大幻想,只有冒险家、沙文主义者、国家领导人才充满狂热,他们总是催促商人们去投资,去致富"。① 进行帝国主义殖民扩张的倡议通常出自殖民者、冒险家和政治家,他们懂得如何把自己国家或者国家联盟的权力工具变成自己的工具,为他们自己的利益所用,最后他们还常常打着民族威望的旗帜进行呼吁。兰德斯同样指出,帝国主义发生在出现权力失衡——或者是政治意义上的,或者是军事、文化或经济意义上的权力失衡——的地方,而这种权力失衡导致了各个强者的统治范围向弱者的统治范围扩展。"人们似乎必须把帝国主义看作一种形式多样的对由权力失衡所造成的普遍存在的机遇的回应。无论何时何地,一旦出现这种权力失衡,各个民族和团体都想趁机捞一些好处。"②

与文化解说的歌功颂德相反,结构主义解说把帝国主义看作是前工业社会的残余,并且持坚决否定的态度。在此,帝国主义被说成是现代资本主义体系与前工业社会结构相互碰撞而产生的特定社会结构和利益关系的结果。帝国主义的承载者主要是那些眼见其社会地位受到民主化进程威胁的社会团体的政治-社会利益,

---

① David Landes,"Some Thoughts on the Nature of Economic Imperialism",in: *Journal of Economic History*,Bd. 21,1961,pp. 496—513,here p. 503. 参阅 Wolfgang J. Mommsen, *Imperialismustheorien. Ein Überblick über die neueren Imperialismusinterpretationen*,2.,ergänzte Auflage,Göttingen 1980,S. 65.

② David Landes,"Some Thoughts on the Nature of Economic Imperialism",in: *Journal of Economic History*,Bd. 21,1961,p. 510. 参阅 Wolfgang J. Mommsen, *Imperialismustheorien. Ein Überblick über die neueren Imperialismusinterpretationen*,2.,ergänzte Auflage,Göttingen 1980,S. 65.

即使他们部分地与重工业和别的、特别对帝国主义掠夺行为感兴趣的经济团体结成了联盟。

美国学者 E. M. 温斯劳(E. M. Winslow)在《帝国主义类型》一书中指出,帝国主义主要是西方民主工业社会内部封建的和军事的遗物,只要消灭传统等级制统治结构的残余,就可以消除产生帝国主义——作为一种武力扩张和异族统治制度——的特殊推动力。[①] 德国学者维尔纳·祖尔茨巴赫(Werner Sulzbach)在其著作《帝国主义和民族意识》中,把帝国主义归因于君主制诸侯国的好战思想,而且认为只要克服过去社会结构的意识形态遗迹就可以摆脱帝国主义和它的侵略本能与仇恨心理。[②] 汉娜·阿恩特(Hannah Arendt)在其著名的作品《极权主义的起源》中,指出帝国主义最终主要是由现代工业社会内部前民主的社会结构的残余物而引起的。阿恩特严格清算了所有形式的现代极权主义,她把极权主义的起源追溯到19世纪晚期的帝国主义实践和意识形态。在阿恩特看来,帝国主义的种族主义意识形态和帝国主义政治的反自由主义结构是法西斯主义的先导,帝国主义思想方式与法西斯主义思想方式在意识形态上有密切联系。[③] 同样,华尔特·惠

[①] E. M. Winslow, *The Pattern of Imperialism: A Study in the Theories of Power*, New York 1948. 参阅 Wolfgang J. Mommsen, *Imperialismustheorien. Ein Überblick über die neueren Imperialismusinterpretationen*, 2., ergänzte Auflage, Göttingen 1980, S. 68.

[②] Werner Sulzbach, *Imperialismus und Nationalbewustsein*, Frankfurt 1959. 参阅 Wolfgang J. Mommsen, *Imperialismustheorien. Ein Überblick über die neueren Imperialismusinterpretationen*, 2., ergänzte Auflage, Göttingen 1980, S. 68.

[③] Hannah Arendt, *The Origins of Totalitarianism*, New York 1951. 参阅 Wolfgang J. Mommsen, *Imperialismustheorien. Ein Überblick über die neueren Imperialismusinterpretationen*, 2., ergänzte Auflage, Göttingen 1980, S. 68.

特曼·罗斯托(Walt Whitman Rostow)在其著名的关于现代工业社会发展理论的著作《经济增长阶段》和《增长政策和阶段》中也认为传统主义因素,特别是起源于前工业阶段的社会团体的政治活动和社会权力地位,具有无比重要的意义。①

结构主义解说者不反对下列见解,即经济因素在现代工业社会发展的特定阶段对于帝国主义政治和帝国主义战争的发生发挥过重要作用。在工业社会开始和成熟阶段,经常会出现到海外寻找经济机会和可能性的倾向。然而,他们认为帝国主义扩张对于现代社会发展原则上只有微不足道的意义;工业社会的发展从根本上说是完全不需要帝国主义的。这与马克思主义者的立场观点大相径庭。罗斯托还认为,经济增长中极度的比例失调,结合各自军事潜力差别巨大的情况,为侵略政策,无论是地区性的还是全球性的侵略政策,提供了极大的方便。然而帝国主义扩张并非工业资本主义所特有的现象,它通常是由对外贸易、特别是政治因素引发产生的。② 这就又回到政治解说的模式上了。

在较早的有关大英帝国的论著中,人们普遍认为:曼彻斯特自由主义影响下的老殖民帝国原则上是"反帝国主义的";帝国主义是19世纪80年代才出现的一个新时代,也就是所谓的"帝国主义时代",或者说"现代帝国主义时代"、"高级帝国主义时代"。对于

---

① Walt Whitman Rostow, *Stadien wirtschaftlichen Wachstums*, Göttingen 1960; Walt Whitman Rostow, *Politics and the Stages of Growth*, Cambridge 1971. 参阅 Wolfgang J. Mommsen, *Imperialismustheorien. Ein Überblick über die neueren Imperialismusinterpretationen*, 2., ergänzte Auflage, Göttingen 1980, S. 69.

② 参阅 Wolfgang J. Mommsen, *Imperialismustheorien. Ein Überblick über die neueren Imperialismusinterpretationen*, 2., ergänzte Auflage, Göttingen 1980, S. 68—69.

这种观点,英国史学家约翰·加拉格尔(John Gallagher)和罗纳德·鲁滨逊(Ronald Robinson)提出了质疑。他们在1953年发表论文《自由贸易的帝国主义》,强调大不列颠帝国主义政治的连续性,把它看作是一个不断发展的扩张进程,区别仅仅在于方式方法的变换,即"非正式的帝国"(informal empire)手段和"正式的帝国"(formal empire)手段的变换。"非正式的帝国"是指不列颠的商业和海外投资已经在其中获得了优势地位的地区,而"正式的帝国"则可以被狭义地理解为殖民者运用国家权力手段进行正式的帝国主义统治的区域。按照这个定义,"非正式的帝国"包括所有可以被直接或间接地称作殖民地的地方,不管是已经开化发展的地区,还是未开化发展的地区。就连那些拥有正式主权的民族国家,只要它们明显地沦为某一帝国主义国家的势力范围,也构成为殖民地。例如南非的国家,它们自1810年起就成为不列颠非正式的帝国主义的一个重要活动区域了,同时也是大不列颠大规模对外投资的一个优先地区。①

在鲁滨逊和加拉格尔看来,非正式帝国主义的主要手段就是利用母国科学技术的优势来建立一种活跃的商业贸易,借助于大规模的对外投资进行经济渗透,最终赢得当地利益集团和领导层与宗主国的合作。但是为了使长期封闭的海外市场向西方竞争式的资本主义自由活动开放,也为了保护本国海外经济利益,消除威胁,国家政府并不排除动用政治强权。就是说,英国帝国主义早在

---

① John Gallagher/ Ronald Robinson,"The Imperialsm of Free Trade",in: *The Economic History Review*,2. Serie, Bd. 6,1953,pp. 1—25,here p. 13. 参阅 Wolfgang J. Mommsen,*Imperialismustheorien. Ein Überblick über die neueren Imperialismusinterpretationen*,2. ,ergänzte Auflage,Göttingen 1980,S. 71.

维克多利亚时代初期就已经开始出现了。"维克多利亚帝国主义"意味着,无论何时,只要本国经济利益受到了威胁,国家政府就会采取直接的政治干预。加拉格尔和鲁滨逊因此提出了"自由贸易帝国主义"的命题,并以这样的命题宣告了与所有传统的、把帝国主义只定义为正式的领土占有的殖民统治的观点的决裂。这种"自由贸易帝国主义"可以用这样的公式予以表示:商业和非正式的统治,如果可能;商业和直接统治,如果必要。① 在这里,"自由贸易基础上的经济扩张"和政治扩张被评价为一个进程的两个方面,帝国主义被定义为"把新区域整合到扩张的经济之中的有效的政治功能"。②

"非正式的帝国"和"正式的帝国"概念一经提出就产生了巨大影响。美国学者威廉·阿珀勒曼·威廉(William Appleman Williams)和瓦尔特·拉菲波尔(Walter Lafeber)都依据这种解说来分析美国的帝国主义历史进程。③ 对于他们来说,美国的帝国主义同样是一个连续的进程,它以19世纪大规模的土地占有为开端,后来致力于首先在大西洋和太平洋彼岸的第三国中实现或者更确切地说保持"门户开放"。1890—1900年间,由于经济衰退和由它所引起的危机恐惧,美国过渡到了公开的帝国主义。它尽管

---

① John Gallagher/ Ronald Robinson,"The Imperialsm of Free Trade",in: The Economic History Review,2. Serie,Bd. 6,1953,pp. 1—25,here p. 13. 参阅 Wolfgang J. Mommsen,Imperialismustheorien. Ein Überblick über die neueren Imperialismusinterpretationen,2.,ergänzte Auflage,Göttingen 1980,S. 71—72.

② Gustav Schmidt,Der Europäische Imperialismus,München 1989,S. 121—122.

③ 参阅 William Appleman Williams,The Tragedy of American Diplomacy,New York 1962;Walter LaFeber,The New Empire,1865—1898,Ithaca 1963.

在原则上坚持反帝国主义的意识形态,实际上却坚定地推行一种自由贸易帝国主义的政策,而这种自由贸易帝国主义的目标是使全世界对技术优越的美国产品和资本开放。[1]

联系法国工业发展落后的情况,G.泽布拉(G. Ziebura)在《1871—1914年法国高级帝国主义的内部因素》一文中指出,法国金融帝国主义是"为了它的再生产需要采用大规模的资本输出形式的非正式帝国主义";资本输出可以充当社会帝国主义的功能性等价物。"作为非正式帝国主义的特别变种",资本输出加强了早已存在的"占有财产的资产阶级……和依靠资本利息生活的中间阶层的综合统治",加剧了与工人阶级的阶级对立。[2] 英国史学家G. S. 格拉姆(G. S. Graham)则从不列颠海军和帝国的形成两者之间的密切联系出发来解释英国的正式统治在海外地区的扩展情况。他说,一旦海军政策由于欧洲力量均衡的改变而不足以维持"不列颠和平"(Pax Britannica)局面时,英国就采取行动占领殖民地,即使没有"经济的"诱惑混杂其中。[3]

但也有人提出了质疑。除了一些史实争论,"自由贸易帝国主义"与"非正式的统治"的概念组合也受到批评。D. C. M. 珀拉特(D. C. M. Platt)在《过去与现在》杂志上发表文章,提醒人们注意

---

[1] 参阅 Wolfgang J. Mommsen, *Imperialismustheorien. Ein Überblick über die neueren Imperialismusinterpretationen*, 2., ergänzte Auflage, Göttingen 1980, S. 76.

[2] G. Ziebura, "Interne faktoren des französischen Hochimperialismus 1871—1914", in: W. J. Mommsen (Hrsg.), *Der moderne Imperialismus*, Stuttgart 1971, S. 85—139. 参阅 Gustav Schmidt, *Der Europäische Imperialismus*, München 1989, S. 126.

[3] G. S. Graham, *The Politics of Naval Supremacy*, London 1965; G. S. Graham, *Tides of Empire. Discursions on the Expansion of Britain Overseas*, Montreal/London 1972. 参阅 Gustav Schmidt, *Der Europäische Imperialismus*, München 1989, S. 123.

两个对于大不列颠颇为典型的事实:(1)同荷兰一样,大不列颠在1900年以后也一直坚持自由贸易体制。(2)大不列颠推行"预防性吞并"。因为"第一个工业民族"的"相对衰落"迫在眉睫,所以占领和兼并领土就被用作保障自由贸易的经济前景的手段了。如果没有欧洲保守主义的复兴,如果不列颠的商业和金融不受到威胁,英国政府的"新帝国主义"大概会被严格限制在战略考虑范围内。对于珀拉特来说,"新帝国主义"是不列颠对双重挑战的回答,这双重挑战一是世界范围的、通过保护关税和特惠待遇来构造大经济空间的建立封闭性商业国家的努力;二是竞争者从民族威望追求和军事战略考虑出发,为自己从不列颠广大的殖民地中谋求一块土地的企图。[①]

德国史学家汉斯-乌尔里希·韦勒(Hans-Ulrich Wehler)则以"非正式的帝国"命题为依据,结合从现代国民经济学经济发展趋势理论推导出来的不平衡发展观念,阐述了一种"社会帝国主义"新理论。他在《俾斯麦与帝国主义》一书中指出,在自由贸易时代海外扩张的方法和自19世纪80年代初开始的直接的帝国主义方法之间只存在着程度的不同,绝没有实质的不同。帝国主义是工业革命以来世界范围经济发展不平衡所造成的结果,也是工业国家经济发展经常发生危机性波动的结果。与鲁滨逊和加拉格尔类似,韦勒也把那种只利用市场经济手段的扩张形式看作是帝国主义。他说,强迫推行的出口政策就是一种典型的帝国主义,因为它主要是瞄准不发达国家的市场的。帝国主义最终被表述为:"帝国主义包括……所有直接——正式的和间接——非正式的统治,

---

① D. C. M. Platt, "Economic factors in British Policy during the 'New Imperialism'", in: *Past and Present* 39, 1968, pp. 120—138. 参阅 Gustav Schmidt, *Der Europäische Imperialismus*, München 1989, S. 123.

它们是由西方工业国家在工业化及其附带的特殊的经济、社会和政治问题的压力下,借助自己多方面的优势,向世界其他未发展地区推行的。"①在韦勒看来,帝国主义既是一种调节经济发展进程的政策,也是一种照顾连续增长的政策。它还是一种战略,占统治地位的精英们可以用它应对来自社会下层的抗议,维护现存社会秩序,巩固自己的特权地位。从这个认识出发,韦勒称现代帝国主义为"社会帝国主义",就是说,是一种由已经取得统治地位的精英所实行的、在一个因工业化影响而发生变化的社会中捍卫其特权地位的政治,在此客观的威胁和主观的恐惧混合在一起,难分难解。

韦勒还试图以俾斯麦的殖民政策为例,从细节上证实其命题的正确性。他指出,对于俾斯麦来说,下列动机具有决定性意义,即通过宣传一种正式的殖民政策,从政治上分裂自由主义,消除这一权力政治因素的威胁。换言之,俾斯麦的帝国主义是属于"内政优先论的";其殖民政策是一种"操纵性的社会帝国主义",与之相连的是这样的目标,即在现代化的世俗进程中,使现存保守的社会结构和自己的"波拿巴独裁"得以保持,压制或者至少抵挡所有反对这一政治局势的政治力量。社会帝国主义是统治精英的一种尝试,即通过转向外部的方法约束持续的技术革新的经济后果及其对传统社会结构的影响。它延缓了在经济危机当中急速增加的社会冲突,但也妨碍了对于工业社会来说蔚为必要的改革。②

---

① Hans-Ulrich Wehler, *Bismarck und der Imperialismus*, Köln 1972, S. 23.
② Hans-Ulrich Wehler, *Bismarck und der Imperialismus*, Köln 1972, S. 444; Hans-Ulrich Wehler, *Das Deutsche Kaiserreich*, 1871—1918, Göttingen 1977, S. 172—176. 参阅(德)汉斯-乌尔里希·韦勒著,邢来顺译《德意志帝国》,青海人民出版社 2009 年版,第 152—155 页。

韦勒的"社会帝国主义"理论同样引起了强烈反响。D.戈伊尔(D. Geyer)在《作为帝国主义比较研究问题的俄国》一文中表示,社会帝国主义理论——略带一点保留并且不作为解说的主要因素——也适合于俄国。[①] R. G. 布劳恩(R. G. Brown)和 J. J. 考克(J. J. Cooke)则认为,法国在 19 世纪 90 年代政治力量重新组合时期,出现过与德意志帝国世界政策和集结政治类似的情况。在此,战争前几年的"民族复兴"(réveil national)也被归纳到社会帝国主义范畴之中了。[②] K. 罗厄同样接受了社会帝国主义理论的某些观点。他在《1914 年以前不列颠现代帝国主义产生的原因和条件》一文中指出,在现代社会,经济增长受阻、结构失调和其他类似的经济困难必然会导致社会政治问题的产生,社会帝国主义旨在维护一个内部受到威胁的统治和社会秩序,是一种"披着外交外衣的社会政策"。不过,他也看到韦勒的社会帝国主义命题与英国的实际情况有一定的差距。[③]

W. 鲍姆加特、H. 毕默(H. Boehme)、H. G. 茨马茨比克(H.

---

① D. Geyer, "Russland als Problem der vergleichenden Imperialismusforschung", in: R. v. Thadden u. a. (Hrsg.), *Das Vergangene und die Geschichte*, Goettingen 1973, S. 337—368. 参阅 Gustav Schmidt, *Der Europäische Imperialismus*, München 1989, S. 135.

② R. G. Brown, *Fashoda Reconsidered. The Impact of Domestic Politics on French Policy in Africa 1893—1898*, Baltimore/London 1970; J. J. Cooke, *New French Imperialism 1880—1910*: *The Third Republic and Colonial Expansion*, Newton Abbot/Hamden 1973. 参阅 Gustav Schmidt, *Der Europäische Imperialismus*, München 1989, S. 135.

③ K. Rohe, "Ursachen und Bedingungen des modernen britischen Imperialismus vor 1914", in: W. J. Mommsen, *Der moderne Imperialismus*, Stuttgart 1971, S. 60—84. 参阅 Gustav Schmidt, *Der Europäische Imperialismus*, München 1989, S. 124.

G. Zmarzbik)则对韦勒的命题提出了批评。他们指出,把俾斯麦刻画为操纵大师的做法使稳定战略的解释模式难以转用于其他帝国主义国家。[1] 毕默还认为把帝国主义政治与经济发展紧密联系在一起没有多大意义。扼制国内政治变动的意志对不断进步的工业化并没有多少依赖关系。[2] G. 泽布拉怀疑在俾斯麦时代真正形成了系统的向海外扩张的经济基础。他指责韦勒理论的主要弱点是,它把"统治阶级关于巩固自身统治的主观愿望与由此推导出来的政策与经济和政治的客观运动规律等同了起来"。[3] 联系法国工业发展落后的情况,泽布拉断言,韦勒从工业经济的不平衡发展和现代资本主义经济承载者集团与政治上占统治地位的阶级之间的内在矛盾推导出来的社会帝国主义理论不适合法国的情况。[4] G. 埃里(G. Eley)要求一种批判性的社会史理论,不仅要考察"从上面来的操纵",而且也要揭示社会团体的先决态度和自我组织。

---

[1] W. Baumgart, "Eine neue Imperialismustheorie? Bemerkungen zu dem Buche von Hans-Wehler über Bismarcks Imperialismus", in: MGM, 1971/2, S. 197—207; H. Boehme, "Thesen zur Beurteilung der gesellschaftlichen, wirtschaftlichen und politischen Ursachen des deutschen Imperialismus", in: W. J. Mommsen (Hrsg.), *Der moderne Imperialismus*, Stuttgart 1971, S. 31—59; H. G. Zmarzbik, "Das Kaiserreich in neuer Sicht?" in: *Historische Zeitschrift* 222, 1976, S. 105—126. 参阅 Gustav Schmidt, *Der Europäische Imperialismus*, München 1989, S. 132—133.

[2] H. Boehme, "Thesen zur Beurteilung der gesellschaftlichen, wirtschaftlichen und politischen Ursachen des deutschen Imperialismus", in: W. J. Mommsen (Hrsg.), *Der moderne Imperialismus*, Stuttgart 1971, S. 31—59. 参阅 Gustav Schmidt, *Der Europäische Imperialismus*, München 1989, S. 133.

[3] G. Ziebura, "Sozialökonomische Grundfragen des deutschen Imperialismus vor 1914", in: H.-U. Wehler (Hrsg.), *Sozialgeschichte heute*, Göttingen 1974, S. 495—524. 参阅 Gustav Schmidt, *Der Europäische Imperialismus*, München 1989, S. 133.

[4] G. Ziebura, *Sozialoekonomische Grundfragen des deutschen Imperialismus vor 1914*, in: H.-U. Wehler(Hrsg.), *Sozialgeschichte heute*, Goettingen 1974, S. 495—524. 参阅 Gustav Schmidt, *Der Europaeische Imperialismus*, Muenchen 1989, S. 125—126.

社会帝国主义表明"对帝国主义的普遍支持"。他反对把社会帝国主义与稳定战略等同起来的做法,指出,同英国或法国一样,在作为二流国家的德国也存在着"帝国主义和社会改革",而这种"改革性的"社会帝国主义对政治事件的影响并不亚于保守派"从上面加以操纵的"乌托邦空想。①

总起来看,上述帝国主义理论从不同的侧面探讨了殖民主义和帝国主义产生的原因和作用:既有强调思想观念和政治决策的解说,也有突出经济社会和客观结构的主张;既有歌颂美化的态度,也有揭露批判的立场。各种各样的解说五花八门,令人眼花缭乱,但有一点是共同的,这就是都着重在欧洲本土寻找帝国主义产生的原因和推动力量,带有明显的"欧洲中心主义"的片面性。对此,一些西方学者早就有所认识,并且提出了与这种欧洲中心论相对立的"边缘取向的"理论观点。

(二)"边缘取向的"帝国主义理论

最早发现并试图纠正西方帝国主义理论中欧洲中心论问题的是前面已经提到的鲁滨逊和加拉格尔两位学者。他们在20世纪60年代就指出,所有企图把帝国主义当作工业国家内部的进程——不管是经济的、社会的,还是社会心理学的进程——的产物来解释的理论都是错误的,都是"单方面的分析",或者更确切地

---

① G. Eley, "Social Imperialism in Germany. Reformist Synthesis or reactionary sleight of hand?" in: J. Radkau/I. Geiss (Hrsg.), *Imperialismus im 20. Jahrhundert*, 1976, S. 71—86. 参阅 Gustav Schmidt, *Der Europäische Imperialismus*, München 1989, S. 134.

说是片面的欧洲中心论,因为它们完全忽略了土著居民及其政治精英的作用。实际上,引发19世纪末"正式的帝国主义"的原因更多地存在于"土著权威"的瓦解而不是大国的竞争。不是发生在欧洲的危机,而是发生在边远地区中的危机,对于至少从1880年开始的正式的帝国主义的形成产生了决定性作用。所有以欧洲为中心的解说都以为帝国主义进程的积极部分必然具有欧洲的性质,在欧洲以外不存在任何有活力的因素,这是一种不切实际的幻觉。真正引发帝国主义的不是欧洲内部的进程,而是在欧洲的"边缘"、在受到欧洲影响的第三世界的国家中的进程。①

在他们合著的《非洲与维多利亚》②和后来为F.H.欣斯利主编的《新编剑桥世界近代史——物质进步与世界范围的问题(1870—1898)》撰写的"非洲的瓜分"一章③中,鲁滨逊和加拉格尔对"瓜分非洲"事件进行了深入分析。他们指出,欧洲列强并不是为了建立某种大帝国的"宏伟规划"而进行分割活动的。欧洲社会也没有为在非洲建立帝国的行动提供较强大的推动力。西方政治家都对帝国主义扩张持谨慎态度。任何用欧洲人的思想情绪变化来解释分割非洲事件的做法都缺乏证据。促使其扩张活动日益增多的决定性刺激因素,尤其是促成从非正式的领土统治向正式的领土统治过渡的决定性刺激,主要有两点:一是欧洲列强之间不断加剧的竞

---

① 参阅 Wolfgang J. Mommsen, *Imperialismustheorien. Ein Überblick über die neueren Imperialismusinterpretationen*, 2. ,ergänzte Auflage,Göttingen 1980,S. 81.

② Ronald Robinson/ John Gallagher, *Africa and the Victorians. The Offical Mind of Imperialism*, London York 1961.

③ 见〔英〕F.H.欣斯利主编,中国社会科学院世界史研究所组译《新编剑桥世界近代史——物质进步与世界范围的问题(1870—1898)》,中国社会科学出版社1999年版,第769—836页。

争；二是第三世界国家中的危机事件。维克多利亚时代后期的国家要员同其前任一样，原则上对帝国主义的扩张持怀疑态度,然而他们最终还是实行了一种广泛的、向经济发展前景并不可观的地区进行扩张的政策。这是为什么呢？答案就在于非洲的"民族主义危机"——虽然这些危机大都是由欧洲先前的影响造成的——和欧洲列强在非洲错综复杂的政治竞争。①

戴维·K.菲尔德豪斯(David K. Fieldhouse)在其著作《1830—1914年间的经济和帝国》②中进一步深化了这个观点,并且提出了系统的论证。在这里,各种形式的传统的"欧洲中心论"被一种"边缘帝国主义"理论所取代,殖民地世界自身的发展情况被突出出来。

同鲁滨逊和加拉格尔一样,菲尔德豪斯也认为西方国务要员没有帝国主义扩张的宏伟规划,他们的政策主要是根据各国的激烈竞争情况制定的,目的在于对本国客观的或臆想的利益进行保护。帝国主义"不是由'官方'的好战情绪导致的,而是出于某种谨慎的考虑,即试图在不可避免的社会转型时期捍卫本国的民族利益"。③ 具有决定意义的是第三世界中的进程,它们导致了旧的非正式的欧洲影响的崩溃瓦解和正式的殖民统治不可避免的建立。帝国主义绝不是因为工业国家中的发展而产生的,而是"对于边远

---

① 〔英〕F. H. 欣斯利主编,中国社会科学院世界历史研究所组译:《新编剑桥世界近代史——物质进步与世界范围的问题(1870—1898)》,中国社会科学出版社1999年版,第769—772页。

② David K. Fieldhouse, *Economics and Empire 1830—1914*, London 1973.

③ David K. Fieldhouse, *Economics and Empire 1830—1914*, London 1973, p. 67. 参阅 Wolfgang J. Mommsen, *Imperialismustheorien. Ein Ueberblick über die neueren Imperialismusinterpretationen*, 2., ergänzte Auflage, Göttingen 1980, S. 84.

地区不能令人满意的关系的反应"。① 换言之,正式的殖民统治的必须建立是对"外在因素"的回应,不应当把它归因于工业国家内部经济的进程或其他进程。不过,菲尔德豪斯倾向于比较严格地区别旧的非正式的殖民主义形式和自19世纪80年代初起开始的"新帝国主义"。旧的非正式的殖民主义在很大程度上可以不依靠政治强权手段,而主要利用经济、文化手段。它主要以纯经济地把第三世界整合到西方工业体系为目的,并不追求建立正式的政治统治。只有1880年以后的"新帝国主义"才大规模地导致了直接的殖民统治。这种观点显然与鲁滨逊和加拉格尔的自由贸易帝国主义理论相对立。

菲尔德豪斯还把"边缘帝国主义"区分为两种形式:"身临其境的当事人"的"准帝国主义"和正式的帝国主义。准帝国主义曾在西方文明向全球扩散的世俗化进程中发挥过难以低估的作用。无论在法国殖民地还是在英国的若干辖区,涌向海外的白人移居者、商人、士兵和外交官主要是靠自己的努力进行领土侵占的,有时还要抗拒本国政府的公开声明。在此,塞西·罗德斯(Cecil Rhodes)及其"不列颠南非公司"被看作是一个特别突出的例子。然而,这些欧洲人也经常与边缘地区土著居民发生冲突,宗主国政府对这种情况即使不是极端反感,也是深感不安。它们根本无力对地处边缘的"亚帝国主义"予以有效控制,最终不得不对准帝国主义进行规范化处理。不过,菲尔德豪斯认为第二种类型的"边缘帝国主义",即正式的殖民统治意义更大。这种殖民统治是作为以土

---

① David K. Fieldhouse, *Economics and Empire 1830—1914*, London 1973, p. 79. 参阅 Wolfgang J. Mommsen, *Imperialismustheorien. Ein Überblick über die neueren Imperialismusinterpretationen*, 2., ergänzte Auflage, Göttingen 1980, S. 84.

著精英与欧洲人在边缘地区进行"合作"为典型特征的旧殖民主义崩溃的后果而出现的,同时它也可以填补权力真空。菲尔德豪斯虽然在有限的程度上承认,边缘地区中的"民族主义"危机、土著政权垮台和欧洲列强直接统治的必要等情况,都是由各种各样的欧洲渗透引起的,但他根本不想承认后者具有帝国主义性质。①

鲁滨逊在发表于1972年的《欧洲帝国主义的非欧洲基础——合作理论简述》②一文中,对"边缘"帝国主义概念进行了修正,认为如果讲"偏离中心"(excentric approach)会更好。他阐述了一种多元主义模式,把欧洲因素与边缘因素结合起来,把导致帝国主义扩张的原因归结到西方工业资本主义经济力量,加上相互竞争着的大国强权政治进程,加上殖民地土著社会内部的历史发展等因素的综合上。在他看来,帝国主义是"欧洲和非欧洲政治进程之间互动的产物";欧洲的经济和战略扩张后来之所以采取了帝国主义统治的形式,是因为欧洲和非欧洲的成分在海外相遇并且发生了冲突。鲁滨逊明显地把重点放到了边缘的因素上。虽然边缘地区的危机事件有一部分是由非正式的欧洲影响和自由贸易帝国主义引发的,但其自身具有很大的自主性。只是因为它们,欧洲大国才决定以按照欧洲模式建立起来的正式统治来代替非正式的统治。

---

① David K. Fieldhouse, *Economics and Empire 1830—1914*, London 1973, p. 79, 461. 参阅 Wolfgang J. Mommsen, *Imperialismustheorien. Ein Überblick über die neueren Imperialismusinterpretationen*, 2., ergänzte Auflage, Göttingen 1980, S. 84—86.

② Ronald Robinson, "Non-European Foundation of European Imperialism: Sketch for a Theory of Collaboration", in: R. Owen/B. Sutcliffe (ed.), *Studies in the Theory of Imperialism*, London 1972.

在多数情况下,国务要员并不愿意看到这样的事情发生;他们同样也很少愿意真正坚持不懈地扩大新型的殖民管理机构。换句话说,帝国主义不是一个有计划调控的、理性的进程,而是一个高度复杂的事件,无论是欧洲的主人还是代理人还是受害者,都把它看作是偶然的,但却难以避免,而且越来越难以控制。①

鲁滨逊指出:白人殖民统治者,因为人数稀少,也因为他们在欧洲本土得不到坚实可靠的支持,所以必须借助当地社会团体的帮助才能建立起像后来那样的大规模的帝国主义统治。在大约1820—1870年间的工业帝国主义的第一阶段,欧洲国家曾经试图激励非洲和亚洲的政权与欧洲进行合作,其目的是为开发这两个大陆、促进欧洲的商业贸易和技术传播创造前提条件,而不是追求土地占领和政治统治。同样,在边缘地区也有许多个人或社会团体,为了本民族的利益,拥护本国的现代化,愿意与欧洲的感兴趣者进行广泛的、大多是非正式的合作。然而,这种非正式的帝国主义葬送了合作者在自己国家的统治地位,导致欧洲直接的殖民统治的建立。不过,"身临其境的当事人"即使在正式的欧洲统治建立后也必须与土著精英加强合作,因为欧洲政府仍然坚持一种限制殖民地经营和人力物力投入的政策。鲁滨逊甚至说,正式的帝国主义统治,正如它自19世纪80年代起在全球范围得以广泛建立的情形那样,不更多也不更少地展现出一种"重建合

---

① Ronald Robinson, "Non-European Foundation of European Imperialism: Sketch for a Theory of Collaboration", in: R. Owen/B. Sutcliffe (ed.), *Studies in the Theory of Imperialism*, London 1972, p. 139. 参阅 Wolfgang J. Mommsen, *Imperialismustheorien. Ein Überblick über die neueren Imperialismusinterpretationen*, 2., ergänzte Auflage, Göttingen 1980, S. 88—89.

作"的情景,而这种合作原先曾因边缘地区内的动乱而受到严重破坏。①

"边缘取向的"帝国主义理论虽然受到一些人的批评,但支持者更多。在它的影响下,涌现出了一大批新的实证性研究,它们不再把殖民史只当作欧洲历史或者欧洲扩张的历史来写,而是更多地当作"被殖民化者"的历史来写。② 巴兰(Baran)、弗兰克(Frank)和法农(Fanon)等人对于"买办"的研究就是典型的实例。"边缘取向的"帝国主义理论还对后殖民和帝国主义理论产生了重要的推动作用。本尼迪克特·安德森(Benedict Anderson)和帕特·查特杰(Partha Chatterjee)也据此对殖民地民族主义话语的由来进行了考察分析。③ 许多学者从非洲和欧洲因素的相互作用的角度来撰写帝国主义瓜分非洲的历史,如彼得·J.凯恩(Peter J. Cain)和 G. 霍布金斯(G. Hopkings)的《彬彬有礼的资本主义和不列颠的海外扩张。II:1850—1945 年的新帝国主义》、阿恩·费

---

① Ronald Robinson, "Non-European Foundation of European Imperialism: Sketch for a Theory of Collaboration", in: R. Owen/B. Sutcliffe (ed.), *Studies in the Theory of Imperialism*, London 1972, p. 119. 参阅 Wolfgang J. Mommsen, *Imperialismustheorien. Ein Überblick über die neueren Imperialismusinterpretationen*, 2., ergänzte Auflage, Göttingen 1980, S. 89—90.

② Patrick Wolfe, "History and Imperialism: A Century of Theory, from Marx to Postcolonialism", in: *The American Historical Review*, 102 (1997), pp. 388—420, here p. 401.

③ Benedict Anderson, *Imagined Communities: Reflections on the Origins and Spread of Nationalism*, London 1983; Partha Chatterjee, *Nationalist Thought and the Colonial World: A Derivative Discourse?* London 1986; Partha Chatterjee, *The Nation and Its Fragments: Colonial and Postcolonial Histories*, Princeton, N. J., 1993. 参阅 Patrick Wolfe, "History and Imperialism: A Century of Theory, from Marx to Postcolonialism", in: *The American Historical Review* 102 (1997), pp. 388—420, here p. 401.

密司特(Ian Phimister)著《瓜分非洲》,G. N. 乌皂格维(G. N. Uzoigwe)著《欧洲对非洲的瓜分和征服》等。①

由此可见,"边缘取向的"帝国主义理论正逐渐成为西方帝国主义解说中占主导地位的理论模式,从这一理论中也产生了对于我们考察近代中德关系史具有直接指导意义的跨文化相互作用理论的萌芽。

(三)西方帝国主义理论的辩护倾向

应当看到,西方史学家有关殖民主义和帝国主义的研究不是一般性的学术活动,它经常与研究者的政治立场密切相关。其中一个最明显的政治意图就是为西方列强的侵略扩张和西方资本主义制度进行辩护。例如吕梯就坚决反对所有批判、咒骂帝国主义的言论,极力肯定殖民化对于第三世界人民的积极作用。在他看来,殖民化不是"慈善的教育机构",但它至少在其以后的阶段曾经产生过教育作用,曾经使欧洲化为第三世界的人民所接受。殖民化不是对处于劣势的民族的剥削,而是一种教育工作,对于殖民地的"文明化"产生了巨大推动作用。按照吕梯的说法,被涉及者,即

---

① Peter J. Cain/ G. Hopkings,"Gentlemantly Capitalism and British Expansion Overseas. II: New Imperialism, 1850—1945", in: *Economic History Review* 40, 1987, pp. 1—26; Ian Phimister, *Africa Partition*. Review. Fernand Braudel Center, 18, 1995, pp. 355—381; G. N. Uzoigwe, "European Partition and the Conquest of Africa", in: A. Adu Boshan (ed.), *Africa under Colonial Domination 1880—1935*, UNESCO General History of Africa, vol. 7, London 1985, pp. 19—44. 参阅 Patrick Wolfe, "History and Imperialism: A Century of Theory, from Marx to Postcolonialism", in: *The American Historical Review*, 102 (1997), pp. 388—420, here p. 402.

一、帝国主义理论从"中心"到"边缘"的视角转换　29

原来的殖民地臣民,并不想消除这些发展的结果,因此固执地用道德的自我批评姿态来对待殖民主义现象的做法是不适当的。卢加德勋爵(Lord Lugard)时期英国殖民政治的追求,即在不列颠的统治下尽可能地保留本土的社会结构和文化,长远地看并不十分成功,甚至是落后反动的。而法国粗暴的同化政策有时候却显得很有道理。那种认为帝国主义野蛮地破坏了本土丰富的文化的看法是不正确的。完全相反,"对于欧洲以外的世界来说,殖民帝国时代总体上是一个和平与安全的时代,这种情况在亚洲和非洲原来的血腥历史上几乎是前所未有的。"[①]

　　还有不少西方学者把欧洲以外地区的国家和民族完全看作是无能的,根本无法抗拒欧洲入侵者和冒险家的攻击,这显然是对殖民地社会的极大蔑视。他们强调欧洲和西方文化对于殖民地经济和社会发展所起的巨大推动作用,这反映了一种在西方国家普遍流行的心态,即摆脱罪责,安于现状。怀有这种心态的人根本不把当今时代工业国家与地球上许多发展不良的地区之间存在的严重依附关系放在眼里。而有一些持民族主义解说的人则把造成帝国主义罪行的原因推到广大民众和别有用心的社会团体身上,认为民族主义会"自动转化成帝国主义",这同样表现出了为西方政治家和资本家辩护的倾向。[②]

　　与这种连帝国主义的血腥暴力都加以美化的做法不同,有些学

---

① Herbert Luethy, "Ruhm und Ende der Kolonisation", in: Herbert Luethy, *Nach dem Untergang des Abendlandes*, Köln 1965, S. 372. 参阅 Wolfgang J. Mommsen, *Imperialismustheorien. Ein Überblick über die neueren Imperialismusinterpretationen*, 2., ergänzte Auflage, Göttingen 1980, S. 64.

② Wolfgang J. Mommsen, *Imperialismustheorien. Ein Überblick über die neueren Imperialismusinterpretationen*, 2., ergänzte Auflage, Göttingen 1980, S. 59.

者为新自由主义的经济政治和大工业民族对地球其余部分的非正式统治进行辩护的目的不是为了赦免帝国主义所犯下的罪行,而是为了捍卫资本主义工业化社会的多元化和民主化价值。例如结构主义解说的支持者 E. M. 温斯劳、祖尔茨巴赫、汉娜·阿恩特和华尔特·惠特曼·罗斯托等,就把帝国主义与"真正的"资本主义区别开来,强调资本主义的自由和民主精神本质。他们力图为现代型的资本主义制度开脱责任,热衷于推行一种带有自由主义特色的、人道主义意义上的政治和社会关系的民主化,认为自由资本主义工业社会本质上是世界主义的并且是以国际间的交换为导向的,西方的"宪法民主"原则上可以克服所有帝国主义的危机,通过民主制国家对经济的充分控制,西方工业社会有可能最终摆脱帝国主义。[1]

众所周知,早在 1916 年第一次世界大战正在激烈进行的时候,无产阶级革命家、理论家列宁就对帝国主义的经济实质和政治特点进行了深入分析,写作了《帝国主义是资本主义的最高阶段》(简称《帝国主义论》)[2]一书,提出了一种系统的关于帝国主义的解说。在列宁看来,帝国主义是资本主义的一个"特殊历史阶段",是资本主义的垄断阶段。垄断资本对销售市场、原料产地、投资场所的争夺,必然导致世界领土的分割和再分割。帝国主义也是资本主义的最高或最后阶段。随着垄断统治的加强以及由此产生的寄生性或腐朽性的加深,资本主义制度所固有的各种矛盾必然日益加剧。无产阶级的革命斗争、被压迫民族的解放运动和帝国主义国家之间争夺世界霸权的战争必然导致资本主义制度的灭亡和

---

[1] Wolfgang J. Mommsen, *Imperialismustheorien. Ein Überblick über die neueren Imperialismusinterpretationen*, 2. , ergänzte Auflage, Göttingen 1980, S. 69.

[2] 见《列宁选集》第 2 卷,人民出版社 1995 年版。

社会主义制度的胜利。

列宁的帝国主义解说具有鲜明的历史唯物主义特色。帝国主义被看作是资本主义经济发展的一个必然产物。它也具有彻底的否定性和批判性。帝国主义的寄生性和腐朽性遭到无情的抨击。最后,它还具有鲜明的党性原则和革命精神。列宁深刻揭示了帝国主义的本质、特征和矛盾,创造性地解决了当时无产阶级革命实践中的一系列重大问题,为制定无产阶级革命路线和策略提供了重要依据。列宁的《帝国主义论》不愧是帝国主义时代无产阶级革命的理论纲领。

然而,大部分西方学者都对列宁的帝国主义论表示反对。首先,他们断然否认帝国主义与一般资本主义或者说与19世纪晚期出现的资本主义特殊阶段有任何必然联系,反对把帝国主义视作资本主义体系本身的一个必要阶段、帝国主义是资本主义的必然产物的观点。在他们看来,资本主义经济制度具有非凡的灵活性和巨大的、根本不需要依靠海外殖民地的发展能力。帝国主义主要是一种政策,这一政策曾经为西方工业国家开拓了可观的经济机会,对资本主义的发展起了重要的作用,但是它对于资本主义发展并非绝对必要。相反,日臻成熟的资本主义消费社会绝不会热衷帝国主义政治,因为资本主义根本不需要利用帝国主义以求得继续存在。[①]

有的学者还否认帝国主义有重要的经济根源。他们指出,经济论的帝国主义解说虽然可以在理论上揭示重要的因果关系,但

---

① Wolfgang J. Mommsen, *Imperialismustheorien. Ein Überblick über die neueren Imperialismusinterpretationen*, 2., ergänzte Auflage, Göttingen 1980, S. 69.

它与具体的历史事实相差甚远。因为宗主国里的商人们始终对殖民主义经营的好处不抱多大幻想,几乎在所有的情况中,与本国殖民地区域的贸易意义都不是很大。经济性论据多半是事后才提出的,并且仅仅出于为已实现的领土扩张进行辩护的目的。在外国资本的投放地点和领土扩张的实施地点之间并不存在直接的联系。与殖民地的贸易恰恰在高级帝国主义阶段呈现出回落的趋势。热心殖民扩张的主要不是商人和工业家,而是冒险家、沙文主义者和个别国家领导人。经济因素不是导致帝国主义扩张的本来动机,它本身也无法说明欧洲工业国家在全球范围内扩张的巨大进程。

戴维·兰德斯指出,经济利益和"国家"之间的共同作用不是单向的;"资本主义者阶级"和资产阶级自身有许多差异,用国家是资本的代理人这样的解释很难作出有说服力的分析;大的国际银行家和康采恩建立者很早就认识到,联合瓜分市场和原料资源比为它们而战更有好处。他们代表了国际合作的力量,对于他们而言,依附国家是最好的顾客。兰德斯要求经济论帝国主义解说证明,对此感兴趣的集团有能力让国家权力为他们的扩张目的服务,就是说要审查政府和经济利益集团所遵从的赢利,或者更确切地说稳定战略,是否朝着同一个方向努力(如向同一地区渗透,运用同样的方法进行渗透等)或者相互穿插。[1]

结构主义论者也强调说,不是金融资本和出口工业的经济利益本身,而是那些眼见其社会地位受到民主化进程威胁的社会团体的政治—社会利益构成了帝国主义的承载者,即使他们部分地与重工

---

[1] David Landes,"Some Thoughts on the Nature of Economic Imperialism", in: *Journal of Economic History*, Bd. 21, 1961, pp. 496—513. 参阅 Gustav Schmidt, *Der Europäische Imperialismus*, München 1989, S. 128.

业和别的、特别对帝国主义掠夺行为感兴趣的经济团体结成了联盟。[1]

德国史学家韦勒虽然对帝国主义的本质进行了比较深刻的揭露和批判,也赋予经济因素较大的重要性,但在他的帝国主义定义下,一些相互矛盾的帝国主义解说也被整合在一起了。它未能清楚地说明,经济的或技术的优势本身是否具有帝国主义性质;或者,要把市场经济的依赖关系转变为帝国主义,在多大程度上需要加入政治的影响。尤其是韦勒对经济因素的客观意义的表述前后不一。有时他赋予帝国主义扩张——或者以促进出口的非正式形式,或者以或多或少的直接的殖民统治的形式——一种促进经济发展的政治功能,但是他又看到,海外殖民地的建立有时并无益于本国经济。因此,韦勒在理论上把经济的因素放在第一位,但是实际上又不自觉地滑到一种部分属于社会心理学的,部分属于社会学的解说上去。仔细考察,不是客观的非正式的或正式的帝国主义统治的经济优点,只是与之相连的着眼于未来的经济发展的可能性的主观期待成了帝国主义政策的主要推动力。但是他没有充分注意到这样的事实,即当时有关帝国主义政治的方法和目标规定的观点多种多样,差别悬殊。[2]

(四) 西方帝国主义理论的学术启示

西方学者的帝国主义理论虽然本质上是反马克思列宁主义的,但从学术的角度来看,它们还是有一定价值的。除了史料的提

---

[1] Wolfgang J. Mommsen, *Imperialismustheorien. Ein Überblick über die neueren Imperialismusinterpretationen*, 2., ergänzte Auflage, Göttingen 1980, S. 68.

[2] 同上书,第78页。

供外——列宁在写作《帝国主义论》时就从资产阶级学者的著作中采纳了大量资料,其观察问题的角度和分析问题的方法,也有值得我们借鉴的地方。

例如民族主义的解说。实际上,民族主义在西方列强的殖民扩张中的确发挥了重要的推动作用,低估这些推动力量是错误的。在考察殖民主义和帝国主义的海外扩张进程时,无论如何是不允许忽略民族主义因素的。特别是在19世纪晚期,支持强有力的、大规模扩张政策的民族主义狂热不仅鼓舞了资产阶级,而且也部分地感染了广大民众。民族主义的甚嚣尘上,无疑大大强化了帝国主义的意识形态,致使西方列强的殖民扩张几乎成为了一种全民性的运动。不过,只有结合经济因素,特别是工业国家大幅度提高的经济能力,才能更好地说明帝国主义巨大的扩张能量。况且,民族主义的扩张计划往往大而空,在"大不列颠"或"大德意志"的民族主义狂热背后实际隐伏着差异悬殊的帝国主义动机。因此,有必要对民族主义产生的根源及其在特定社会中的特殊的政治和社会功能加以深入研究。[1]

再譬如"非正式的帝国主义"概念和"自由贸易帝国主义"理论。这种解说突破了人们通常把帝国主义定义为单纯的殖民统治的帝国主义概念。它开拓了一条新路,为研究和认识帝国主义这一历史现象提供了有利条件。具体说来,有以下三个方面的意义:首先,它把形式上属于市场经济的经济扩张同其他方式的间接影响一起归类为帝国主义,认为它们具有以下共同特点,这就是它们

---

[1] Wolfgang J. Mommsen, *Imperialismustheorien. Ein Überblick über die neueren Imperialismusinterpretationen*, 2., ergänzte Auflage, Göttingen 1980, S. 59.

一般都不需要直接运用暴力政治,只在例外的情况下才动用正式的政治强权手段。其次,它提供了这样的可能性,即把几乎没有被人注意到的、由个别野心勃勃的冒险家、企业主和投机商进行的海外扩张活动同由民族主义扩张激情所承载的正式的领土扩张联系起来,更好地说明了西方海外殖民扩张的连续性及其在19世纪末20世纪初不断升级情况。再者,自由贸易基础上的经济扩张和政治扩张现在成了一个统一进程的两个方面。帝国主义"经济渗透和政治影响联合"的特征得到了突出强调。

但是"自由贸易帝国主义"理论仍然把帝国主义看作是国家政府所采取的一种政策,而不是资本主义经济发展的必然产物。这是与历史唯物主义观点有根本区别的。此外,把古典的自由贸易等同于非正式的帝国主义,把19世纪晚期的帝国主义与先前的帝国主义等同起来(虽然有正式和非正式的区别),可能会导致抹杀帝国主义的本质特性的后果。因为自由贸易的主要代表,例如理查德·科布顿(Richard Cobden)等,是反对帝国主义暴力的,而帝国主义扩张从19世纪80年代起已经获得了一种全新的、不平等的侵略性质。从这个时候起,"国旗跟随商业"的旧原则已经翻转过来了;现在人们要求国家实行先发制人的兼并,期望使目前仍依赖于它们的相关地区将来会有经济意义。因此必须对"非正式的帝国主义"概念作出更精确的定义,要用一种比较谨慎的方式来加以使用,尤其要在本来意义上的帝国主义和具有不同经济潜力的市场经济关系之间划出一条明确的分界线。[①]

[①] Wolfgang J. Mommsen, *Imperialismustheorien. Ein Überblick über die neueren Imperialismusinterpretationen*, 2., ergänzte Auflage, Göttingen 1980, S. 76—77.

西方帝国主义理论当中最有启发意义的要数"边缘取向的"解说了。虽然初看起来不乏辩护的倾向,但它确立了新的研究重点,包含有新的理论思考。它揭示了海外土著居民中的合作兴趣和抵抗意愿,更好地说明了西方帝国主义从非正式控制向正式的领土统治的转变过程。尤其重要的是,它打破了以往帝国主义解说"欧洲中心主义"的思维模式,第一次强调了土著居民——特别是其领导集团——的作用,突出了殖民地在历史发展过程中的意义。土著居民和殖民地不再像以往那样,只被当作被动的客体,毫无历史主体性可言。事实上,西方殖民主义者和帝国主义者的海外扩张活动到处都受到殖民地人民——无论是普通老百姓还是其政治、经济和文化精英——的制约。殖民地的"合作"或者抵抗,对于西方的殖民扩张进程产生重要的促进或遏制作用。[1]

"边缘取向的"帝国主义理论也为近代中德关系史研究提供了一个新视角。

在以往的研究中,中外学者普遍侧重于德国方面,把德国与中国的关系塑造成了一个等级制的结构,把德国和德国人整体地看作"给予的一方"(主动的主体),把中国和中国人同样整体地看作"接受的一方"(被动的、反应的客体)。中国和中国人往往被描写成被动挨打、任人宰割的"牺牲品",完全忽略了中国社会的自主性和能动性。

不可否认,近代中德关系肇始于普鲁士-德意志国家对中国的

---

[1] Klaus Mühlhahn, "Umkämpfte Geschichte: Darstellungen von Imperialismus und Kolonialismus in der chinabezogenen Geschichtswissenschaft am Beispiel von Kiautschou", in: *Berliner China-Hefte*, Nr. 12, Mai 1997, S. 1—10.

冲击。早在18世纪初德国就已开始了对华贸易活动。到19世纪30年代,除了商人,基督教新教传教士也开始了在中国的传教活动。第一次鸦片战争后,清政府被迫开放通商口岸,德国商人和传教士遂依据英法等国强加给中国的不平等条约,纷纷进入中国内地。1859年,普鲁士政府也利用英法联合发动的第二次鸦片战争之机,趁火打劫,派遣一支"远征队"远赴东亚,同中国、日本、暹罗建立了外交关系并签订了通商条约,获得了与英、法、俄、美等国业已在中国攫得的同样的特权。此后,在普鲁士-德意志政府的支持和保护下,来华德国商人、传教士以及其他各色人等不断扩大其活动范围,扩充其势力,使德国在中国的总体势力迅速增强,成为与英、法、俄、美等国并重的西方列强之一。特别是1897年德国出兵胶州湾,强占青岛为其殖民地,山东为其势力范围,引起了其他帝国主义国家在中国强行"租借"港湾、抢占势力范围的狂潮,大大加深了中华民族的生存危机。

然而,中德关系的实际发展并不完全取决于德国殖民主义和帝国主义单方面规划。中国的自然框架条件和历史形成的、高度发达且根深蒂固的政治体制以及经济、社会和文化结构,都对德国的扩张有着顽强的抵抗力,中国社会各阶层的立场态度也对德国人的思想和行动产生着巨大制约作用。因此,在考察近代中德关系时,有必要把眼光更多地转向"边缘地区",也就是说转向中国本土社会。

事实证明,中国社会在不平等关系和外来殖民统治条件下进行的抵抗不是微弱而是卓有成效的。德国企业主和银行家对中国市场的期望只能部分地变成现实。中国市场的独特性和独立性、中国方面资本的不足以及在中国市场上的激烈竞争都阻碍着殖民者企盼的增长率的出现。基督教传教工作也举步维艰。虽然传教士遍布中国许多地方,到处吸收中国人入教,但常常卷入中国内部的冲突和争斗,遭遇到中国社会若干团体的坚决抵抗,其成效后来也受到德国社会舆论的普遍质疑。

中国社会各阶层的抵抗特别对德国占领下的青岛的发展产生了巨大影响。其结果是德国虽然在政治上继续占据统治地位,但在经济上已丧失了控制能力。大多数德国商人和企业主未能盈利,仅仅依靠殖民当局的订货维持生存。相反,中国政府、士绅和商人通过非暴力抵抗不断扩大自己的活动空间,夺回了大部分被德国攫取的路矿利权。其现代化措施也大大加强了本土结构,导致了经济增长、生产力和生活水平的明显提高。青岛逐渐发展成为一个中国人的商业中心,其中95%的商业贸易发生在中国商人之间并且以中国商品为交换对象。到20世纪初,德国政府迫于内外压力不得不逐渐放弃了在山东的种种特权。可以说,即使在德国掌握着统治权的情况下,决定中国发展方向和命运的也不是德国侵略者,而是中国人自己。通过"边缘取向的"帝国主义理论,我们可以对近代中德关系获得一种新的认识。

当然,任何垄断要求都是不合理的。我们绝不应当忽视下列基本事实,即西方海外扩张的最初原因产生于它的自身,殖民地的"合作"和抵抗行为大都是以西方的扩张为前提条件的。殖民扩张既受"边缘地区令人不满意的关系"制约,也受西方列强内部"令人不满意的关系"制约。若不考虑欧洲的殖民运动及其经济的和政治的初始形势,帝国主义问题是无法得到正确认识的。对于历史编纂来说,两个方面都很重要。一个方面是海外扩张者的意图、动机和战略,另一个方面是由殖民扩张所触动的利益和引起的反应,它们相互作用,最终决定了帝国主义的历史进程和结果。

二、"跨文化相互作用"的理论和实践

在研究近代中德关系史时,除了殖民主义和帝国主义问题外,现代化问题也占有十分重要的地位。不可否认,普鲁士—德意志国家作为西方资本主义列强中的一员,其侵略扩张一方面对仍处于传统农业社会发展阶段的晚清中国造成了严重危害,加速了中国半殖民地化的进程,但是另一方面也带来了先进的生产力和西方现代文化,在一定程度上促进了中西文化交流,刺激了中华民族的觉醒,推动了中国的现代化建设事业。

1853年,马克思在分析英国在印度的殖民统治时,曾经对其客观历史作用作了总结性的评价和预测,提出了著名的"双重使命"论。马克思指出,英国在印度的殖民统治一方面通过商品输出和资本输出破坏了印度社会的整个结构;另一方面又必然会造成"新的生产力","播下新的社会因素"。他说:"英国在印度要完成双重的使命:一个是破坏性的使命,即消灭旧的亚洲式的社会;另一个是建设性的使命,即在亚洲为西方式的社会奠定物质基础。"①马克思的立意是,殖民主义作为资本主义的开路先锋虽应

---

① 马克思:《不列颠在印度统治的未来结果》,《马克思恩格斯选集》第2卷,人民出版社1972年版,第70页。

受到政治批判,但作为世界历史发展中的一个重要阶段,它又具有进步的和现代化的性质。

长期以来,我国学者撰写的近代中德关系史基本上都是以"双重使命"作为理论框架的,只是在不同时期强调的重点有所不同。20世纪90年代之前,在反帝、反西方意识形态的影响下,几乎所有论著都偏重于德国的侵略和破坏作用。① 近20年来,随着现代化建设事业的加速进行和学术自由风气的日渐兴盛,现代化话语开始占主导地位,不少学者开始强调把道德评价与历史研究区分开来,肯定德国客观上建设性的一面,其作为"历史不自觉的工具"而产生的客观的现代化后果。②

然而,无论是偏重于德国的侵略和破坏作用还是肯定德国客观上建设性的一面,其思维模式都没有摆脱"欧洲中心论"或者说"西方中心论"的窠臼。它片面地强调了德国单方面的主观意志和客观作用,忽视了中国与德国对等的主体地位和主观能动性,没有看到中德关系是一种双向的、互动的关系。

近年来,随着后殖民、后现代主义的兴起、全球化进程的迅猛发展和"地球村"的开始形成,跨文化研究在西方学术界蓬勃开展,跨文化联系、接触和交往的意义受到普遍关注。③ 在跨文化研究的影响下,德国柏林自由大学东亚研究所成立了以罗梅君(Mechthild Leutner)教授为首的"德中关系史"研究小组,并通过

---

① 如王守中著《德国侵略山东史》,人民出版社1988年版。
② 如任银睦著《青岛早期城市现代化研究》,生活·读书·新知三联书店2007年版。
③ 跨文化研究以世界各国、各民族间的文化差异、文化接触和文化互识为研究对象,致力于探讨某特定文化群体的人们在与作为"他者"的异文化群体发生关系时所经常出现的认知模式和行为方式,总结文化间交往的一般规律。

二、"跨文化相互作用"的理论和实践　41

对19世纪中德关系史的深入考察,提出了"跨文化相互作用"的新理论。这个理论不仅颠覆了"欧洲中心论"的霸权地位,而且也为研究和编纂近代中德关系史提供了一种切实可行的理论方法论工具。

下面就根据罗梅君著《德中关系论著中的霸权与平等》[①]、余凯思(Klaus Mühlhahn)著《在"模范殖民地"胶州湾的统治与抵抗——1897—1914年中国与德国的相互作用》[②],以及罗梅君、余凯思著《跨文化行为模式:帝国主义后期在中国的德国经济与传教》[③]等著作,对跨文化相互作用的理论构思和具体实践作一简要述评,以便引起我国学者的关注和重视。

(一) 从现代化理论到跨文化相互作用理论的转变

对于近代中德关系史,中外学者已经进行了较为深入的研究和探讨,也发表了大量论著。[④]这些论著或者从总体上概括性地论述了近代中德关系的发展进程,或者针对某一特定时期进行了阶

[①] Mechthild Leutner, "Hegemonie und Gleichrangigkeit in Darstellungen zu den deutsch-chinesischen Beziehungen", in: Mechthild Leutner (Hrsg.), *Politik, Wirtschaft, Kultur: Studien zu den deutsch-chinesischen Beziehungen*, Münster 1996, S. 447—460.

[②] 〔德〕余凯思著,孙立新译,刘新利校:《在"模范殖民地"胶州湾的统治与抵抗——1897—1914年中国与德国的相互作用》,山东大学出版社2005年版。

[③] 〔德〕罗梅君、余凯思著,孙立新译:《跨文化行为模式:帝国主义后期在中国的德国经济与传教》,载国家清史编纂委员会编译组编《清史译丛》第四辑,中国人民大学出版社2005年版,第135—174页。

[④] 关于中国学者的研究可参见刘善章《中德关系史研究的过去、现在与未来》,载中国德国史研究会与青岛中德关系研究会编《德国史论文集》,青岛出版社1992年版,第309—329页;刘立群:《中德关系史研究在中国》,《德国研究》1996年第1期,第11卷,总第37期,第1—9页;徐凯、徐健、陈昱良:《1996—2005:中德关系史研究》,载

段考察，或者就某个方面做了专题性探究。无论怎样，其苦心孤诣的爬梳整理和奇思妙想的探索发现，都极大地丰富了人们对于中德关系史的了解和认识，开拓了历史研究的广阔天地。然而，也必须看到，以往的论著大都是以国家层面的外交谈判为重点的，所述内容也主要是重大事件、条约规定或者进出口贸易数字，并且更为严重的是，在不少论著中普遍存在着一种以西方为中心的倾向，或多或少地遮蔽和歪曲了历史真相。"西方中心论"的产生有多方面原因，但就学理而言，在很大程度上是与单维度、直线式的"现代化理论"和与之相应的认识模式和概念系统有密切关系的。

现代化理论是二战后在西方兴起的一整套社会发展理论，它以西方工业化国家的经验为依据，制定了若干发展标准，力图为发展中国家（第三世界国家）规划发展方向和途径。现代化理论后来也被运用于历史研究，并在20世纪50—60年代导致了美国费正清学派"冲击-回应"模式和"现代-传统"模式的形成。

按照这些模式，西方资本主义社会是一个动态的近代社会，而传统中国社会则是一个长期处于停滞状态的社会。由于儒家学说在意识形态领域占据正统地位，古老的中华帝国得以长期保持稳定，对外部世界则表现出极大的惰性。当西方人要求同中国进行

北京大学德国研究中心编《德国研究》第二卷，北京：北京大学出版社，2007，3，第35—53页。关于外国学者的研究参见 Mechthild Leutner, "Hegemonie und Gleichrangigkeit in Darstellungen zu den deutsch-chinesischen Beziehungen", in: Mechthild Leutner (Hrsg.), *Politik, Wirtschaft, Kultur: Studien zu den deutsch-chinesischen Beziehungen*, Münster 1996, S. 447—460；〔德〕余凯思著，孙立新译，刘新利校：《在"模范殖民地"胶州湾的统治与抵抗——1897—1914年中国与德国的相互作用》，山东大学出版社2005年版，第7—22页。

贸易时,中国政府盲目自大,闭关自守,排斥一切外来势力。因为自身缺乏内在的发展动力,中国社会只有通过外来的强刺激才能从沉睡中惊醒,才有可能摆脱困境,获得发展。因此,中国近现代的历史进程是在西方的冲击下得以启动的。西方的冲击为中国提供了一种进步的机遇,其结果必然是按照西方形象改造中国文化。①

"冲击-回应"的认识模式带有非常明显的主观性,没有把其思想所能概括的范围交代清楚,并不能说明全部的问题,很容易使读者和史学家陷入认识与理解上的误区。"现代-传统"的两分方法则诱导人们严格地按两极对立原则来划分近现代的历史,排除了任何中间的可能。它还用整齐匀称的概念,来描绘和解释根本上不匀称的现实。②

在现代化理论背后潜藏着一种"种族中心主义"的认识模式;它把西方的、进步的现代与中国的、落后的传统对立起来,并且暗示前者的历史优越性。对于中国来说,西方的挑战是一种强有力的、开启现代化进程的刺激和机遇。其结果必然是按照西方形象来改造中国。现代化理论也是一种以"西方为中心"的"外向型"理论模式。它以西方人的价值观来认识中国的传统社会和传统文化,突出西方冲击的积极作用,淡化了帝国主义侵略对中国和中国人民造成的巨大伤害。在论述近代中国的历史时,也过多地把注意力集中在中国对"西方挑战"的回应上,忽视了中国社会和历史的复杂性。

---

① 参阅〔美〕柯文著,林同奇译《在中国发现历史——中国中心观在美国的兴起》,中华书局 2002 年版。

② 〔美〕柯文著,林同奇译:《在中国发现历史——中国中心观在美国的兴起》,中华书局 2002 年版,第 4—8、88—92 页。

余凯思指出,在这种论证方式背后隐伏着一个基本范例,其源头可追溯到近代早期历史编纂中一个涉及面很广的范式和它在某个"大理论"框架以世俗化转变进程为准则的取向。就具体史实而言,它涉及对最近五六百年世界历史的编排和解说。"近代全球史的发展进程被解释为西方文明的逐渐扩展,并且是以单方面的、直线的和不可逆转的发展进程形式扩展的。此类设想在欧洲的世界感知中具有很大的影响:无论是关于西方价值观的普遍性的现实争论还是起源于马克思主义的世界体系理论,都从这种全球西方化思想中吸取营养。不仅历史科学和汉学研究,而且一般的公众认识和现实政治,都深受这个观念的影响。它大模大样地发挥着论证西方现代的历史合理性的作用,也理直气壮地要求普遍的适用性。"[1]

这种在西方中国研究中普遍存在的、很大程度上以现代化理论为取向的论证方式同样存在于有关近代中德关系史的论述中。不少学者认为,在19世纪的前殖民阶段,德国属于那些"打开"中国国门并与之建立外交关系的西方列强中的一员。在中国早期的自强和现代化运动中,德国曾经给予过"帮助"。人们也主要从现代化和进步的角度来看待德国入侵并强行租借胶州湾事件,尽管认为强大的、技术进步的德国顶着传统—落后势力的抵抗,建立了一个按照理性的秩序原则运作的文明化的"飞地",为全中国树立了榜样。中国人对此作出反应,进行抵抗——在此,有的人予以肯定,有的人则予以否定。无论肯定还是否定,中国人民及其政府的

---

[1] 〔德〕余凯思著,孙立新译,刘新利校:《在"模范殖民地"胶州湾的统治与抵抗——1897—1914年中国与德国的相互作用》,山东大学出版社2005年版,第22页。

二、"跨文化相互作用"的理论和实践　　45

行为都继续被当作反应来理解。[1]

　　更有一些现代化论者甚至认为帝国主义对中国产生了积极的经济影响。例如约翰·E. 施雷克尔（John E. Schrecker）在其著作中强调中国民族主义形成的意义，并把这种民族主义看作是精英阶层对德国扩张的回应。按照他的见解，中国的民族主义极大地强化了中国共同体利益的意识，为建设一种新的、由社会各阶层共同承担的反对德国的政治斗争奠定了基础。中国民族感情的出现产生了积极的一体化作用，使各社会阶层和各利益集团共同行动起来，为恢复中国的政治经济主权而斗争。施雷克尔还把19世纪的中德冲突简化为一种文化冲突，把学习西方文化看作是必要的、有利于中国现代化的事情，这就意味着，不仅应当采纳西方的科学技术，而且也要接受西方的价值观、思想体系和各类学术。尽管施雷克尔对德意志帝国的侵略行为进行了揭露和批判，他最终还是说："无论怎样，德国冲击的方向是积极的。"[2]

　　薇拉·施密特（Vera Schmidt）也在其论述德国在山东的铁路政策的著作中强调说，帝国主义虽然在政治上对中国产生了瓦解作用，在科学技术和经济上却给中国社会带来了重要的发展和革

---

[1] 参阅 Mechthild Leutner/Klaus Mühlhahn, "Die'Musterkolonie': Die Perzeption des Schutzgebietes Jiaozhou in Deutschland", in: Kuo Heng-yü/Mechthild Leutner (Hrsg.), *Deutschland und China. Beiträge des 2. Internationalen Symposiums zur Geschichte der deutsch-chinesischen Beziehungen, Berlin 1991*, München 1994, S. 399—421.

[2] John E. Schrecker, *Imperialism and Chinese Nationalism: Germany in Shantung*, Cambridge, Massachusetts 1971, p. 258. 参阅〔德〕余凯思著，孙立新译，刘新利校《在"模范殖民地"胶州湾的统治与抵抗——1897—1914年中国与德国的相互作用》，山东大学出版社2005年版，第14—15页。

新动力。1897年以前,山东经济发展的停滞状态明显可见。德意志帝国的各项措施极大地促进了新科技、新思想和新战略的输入,使一种现代基础设施的建立和一种现代工业的建设成为可能,为后来的发展奠定了基础。①

迪尔克·A.西勒曼(Dirk A. Seelemann)在其论述德占胶澳的著作中同样强调德国各种措施对中国社会现代化的良好效果,反对那种认为海军是怀着剥削掠夺的殖民主义动机到胶州的观点。他说:"……把工业引入青岛地区,这使中国居民获益匪浅;……对于帝国海军当局来说,铁路、技术转让、基础设施建设比获得某些实惠更重要。凡此种种足以驳斥那种认为海军是怀着剥削掠夺的殖民主义动机到胶州的观点。"②

这些观点显然是为殖民主义和帝国主义辩护的,也隐含着强烈的西方文化优越论情结。在"进步"和"现代"的招牌下,殖民主义和帝国主义的强制措施被合法化了。

在这里,"德国"和"德国人"被整体地或者单个地视为主体、给予者、主动的和积极的一方,"中国"和"中国人"则被整体地或者单个地视作客体、接受者、被动的和反应的一方。德国等同于"进步的、现代的"一方,中国则是"落后的、传统的"一方。德国对中国的

---

① Vera Schmidt, *Die deutsche Eisenbahnpolitik in Shantung*, 1897—1914. *Ein Beitrag zur Geschichte des deutschen Imperialismus in China*, Wiesbaden 1976. 参阅〔德〕余凯思著,孙立新译,刘新利校《在"模范殖民地"胶州湾的统治与抵抗——1897—1914年中国与德国的相互作用》,山东大学出版社2005年版,第11页。

② Dirk A. Seelemann, *The Social and Economic Development of the Kiaochou Leasehold (Shantung, China) under German Administration*, 1897—1914, Toronto 1982, p. 267. 参阅〔德〕余凯思著,孙立新译,刘新利校《在"模范殖民地"胶州湾的统治与抵抗——1897—1914年中国与德国的相互作用》,山东大学出版社2005年版,第11—12页。

"帮助"和中国向德国学习的必要性得到了突出强调。[①] 罗梅君指出:"现代化范式的运用——这一点在一些作者那里在论述的层面上还通过若干修辞而得到加强——使中国-德国的关系变成了一个等级制的结构:德国是主动的主体,中国则是反应的客体。这样在学术层面上也出现了一种权力关系的虚构,'文化霸权'被加以实施。"[②]

20世纪70年代以来,随着后殖民主义、后现代主义理论的兴起,不少西方学者对欧洲中心论进行了批判性反省。美国学术界的非白人知识分子爱德华·W.赛义德(Edward W. Said,也被称作爱德华·W.萨义德)在1978年发表了关于东方主义的著作[③],以19世纪和20世纪的欧洲学者对东方世界的论述为例,令人信服地展示了"文化霸权"思想的作用力。赛义德详细论述了表现在创造虚构的"东方"活动中的"知识的权威"是如何与作为帝国主义统治政策之有机组成部分的西方列强的军事、经济和政治支配同时并进的。而科学工作者在自己的著述中所虚构的东方与被研究的实际的东方完全不符。科学工作者搜集了大量的关于东方的知识,但是其"再现"(representations)却完全依赖科学工作者的语言和文化习惯,依赖于他们的政治利益和个人兴趣。

美国史学家柯文(Paul A. Cohen)则在1984年出版了《在中

[①] 参阅 Mechthild Leutner, "Hegemonie und Gleichrangigkeit in Darstellungen zu den deutsch-chinesischen Beziehungen", in: Mechthild Leutner (Hrsg.), *Politik, Wirtschaft, Kultur: Studien zu den deutsch-chinesischen Beziehungen*, Münster 1996, S. 453—454.

[②] 同上书,第454页。

[③] Edward W. Said, *Orientalism*, London 1978. 参阅〔美〕爱德华·W.萨义德著,王宇根译《东方学》,生活·读书·新知三联书店1999年版。

国发现历史》①一书,用赛义德的文化霸权观念考察美国的中国史研究,对在美国乃至整个西方学术界中国研究中占主导地位的范式(特别是现代化理论)进行了严厉的意识形态批判。

在赛义德"文化霸权"观和柯文"中国中心"观的影响下,不少西方学者开始超越现代化理论,超越西方现代文化冲击中国传统社会这一思路,侧重于从中国而不是从西方,从地方而不是从中央,从下层而不是从上层研究中国近代史,与之相应,他们也把一些取自社会科学的理论、方法与技巧运用于历史研究,极大地提高了历史学的分析水平。然而,关系的"相互性"思想仍没有在有关近代中德关系史的著作中得到贯彻。在讨论起中德或者德中关系时,导引西方学者思路的仍然是认为西方国家的政治制度"更好一些"的观念,仍然是坚信西方的议会制度比中国"极权的"、"毛主义"的,或"中国特色的市场经济"的体制更优越的信念,仍然是认为中国最终也必须采纳西方的社会制度。在涉及德国和欧洲社会的核心价值的争论中,中国仍然经常被用作"次要的共同联系点"。关于中德关系的历史编纂学仍由积极—消极这样的对立关系所决定,也有人恰恰用中国这个对立模式来证明西方的现代性。中国作为相反的模式,作为还没有达到标准的,作为"需要补课的",作为正在以西方的价值为追求目标并且仍然是"不发达的"国家不能受到像"发达的"工业国家德国一样的同等对待。②

---

① Paul A. Cohen, *Discovering History in China. American Historical Writing on the Recent Chinese Past*, New York 1984. 参阅〔美〕柯文著,林同奇译《在中国发现历史——中国中心观在美国的兴起》,中华书局 2002 年版。

② Mechthild Leutner, "Hegemonie und Gleichrangigkeit in Darstellungen zu den deutsch-chinesischen Beziehungen", in: Mechthild Leutner (Hrsg.), *Politik, Wirtschaft, Kultur: Studien zu den deutsch-chinesischen Beziehungen*, Münster 1996, S. 455.

直到20世纪90年代,随着全球化进程的加速发展和"地球村"的形成,有一些学者才开始认识到跨文化联系、接触和交往的普遍意义,试图从经验的和方法的角度,考察当今社会中文化多样性、文化界限和文化冲突的作用,分析诸如国际性迁移运动等极大地促进了社会和文化混合的进程。这里涉及跨文化的传输和接受进程、对外来生活方式和文化财富的吸收、"对他者"的感知、通过不同媒体和交往形式而产生并与集体的认同模式密切相关的外国观、公式化套语的形成等问题以及实际行为与文化—心态认同性的联系。

鉴于有关跨文化进程的历史起源学知识对恰如其分地理解当前的结构具有重要意义,历史经历以历史形成的自我理解和认同性方式在当前的跨文化接触中发挥着多种多样的作用,不少西方学者也开始对跨文化关系进行经验—历史的研究了。[①]

正是在跨文化研究的推动下,德国柏林自由大学东亚研究所以罗梅君教授为首的"德中关系史"研究小组,开始了"完全自愿的、因为认识到问题所在而决定摆脱这些范式及其尚未受到质疑的前提条件的行动",并且通过对19世纪中德关系史的深入考察,提出了"跨文化相互作用"的新理论。

(二) 跨文化相互作用的理论构想

罗梅君等人坚决主张"消解"和放弃在以往论述中明显可见的

[①] 〔德〕罗梅君、余凯思著,孙立新译:《跨文化行为模式:帝国主义后期在中国的德国经济与传教》,载国家清史编纂委员会编译组编《清史译丛》第四辑,中国人民大学出版社2005年版,第135—136页。

"文化霸权主义",要求赋予中国以对等地位。他们也反对把德国—中国的关系当作一种等级制关系来理解、把中国只当作德国外交政策的对象来论述的做法,要求在论述中选择新的修辞方式,使这种对等关系得到充分反映,恰如其分地展示中德双方的对外政治战略和利益。[1]

罗梅君还根据丹尼尔·利特尔(Daniel Little)的合理选择模式(rational-choice-model),认为在评价某个国家的对外关系时,不能只注意抽象的国家利益,而是要更多地看到该国民众当中不同阶层的具体情况。应当注意到各阶层的不同利益,准确恰当地分析每个国家的对外政策对本国各阶层和相关国家的各阶层所产生的后果。

罗梅君指出:"从处于交往关系之中的对手双方的完全对等思想出发,首先应当承认每个国家和它的居民政治的、文化的、整个思想观念的同等价值。然而,这个同等性假设意味着,既不能接受抽象的范式和西方的市场经济的价值,又不能——在文化相对主义的意义上——毫无批判地采用在中国或在德国占统治地位的价值。""作为科学工作者,历史学家有责任与文化霸权现象进行坚决的斗争,并且,如有可能,要彻底摧毁它们。"[2]

在罗梅君和余凯思看来,跨文化的相互作用可以被理解为"在不同社会体系相遇的跨文化形势中发生的行为。它所涉及的是那些超出某社会自身文化框架范围从而与别的陌生文化的社会体系

---

[1] Mechthild Leutner, "Hegemonie und Gleichrangigkeit in Darstellungen zu den deutsch-chinesischen Beziehungen", in: Mechthild Leutner (Hrsg.), *Politik, Wirtschaft, Kultur: Studien zu den deutsch-chinesischen Beziehungen*, Münster 1996, S. 456.

[2] 同上书,第 458 页。

发生关系的行为"。① 因为经济的、社会的、政治的局势不允许与文化符号、世界观和意义解说相分离,所以跨文化的关系便从总体上超出了文化的狭隘范围,包容了意识形态、经济、政治等诸方面。所有方面都相互联系,相互影响。必须承认经济、政治、意识形态和文化因素的同时性,即使不是同等性。这样,鉴于各方面所谓的民族利益就形成了相互竞争的不同观点。而哪种策略最终得以推行则取决于下列情况,即在多大程度上成功地使自己的或者把陌生者看作危险或者看作机遇的感知在某一社会中获得认可。最后,基于不同的感知方式和知识储存,不同的团体在国际的和跨文化的环境中作出的反应也是大不一样的。

帝国主义也可以被看作是各种各样跨文化相互作用的一种特定的历史形式。帝国主义规划预定要对例如中国这样的欧洲以外地区设立并维持一种复合的霸权,包括政治的、宗教的、经济的和文化的诸种形式。然而,必须超越单一整体论的本质主义来思考跨文化接触问题。要对帝国主义的异质性和过程性特征有清醒的认识。因为相互作用总是发生在具体的个人或社会团体之间,而这些个人和团体的利益和所追求的目标又各不相同,他们相互之间的接触和交往更不可同日而语,所以,即使在19世纪帝国主义侵略扩张的大背景下,中德关系也是多种多样、异质纷呈,远比迄今为止所有著作的描写都要复杂。虽然在德国方面深受国家-民族主义和帝国主义逐渐形成和逐渐贯彻的进程的影响,但这个进程本身却呈现出多层次性,绝非千篇一律。跨文化的相互作用还

---

① 〔德〕罗梅君、余凯思著,孙立新译:《跨文化行为模式:帝国主义后期在中国的德国经济与传教》,载国家清史编纂委员会编译组《清史译丛》第四辑,中国人民大学出版社 2005 年,第 137 页。

是一个发展变化的过程,其后果肯定会对初始状况作出修正。在帝国主义时代,中德之间的相互作用起初是以"不平等"条约和经济依附形式出现的德国单方面支配占主导地位的,但是不同利益团体之间多方面的相互作用逐渐改变力量对比关系,导致了有利于中国的局势变化。从长远的观点来看,德意志帝国在中国的侵略扩张最终还是受到了"抑制"。①

长期以来,在中德关系史研究中,政治-外交关系领域一直居于兴趣和感知的中心,这是由固着于国家的历史编纂传统所决定的。但在罗梅君等人看来,这个中心领域远不如地方和私人活动领域重要,特别是经济界的代表和传教士把他们能够"闯入"并且能够在其中平稳、持久地开展业务的商贸区和传教区视作活动基地。商人和传教士的活动虽然期望得到国家的支持,并且也经常能够得到这种支持,但在原则上又是独立于国家、不受国家支配的。由于国家的克制态度,在普鲁士-德意志对华扩张的早期阶段,起推动作用的几乎都是诸如传教士和商人等非国家力量。尽管利益不同,动机和目的不一,工作和任务多种多样,所追求的目标迥然有别,并且生活在所谓的外国人"飞地",活动于中国不同的社会环境,但是来华德国人在自己的职业生涯和私人生活范围内都要与周围的中国人社会发生密切接触,所遭遇的社会形势基本相同,也必须克服的困难也非常相似。对于他们来说,他们所接触的中国人社会的价值观念、风俗习惯和文化传统是十分陌生的。他们也都意识到,要取得成功,必须与中国人进行商谈、交流,甚至

---

① 〔德〕罗梅君、余凯思著,孙立新译:《跨文化行为模式:帝国主义后期在中国的德国经济与传教》,载国家清史编纂委员会编译组编《清史译丛》第四辑,中国人民大学出版社 2005 年,第 138 页。

二、"跨文化相互作用"的理论和实践 53

取得谅解。为此,他们制定并采用各种各样的策略,或者通过文化中介人的介入,或者部分地适应中国国情,不一而足。而在中国方面,也有人致力于与德国人进行交往。在这里,彼此谅解、妥协是十分重要的,任何强迫、要挟和误解都有可能导致冲突。与之相应,在中德关系当中也形成了不同的路线和传统。①

具体地说,可以区别出三个层面。首先是宏观的国家政策层面。自1840年中英鸦片战争开始,西方列强不仅从军事上打败了中国,而且也在中国开启了一个多层次的"外国决定时代"。这个时代持续了100多年,而中国也进行了同样长时间的抵抗斗争。包括德国在内的帝国主义列强把一种由"不平等"条约、军事强权和经济依附构成的政治经济结构强加给了中国,围绕着该结构的巩固或修改,中国与列强展开了激烈斗争。这种相互作用主要是由双方的外交家和政治家进行的。

其次是非国家的、社会的层面,它与政治经济的宏观结构层面并存,但其活动场所不再是大都市和外交官驻地,而是中国沿海地区和大河流域的港口城市及外国人的租界,或者中国内地设有传教站的小乡镇。这里有另一类活动者,其利益和需求各不相同,因此也无法清楚地划分阵线。它更多地涉及本地社会团体与外来社会团体因个别经济、司法、传教事务产生的具体接触和日常纠葛。不过这些纠葛都以某种方式与帝国主义扩张联系在一起,或者是帝国主义扩张为各类活动规定了初始条件,或者是某种出自帝国主义扩张的感知方式(例如西方或德国文化优越论思想)贯彻到了

---

① 〔德〕罗梅君、余凯思著,孙立新译:《跨文化行为模式:帝国主义后期在中国的德国经济与传教》,载国家清史编纂委员会编译组编《清史译丛》第四辑,中国人民大学出版社2005年,第136页。

行动之中。帝国主义的宏观和微观层面并不相互排斥,相反,它们相互影响。恰恰在这里形成了若干从地方出发最终到达政治中心的、特别的利益驱动,也形成了因外国势力的存在而产生的影响中国总体发展的复合作用。

除了上述两个层面还有第三个跨文化的层面。它所涉及的是这样一种情况,即在帝国主义的压力下,中德双方虽然在宏观层面和微观层面都发生过一些冲突,但也有谅解和"合作"。诸如买办、口头的和书面的翻译人员、公司代理和传教助手等,他们都成功地发挥了跨文化中介的作用。因此,即使是在帝国主义时代,中德双方也都出现了多种多样的交流和适应进程,思想对峙、文化实践和技术转让时常发生。在港口城市和水陆转运地以及位于内地的某些传教站中形成了"混杂的社会世界";在这里,外来文化与本土文化混合交汇。一些人和社会团体的思想意识也相应地发生了改变,他们的文化和社会认同性理念尤其深受影响。而这个位于第三位的跨文化接触层面与前面两个层面也有密切联系。它清楚地表明,那些在国家和非国家层面上从事活动的人们在多大程度上显示出同样的行为方式和立场态度。只有把这种跨文化接触包括进来才能使人们对帝国主义进程的总体情况产生全面的认识。[①]

对于罗梅君等人来说,要分析德国帝国主义在中国的具体发展,必须把眼光转向来华德国人以及他们必须与之打交道的中国人身上。德国人在中国社会中自然不能独往独来。德国商人和传教士都必须对其中国对手进行深入研究。中德关系的具体进程绝

---

① 〔德〕罗梅君、余凯思著,孙立新译《跨文化行为模式:帝国主义后期在中国的德国经济与传教》,载国家清史编纂委员会编译组编《清史译丛》第四辑,中国人民大学出版社 2005 年,第 138—139 页。

非单方面决定的结果。恰恰相反,中国社会各团体和各行为人肯定是积极参与其中的。同德国方面的情况一样,中国方面的某些特殊团体也是相互作用的承载者。每个参与其中的社会团体都谋求自己独特的利益,而这些利益有时不仅会与自己方面的其他利益,而且也会与德国方面的各种利益发生冲突,但不排除协调一致的可能性。最后,还要对那些活动在德国人团体和中国人团体之间充当着跨文化中介者的个人和团体进行深入研究。

根据这种认识,罗梅君和余凯思详细分析了19世纪中德双方跨文化接触的承载者、中介人和相互感知等问题。在他们看来,中国方面的具体承载者有:占有土地的矿山业主、各种各样的地方经济团体、买办、国家行政管理部门(中央政府、省、县)的各级官员以及"普通民众"。矿山所有者可算是占有土地的地方精英,他们为获得投资机器设备和技术,倾向于与德国大财团和大企业"合作",而经济界其他人士却坚决抗议矿山所有者"出卖"中国矿产资源的行为,无论商人还是运输业业主都会因为这种"出卖"而蒙受经济损失。有些政府企业,如湖南的矿务公司,因为害怕德国企业的竞争,也表示反对。这些反对者和抵抗势力十分强大,以至于矿山所有者经常无法实现其意图。对于外国公司和企业,中国商人和企业家大体有两种态度:一种赞成与外国公司合作,其目的在于接受投资和现代科学技术;另一种态度截然相反,它把与外国经济势力的合作看成是无益的,认为在经济方面会受到剥削,在政治上也十分危险,因为它有可能损害中国的独立和自主。

中国国家官员的意见也不完全一致。中央政府主要关心如何履行与外国列强缔结的国际条约的条款规定。这是一种维持和平局面的态度(conditio sine qua non),它容许外国公司在条约框架内进行经济活动,并且肯定这类活动有利于促进中国的发展,只是对与外国公司和国家合作有可能加重中国的对外依赖情况有所顾虑。地方官员却千方百计地避免与外国人接触。他们不仅拥有司法审判和颁发营业执照等广泛权力,而且也在社会上发挥着地方共同体领袖的作用。但是他们处在国家政权与地方社会的交叉点上,在与其辖区内的外国人打交道时常常会陷入十分尴尬的境地。一方面,他们要在地方上贯彻中央的方针,另一方面,他们又要向上代表其辖区的利益。对于地方官员来说,重要的是削弱外国人在中国的实际影响,使他们受到约束,维护地方经济界人士和地方精英的利益。他们主张慢慢发展,尽量减少,如有可能,则根本不与外来势力合作。

所谓的"普通民众"在史料中大多是无定形的构造物,特别常见于与传教相关的斗争中。同那些与外国人进行"合作"的买办一样,皈依了基督教的中国教徒也在具体传教工作中发挥着重要作用。中国教徒往往构成决定不同活动者之间关系和事件进程的关键因素。皈依者们还期望从传教士和德国外交官、传教士和商人那里获得更多的帮助,以便加强他们在中国社会中的地位和势力。[1]

德国方面的承载者大体可分为四类:德国政府代表、经济界人士、传教士和供职于中国官方的"顾问"。同中国方面的情形一样,他们的利益也各不相同。德国商人和德国传教士的目标十分明

---

[1] 〔德〕罗梅君、余凯思著,孙立新译:《跨文化行为模式:帝国主义后期在中国的德国经济与传教》,载国家清史编纂委员会编译组编《清史译丛》第四辑,中国人民大学出版社 2005 年,第 146—158 页。

确。对于商人来说,其目标就是最大程度地赢利;对于传教士来说则是传播基督教和尽可能多地吸纳皈依者。这两类人的目标虽然不同,但都希望得到本国政府的支持。

然而,对于传教和经济活动,德国政府代表,特别是驻华公使和各级领事,却没有一种统一认识,他们的立场态度和行为方式经常表现出很大的随意性。有的外交官充当了帝国主义侵略的急先锋,积极敦促德国传教士和商人到中国经营,竭力从政治上为传教士和商人提供帮助,在与中国官员或中国中央政府交涉时坚决维护德国方面的权益,甚至不惜用政治制裁进行恐吓或者以军事威胁来加强其要求。有的外交官却宁愿充当中介者和仲裁者。他们利用自己的权威,致力于调解德国人与中国人之间的冲突,有时候还会约请中国地方官员参与,寻求妥协。还有个别人甚至主张对德国商人和传教士的活动加以适当限制,直陈其要求和愿望的不正当和不可行性,并在这种情况下拒绝给予支持。①

在近代德国的对华扩张中,基督教传教无疑构成了一个重要组成部分。紧跟着斯泰伊尔"圣言会"传教进入山东,中国社会的"反洋教"斗争迅速升级,最终导致了震惊中外的义和团运动的爆发。对于传教与政治的关系或者说传教与帝国主义的合作,中外学者早已进行了多方面研究,但大都把传教评论为世俗国家帝国主义利益的实施工具,把传教士看作是经过乔装打扮的西方列强的代理人和帝国主义的走狗。卡尔·J. 李维纽斯(Karl J. Rivin-

---

① 〔德〕罗梅君、余凯思著,孙立新译:《跨文化行为模式:帝国主义后期在中国的德国经济与传教》,载国家清史编纂委员会编译组编《清史译丛》第四辑,中国人民大学出版社 2005 年,第 158—159 页。

ius)①和豪斯特·格林德(Horst Gruender)②虽然指出了国家与传教的区别,但仍把重点放在双方都竭力利用的合作上。他们还使人产生了这样的印象,传教似乎只有依赖西方国家的政治保护才能在中国生存,而传教士也只有凭借物质的和政治的许诺才能赢得中国的基督教徒;舍此,基督教在儒家思想根深蒂固的社会传播是毫无希望的。

鉴于此,罗梅君和余凯思特别强调指出:"总起来说,在1893—1898年间,即帝国主义在中国最兴盛的时期,传教会与德国政治代表之间的合作,就是说外交官对传教的支持,是很有限的。这个时期以前和以后基本是不支持的。传教士和国家官员都意识到,他们各自在中国追求的目标迥异。就是在合作期间,他们也都以贯彻自己的利益为重点:传教士试图在地方上扩大和巩固其传教工作的成果,而德国的国家代表则强调德国势力的存在和德国作为需要认真对待的大国角色,因此,他愿意支持德国在中国的所有活动。然而,传教士与德国外交官的基本立场很少一致,相反,随着时间的推移,德国的国家代表与中国的行政官员却在传教问题上产生了一致意见,他们也把类似的利益联结了起来。德国和中国国家都坚持政教分离的基本原则。据此,既不允许宗教问题干扰国家间的关系,也不允许用不正当的方法分裂中国社会。共同的社会和宗教政治基本信条奠定了一种从根本上说意见一致

---

① Karl J. Rivinius, *Weltlicher Schutz und Mission. Das Deutsche Protektorat über die katholische Mission von Sued-Shantung*, Köln 1987.

② Horst Gründer, *Christliche Mission und deutscher Imperialismus. Eine politische Geschichte ihrer Beziehungen während der deutschen Kolonialzeit（1884—1914）unter besonderer Berücksichtigung Afrikas und Chinas*, Paderborn 1982.

的(教会)政策的基础。传教士越来越受到孤立,被迫回归到他本来的活动领域(宣讲福音、慈善事业等)。"①

罗梅君和余凯思还十分强调中德双方的中介人在中德两国之间跨文化相互作用的复杂进程中的作用。其中在德国商人与中国生产者进行贸易洽谈时,"买办"是必不可少的。买办因此也构成了跨文化中介的经典例子。其跨文化职能不仅建立在语言交流能力上,而且也要求具备与现代企业和企业经营相关的知识,熟悉现代商务规则、贸易谈判技巧以及商品质量、财务制度、法律法规等,也要了解对方的动机和利益所在。买办大都独立自主,独自承担责任。然而他们的自主行为经常与德国商家发生矛盾和冲突。因此,德国商人有时也想绕过买办直接与中国生产者进行交易,或者正式聘任买办为"中国经理",以便借此限制其自主性。还有一些效力于中国官方的德国顾问也发挥着重要的中介作用。他们一方面帮助中国建设新式军队、海防工事、现代企业、培养人才,另一方面也在中国就地为德国企业寻找商机、介绍贸易洽谈。就其自我意识来说,这些顾问最初完全代表着德国的利益,后来也有一部分人成为中国雇主的代表了。中国未授圣职的布道员或望教者大都为德国传教士做翻译和助手,他们在帮助传教士开展工作方面功不可没,大多数中国教徒的皈依都归功于他们的努力。不少德国领事以及供职于德国驻华外交部门的中文翻译后来成为了汉学家,除了日常行政事务,他们还对中国的国情和历史文化进行了深入研究,写作并发表了大量报告、鉴定、翻译作品和各类文章。所有

---

① 〔德〕罗梅君、余凯思著,孙立新译:《跨文化行为模式:帝国主义后期在中国的德国经济与传教》,载国家清史编纂委员会编译组编《清史译丛》第四辑,中国人民大学出版社 2005 年,第 159 页。

这些都属于跨文化沟通工作。

按照罗梅君和余凯思的见解,"中介人并非只起帮助作用。他们在跨文化的接触中具有很强的独立自主性,在引进和创造性地接受新知识和新技术方面功不可没。中介人后来发展成为一个颇具影响力的团体,该团体恰恰因为自己与他者打交道的能力和在介绍新知识方面的作用而深孚众望,其影响甚至延展到中国的和德国的政治决策中心。他们后来发展成为一个新兴的精英阶层,同样因为他们与他者打交道的能力和在介绍新知识的作用而特别在地方层面发挥着关键作用。"[1]

通过考察19世纪晚期的中德关系,罗梅君和余凯思最终总结出了四种跨文化行为模式:"本土化、顺应、排斥和抵抗"。[2]

本土化意味着外来事物与本土原有事物社会的和文化的整合,也暗示着以适应为目标的对外来事物进行修正的可能性。中德双方都作过本土化努力。德国传教士鉴于中国人对基督教的反感和排斥,力图适应中国的社会关系,模仿中国农村社会世代传承的家长制管理模式,充当地方精英,甚至为了基督教徒的利益而干预诉讼。但在经历了大量"反洋教"斗争之后,他们越来越认识到传教实践本土化的重要性,不断加强基督教教义与儒家学说的调和,着力培养和任用中国宣教员。对于中国人来说,本土化则是把外国的理论和技术引入中国并根据中国国情加以适当调整的尝试。于是,一些新式企业和公司被建立了起来,它们在结构、管理、

---

[1] 〔德〕罗梅君、余凯思著,孙立新译:《跨文化行为模式:帝国主义后期在中国的德国经济与传教》,载国家清史编纂委员会编译组编《清史译丛》第四辑,中国人民大学出版社2005年,第160页。

[2] 同上书,第161页。

经营、销售、广告宣传和生产技术等方面都以西方模式为样板,同时又继续扎根在中国的市场和销售网络之中。从根本上说,这个进程是朝着本土化的资本主义经济方向发展的。

顺应作为一种相互作用模式特别见于地方精英与德国商人和传教士的交往过程。因为必须把德国商人和传教士的存在当作暂时已出现的事实来接受,所以中国方面发展了一些与德国人打交道的实用主义方式。对于中国方面来说,顺应暗示着科学技术的转让、接受,也包括聘用外来专业技术人员、采纳新技术和新技能以及激活本土传统结构等措施。实践证明,顺应作为与他者打交道的形式是非常有效的,可以通过渐进的、在谈判中取得的、有利于中国方面的经济或文化关系改变和修正来进行抵抗。从德国方面来说,顺应首先表现在顾问和专家身上。它主要是一种对中国现状和条件的适应,但并不要求这个团体完全放弃自己的认同性。

排斥作为跨文化行为模式意味着通过界限划分来减少接触。据此可以使因德国团体的活动而对中国社会环境产生的作用和影响中立化或者说最小化。排斥特别突出地表现在中国民众、地方精英和政府官员对待基督教传教士的普遍态度和行为上。它使得基督教传教工作举步维艰,进展缓慢。在经济领域,中国政府和商人也采取了许多限制德国商人投资经营的措施,甚至发起抵制德国商品和货物的运动。在外交上,中国政府也有意识地通过列强间的矛盾以达到分化瓦解的目的。

抵抗主要是指中国政府和社会对外来侵略势力的抵制。抵抗总是与捍卫国家独立、主权完整和自主发展的立场态度相联系的。抵抗行为多种多样,有的是武装斗争,有的是外交谈判,还有中国商人的罢市、中国劳工的罢工、中国学生的罢课。中国民众对于帝国主义侵略的抵抗是异常顽强、激烈的,虽然历经挫折,但最终还是取得了重大胜利。

通过上述四种行为模式可以看出,"相互竞争着的不同团体的直接接触一方面导致了紧张关系和冲突,另一方面也导致了跨文化的交流,特别是当本土化和顺应成为占主导地位的行为模式时:思想、技术和知识被加以研究和传播、接受、修正和摈弃。"[1]近代中国社会实际上成为了一种文化混杂的社会,其中本土的、传统的、外来的、现代的重叠交加,中国的现代化也正是中外合力促成的,既没有完全"西化",也不复是纯正的"东方"。但就最终结果来说,决定中国发展方向和命运的并非外来侵略者而是中国本土社会。

跨文化相互作用理论反对把中国只当作德国外交政策的对象来考察的做法,也反对把德中关系理解为不对等的等级关系的观点。它主张把中国社会当作一个独立的、与德国对等的社会或文化体系来看待,强调中德双方的行为人都是具有自觉意识的主体,其行动也具有明确的目的性。它还十分关注地方维度,主张阶层分析,强调话语的重要性和发展变化的观点,要求把眼光从抽象的民族国家层面转向具体行为人层面,并根据其社会地位和职业把这些行动人划归不同的社会阶层和团体,深入考察各阶层和团体的特殊利益和兴趣,分析其相互交往和相互作用的具体情形。

跨文化相互作用理论在很大程度上摆脱了政治、经济和意识形态的褊狭,对帝国主义作出了比较全面系统的解说,充分揭示了

---

[1] 〔德〕罗梅君、余凯思著,孙立新译:《跨文化行为模式:帝国主义后期在中国的德国经济与传教》,载国家清史编纂委员会编译组编《清史译丛》第四辑,中国人民大学出版社 2005 年,第 163 页。

中德关系的复杂性,也充分肯定了中国社会抵抗外来侵略和进行现代化建设的能力。这一理论不仅对于研究近代中德关系史具有重要指导意义,而且也为之提供了一种切实可行的方法论工具。

(三) 跨文化相互作用理论在实践当中的运用

以罗梅君教授为首的柏林自由大学"德中关系史"课题组,不仅从理论上对跨文化相互作用进行了阐述,而且还通过举办学术会议、编辑中德关系史资料集和发表实证性研究著作,把这一理论具体地运用于实践,使之得到了进一步的证明和完善。在这里,余凯思写作并于2000年由德国奥尔登堡出版社出版的《在"模范殖民地"胶州湾的统治与抵抗——1897—1914年中国与德国的相互作用》一书[①]就是运用和实践跨文化相互作用理论的一个典范。

1897年11月14日,德意志帝国以"巨野教案"为借口,悍然出兵占领胶州湾。随后它又通过与清政府签订的《胶澳租界条约》,强占青岛为其殖民地,山东省为其势力范围。至第一次世界大战爆发,日本侵占青岛,德国殖民经营凡十七年,青岛以至山东发展成为德中两国诸多社会团体相互接触、交往和在不平等条件下共同生活的主要场所。

对于德占胶澳的历史,余凯思在其上述著作中,以"跨文化相互作用"为主线,借助大量中德文史料,运用微观史学、社会学和人类文化学等多学科的理论方法,深入考察了"德国和中国各社会团

[①] Klaus Mühlhahn, *Herrschaft und Widerstand in der "Musterkolonie" Kiautschou. Interaktionen zwischen China und Deutschland*, 1897—1914, München: Oldenbourg Verlag 2000. 该书已被孙立新翻译成中文,由山东大学出版社在2005年1月出版发行。

体在胶澳租界发生的错综复杂的接触和交往",探讨了"潜伏在它们当中的文化和社会结构"。不只从殖民者方面,而且也从被殖民者方面论述殖民统治的历史,为近代中德关系和德占胶州湾的历史编纂建构了一种新的解说模式。

全书共分三大部分。第一部分着重讨论了德中双方在山东境内政治、经济领域的相互作用,其主题为"武力与适应"。在这里,作者首先论述了德意志帝国向中国扩张的历史背景和前提条件,包括山东省的空间结构和殖民主义的"文明化"话语。然后依次描写了德国的军事占领行动、殖民规划和通过殖民统治体系施加的各种经济、政治强制措施;描写了中国方面政治解决占领危机、与德国进行经济竞争和为自强而引进先进技术的一系列努力。作者特别对德中两国诸政治经济利益集团作了区分,也比较深入地分析了他们各自独特的与"他者"打交道的策略,展现了德中双方在政治、经济领域相互作用的不同发展阶段。

第二部分着重讨论了德国殖民统治者与中国民众在胶澳租界内部进行的相互作用,其主题是"隔离与参与"。在这里,作者一方面论述了德国殖民主义者以"现代"生物学为基础的种族话语和对中国人的虚构,他们在青岛为隔离、驯化、操纵"他者"而实行的种种措施;另一方面也论述了青岛中国居民为争取政治发言权和参与权而进行的斗争,分析了清朝政府官员、新型知识分子和革命先行者孙中山对胶澳租借地体制的不同反应。

第三部分的主题是"宗教排斥",主要讨论了德国圣言会传教士与山东农村居民之间的相互作用。在这一部分,作者先从总体上考察了近代基督教传教与帝国主义的关系、19世纪末山东的宗教和社会状况,然后又分别论述了圣言会传教士独特的自我意识和传教方法、中国教徒接受天主教信仰的动机以及中国非基督教民众抵制传教的原因和结果。

余著构思宏伟、史料丰富、观点新颖,它也特别在以下几个方面实践了跨文化相互作用的理论构思。

首先是视角转换,充分肯定了中国社会的主体地位和对外来统治的抵抗能力。在余凯思看来,德意志帝国在青岛乃至山东的殖民统治是以武力和强权政治为基础的,其目的是为了向海外扩张自己的政治、经济、宗教和文化势力。德国殖民当局力图在中国打造一个"模范殖民地",展示一种特殊的,富有科学性、专业性和国家监控特色的德意志殖民主义,为"现代的"、"讲究效益的"殖民政治提供样板。然而,殖民地的实际发展并不完全取决于德国的意图和计划,当地中国居民和中国政府的立场态度同样具有重要的制约作用。对于中国来说,德占胶澳是一种赤裸裸的侵略行径,是对中国国家主权和经济利益的严重损害。因此,中国社会各阶层从一开始就进行了多种多样的抵抗。首先是农村居民反对铁路铺设和传教活动的武装斗争,它们在"自发的"、"以复辟王朝体系为目标的"和"原教旨主义的"义和团大起义中达到了顶峰。在武装起义被镇压之后,山东地方官员、士绅、商人和广大劳工逐渐转向了非暴力抵抗。山东地方官员致力于通过谈判解决农村居民与德国路矿企业和教会发生的纠纷。商人则以"商战"的方式与德国殖民者展开了竞争。山东地方士绅、企业主和商人还联合发起收回路矿利权运动,坚决要求维护国家主权。在青岛,广大劳工经常用怠工、罢工和逃跑等方式反抗德国企业主的剥削压迫。商人也为抗议殖民当局有损于自己利益的政策举行过多次罢市和抵制德货斗争。富裕商人和商会代表还试图通过参与殖民地管理的途径,与殖民当局争夺支配权。

与非暴力抵抗并行,中国国家和地方精英也开始了本土的现代化建设。他们通过"自开商埠"、引进先进技术、改造旧行政管理制度和复活传统经济结构等方式,积极争取把外来的新事物本土化,使"现代性"与历史形成的山东农业经济相互兼容、协调一致。中国国家还把自己定义为世俗实体,大力推行世俗化政策,既反对基督教传教活动,也反对山东农村的民间宗教。而一些新型知识分子则极力宣扬"种族民族主义",坚决要求捍卫中华民族的利益,反对外国帝国主义的侵略。

余凯思指出:中国社会在不平等关系和殖民统治条件下进行的抵抗不是微弱而是卓有成效的,对山东和青岛的发展产生了巨大影响。其结果是德国虽然在政治上继续占据统治地位,但在经济上已丧失了控制能力。大多数德国商人和企业主未能盈利,仅仅依靠殖民当局的订货维持生存。相反,中国政府、士绅和商人通过非暴力抵抗不断扩大自己的活动空间,夺回了大部分被德国攫取的路矿利权。其现代化措施也大大加强了本土结构,导致了经济增长、生产力和生活水平的明显提高。青岛逐渐发展成为一个中国人的商业中心,其中95%的商业贸易发生在中国商人之间并且以中国商品为交换对象。就连种族隔离也越来越弱化,山东农村地区的宗教纠纷基本消失。

余凯思对处于德国统治之下的中国社会的考察和论述,令人信服地说明了"他者同样具有创议和革新的意愿和能力"[1],完全

---

[1] 〔德〕余凯思著,孙立新译,刘新利校:《在"模范殖民地"胶州湾的统治与抵抗——1897—1914年中国与德国的相互作用》,山东大学出版社2005年版,第23页。

可以用自主的现代化取代由外来势力所决定的现代化[①],这就彻底改变了以往殖民地历史编纂"欧洲中心主义"的立场观点和把被殖民者描写成被动挨打、任人宰割的"牺牲品"的片面做法。同样值得嘉许的是,余凯思不只从政治和军事意义上来理解中国社会对殖民统治的抵抗,他特别把非暴力的经济竞争纳入抵抗范畴,这对于认识近代中国社会的反侵略斗争具有重要的启发意义。

其次是话语分析,深刻揭示了帝国主义时代德中双方相互作用的文化维度。余凯思指出,在跨文化的相互作用中,由各社会团体通过"对现实的感知方法、思想模式和解说草案"而制造出的"话语"或"结构化的秩序"经常发挥着重要作用。话语具有描述、命名和划分功能,可以起区别、界定和论证作用。话语还具有强大的说服力和实践功能,能够发挥指导作用,使某些观念转变成为实际行动。[②] 因此,要充分说明 1897—1914 年德国与中国的相互作用,必须对德中双方各自独特的话语体系作出深入细致的考察和分析。

从德国方面来看,对于殖民扩张和殖民统治具有重要意义的是"文明化"话语、"生物学种族"话语和"基督教福音化"话语。它们的共同特点是种族中心主义、对差异的叙述和把这个差异视为高低等级关系的解说以及从中引申出的关于德国人的优越性的观念。"文明化"话语把"中国人"虚构为欧洲人或者说德国人的"对立者",是"未成年的孩子",必须听命于德国殖民当局"善意的、家长式的"权威,而德国的所作所为都具有"教育"意义,是为了帮助中国实现"文明化"这个更高目标的。据此,德国的殖民扩张、殖民

---

① 〔德〕余凯思著,孙立新译,刘新利校:《在"模范殖民地"胶州湾的统治与抵抗——1897—1914 年中国与德国的相互作用》,山东大学出版社 2005 年版,第 498 页。
② 同上书,第 24—30 页和第 493 页。

经营便得到了合法性论证,就连德国军队对中国民众的大屠杀也成为必要。

"生物学种族"话语同样强调"我们"与"他们"的差别,制造并传播了一种特定的关于"他者"的社会虚构。但与"文明化"话语不同,种族话语更关注人种和身体的差别,而"文明化"话语只把差异看作是经济和技术发展程度的高低。根据这一话语,"中国人"属于"蒙古人种族"的一个亚种类,不仅"人种低级",而且"价值低下",他们"肮脏、狡猾、不诚实",其传统生活方式中也存在着大量"反常性行为、犯罪、疾病和退化的危险"。正是在该话语的指导下,德国殖民当局在青岛建立起了"中外分治"和"中外分居"机制,实行系统的种族隔离。

"基督教福音化"话语进一步论证了殖民统治理想主义的纯洁性,为殖民国家的"文明化使命"披上一层神圣的宗教外衣。不过,该话语虽然极力渲染中国的贫穷落后,但也承认在中国人和欧洲人之间存在着某种连续性;中国人是可以、也应当通过传教、改变信仰和发展帮助加以改造和完善的。对此,传教士们不仅坚信不疑,而且也戮力实践。

除此之外,为了更有效地驯服和隔离中国居民,德国殖民当局还在胶澳租借地利用多种人文学科话语建立起了一整套"符号的、劝谕式的统治体系",竭力劝告被殖民者顺应现实。它特别运用医学和法学,向中国居民展示"理性"和"人道主义"原则,极大地助长了"合作"意愿。

中国社会对德国的感知主要起源于德国的军事占领。人们普遍认为德国的强权政治虽然威力巨大,但"缺乏文明",是"无文化性"的表现。这样的话语从道义上肯定了自我,说明了保存和革新传统的必要性,也制造了同德国保持距离的意识形态。即使承认需要向德国学习,文化隔阂仍然存在。山东地方官员(特别是袁世凯和周馥等人)后来还阐发了一套"国家利益至上论的现代主义话语",并借此促进了自然资源的开发、基础设施的改造和国家职能的扩大。而新型知识分子所宣扬的"种族民族主义"话语则为民族团结和自强提供了精神支柱。在与外来的"他者"(德国)相互接触和交往的过程中,有关"我们"中国人的思想日益激进;尽管内部存在着相互竞争的不同解说,仍导致了部分一致行动。

余凯思的话语分析是对以往政治、经济分析的重要补充,对于说明德中双方的行为模式大有裨益,很值得借鉴。

再者是阶层分析,比较精确地说明了殖民地社会的复杂性。在以往的研究中,不少学者把处于某种联系状态的各个国家当作民族的、有明显差别的、稳固的社会政治构造物来看待,把"宗主国"、"资产阶级—欧洲—西方体系"整体地看作"现代"复合物,把非西方的国家和地区看作"传统文化"的复合物。这种做法不仅忽略了殖民主义不同载体之间的差别,也掩盖了殖民地社会内部的矛盾性和复杂性。

余凯思认为,"殖民接触不是简单地在两个不可分割的集团(德国对中国)之间进行的,而是与具体的社会团体密切联系"[①],他们"由特定话语和社会经济条件彼此区别开来",相互之间在社会地位、经济利益、思想观念上有极大的不同,其行为方式也多种

---

① 〔德〕余凯思著,孙立新译,刘新利校:《在"模范殖民地"胶州湾的统治与抵抗——1897—1914年中国与德国的相互作用》,山东大学出版社2005年版,第490页。

多样。在接触和交往的过程中,既可能发生对峙、冲突,也可能实行合作。① 因此,在考察德国与中国的相互作用时,有必要对各种各样的社会团体进行严格区分,深入分析他们各自独特的、与"他者"打交道的策略。

一般认为,经济利益在殖民政治中发挥过支配作用。但从青岛乃至山东的情况来看,德国经济界的大企业主和中小企业主及一般商人的做法很不相同,殖民当局对他们的态度也大不一样。银行和工业部门的大康采恩认为投资山东带有很大的冒险性,青岛的经济前景并不看好,因此,除了铁路和矿山经营,他们没有更大举动,尽管德国政府极力争取他们到殖民地投资建厂。来殖民地淘金的主要是一些中小业主和商人,但他们常常受到殖民当局的歧视,被视之为只知道赚钱、缺乏"爱国心"的投机者。德国政府为了加强在东亚的政治经济势力,竭力要把青岛建设成一个完善的军事—工业基地。然而,在争取大康采恩投资的计划落空后,它不得不自己动手,在青岛设立一些国家工业,并给予庞大的财政补贴,但最终因为资金缺口而难以维持。这是除了中国方面的抵抗,导致德国殖民经济破产的另一个重要原因。

德国政府代表与传教士也是有矛盾的。一方面,他们需要传教士充当意识形态的辩护工具,也想利用教案来达到具体的外交目的;另一方面,他们又认为传教士的宗教狂热和由此引发的大量冲突严重妨碍了国家的根本利益。而传教士则批评世俗政权的"非基督教"行为,同样自觉地与之保持距离。国家与传教的合作

---

① 〔德〕余凯思著,孙立新译,刘新利校:《在"模范殖民地"胶州湾的统治与抵抗——1897—1914年中国与德国的相互作用》,山东大学出版社2005年版,第28页和第29页。

是短暂的、脆弱的,1899年以后,德国殖民当局基本不再对天主教圣言会的鲁南传教予以支持了。

中国方面包括政府官员、士绅、商人、工人、农民和新型知识分子等诸多团体,他们彼此之间和彼此与德国各集团之间的关系同样十分复杂,不可同日而语。就与德国殖民势力接触而言,不仅有对抗,也有"合作",例如中国商人与德国商人的合作,中国基督教教徒与德国传教士的合作,富裕商人与德国殖民政权的合作。就连中德两国政府也在创办"青岛特别高等专门学堂"方面进行过合作。即使都以反对帝国主义侵略为目标,在中央政府与地方精英之间也存在着利益分歧。中央政府强调国家的重要性,力主扩大国家的职能和权力,加强国家与社会的联系。地方精英则强调本地利益,更多地要求"非集权化"和"对政治事务的公开讨论"。前者以牺牲社会为代价,后者则以牺牲中央政权为代价。其最终结果是社会和区域的"碎化"以及中央政权权力的削弱。

此外,随着相互作用的深入发展,无论是德国方面还是中国方面都发生了一定程度的阶层分化,各社会团体的身份认同、思想觉悟和行为方式也相应地发生了变化。例如中国劳工队伍越来越壮大,一些受到专业培训工人成为青岛早期工业的技术骨干,有的甚至成为管理人员。中国商人的政治意识也不断提高,他们组成同乡会,积极要求参政议政。德国方面也出现了与传统精英不同的新权贵,部分传教士和殖民地官员因通晓中国历史和文化而成为"中国通"或者说"汉学家"。

总之,殖民地内部的社会构成十分复杂,是由各种各样,自然也各有特殊利益和兴趣的阶层和团体组成的。笼统的殖民统治者—被殖民统治者、德国人和中国人的两分纯属虚构,根本不符合历史实际,这一点是特别值得关注和反思的。

最后是动态取向,比较清楚地显示了殖民者和被殖民者的策略调整以及殖民地社会的发展变化。过去的研究虽然都强调帝国主义侵略的过程性,但基本认为这是一个直线式的、不可逆转和不断加深的进程。随着经济、政治、军事实力的不断增强和国际竞争的不断激化,帝国主义国家对殖民地、半殖民地国家的剥削和压迫、控制和统治只能越来越加剧,越来越强化。这种观点具有很大的片面性,它完全忽略了殖民者统治技术和被殖民者抵抗艺术的多样性,忽略了殖民者和被殖民者通过相互作用而发生的思想和行为变化以及由此而产生的社会和文化混合结果。

余凯思指出,"统治绝非总是产生稳定的社会关系。恰恰相反,从相互作用的过程特征来看,统治更多地展现出一种流动不居、经常变换的状态。"[1]"殖民统治者虽然不许被殖民统治者侵犯其统治地位,但围绕具体的政治、经济和文化事务进行的多种相互作用却可以使统治关系发生不易觉察的、不间断的移位和修正。"[2]不仅如此,被殖民统治者也对用来进行抵抗和改善自己的处境的手段进行了改善。[3] 从1897—1914年德国与中国的相互作用来看,殖民当局的统治战略和被殖民者的抵抗战略前后都有明显变化,呈现出清晰的阶段性。

在相互作用的最初阶段(1898—1901年),"中德双方都采取

---

[1] 〔德〕余凯思著,孙立新译,刘新利校:《在"模范殖民地"胶州湾的统治与抵抗——1897—1914年中国与德国的相互作用》,山东大学出版社2005年版,第499—500页。

[2] 同上书,第500页。

[3] 同上书,第491页。

了以武力和灭绝对方为主的政策"①,"动用武力和灭绝对方既是贯彻殖民利益的工具,又是抵抗的手段"②。殖民统治当局与德国大企业密切合作,肆意向中国政府和广大民众施加政治、经济等强制手段,动辄采取军事镇压,甚至不惜采取大屠杀手段(例如出兵高密和日照)。而中国民众也多以武力进行对抗,例如高密村民反对铁路铺设的斗争,山东南部大刀会的反洋教斗争,特别是义和团"扶清灭洋"的大起义。

武力抵抗的失败使中国方面有必要采取一种"新的、实用主义的、与德国的统治打交道的方式",和平的、实用主义的适应在相互作用中逐渐取代了武力灭绝。其表现是中国方面"把德国的统治当作暂时存在的事实而加以接受"或者说"部分地把德国的统治当作事实而加以容忍"。③ 然而,顺应并不等于妥协投降,它更多地意味着技术引进、接受和采纳先进技术以及复活传统结构的措施和更加有效的抵抗。

与此同时,德国政府和殖民统治当局也认识到,军事行动和武力镇压并不能使具有悠久历史文化传统的中华民族彻底屈服。要巩固和扩大在中国的经济、政治势力,必须在不放弃武力的前提下,与中国民众进行宽容的、对话式的和公开的交往。要通过在中国办学等文化措施,对中国人民进行"道义征服"。于是,德国殖民当局在青岛为中国人创办了一系列"蒙养学堂",它也采取了一些吸纳中国人参政的措施(如设立"中华商务总局"等),目的在于把

---

① 〔德〕余凯思著,孙立新译,刘新利校:《在"模范殖民地"胶州湾的统治与抵抗——1897—1914年中国与德国的相互作用》,山东大学出版社2005年版,第500页。
② 同上书,第33页。
③ 同上书,第500页。

中国居民部分地整合起来。

就连坚决主张毫不妥协地改变土著宗教和社会关系的天主教圣言会传教士也认识到,彻底同化永远达不到。为了赢得改宗者,传教士必须顺应中国人的宗教习俗,接受部分土著教派的宗教传统。于是,传教工作逐渐本土化,传教士的统治地位慢慢地被削弱了。个别人还开始追求与中国人平等交往。例如卫礼贤就对中国文化产生了浓厚兴趣,与中国文人学者交往甚密。

德中双方战略调整也使政府间的"合作"成为可能,其典型事例就是1909年"青岛特别高等专门学堂"的创办:中德双方分别筹款,共同承担办学费用;由中德双方各派官员、教员,分工协作,共同进行管理;德国教员讲授德文、世界历史和地理、数理化及法政、工程技术、农林和医学等西学课程,中国教员讲授中国经学、文学、人伦道德等中文课程。这就把德国的教育和中国的教育相互结合起来,形成了中西合璧的学习体系。

余著的动态取向是与其相互作用论、视角转换和阶层分析等密切联系的,它们合在一起不仅比较科学地反映了胶澳租界的历史发展,而且也在一定意义上回答了中国的"现代化"问题。

总起来看,余著自觉地把注意力转向被旧殖民主义和帝国主义理论所遮蔽的维度,努力把殖民地形势当作文化间的相互作用来解释,把殖民地当作一个从欧洲文化和土著文化的相互杂交、相互重叠和相互接触中产生出来的、复合的社会构造来描述。他根据1897—1914年德国和中国各社会团体在青岛乃至山东发生的相互作用而得出的若干见解,完全可以上升到一般化的理论高度,不仅对于研究殖民地历史,而且对于研究近代中德关系史乃至整个近代中外关系史都具有借鉴意义。

二、"跨文化相互作用"的理论和实践　75

值得注意的是,余凯思在论述中国社会的抵抗时,对清政府及其官员(例如袁世凯)的谋略可能有一些夸大;在划分德国和中国不同群体的时候,他主要依据社会学的分层理论和职业划分法,对各群体的阶级属性缺乏必要的分析;而在其民族主义的范畴中,清王朝的封建性质也未得到足够的重视。如何正确理解和把握近代中西关系中的时代和文化差异仍是一个重大的历史和理论问题。

第二部分：

19世纪德国新教传教士的跨文化接触和感知

三、新教传教的"文化帝国主义"

19世纪是基督教新教海外传教大发展的"传教世纪"[①],数百名德国新教传教士满怀传播上帝"福音"的豪情,不远万里,壮志轩昂地来到中国,与陌生的、在文化方面与西方社会有许许多多差异的中国社会发生了接触和交往,成为近代中德关系史的一个重要组成部分。

在新近出版的一些关于近代基督教传教史的论著中,传教士在中西文化交流中的作用受到了普遍关注。不少人对其在华办学、行医、赈灾、救济难民和传播西方先进的科学技术等活动大加赞赏,认为这些活动在客观上促进了中国的现代化建设。还有人强调传教士在研究和介绍中国方面所付出的努力,不加区别地把他们一概看作"沟通东西方文化"的桥梁。对于传教士著述的内容,特别是其西方著述的内容,却很少有人加以深究。颂扬者往往只满足于列举一些著述目录,以为传教士在促进西方社会了解中国方面作出了重要贡献,对于传教士研究中国的动机,他们对中国的认识,他们的中国观,却未作具体考察和分析。

---

① Gustaw. Warneck, Die evangelische Mission an der Wende zweier Jahrhundente(1800u. 1900), in: Allgemeine Missionsmagazin 27, 1900, S. 3; Sun Lixin, *Das Chinabild der deutschen protestantischen Missionre des 19. Jahrhunrts. Eine Fallstudie zum Problem interkultureller Begegnung und Wahrnehmung*, Marburg 2002, S. 9.

实际上,19 世纪的基督教传教士大都是在"宗教奋兴"和殖民扩张的激励下来到中国的,其目标是使中国迅速地"基督教化"或者说"福音化"。他们深入中国内地,居住在非常偏远、其他外国人从不想光临的村庄和小城镇,而其最大的愿望就是要为全世界的"唯一真神"上帝赢得亿万中国民众的皈依。为了实现这一目的,传教士们采取了多种多样的传教策略,力图通过强制和感化手段来影响中国民众。他们深受文化-进步乐观主义和基督教-西方文化"优越"论的影响,对中国的传统文化怀有极大的偏见并持坚决否定的态度。他们也借助西方列强的武力和不平等条约,不遗余力地以西方文化排斥中国传统文化。他们的所作所为具有强烈的"文化帝国主义"[①]倾向,而这种"文化帝国主义"倾向直到 20 世纪初,特别是在第一次世界大战爆发后,才随着文化悲观主义在西方社会的流行而有所收敛。

(一) 德国新教中国传教的兴起

德国新教的中国传教是由传教士郭实腊(Karl Guetzlaff, 1803—1851)[②]开启的,最初仅属个人行为,自 19 世纪 40 年代起,

---

[①] Horst Gründer, *Christliche Mission und deutscher Imperialismus. Eine politische Geschichte ihrer Beziehungen während der deutschen Kolonialzeit（1884—1914）unter besonderer Beruecksichtigung Afrikas und Chinas*, Paderborn 1982, S. 344.

[②] Karl Gützlaff 又被翻译为郭士立、郭甲利等。关于郭实腊的生平事迹和传教活动可参见 Herman Schlyter, *Karl Gützlaff als Missionar in China*, Lund / Kopenhagen 1946; Herman Schlyter, *Der China-Missionar Karl Gützlaff und seine Heimatbasis. Studien ueber das Interesse an der Mission des China-Pioniers Karl Gützlaff und über seinen Einsatz als Missionserwecker*, Lund 1976.

才发展成为"有组织的"传教活动。

郭实腊出生于东普鲁士的一个偏僻乡村,因获得国王恩宠而于1821年进柏林仁涅克传教神学院学习,1823年加入鹿特丹荷兰传教会,1826年被派遣到东方传教。他原计划在南洋一带活动,但在接触到大量中国侨民并与麦都思等早期来华的英美新教传教士相识之后,又萌生了到中国传教的强烈愿望。1828年,郭实腊脱离荷兰传教会,以"独立传教士"身份开始了他的中国传教生涯。①

19世纪初期,德国还是一个经济落后、政治萎靡的欧洲国家。海外贸易远不及英国和法国发达,海外扩张运动更没有大规模开展。虽然在英国"宗教奋兴"的影响下,一些"虔敬主义"宗教团体也建立起了不少海外传教协会和差会,但主要以非洲、印度等"未开化的"、"原始的"部族为传教对象。对于中国这个"庞大而又古老的文化国家",德国新教传教会尚不敢贸然涉足。

郭实腊决心为德国新教开辟中国教区。他于1831—1838年间沿中国海岸进行了多次"考察旅行",目的在于探测深入中国内地传教的可能性。郭实腊对于中国"迅速的基督教化"有着近乎痴迷的狂热,甚至不择手段,接受英国海外贸易公司和鸦片走私商的雇佣和经济资助。因此,德国新教的中国传教从一开始就与西方殖民主义结下了不解之缘。郭实腊预言"在东亚将发生翻天覆地的巨变",呼吁基督教社会向中国派遣一支"光荣的传教士大军"。② 对于这一呼吁,德国新教传教会虽有极大兴趣,但自觉力

---

① Wilhelm Oehler, *Geschichte der deutschen evangelischen Mission*. Erster Band: *Frühzeit und Blüte der deutschen evangelischen Mission 1706—1885*, Baden-Baden 1949, S. 144—146.

② Karl Rennstich, *Die zwei Symbole des Kreuzes. Handel und Mission in China und Südostasien*, Stuttgart 1988, S. 140.

所不逮,暂未采取任何行动。

1840年第一次鸦片战争爆发。战争期间,郭实腊为英国军队担任翻译,并以翻译官身份参加了中英《南京条约》的谈判,直接充当了殖民侵略者的帮凶。战后,郭实腊到达香港。他一方面以翻译官身份效力于英国殖民当局,另一方面也大张旗鼓地在中国开展起传教活动。1844年2月,郭实腊创立"福汉会",公开提出了"中国人由中国人自己争取皈依基督教"的传教策略。①

鸦片战争的结果在德国传教界引起了巨大反响。许多传教差会一反过去犹豫不决的态度,踌躇满志地筹措起中国传教计划。而郭实腊的福汉会的创立,更使他们精神振奋,积极响应。1846年,德国新教传教差会巴色会②和巴勉会③各派遣两位传教士来华。一些新的专门从事中国传教的组织,如1846年在卡塞尔成立的"德国加设会"④也得以建立,并向中国派遣了传教士。德国新教"有组织的"中国传教事业由此兴起。

巴色会最早派往中国的传教士是韩山文(Theodor Hamberg, 1819—1854)和黎力基(Rudolf Lechler, 1824—1908);而巴勉会的传教士则为柯士德(Heinrich Koeser, 1820—1847)和叶纳清(Ferdinand Genehr, 1823—1864)。他们最初的任务是协助郭实腊及其福汉会

---

① 顾卫民:《基督教与近代中国社会》,上海人民出版社1996年版,第139页。

② 巴色会建于1815年,其德文全称为"Evangelische Missionsgesellschaft zu Basel",意为"巴塞尔福音传教差会",中文旧译"巴色会",此处仍沿用旧称。巴色会总部虽设在瑞士,其大后方却位于德国巴登—符腾堡州,因此主要是一个德国传教会。由巴色会在香港创建的教会现在称作"崇真会"。

③ 巴勉会建于1828年,其德文全称为"Rheinische Missionsgesellschaft",可意译为"莱茵地区传教差会",因其总部设在德国北部城市巴门,又称"Barmen Mission"(巴门会),中文旧译为"巴勉会"或"礼贤会"。19世纪时,该会属于德国新教最大的海外传教组织。

④ 该会德语名称为"Chinesische Stiftung",意为"中国基金会"。

工作。然而,在几次传教尝试之后,韩山文等人发现,福汉会的中国助手极不可靠,有不少是无业游民或鸦片吸食者。他们并不热心传教,只是想借皈依基督教之事谋取经济实惠。在领取了一些宗教宣传品、路费和津贴之后,他们并未到中国内地发送,而是隐匿在附近某处,编造一些虚假的工作报告,然后再到传教士那里请功邀赏。郭实腊依托中国教徒传教的方法因此受到了怀疑和批评。英国传教士理雅各尤其大加责难,搞得沸沸扬扬,连欧洲舆论也感到莫衷一是。①

为了为自己的努力进行辩护,也为了进一步激发西方社会对于中国传教事业的热情,1850年,郭实腊第一次重返阔别了二十三年之久的欧洲。他周游英国、荷兰、法国、瑞士、德国、俄国、挪威、瑞典和丹麦,到处发表煽动性演讲,呼吁基督教徒积极参与"使中国皈依上帝"的伟大事业。郭实腊欧洲之行的确产生了一定的影响。当他访问柏林时,"柏林科学和艺术界所有名流几乎都参加了"为他举行的欢迎集会。"昔日制作腰带的工匠现在获得了格罗尼根大学授予的名誉博士称号。世界著名的自然科学家亚历山大·冯·洪堡亲自接见了他。对于他设想的在中国内地进行科学考察的宏大计划,亚历山大·冯·洪堡、地理学家里特尔和普鲁士国王弗里德里希·威廉四世都表示出极大的兴趣。"②1850年在什切青和柏林分别成立了"中国传教总协会"③,同年还在柏林成立

---

① Wilhelm Oehler,*Geschichte der deutschen evangelischen Mission*. Erster Band: *Frühzeit und Blüte der deutschen evangelischen Mission 1706—1885*, Baden-Baden 1949, S. 352—353.

② Karl Rennstich,*Die zwei Symbole des Kreuzes. Handel und Mission in China und Südostasien*,Stuttgart 1988,S. 143.

③ 德文名称为"Stettinger und Berliner Hauptverein für die chinesische Mission",中国人习称"小巴陵会"。

了"中国传教妇女协会"①。稍后,它们都向中国派遣了传教士。

然而,郭实腊煽动的传教狂热并没有持续多久,怀疑和反对他的传教计划和方法的人仍然很多,郭实腊本人又在1851年8月8日过早地病逝于香港。巴色会和巴勉会的传教士脱离了福汉会,各归各的传教会直接领导。福汉会的工作由1850年来华的小巴陵会传教士那文(R. Neumann)负责了一段时间。1855年那文身患重病不得不返回欧洲,福汉会旋告解散。小巴陵会的中国传教只是因传教士韩士伯(August Hanspach,1826—1893)的到来,才没有完全终止。而由德国加设会②、巴陵女书会等组织派来的传教士则只能在香港进行小规模活动。③

19世纪50年代,中国政府虽然在西方列强的武力强迫下放弃了对基督教传教的禁令,但仍处处提防,严加限制。1858年,英法联军再次发动侵华战争,把战火一直烧到天津和北京。中国又一次战败,被迫与西方列强签订了一系列新的"不平等条约"。它们不仅扩大了列强的在华权益,而且明确规定了基督教在华传教的"自由"。1858年的《天津条约》和1860年的《北京条约》成了基督教在中国自由传播的"大宪章"。④ 基督教新旧教传教士均获得了在全中国范围赁房盖屋、建立传教站、治外法权等特权。中国教徒也享受到"宗教宽容"的待遇。基督教会成为中国的"国中之

---

① 德文名称为"Berliner Frauenverein für Chinamission",中国人习称"巴陵女书会"。

② 该会在1850年派遣传教士福格尔(Carl Vogel)来华,但后者只在香港待了两年。此后,该会未再派遣传教士。

③ Wilhelm Oehler,*Geschichte der deutschen evangelischen Mission*. Erster Band:*Frühzeit und Blüte der deutschen evangelischen Mission 1706—1885*,Baden-Baden 1949,S. 356.

④ Horst Gründer,*Welteroberung und Christentum. Ein Handbuch zur Geschichte der Neuzeit*,Gütersloh 1992,S. 389.

国"。普鲁士趁火打劫。它派遣东亚远征队,于 1861 年 9 月 2 日强迫中国政府签订通商条约,获得了与英、法、美、俄等国同样的特权。德国新教传教士由此得以在中国内地自由旅行、自由传教、自由建造房屋和教堂。

第二次鸦片战争开创了基督教在中国传教的新局面。德国新教的中国传教活动也逐渐扩大。除巴色会、巴勉会、小巴陵会、巴陵女书会等早在 40 年代和 50 年代就开始了中国传教的传教组织外,大巴陵会①、同善会②和其他大大小小的传教组织也纷纷向中国派遣传教士,积极开拓中国教区。

大巴陵会是在接管小巴陵会的中国传教工作的基础上发展起来的。早在 1872 年,巴勉会曾经接管过小巴陵会的传教工作。然而,由于教派观点分歧和在广州传教站领导权上的争议,巴勉会传教士同小巴陵会传教士之间并没有和睦共处,最后导致花之安(Ernst Faber,1839—1899)等四位传教士脱离巴勉会。③ 1882 年巴勉会将小巴陵会的传教工作转交给大巴陵会,并与巴色会和大巴陵会协商,对各自的传教区域作了界定。巴勉会声明放弃在客家人中的传教工作,专注于"牧养"广府人。广州传教站及其全部设施作价 65112 马克卖给大巴陵会。④ 大巴陵会通过接管小巴陵

---

① 大巴陵会的德文名称为"Gesellschaft zur Förderung der Evangelischen Mission unter den Heiden"(意为"在异教徒当中传播福音促进会")。该会于 1824 年在柏林成立。为了与什切青-柏林中国传教总协会区别开来,故称"大巴陵会"。大巴陵会在香港也建有教会,称作"信义会"。

② 该会于 1884 年创建于魏玛,德文名称初为"Allgemeine Evangelisch-Protestantische Missionsverein",后改为"Deutsche Ostasienmission"。

③ Julius Richter, *Geschichte der Berliner Missionsgesellschaft*, 1824—1924, Berlin 1924,S.514.

④ 同上书,第 520 页。

会,把其传教工作从非洲扩展到了中国。起初它同巴勉会一样在广东省本地人当中传教。1897年德意志帝国侵占胶州湾后,又尾随开辟了中国北方传教区。

同善会的中国传教则以吸收花之安为开端。花之安在1880年退出巴勉会后,并没有放弃在中国的传教工作,而是以"自由传教士"的身份,在香港从事"文字传教"。1885年同善会向花之安提供资助,吸纳他为该会在中国的代表。花之安先在上海,后来又到德意志帝国占领下的青岛,为同善会开辟了中国传教基业。[1] 其他德国新教传教会如德华盟会(China-Alliang-Mission in Barmen,自1891年起)、德国女公会(Deutsch-Schweigerische Anstalt chrischona,自1895年起)、德国喜迪堪会(Hildesheimer Blindenmission unter den Frauen in china,自1897年起)、德国长老会(Kieler Mission,自1899年起)、立本责信义会(Liebengeller Mission,自1899年起)等也先后开展了中国传教活动。

从上述兴起过程来看,德国新教"有组织的"中国传教同样是与西方殖民主义的海外扩张密切联系的。虽然德国的殖民扩张形成得比较晚,但德国传教士早就利用基督教的国际性借助其他国家的殖民主义势力开展对华传教活动了。在英、法等国用武力打开了中国闭关自守的国门之后,德国新教传教会也不失时机地利用殖民主义者创造的"良好"条件,锲而不舍地向中国渗透。而在德国同中国建立了"邦交"关系,甚至直接出兵侵占中国领土之后,德国新的中国传教活动更有了较大规模的发展。据不完全统计,

---

[1] Otto Marbach, *50 Jahre Ostasienmission. Ihr Werden und Wachsen*, Zürich 1934, S. 23—26.

到19世纪末巴色会共派遣52名传教士来华,巴勉会则有32名,巴陵会有27名[1],同善会有4名,德国女公会有5名,其余各会至少也各有1名传教士在中国工作。[2] 在第一次世界大战爆发前夕,德国新教共有138位男传教士和72位女传教士久居中国。[3] 与新教传教士6636名的总数相比,德国的人数虽然不是很多,只占3%左右,但纵向比较,其发展还是很明显的。[4] 德国新教传教士在中国开辟了四大传教区。在中国南部(广东)有巴色会、巴勉会、巴陵会、德国长老会、巴陵女书会、喜迪堪会等。在中国中部(江西、浙江)有德华盟会、立本责信义会、德国女公会等。在中国北方(山东)有巴陵会和同善会。在中国西南部(广西)有德国长老会。[5] 德国新教已把其势力扩展到大半个中国。

(二)布道、建站、办学、行医

同英美诸国一样,德国新教传教士在中国也主要从事布道、建立传教站、创办学校和举行医疗卫生事业等活动;其中,布道和建立传教站是直接的传教工作,办学和行医起着辅助作用。但无论何种工作,其中心目标都是传播基督教。传教士们凭借从"不平等

---

[1] 参见 Sun Lixin, *Das Chinabild der deutschen protestantischen Missionre des 19. Jahrhunrts. Eine Fallstudie zum Problem interkultureller Begegnung und Wahrnehmung*, Marburg 2002, S. 323—333. Anhang.

[2] Georg Beyer, *China als Missionsland*, Berlin 1923, S. 11.

[3] Julius Richter, *Evangelische Missionsgeschichte*, Leipzig 1927, S. 216.

[4] Mirjam Freytag, *Frauenmission in China. Die interkulturelle und pädagogische Bedeutung der Missionarinnen untersucht anhand ihrer Berichte von 1900 bis 1930*, München / New York 1994, S. 37.

[5] Georg Beyer, *China als Missionsland*, Berlin 1923, S. 11.

条约"中获取的一系列特权,利用各种各样的手段,千方百计地争取中国民众皈依基督教,促使中国全方位地"福音化"。

几乎所有的传教士都做过口头布道工作。他们经常在街头巷尾和集市庙会等公共场合聚众演说,宣讲基督教教义,解答听众的疑问,劝导人们向往天堂。有的时候,传教士也走门串户,深入平民或教徒家中,进行个别宣传和研讨。若有人对基督教产生了兴趣,通过了"考验",传教士就为他们施洗,接受他们加入教会。为了进一步坚定中国教徒的信仰,传教士还在教堂建成后,把中国教徒召集到一起,定期定时地在教堂进行布道,相机举行各种各样的宗教仪式。口头布道也是传教士与中国民众发生直接交往的一个途径。传教士的言谈举止即使不能说服人们入教,也会给人以深刻印象。

与口头布道不同,文字布道需要有一定的文化修养和写作能力,并非所有传教士都能胜任。在德国新教传教士中,郭实腊、黎力基、叶纳清、罗存德(Wilhelm Lobscheid,1822—1898)、花之安、韶波(Martin Schaub,1850—1900)和安保罗(Paul Kranz)等人在文字布道方面着力较多。郭实腊早在1833—1838年间就主办过中文杂志《东西洋考每月统记传》,也翻译过《圣经》,著有大量宗教小册子,如《赎罪之道传》、《救世主言行全传》等。此外,他还编写了一些介绍西方各国历史地理、政治经济和思想文化的作品,如《大英国统志》、《古今万国纲鉴》、《万国地理全集》、《制国之用大略》、《贸易通志》等。① 巴色会传教士黎力基写作了宗教小册子《养心神诗》,韶波著有《生道阐详》、《治会龟鉴》、《教会异同》等。②

---

① 熊月之:《西学东渐与晚清社会》,上海人民出版社1994年版,第111—141页。
② 同上书,第149页。

韶波还从基督教立场观点出发研究中国的儒学,用中文写作了三卷本《仁义要诠》一书。他也与人合作重新修订了《圣经·新约》的文言文译本,并于1898年出版。① 巴勉会传教士叶纳清著有《圣经之史》、《圣会大学》、《金屋型仪》、《庙祝问答》等宗教宣传品。罗存德著有《异端总论》、《福世津梁》、《妙龄双美》、《地理新志》、《千字文》、《麦氏三字经》、《幼学诗释句》、《四书俚语启蒙》等有关宗教、地理知识的作品和教科书。②

花之安更以"文字传教"为工作重点。他著有许多关于基督教教义和教理的作品,如《马可讲义》、《明心图》、《玩索圣史》、《路加衍义》等,也写了一些介绍西方文化和西方文明的作品,如《西国学校》、《德国学校论略》、《教化议》、《人心论》、《自西徂东》、《性海渊源》等。在《自西徂东》一书中,花之安试图以一种独出心裁的方式向中国人阐述基督教福音,即"把基督教在基督教国家社会生活中产生的实际结果与异教国家,特别是中国,相应的社会状况加以对比",并以此说明基督教的优越性。③ 此书自1884年正式出版后,在中国流传甚广,影响很大。花之安还依据基督教教义来评析中国古典作品和中国古代哲学,尤其是儒家学说,用中文撰写了《经学不厌精》等著作。在花之安的影响下,同善会传教士安保罗也致力于文字传教,写了《上帝福音之纲领》、《圣经要道》、《耶稣言行要录》、《劝祷论》、《会中公祈格式》、《十字架图》、《黜虚崇正论》等宗

---

① MacGillivray, *A Century of Missions in China*, 1807—1907. *Being the Centenary Conference Historical Volume*, Shanghai 1907, pp. 495—496.
② 熊月之:《西学东渐与晚清社会》,上海人民出版社1994年版,第148—151页。
③ Ernst Faber, "Literalische Missionsarbeit in China", in: *Allgemeine Missionszeitschrift*, 9, 1882, S. 53.

教宣传品,著有《论语本义官话》、《学庸本义官话》、《孟子本义官话》、《孔子基督为友论》、《救世教成全儒教》等评析儒家学说的著作。此外,安保罗还写了《德文要语》、《常用四千字录》、《沪语指南》等语言教科书和《中华教友殉难记》等传教史作品。[①]

值得注意的是,德国新教传教士的文字工作侧重于宗教宣传。虽然也有一些关于西方政治制度、法律、社会和教育情况的报道,但不占主要地位,更没有专门介绍声、光、化、电等自然科学的著述。这与一些英美传教士专门从事译介西方科学技术的文字工作大不相同。

传教站是传教士比较固定的居住地和布道场所,也是他们进一步扩展其势力和影响的重要据点。每个传教站至少有一名传教士主持工作,由数名中国教徒担当助手。传教士在此定期举行布道、讲经、庆祝圣诞等宗教活动和宗教仪式。中国教徒则被召集在一起,共同读经、唱圣诗、参加圣餐。凡是皈依了基督教的中国教徒,都必须接受基督教和西方社会的道德观和价值观。祭祀祖先、崇拜孔子、祈求鬼神、妇女缠脚、男子纳妾等传统宗教礼仪和社会风俗被废止。吸食鸦片、赌博、酗酒等陋习遭到严厉谴责。较大的传教站附设传教学校、医院等机构,把传教与传播经过过滤的"西方文化"融为一体。同西方人的租界一样,传教站也享有"条约"规定的种种特权,它们更因其宗教性质而神圣不可侵犯,构成了在中国领土内的一个个"独立王国"。

德国新教传教士在中国建立传教站有一个相当曲折的发展过程,经常因反对传教的中国民众的坚决抵制而失败,或者建成后又

[①] MacGillivray, *A Century of Missions in China, 1807—1907. Being the Centenary Conference Historical Volume*, Shanghai 1907, p. 498.

三、新教传教的"文化帝国主义" 91

被摧毁。但在中外多种因素的共同作用下,最终还是有许多传教站得以建立。

巴色会是进入中国最早而且向中国派出传教士最多的德国新教传教会。相对而言,它在中国建立的传教站也最多,主要分布在新安、东莞、紫金、五华、兴宁、梅县、蕉岭、龙川、河源、惠阳、宝安等县区,到19世纪末共建传教站13处,集结中国教徒6197人。① 此外,巴色会还在香港购置房产,建立了一个供传教士休养、集训的场所,并在周围建立了一个客家人社区,发展中国教徒317人。②

巴勉会的传教活动起初局限于新安县和东莞县的广府人,后来又把传教范围扩大到珠江三角洲人口较密集的地区,建立了太平、福永、新塘、夏清、塘头厦、荆北等传教站,吸收中国教徒1014名。③ 同巴色会一样,巴勉会也在香港建立了一个传教士接待站。该站还负责移居香港的中国教徒的宗教关照事务。1901年集结中国教徒97人。④

大巴陵会传教士同样致力于在中国建立传教站,广招中国教徒。除广州外,他们还在广东省归善县和花县,建立了惠东、始兴、

---

① R. Grundemann, *Kleine Missionsgeographie und statistik. Zur Darstellung des Standes der evangelischen Mission am Schluss des 19. Jahrhunderts*, Calw / Stuttgart 1901, S. 86.

② Julius Richter, *Das Werden der christlichen Kirche in China*, Gütersloh 1928, S. 328—329.

③ R. Grundemann, *Kleine Missionsgeographie und—statistik. Zur Darstellung des Standes der evangelischen Mission am Schluss des 19. Jahrhunderts*, Calw / Stuttgart 1901, S. 86.

④ H. Gundert, *Die evangelische Mission, ihre Länder, Völker und Arbeiten*, 4. Durchaus vermehrte Aufl., bearbeitet von D. G. Kurze und F. Raeder, Calw / Stuttgart 1903, S. 453.

罗坑、增城坳等传教站,发展教徒 2257 名。[①] 自 1897 年起,巴陵会传教士又开辟了青岛传教区。稍后,在青岛的近郊即墨也建立了一个传教站。到 1901 年末,巴陵会在青岛发展教徒 104 名,可享圣餐者 41 名,教外读经者 115 名。[②]

其他传教会也建立了一些传教站。其中德华盟会建有 8 处,[③]巴陵女书会、同善会和德国长老会各建 1 处。[④] 据不完全统计,19 世纪时,德国新教各传教会在中国共建传教站 40 余个,发展中国教徒 10000 余人。这些传教站和附属于它们的基督教徒像楔子一样,深深嵌入了中国社会,对中国近代社会产生了一定的影响。

创办学校是基督教新教传教的另一项重要活动。它几乎与建立传教站同时开始,但并不完全依赖于传教站。办学的目的主要是宗教性的,即向中国基督教社团的下一代施加宗教影响,培养基督教青年担任传教助手,为中国的"福音化"培养建设人才。

19 世纪时,德国新教各传教会在中国创办了从小学到中学再到神学院一整套学校体系。小学有男童学校和寄宿学校。小学毕业生中天资聪慧并且愿意继续求学者,可以升入中学。中学之后还有神学院。此外还有一些女校和为非基督教儿童设立的"异教徒学校"。据统计,到 19 世纪末,德国新教各传教会在中国共建各

---

① R. Grundemann, *Kleine Missionsgeographie und—statistik. Zur Darstellung des Standes der evangelischen Mission am Schluss des 19. Jahrhunderts*, Calw / Stuttgart 1901, S. 86.

② H. Gundert, *Die evangelische Mission, ihre Länder, Völker und Arbeiten*, 4. Durchaus vermehrte Aufl., bearbeitet von D. G. Kurze und F. Raeder, Calw / Stuttgart 1903, S. 472.

③ Julius Richter, *Evangelische Missionsgeschichte*, Leipzig 1927, S. 11.

④ H. Gundert, *Die evangelische Mission, ihre Länder, Völker und Arbeiten*, 4. Durchaus vermehrte Aufl., bearbeitet von D. G. Kurze und F. Raeder, Calw / Stuttgart 1903, S. 455.

类学校百余所。其中巴色会建有 62 所,学生 1467 名;巴勉会建有 11 所,学生 117 名;巴陵会建有 15 所,学生 525 名。① 其他传教会的教育机构难以详细考究。

在传教学校中,学生以学习基督教教义教理和宗教仪式为主,附带了解一点"西方国家的知识"。基督教课程几乎占小学授课的一半时间。"传教士本人讲解宗教、圣经故事,教唱圣诗。有时还教读写拉丁文。早、晚祈祷由传教士及其助手在学校里举行。学生们必须能够阅读和理解新约。他们在举行圣事时担当唱圣诗的歌手。学生也学如何祈祷。每个星期天下午都举行一次测试,向学生考问一些有关福音和使徒书的内容。"②中学的任务是给予学生"一种扎实的普遍教育,使之以后有能力自行研修,为从事教师和布道员等职业做好准备"。③ 神学院主要是培养传教助手和师资的机构。在这里,学生们的学习重点为新旧约诠注、教义学、伦理学、教会史、教义问答、布道书,附加世界史、物理和化学等课程。④ 而在"异教徒学校"中,学生们主要学习一些实用的生活和工作技能,要被教育成为能够自食其力的"有用之人"。⑤

德国新教传教会虽然在中国办有不少学校,但与英美诸国相

---

① R. Grundemann, *Kleine Missionsgeographie und—statistik. Zur Darstellung des Standes der evangelischen Mission am Schluss des 19. Jahrhunderts*, Calw / Stuttgart 1901, S. 86.

② Wilhelm Leuschner, *Aus dem Leben und der Arbeit eines China-Missinars*, Berlin, O. J., S. 72.

③ Franz Zahn, *Über das chinesische Schulwesen einst und jetzt. Mit besonderer Berücksichtigung der Schulen der Rheinischen Mission*, Barmen, O. J., S. 25.

④ Julius Richter, *Evangelische Missionsgeschichte*, Leipzig 1927, S. 28—29.

⑤ Horst Gründer, *Christliche Mission und deutscher Imperialismus. Eine politische Geschichte ihrer Beziehungen während der deutschen Kolonialzeit*(1884—1914)*unter besonderer Berücksichtigung Afrikas und Chinas*, Paderborn 1982, S. 366.

比,仍相形见绌。根据1913年的一项统计,福音教和天主教传教士在中国共建10500所小学,学生人数达210000人,其中德国仅有500所,学生11000人。中学和更高级的学校有700所,学生37000人,其中德国只有40所,650名学生。[1] 而且德国新教传教会在中国未建任何大学。

对于基督教新教来说,医疗传教是其整个传教事业"普遍的基督教—人道主义"的最好表现。但它更是"一种有效的劝人皈依基督教的工具",是消解"土著医生和传统文化与宗教影响"的有力手段。[2] 传教士们认为,中国人因其丰厚的历史和文化底蕴,对外国人,特别是西方人心存芥蒂,自鸦片战争以来更生顽固的仇恨心理。中国虽然自古以来就发展了一套完整的医疗体系和独特的医疗方法,但其中包含有若干迷信和荒诞不经的因素,与西方现代医学相比是十分落后和粗俗的。通过医疗传教,不仅可以消除中国人"根深蒂固的狂妄自大",充分展示西方文明的优越性,而且也可以赢得中国人对西方人的信任和好感,接受和皈依基督教。[3] 这就清楚地说明了传教士医疗活动的功利主义目的性。

德国新教的医疗传教自郭实腊来华起就开始进行了。郭实腊虽非专业医生,但在传教时经常辅以行医施药,治病救人。巴色会和巴勉会在培训传教士时也很注意进行医学知识的传授,使之掌握一定的医疗护理技能。因此不少来华传教士都能做一些医护工

---

[1] Wolfgang Franke (Hrsg.), *China-Handbuch*, Düsseldorf 1974, S. 251.

[2] Horst Gründer, *Christliche Mission und deutscher Imperialismus. Eine politische Geschichte ihrer Beziehungen während der deutschen Kolonialzeit*（1884—1914）*unter besonderer Berücksichtigung Afrikas und Chinas*, Paderborn 1982, S. 352.

[3] Schultze, "Die ärztliche Mission in China", in: *Evangelisches Missionsmagazin*, 28, 1884, S. 29.

作,但是专门的传教医生则较晚才被派出。

第一位德国新教传教医生是 H. 格金(H. Göcking)。他于 1854 年同韩士伯一起被小巴陵会派往中国,先是在广东沿海一带工作,1858 年以后又到巴勉会传教站塘头厦工作了六年。1888 年巴勉会派遣约翰内斯·屈内(Johannes Kühne)到中国做专职医生。屈内在广东东江的一个小岛上建立了一所麻风病医院,设 300 个床位。除了医生诊治外,病人自己也可以互相照顾。在治疗过程中,还向病人宣传基督教,劝告他们皈依上帝。1898 年巴勉会又派遣传教医生戈特利布·奥尔坡(Gottlieb olpp)来华,在东莞县建立一所较大的医院。① 巴色会自 1893 年开始向中国派遣传教医生。首先是赫尔曼·维滕贝格(Hermann Wittenberg)。他在广东梅县建立了一所医院,并招收中国教徒学习西医。② 1899 年花之安临终前将其价值 30000 马克的遗产捐献给同善会。利用这笔捐赠,同善会于 1900 年在青岛建成了一所医院,命名为"福柏医院"。传教医生迪佩尔(Dipper)担任该院的第一位主治医师。以后同善会又在高密和台东山各建一所医院,并派遣传教医生来华工作。③ 作为德国新教唯一的自由派传教会,同善会特别强调"文化传教"的意义。它在中国创办的传教医院也以设备先进、医术高明著称。但归根结底仍是为传教服务的。

---

① Wilhelm Oehler, *Geschichte der deutschen evangelischen Mission*. Zweiter Band: *Reife und Bewährung der deutschen evangelischen Mission 1885—1950*, Baden-Baden 1951, S. 237.
② 同上书,第 232 页。
③ Otto Marbach, *50 Jahre Ostasienmission. Ihr Werden und Wachsen*, Zürich 1934, S. 26—36.

（三）"精神征服"的主观意志

19世纪中后期,基督教在中国得到了进一步的传播。一部分中国居民,其中大部分属于社会下层,接受了来自西方社会的宗教,成为基督教徒。这些中国教徒各自与德国新教某一传教会保持密切联系,奉行与中国传统文化迥异的道德准则和生活方式,组成了一些与中国传统社会结构大不相同的宗教团体,成为近代中国社会和文化中一股特殊力量。

那么,传教士为什么要不遗余力地向中国传播基督教？要对这个问题作出比较准确的回答,有必要对传教士的中国观进行深入考察。

众所周知,19世纪时,随着资本主义生产方式的确立,西方主要国家的经济和军事力量迅速增长,科学技术日新月异。与之相应,文化进步的乐观主义、社会达尔文主义和西方文化优越论等思潮在西方社会普遍流行,西方社会对非西方国家和民族的评价也发生了重大变化,种族和文化间的价值差别被加以突出强调;经济、军事和技术的进步被看作种族和文化"优越"的证明,经济、军事和技术落后则被看作种族和文化"低劣"的结果。这些观念不仅影响着传教士的自我意识,也影响着他们对中国的认识和评价。

在传教士看来,中国首先是一个"异教大国"[1],或者说是一个"坚固的异教堡垒"[2]。"异教"一词是出自基督教《圣经》的概念,

---

[1] Ernst Faber, "Ein noch unbekannter Philosoph der Chinesen", in: *Allgemeine Missionszeitschrift*, 8, 1881, S. 4.

[2] Martin Schaub, "Die theologische Ausbildung der chinesischen Missionsgehilfen", in: *Evangelisches Missionsmagazin*, 42, 1898, S. 58.

指基督教以外的所有其他宗教。在平常的话语中包含有"低下,粗俗"之意,暗示"宗教-文化的卑劣或堕落",用"异教"概念指称中国实际上带有很大的蔑视和宗教歧视倾向。① 因此花之安说:"异教是没有任何慰藉的沉沉黑夜。"②非基督教的中国,也是一个"落后的"、"贫困的"、"充满苦难的"国家。

传教士们认为中国民众道德水平普遍低下,犯罪和暴力在中国比比皆是。③ 中国人处在"生活里没有指路明星,困境中得不到安慰,死亡时看不到希望"的悲惨境地。④ 在中国,"真理"荡然无存,"腐败堕落"触目惊心。⑤ 而中国人最大的不幸恰恰在于"严重的宗教昏暗"。海因里希·鲁道夫·克罗内(Heinrich Rudolf Krone)指出:"中国人作为异教徒没有力量抵制诱惑,战胜罪孽。"⑥祭恩(Georg ziegler)也写道:"中国人虽然智力超群,但仍然是一个贫穷的、受迷信奴役的民族,对鬼神、灾难和死亡时刻提心吊胆。"⑦黎力基同样认为:"中国的异教既不能使人的心灵安宁,也不能使人防范突发的过失,更不能逃脱永恒的堕落。"⑧把中国的"落后"和"苦难"归结于异教,是一种典型的传教士逻辑。其目

---

① Giancarlo Collet,"Heiden. IV. Missionstheologisch", in: *Lexikon für Theologie und Kirche*,Band 4,Freiburg 1995,S. 1255.

② Ernst Faber,*China in historischer Beleuchtung*,Berlin 1895,S. 53.

③ Heinrich Rudolf Krone,"Was die Chinesen von Gott wussten und wissen",in: *Berichte der Rheinischen Missionsgesellschaft*,1855,S. 75.

④ Rotto Schultze,"Bilder aus dem Leben der Chinesen",in: *Evangelisches Missionsmagazin*,34,1890,S. 56.

⑤ Rudolf Lechler,*Acht Vorträge über China*,Basel 1861,S. 175.

⑥ Heinrich Rudolf Krone,"Was die Chinesen von Gott wussten und wissen",in: *Berichte der Rheinischen Missionsgesellschaft*,1855,S. 76.

⑦ Georg Ziegler, "Zauberei und Wahrsagekunst", in: *Evangelisches Missionsmagazin*,42,1898,S. 28.

⑧ Ernst Faber,*China in historischer Beleuchtung*,Berlin 1895,S. 175.

的不在于客观反映现实,而是要论证基督教的优越性和传教的合理性。

传教士们承认中国是"世界上最古老的国家"[1],中国人是一个古老的"文化民族"[2]。然而他们更强调中国历史发展的"停滞"和中国当前的"腐朽没落"。黎力基指出:中国的若干设施"早在两千五百年以前就已经建成存在,后来却不再发展了,既没有出现改动,也没有发生更换。中国人虽然开化得很早,在科学和艺术方面颇有建树,但从未达到一个较高水平,以至于成为人类历史上独一无二的持久停滞的典型"。[3]

中国历史的"停滞性"观点源于赫尔德和黑格尔等人的历史哲学,完全出于对中国历史的无知,但却被传教士不加质疑地接受了下来。传教士们普遍认为,中国文化已经不能继续发展了。"中国文化看上去太苍老,它已失去活力,不能适应现代生活严肃的、奋发向前的发展要求。"[4]"中国文化太古老了,已经没有力量继续向前发展了。"[5]与之相反,基督教和西方文化却有着绝对的"优越性"。在由传教士所坚持的、得到《圣经》和历史神学论证的直线式文化发展模式中,基督教文化是必然的终点,必须在所有非基督教和非西方的民族和国家中发挥重要的"文化建设"作用。

对于西方文化与基督教的有机联系,对于基督教西方文明的绝对"优越性",传教士坚信不疑。他们认为只有"强盛的、充满活力的"西方国家才能给中国输入"新鲜血液和新生活",使它从数百

---

[1] Ernst Faber, *China in historischer Beleuchtung*, Berlin 1895, S. 5.
[2] 同上书,第 110 页。
[3] 同上书,第 3 页。
[4] 同上书,第 5 页。
[5] Karl Maus, *Das Reich der Mitte*, Barmen 1901, S. 5.

年冬眠中醒来。西方文化是预告天亮的黎明晨光,只有它才能推动中国向前发展。而西方文化的基础是基督教,基督教精神构成了西方文化的精髓,只有基督教才能救中国。花之安断言:"基督教独自就呈现出丰富的真正宗教生活,它来自上帝并与上帝紧密结合在一起。任何基督徒只要理解上帝委托给他的最珍贵的财富,就会全心身地投入传教事业,把上帝赋予他的才富与亿万中国人同享。"[1]而在卡尔·毛斯(Karl Maus)看来,"福音对于中国人来说是非常必要的。"[2]和士谦(Johannes C. Voskamp)则指出:"中国期待着上帝之子伟大的、能够使人获得解脱的福音,而上帝之子是充满爱心、勇于受难、受人赞美的,他也为中国人献出了宝贵的鲜血,希望把他们从昏暗带到光明,摆脱撒旦的暴力,走近上帝。他要亲自让中国人得到拯救,使之成为他的子民。"[3]传教士呼吁中国改革,但是在他们看来,改革运动必须从接受基督教开始。若无基督教,所有努力都将徒劳无益。[4]

正是基于对中国文化的蔑视和对基督教-西方文化的"优越性"的坚信,传教士们极力要把全世界都纳入西方文化体系,使之"基督教化"和"文明化"。他们坚决反对中国传统的信仰、习俗、礼仪和权威,要求用西方文化取代中国的传统文化。他们也竭力维护殖民体系,赞同殖民列强所实行的武力政策及其对中国人民反抗斗争的严厉镇压。虽然传教士不能否认中国人民拥有勤劳、好

---

[1] Ernst Faber, "Theorie und Praxis eines protestantischen Missionars in China", in: *Zeitschrift für Missionskunde und Religionswissenschaft*, 14, 1899, S. 229.

[2] Karl Maus, *Das Reich der Mitte*, Barmen 1901, S. 47.

[3] Johannes C. Voskamp, *Unter dem Banner des Drachen und im Zeichen des Kreuzes*, 2. Aufl., Berlin 1900, S. 120.

[4] Ernst Faber, *China in historischer Beleuchtung*, Berlin 1895, S. 18.

客、主持正义等优秀品质,拥有较高的智力水平和较强的集体精神——因为上帝之光偶尔也会照射到异教徒当中,但他们从未把中国人看作是与西方人地位平等的。中国人只是比"原始的"、"未开化的"野蛮民族和其他"异教"民族好一些,与西方人相比仍是"低级的"、"劣等的"。传教士有时也揭露、批评殖民主义和帝国主义,但是这些揭露和批评只是在保证一种"健康的殖民政治"的"共同利益"范围内,针对这个或那个"弊端"而发的,并不触及整个殖民体系。

综上所述,不难看出,19世纪德国新教传教士在中国走的是一条"单行线"。对西方文化优越性和基督教"绝对真理"的坚信使他们完全忽略了中国文化的价值,更认识不到向中国学习的必要性。他们的所作所为并不是为了中西文化交流,而是极端狭隘的、单方面的宗教文化渗透和意识形态征服。

在西方批判的历史编纂中,自20世纪60年代至今一直有不少学者使用"文化帝国主义"概念来概括基督教海外传教活动。其意思是指某一文化对另一文化的思想和价值观的彻底否定。它不是单纯的思想争论,也不是不同观念的相互抵牾,而是某一文化借助政治、经济、军事等强权手段进行传播扩张。它既包括传教与西方帝国主义的政治联盟,也包括自身的经济追求;既包括世俗的权力要求,也包括自身严厉的教育和驯化措施。[1] 我个人认为,用这个概念来说明19世纪德国新教中国传教的性质和特点也是恰当的。因为19世纪德国新教的中国传教不仅从一开始就与西方列

---

[1] Horst Gründer, *Christliche Mission und deutscher Imperialismus. Eine politische Geschichte ihrer Beziehungen während der deutschen Kolonialzeit*（1884—1914）*unter besonderer Berücksichtigung Afrikas und Chinas*, Paderborn 1982, S. 344.

强的殖民扩张紧密联系,而且其最终目的也是要对中国民众进行"精神征服",要按照基督教和西方文化的价值标准来改造中国。这不是帝国主义式的文化霸权又是什么呢?直到20世纪初,随着"西方没落"征兆的出现,个别传教士——例如曾在青岛当过传教士,后来成为著名汉学家的卫礼贤(Richard Wilhelm,1873—1930)——才对基督教和西方文化进行了比较深刻的反省,逐渐放弃了基督教—西方文化优越论的思想,重新审视中国历史和文化,并且从中发现了许多宝贵的精神财富,于是改辙易帜,竭诚倡导中西文化交流并作出了重要的贡献,但这已是后话了。

四、花之安的中国研究

在近代中西文化关系中,基督教传教士究竟发挥了什么样的作用?对于这个问题,我们不能只根据一些表面现象,例如传教士在中国办学、行医、传播"西学"以及研究中国历史文化、译介中国经籍等,就作出肯定的回答,而是要深入探究他们的动机和目的,认真分析他们著述的内容,特别是外文著述的内容,全面把握他们对中国的感知和认识。从19世纪的情况来看,传教士很少有自觉促进中西文化交流的意识。他们更多的是抱有西方文化优越论和"基督教中心主义",对中国文化持根深蒂固的偏见。他们并不想与中国社会和文化进行平等对话和双向交流,而是要实行片面的宗教文化渗透和"精神征服",要按照基督教和西方文化的价值标准来改造中国,表现出强烈的"文化帝国主义"[1]倾向。

不可否认,确有一些传教士在研究中国历史文化方面花费了很大精力,也撰写了大量关于中国的报道,把中国各方面的情况和他们自己对中国的印象介绍到西方社会。然而,他们这样做并非为了文化交流,而是为了唤起西方基督教公众对传教事业的热情和支持,探讨在中国进行传教的方式方法,争取早日使中国"基督

---

[1] Horst Gründer, *Christliche Mission und deutscher Imperialismus. Eine politische Geschichte ihrer Beziehungen während der deutschen Kolonialzeit*(1884—1914)*unter besonderer Berücksichtigung Afrikas und Chinas*, Paderborn 1982, S. 344.

教化"或"福音化"。从根本上说,这些传教士对中国的研究和介绍是为西方列强侵华和向中国传播基督教服务的,其学术意义并不是很大。

在19世纪来华的德国传教士当中,花之安(Ernst Faber,1839—1899)的中国研究可谓蜚声遐迩,驰名中外。然而,即使在他这里,我们也可以清楚地看到其根深蒂固的"文化帝国主义"情结。

(一) 从传教士到"汉学家"

花之安于1839年4月25日出生在德国巴伐利亚州北部小城考堡,是一个犹太人的后裔。[①] 他曾受过完全的中小学教育,但在毕业后,因家境贫寒,不得不到一家手工作坊做白铁工。[②] 花之安不甘心以此为终身职业,遂于1858年加入德国新教传教差会礼贤会[③],接受传教训练,准备将来做传教士。这种选择在当时一些出身于社会中下层的青年之中很普遍。对于他们来说,传教士职业是改善其社会地位的一条捷径,尽管他们在向传教会提交的申请报告中一再强调其宗教动机和灵性启示如何纯正、高尚。[④] 花之安加入礼贤会,同样具有明显的社会升迁意图。

19世纪40年代,英国通过鸦片战争,以武力打破了中国晚清的闭关自守状态。中国被迫向西方商业和传教势力"开放"国门。

---

① 朱玖琳:《德国传教士花之安与中西文化交流》,《近代中国》第6辑,1996年,第22页。
② 参见德国福音教传教联合会(乌珀塔尔)收藏的花之安档案资料。
③ 又称"巴勉会"或"巴门会"。
④ Robert Hoffmann, *Die neupietistische Missionsbewegung vor dem Hintergrund des sozialen Wandels um 1800*, in: *Archiv für Kulturgeschichte*, 59, 1977, S. 467.

鸦片战争和中国的"开放"使基督教新教传教组织备受鼓舞，中国遂被当作"未来传教事业的巨大活动场所"而受到高度重视。早在 30 年代就开始了中国传教活动的德国新教传教士郭实腊更是欢呼雀跃，极力鼓动德国新教传教会向中国派遣"传教士大军"。[①] 1846 年，礼贤会首次向中国派遣传教士，成为最早开展中国传教活动的德国新教传教会之一，而为了扩大在中国的势力，它也急需招募和派遣更多的传教士。因此，花之安在加入礼贤会不久就开始接受到中国传教的培训。由于有较好的教育基础，加上本人求学欲望强烈，所以在礼贤会传教神学院修完四年课程后，花之安又获准到巴塞尔和图宾根大学进修了两年。此间他还在柏林动物学博物馆的实验室和高塔彼得曼地理研究所进行过访学。1864 年花之安受派到中国传教，翌年 4 月 25 日到达香港，随后到广东内地工作。

最初几年，花之安同当时来华的传教士一样，主要从事口头布道，但也到传教学校中任教，在中国民众当中行医。为了更好地与中国人交往，花之安努力学习中文，研读中国的文献典籍。后来，他把自己的工作重点越来越多地放到所谓的"文字传教"上，以笔耕代替了口头布道。促成这一工作重点转移的原因主要有两方面：一是，花之安患有喉疾，说话困难，不能作长时间的宣讲；二是，而且更重要的是，随着经验的积累，特别是随着与中国官绅和文人学士接触增多，花之安逐渐认识到，为了更有效地向中国人传播

[①] 参见 Herman Schlyter, *Karl Gützlaff als Missionar in China*, Lund / Kopenhagen 1946; Herman Schlyter, *Der China-Missionar Karl Gützlaff und seine Heimatbasis. Studien ueber das Interesse an der Mission des China-Pioniers Karl Gützlaff und über seinen Einsatz als Missionserwecker*, Lund 1976.

"福音",传教士必须深入研究中国人"精神组织的心理基础",并从基督教"真理"出发,对中国现有的精神生活进行批判分析,从根本上说服中国人,使其自觉地接近基督教的"福音"信仰及其知识宝库。[①] 又由于官绅和文人学者在中国社会具有巨大影响力,争取他们皈依基督教对于整个中国的"福音化"起着决定性作用,而要与他们打交道,要赢得他们的尊敬,传教士必须能够证明自己具有较高的文化素质和人文知识。[②] 由此可见,花之安之转向文字工作,既有偶然的因素,也有自觉的意识。然而文字工作只是一种与口头布道不同的传教方法,与其他各种各样的传教活动只是形式上不同,没有本质差别。

一般说来,传教士的文字工作包括两方面的内容:一是传教士用中文写的向中国人宣传基督教教义教理和西方文化的作品,二是传教士用西方写的向西方公众介绍中国的著述。两者既有区别又紧密联系。向中国介绍基督教和西方文化,目的在于向中国人展示基督教的优越性,劝告中国人皈依基督教,属于直接的传教行为。向西方介绍中国,则是为了激发西方公众对于中国传教事业的热情和支持,探讨合适的传教战略,是间接的传教活动。不管怎样,它最终还是以传教为目标,为传教服务的。实际上花之安的文字工作始终没有脱离传播基督教的宗旨。

早在供职于礼贤会时期,花之安就用中文写作了不少作品,如《西国学校》(1873年)、《德国学校略论》(1874年)、《教化议》(1875年)、《马可讲义》(1874—1876年)、《明心图》(1879年)和一些关于

[①] Ernst Faber,"Literarische Missionsarbeit in China", in: *Allgemeine Missionszeitschrift*, 9, 1882, S. 51.

[②] 同上书,第52页。

"灵性"培养的散论等。同时他也用德文写作并出版了一系列关于中国古代哲学的著述,如《孔子的学说》(香港 1872 年)、《关于孔子和儒家学说的史料》(香港 1873 年)、《一种以伦理为基础的国家学说或中国哲学家孟子的思想》(埃伯费尔德 1877 年)、《古代中国社会主义的基本思想或哲学家墨子的学说》(埃伯费尔德 1877 年)、《古代中国人的泛神论和感觉论自然主义或哲学家列子著作译释》(埃伯费尔德 1877 年)等。他还用英文写作了《中国宗教学导论》(香港和上海 1879 年)的长篇论文。① 此外花之安用德文和英文在《礼贤会传教报道》、《普及传教杂志》、《教务杂志》和《中国评论》等杂志上发表了许多文章。

1872 年,礼贤会接管了德国什切青—柏林中国传教总协会自 1850 年起在广东开始的传教工作。礼贤会领导人希望通过这一举措扩大该会在中国的势力。然而礼贤会传教士与什切青—柏林会传教士相处并不和睦。首先他们在一些神学观点上意见不一。什切青—柏林会传教士遵奉严格的路德宗教义,这与包括花之安在内的许多礼贤会传教士比较宽容的宗教立场有所差别。其次,而且更重要的是,双方在广州传教站的领导权上发生了争执。该传教站原由什切青—柏林会传教士所建,后者把它当作中国传教活动的大本营,牢牢地把握其领导权,即使礼贤会接管了斯泰定-柏林会后也是如此。因为广州是大城市,具有较大的政治意义,所以礼贤会传教士多次提出对广州传教站的领导权要求,但遭到坚决反对。礼贤会在德国的领导人出于策略考虑,对什切青—柏林

---

① 熊月之先生在介绍花之安的西方作品时有多处误写了出版年代,也没有搞清楚德文原著与英文翻译的关系,见熊月之《西学东渐与晚清社会》,上海人民出版社 1994 年版,第 401 页,此处根据原著作了相应纠正。

会传教士妥协让步。对此以花之安为首的四名礼贤会传教士十分不满,他们向礼贤会德国总部提出强烈抗议,并在1880年声明退出礼贤会。①

脱离礼贤会后,花之安并没有离开中国,只是在1883年移居到香港,在其德国朋友的帮助下,以"自由传教士"的身份继续从事传教活动。同先前一样,他仍以文字工作为主,完成了一部重要的中文著作——《自西徂东》。在此,花之安试图以一种独出心裁的方式向中国人阐述基督教福音,即"把基督教在基督教国家社会生活中产生的实际结果与异教国家,特别是中国,相应的社会状况加以对比",并以此说明基督教的优越性。② 该书自1879年10月起在新教传教士创办的中文周刊《万国公报》上连载发表,到1883年刊登完毕。1884年在英国商人的资助下,由中华印务总局印刷,以五卷本的形式在香港正式出版。③ 此前,"周济穷民"一章的部分内容也被用德文编写成文,发表在《普及传教杂志》(1882年)上。

19世纪80年代,随着政权的巩固和经济的发展,德意志帝国羽翼逐渐丰满。它放弃了先前保守的外交政策,开始了大规模的海外殖民地占领,跻身于殖民列强行列。在德意志帝国殖民扩张

---

① 参见 Julius Richter, *Geschichte der Berliner Missionsgesellschaft*（1824—1924）, Berlin 1924, S. 514; Wilhelm Oehler, *Geschichte der deutschen evangelischen Mission*. Erster Band: *Frühzeit und Blüte der deutschen evangelischen Mission 1706—1885*, Baden-Baden 1949, S. 363.

② Ernst Faber, "Literarische Missionsarbeit in China", in: *Allgemeine Missionszeitschrift*, 9, 1882, S. 53.

③ 熊月之:《西学东渐与晚清社会》,上海人民出版社1994年版,第401页;顾长声:《传教士与近代中国》,上海人民出版社1991年版,第191页。

的鼓舞下,1884年同善会在魏玛成立。这是一个由德国自由派神学家和大学教授发起成立的基督教新教传教差会。它自觉地与传教运动中的"虔信派"主流保持距离,主张宗教宽容,并从理性主义的文化-进步乐观主义出发,信奉一种非教条的伦理化基督教,试图在东方古老的文化民族当中传播基督教-西方文明("文化传教")。与之相应,它采取了新的传教方法:不设立广泛的传教机构,也不以"虔信主义"个人皈依为主要目标,而是派遣受过良好教育的基督教徒,通过文字和教育工作,向印度、日本和中国等文化民族中的受过教育者宣传基督教文化,特别是德国特色的基督教文化。该传教会从一开始就与有组织的殖民扩张运动密切联系,它也希望依靠殖民扩张推动基督教和德国文化的传播。对于它来说,"民族使命"至高无上。① 这个新建的传教会发现花之安的文字工作与其宗旨很相符,遂邀请他加盟,并资助他在中国的工作。花之安愉快地接受了邀请,迁居上海,并于1890年在那里建立了一个德国-福音教社团。

在上海期间,花之安积极参与英美基督教新教传教士开创的出版事业。他也笔耕不辍,著有一系列中外文作品。其中比较重要的有中文作品《玩索圣史》(1892年)、《路加衍义》(1894年)、《性海渊源》(1893年)和从基督教立场出发、评析中国古典作品的《经学不厌精》(1898年)等;有德文作品《从历史的角度看中国》(柏林

---

① 参见 Otto Marbach, *50 Jahre Ostasienmission. Ihr Werden und Wachsen*, Zürich 1934, S. 1—5; Horst Gründer, *Christliche Mission und deutscher Imperialismus. Eine politische Geschichte ihrer Beziehungen während der deutschen Kolonialzeit (1884—1914) unter besonderer Berücksichtigung Afrikas und Chinas*, Paderborn 1982, S. 44—45.

1895年)等;有英文作品《中国著名男子名录》(上海1889年)、《妇女在中国的地位》(上海1889年)、《中国著名女子名录》(上海1890年)、《欧洲使徒保罗——亚洲传教工作指南》(上海1891年)和《儒家学说》(上海1896年)等。花之安早年的一些著述,如《西国学校》、《德国学校略论》、《教化议》、《自西徂东》等得以再版发行。他也继续在《教务杂志》和《中国评论》上发表论文。而在德国,他感到有义务把同善会的机关刊物《传教知识和宗教学杂志》作为他文字工作的主要园地。此外,花之安对中国的动植物和自然科学也很感兴趣。他曾多次到野外进行考察,搜集标本。共集植物标本4000余种,其中有12种是他首次发现的,有一项属性和20余个种类以他的名字命名。他还协助俄国著名植物学家贝勒(Bretschneider)编写了《中国植物》一书,并撰写了《中国经书中的植物学》一章。[①]

1897年,德意志帝国以两名德籍天主教传教士在山东巨野被杀事件为借口,悍然出兵侵占胶州湾,并把整个山东划为它的势力范围。同善会趁机开辟了中国北方传教区。1898年它委派花之安北上青岛,准备在那里建立传教点。但是花之安到达青岛后不久就得了重病,1899年不幸身亡。他终身未娶,临死前将其价值30000马克的全部遗产捐献给了同善会。主要利用这笔捐助,同善会在青岛建成一所医院,并命名为"福柏医院",以示纪念。

花之安在中国生活工作长达30余年。他以其丰富的著述在传教界争得到一席重要地位,享有盛誉。他的一些著作也被翻译

[①] 参见 Paul Kranz, "Aus D. E. Faber's Leben", in: *Zeitschrift für Missionskunde und Religionswissenschaft*, 16, 1901, S. 129—132.

成英文出版。① 鉴于他在文字工作方面的重大成就,德国耶拿大学神学系在 1888 年授予他名誉博士的称号。博士证书上称他为"古代基督教教义辩护士式的学问扎实的作家"②。花之安对中国文化的研究也使他获得了"汉学家"的美名。加拿大新教传教士季理斐(MacGillirray)甚至称他为 19 世纪"造诣最深的中国学学者"③。西方著名的传教史家赖德烈(Kenneth Scott La tourette)也盛赞花之安在沟通中国与欧洲相互理解方面所作出的积极贡献。④ 在新近出版的关于基督教传教史的著作中,中国史学家更是一致称赞花之安在促进中西文化交流方面的积极作用。⑤ 然而仔细审阅花之安的著作,特别是他的西方著述,我们却会发现,他的中国研究与西方列强的"文化帝国主义"实有不解之缘。

---

① 花之安著《孔子的学说》(*Lehrbegriff des Confucius*)和《关于孔子和儒家学说的史料》(*Quellen zu Confucius und dem Confucianismus*)在 1875 年由 P. G. 米伦道夫(P. G. Von Moellendorf)合译为英文出版,书名为:*A Systematical Digest of the Doctrines of Confucius with an Introduction on the Authorities upon Confucius and Confucianism*;《一种以伦理为基础的国家学说或中国哲学家孟子的思想》(*Eine Staatslehre auf ethischer Grundlage oder Lehrbegriff des chinesischen Philosophen Mencius*)一书由 A. B. 胡秦松(A. B. Hutchinson)翻译成英文,1881 年在日本东京出版,书名为:*The Mind of Mencius or Political Economy Founded upon Moral Philosophy*;《古代中国社会主义的基本思想或哲学家墨子的学说》(*Die Grundgedanken des alten chinesischen Socialismus oder die Lehre des Philosophen Micius*)一书由 C. J. 库珀佛(C. J. Kupfer)翻译成英文,1897 年在日本东京出版,书名为:*The Principal Thoughts of the Ancient Chinese Socialism or the Doctrines of the Philosopher Micius*。

② Gerhard Rosenkranz, "Ernst Faber", in: *Neue Deutsche Biographie*, Bd. 4, Berlin 1959, S. 719.

③ MacGillivray, *A Century of Missions in China, 1807—1907. Being the Centenary Conference Historical Volume*, Shanghai 1907, S. 498.

④ Kenneth Scott Latourette, *A History of Christian Missions in China*, New York 1929, S. 434.

⑤ 例如前引朱玖琳著《德国传教士花之安与中西文化交流》(载《近代中国》第 6 辑,1996 年)一文。

(二) 翻译和诠释中国古典作品

花之安在中国研究方面所做的一项主要工作是翻译和诠释中国古典作品。首先他以概览的方式,对孔子的三部主要著作——《论语》、《大学》和《中庸》——进行了整理,翻译成德文,并对其主要内容作了系统介绍和评论。① 花之安也对《孟子》一书主要内容进行了整理翻译,并以国家学说为中心,对孟子的思想进行了系统阐述。② 除了儒家经典外,花之安还研究了《墨子》、《列子》和《庄子》等中国古典作品,并对其主要思想进行了系统阐述。③《论语》、《大学》、《中庸》和《孟子》是中国古代儒家学派最主要的四部经典著作(即所谓的"四书")。它们早在 17、18 世纪就被耶稣会传教士译介到西方。19 世纪时,随着西方汉学的兴起,又有不少新译本和论著出现,花之安的著作同样属于新译和新解。至于《墨子》和《列子》则是首次被介绍到西方的,可以说花之安是对《墨子》和《列子》中文原著加以研究、翻译,并对其思想内容进行系统解说的第一位西方人。

---

① 参见 Ernst Faber,*Lehrbegriff des Confucius*,Hongkong 1872;Ernst Faber,*Quellen zu Confucius und dem Confucianismus*,Hongkong 1873.

② 参见 Ernst Faber,*Eine Staatslehre auf ethischer Grundlage oder Lehrbegriff des chinesischen Philosophen Mencius*,Elberfeld 1877.

③ 参见 Ernst Faber,*Die Grundgedanken des alten chinesischen Socialismus oder die Lehre des Philosophen Micius*,Elberfeld 1877;Ernst Faber,*Der Naturalismus bei den alten Chinesen sowohl nach der Seite des Pantheismus als des Sensualismus oder die sämtlichen Werke des Philosophen Licius*,Elberfeld 1877. 花之安很早就把《庄子》翻译成了德文,但其手稿在一场火灾中被毁。只有一篇论文后来刊登在 1881 年《普及传教杂志》第 8 卷上,题目为"一个尚未为人所知的中国人的哲学家"("Ein noch unbekannter Philosoph der Chinesen");在此,花之安简要叙述了庄子的生平,并从其译稿中选了一部分发表。

花之安虽然在研究中国古典作品和中国古代思想家学说方面花费了很大精力,其出发点却主要是基督教传教这一"神圣"使命。首先,他发现中国古典作品包含有"中国精神所创造的最好的东西",它们是"中国的理想的相应表达"。[①] 而中国的典型特征是"与其古老的古代具有牢固的多方面的联系"。无论是它的语言文学、宗教法律,还是它的学术和社会习俗,都"试图从中国人精神生活的最古老文献中寻求有效性证明"。古代的、古典的东西在现代中国仍具有很高的权威性,即使不具法律效力,也是道德规范。中国人的思想观念很大程度上受古代思想家的影响。中国古典作品在中国人的现实生活中仍起着规范和约束作用。要向中国人传播基督教,必须首先搞清中国人的精神状态,而要做到这一点,必须从古典作品入手。[②]

其次,虽然部分古典作品,主要通过17、18世纪耶稣会中国传教士和个别学者的努力,已被译介到欧洲,19世纪汉学兴起后,西方国家的一些学者也开始直接研究中文原著,但总的说来西方人的认识水平还很低。为了使西方公众更多地了解中国人的精神生活,更热情地支持中国传教事业,有必要加大译介的力度和范围。[③]

最后,最重要的是,必须以基督教为尺度,对中国古典作品所包含的思想内容进行批判分析。这一点主要是针对耶稣会士的"适应策略"的。众所周知,17、18世纪的耶稣会传教士出于传教的需要,曾采取了一种"文化适应"的方略,试图利用儒家思想争取中国

[①] Ernst Faber, *China in historischer Beleuchtung*, Berlin 1895, S. 42.

[②] 参见 Ernst Faber, *Eine Staatslehre auf ethischer Grundlage oder Lehrbegriff des chinesischen Philosophen Mencius*, Elberfeld 1877, S. 23—24.

[③] 同上书,第31—32页。

上层统治集团和士大夫阶层皈依基督教。他们认为儒家学说中有许多内容与基督教完全一致,两者可以融会调和。孔子被看作是"基督教信仰的先驱和基督教中国传教的重要支柱"①,受到高度重视。花之安承认研究中国古代思想文化的必要性,但是他坚决反对耶稣会士的"适应策略",主张对"异教"学说进行严格审查,用基督教改造儒家学说。他说:"耶稣会士先前已做过类似的工作,但是他们放任中国本质的东西继续存在,只在个别枝节上有所修改,因此他们一度获得了较大的成功。然而问题在于,耶稣会士没有从精神上战胜不信上帝的中国国粹,反而被后者所同化。所以福音教传教士仍有重任在肩,实际上他们已从不同方面开始了这项工作。"②

与上述传教的动机相应,花之安从基督教的立场观点出发对中国古典作品和中国古代思想家的学说进行了批判分析。他承认,在孔子或儒家学说中有一些与基督教教理教义相似的"共同点"。人们可以利用这个"道德学说体系",更好地向中国人宣传基督教并促使他们皈依基督教。花之安指出:"孔子作为道德教师在中国占有很高的地位。我们应当对他予以公正对待,尤其要认真对待他所提出的严格律己、知人之明和否定自我的要求。孔子反对单纯的形式主义,蔑视毫无道德内容的才智,主张去恶存善。他从否定和肯定两方面提出了人际关系的金律(设身处地地对待别人),主张四海之内皆兄弟。他强调学习的重要性,鼓励人们虚心

---

① Karl Rennstich, *Die zwei Symbole des Kreuzes. Handel und Mission in China und Südostasien*, Stuttgart 1988, S. 97.

② Ernst Faber, "Ein noch unbekannter Philosoph der Chinesen", in: *Allgemeine Missionszeitschrift*, 8, 1881, S. 5.

好学。父亲的过错不应让孩子代为受罚。如果自然权利与国家法律发生冲突,要以前者为重。应当阻止诉讼案件,死刑不可滥用。他鄙夷不正当的善行。他同情服丧者,对自己心爱的学生的死亡伤心不已。他也十分可怜盲人,甚至对动物都关怀备至。……他在谈论自己的时候总是非常谦逊,从不自我吹嘘。"①花之安还强调说:"孔子关于人与人相互关系的学说有不少很好的观点,在某些方面与基督教的启示完全一致。"②

然而与17、18世纪的耶稣会传教士不同,花之安坚决反对向儒家学说妥协的"文化适应"策略。他强调在孔子或儒家学说中存在"大量缺点或错误"③,主张用基督教来补充和更正,最终以基督教取而代之。花之安指责说,孔子没有把人的灵魂与其肉体区别开来,他对人既没有从物质方面也没有从精神方面作出精确规定。人们无法得知为什么有的人生而为圣贤,而其他人则为庸俗之辈。所有人都有臻于道德完善的素质和力量,但是事实并非如此,这个矛盾现象未被解释清楚。在孔子的学说中缺乏反对魔鬼的严肃精神,更谈不上对恶魔进行惩罚了。孔子仅仅提到社会生活中的报复行为。虽然经常谈论信任,但是信任的前提——讲实话,却没有被加以强调说明,恰恰相反,孔子有时还为说谎行为辩解。一夫多妻制被当作古代的设施而加以容忍,甚至加以肯定。伦理道德与

---

① Ernst Faber, *Lehrbegriff des Confucius*, Hongkong 1872, S. 66.——花之安在后来撰写的一篇关于儒家学说的论文中,继续称赞孔子关于道德法律、社会义务、个人品德修养、道德高于金钱和荣誉、逆境中坚定不屈、诚实无欺、绝对命令(正名)、善待臣民的政府等主张。他也看到孔子信仰神意(天命),相信有一个不可见的世界,相信祈祷的力量、牺牲的价值和奇迹的存在等。参见 Ernst Faber, *Confucianism*, Shanghai 1895, S. 2 ff.

② Ernst Faber, *Lehrbegriff des Confucius*, Hongkong 1872, S. 68.

③ 同上。

外在的仪式和一种国家形式相混杂。孔子对于旧制度的态度也有很大的随意性,他断言某些乐曲会对国民习俗产生巨大影响,这个观点是可笑的。他也过分夸大了好榜样的影响力,对于这种影响力他自己也不敢过分相信。孔子的社会观点充满专制的意味;妇女被看作奴隶,孩子在家长面前没有任何权力,臣仆对于其主人形同孩子。[1]

花之安特别从基督教的立场观点出发批评孔子或儒家学说的"缺点或错误"。他说,孔子不知道人与活生生的上帝的联系,因此他无法对死亡作出正确的解释。他不知道人与上帝之间的中介者,不知道原始自然状态的重建者。具有伦理道德力量的祈祷在其学说中不占重要地位。孔子相信预言、择日术、占卜术、圆梦术和其他一些幻象。他把孝敬扩大为父母崇拜,其结果便是伟人崇拜,即人的神化。他没有明确表述永生的观念,除了祖先崇拜,而祖先崇拜并无真正的伦理内容。所有报应均期待于现实世界,由此便不自觉地助长了自私自利之心,即使不是贪婪,也是追名求荣。孔子的全部学说不可能为社会下层民众提供任何安慰,无论是生还是死。[2]

从对孔子学说的评论中可以看到,花之安一方面肯定孔子学

---

[1] Ernst Faber, *Lehrbegriff des Confucius*, Hongkong 1872, S. 68 ff.
[2] 同上。——在《儒家学说》(*Confucianism*)一文中,花之安对儒家学说的缺陷说得更清楚。儒家学说的缺陷首先在于"上帝概念"的不清楚,然后是"宿命论",缺少上帝的启示,没有无条件的责任感,没有深刻的原罪意识,不要求与上帝和解,不知道救世主,不懂得人与上帝形象的相近,不知道救世的普世性,不懂得与上帝保持联系,缺乏永生的希望,中国政治上的幸运被看作是至高的善,没有上帝之国概念,缺乏内在的和外部的纯净,对男人和女人有不同的道德要求,五种社会关系的学说,缺少安息日。儒家学说是枯燥的道德和仪式的宗教,根本无法与基督教生活的丰富充盈相比。参见 Ernst Faber, *Confucianism*, Shanghai 1895, S. 6 ff.

说中与基督教教义一致的内容，另一方面则对其违背基督教教义的思想观点予以严厉批驳。不管是肯定还是否定，他自始至终都未脱离基督教的基本立场，表现出了一种典型的"基督教中心主义"。

这种"基督教中心主义"倾向同样表现在花之安对孟子、墨子和列子的学说的论述中。花之安深知，孟子是"儒家学派最重要的代表之一"，也是"中国人十分敬爱的先哲"。由其学生汇集编纂的《孟子》一书后来被列为儒家经典之一，对中国人影响至深。它被当作教科书让学童死记硬背，即使受教育程度不高的人也可粗知一二。它更是科举考试的重点科目。中国伦理和政治的基本原则许多出自孟子的学说。① 因此有必要对孟子的学说进行研究，但目的不是要"取悦于中国"，而是要"对一种在中国普遍得到承认的学说观点进行认真审阅"。②

按照花之安的见解，孟子主要是一位"国家智慧的教师"。"对于他来说，国家是所有人的自然和文化追求在一个统一组织起来的集体之中发挥作用的整体。"③孟子为国家学说提供了一个伦理学基础，在这个方面，孟子的学说与基督教教义有许多"一致性"。"没有任何中国作家比孟子更适合于为福音教真理学说与中国国家学说提供相互理解的基础"。④ 花之安称赞孟子的学说中包含许多民主的成分，孟子向政府提出的改善国民物质生活水平、提高国民精神和道德修养的若干建议十分珍贵。孟子强调国家政府当局的重要任务就是要增进国民的福利。不仅要关心臣民的衣食暖

---

① Ernst Faber, *Eine Staatslehre auf ethischer Grundlage oder Lehrbegriff des chinesischen Philosophen Mencius*, Elberfeld 1877, S. 35.
② 同上书，前言。
③ 同上书，第 36 页。
④ 同上书，前言。

饱,而且还要注意其道德完善。① 孟子敢于直言不讳地批评专制君主,强调人们有权处死暴君。相反,他对国家官员却百般呵护,反对处死有过失的官员,只要求他们引咎辞职。② 按照花之安的意见,孟子的国家学说源于深厚的宗教土壤。孟子具有深刻的宗教意识,认为"知觉和理解"、"最高的贵族"、"人性"、"正义"、"忠诚"、"信仰"、"爱善"等等观念均来自上天。孟子把人看作天的映象,同时也是天的启示的场所。这就使他的思想很容易与基督教衔接起来。③ 孟子的缺点主要在于他仍然囿于旧的"野蛮"风俗,特别是固守中国人传统的"孝敬"观念。孩子被看作是父亲的私有财产,可以任意支配和使役。孟子还十分轻视妇女,把女人看作男人的附庸,并且提倡"多妻"。孟子对于繁衍后代的重视同样造成了许多恶果。④

《古代中国社会主义的基本思想和哲学家墨子的学说》一书论述了中国古代的一位"异端"思想家的学说。花之安从基督教的立场观点出发,坚决反对欧洲的社会主义运动,特别是马克思主义的阶级斗争和无产阶级革命理论。他从中国古典作品中发现了一种"社会主义"思想,并试图以中国古代的"社会主义"来批判欧洲的社会主义。在他看来,墨子主张仿效天的爱而实行兼爱是中国古代社会主义的典型代表。花之安称赞墨子的世界观具有"宗教的严肃性"。墨子列举了"七种紧急状态"为社会弊病,强调其产生的

---

① Ernst Faber, *Eine Staatslehre auf ethischer Grundlage oder Lehrbegriff des chinesischen Philosophen Mencius*, Elberfeld 1877, S. 60 ff.
② 同上书,第 208 页及以下数页。
③ 同上书,第 59 页。
④ 同上书,第 152 页及以下数页和第 138 页。

原因在于人的自私自利和无信仰。人们由于不相信魔鬼和神灵的存在,所以才敢做伤风败俗和谋财害命之事。① 为了同社会弊病作斗争,墨子不仅提倡"旧的"信仰,而且也提倡没有差别的互爱。② 花之安强调说,墨子是"一个高尚的、富有自我牺牲精神的人。他不仅宣讲共产主义的爱,而且身体力行"。③ 墨子可以帮助德国的社会主义者和教会更好地理解社会问题。花之安指出:"以前,基督教会承担了救济穷人和无助者的任务……自从教会从一个社会机构转变成为国家机构以来,它在许多方面与国家混合在一起了,不再是一个基督教的社会机关了。"④墨子的学说可以促使教会自我反省,更好地承担起社会义务。

19世纪70年代,列子在欧洲还鲜有人知。花之安是系统翻译和诠释《列子》的第一人。然而他之所以看重列子,主要因为列子对"神的神秘性"的论述、对"精神与自然的关系"的阐释和对"天堂般的地方和状态"的描绘,与圣经—基督教的观点有许多契合点。按照花之安的见解,列子大约出生于公元前450年,他是老子的学生,属于道家学派,其强项在于心理学方面。列子的学说反映了古代中国人的"自然主义"。⑤ 列子能够洞察世事,对人和社会有着丰富的多方面的认识。⑥ 在列子关于"不可名状的、永不枯竭

---

① Ernst Faber, *Die Grundgedanken des alten chinesischen Socialismus oder die Lehre des Philosophen Micius*, Elberfeld 1877, S. 42, 91 und 93.
② 同上书,第64页。
③ 同上书,前言。
④ 同上书,第30页。
⑤ Ernst Faber, *Der Naturalismus bei den alten Chinesen sowohl nach der Seite des Pantheismus als des Sensualismus oder die saemtlichen Werke des Philosophen Licius*, Elberfeld 1877, Vorwort.
⑥ 同上书,前言。

的、无法探究的生活充沛"的论述中,有着许多深刻思想。① 列子强调精神是肉体的统治者,人因为有了精神,便获得了征服世界的力量。人能够对自然界的万事万物施加影响,不断地改造世界,直至发现永生不死的诀窍。花之安把列子的这些论述与基督教千禧年的预言联系起来,并大加赞美。② 他还认为列子已经对"天堂"和人死以后的生活有了明确的概念;认为列子对居住在"幸福岛山上"的"神仙"们的生活的描述,展现了基督教天堂的美好景象。③这实在是牵强附会。花之安的目的在于说明上帝之灵光很早以前曾普照到中国,基督教在中国并不是新的舶来品,基督教传教具有完全的合法性。

总起来说,花之安在评论中国古典作品和古代思想家的学说时,主要是以宗教为取向,以基督教为评判的标准的。或褒或贬均以基督教教义和传教的实际需要为转移。虽然在某些方面,花之安的工作具有开拓意义,但是基督教中心主义的倾向严重损害了其研究的学术价值。以基督教为出发点来研究中国古典作品是不可能真正反映中国思想文化的本质的,只会对西方公众产生误导作用。

(三) 撰写中国报道,勾勒中国图像

除了译介中国古典作品,花之安还对中国的地理和历史、语言

---

① Ernst Faber, *Der Naturalismus bei den alten Chinesen sowohl nach der Seite des Pantheismus als des Sensualismus oder die saemtlichen Werke des Philosophen Licius*, Elberfeld 18771877, S. 2 ff.
② 同上书,前言。
③ 同上书,第25页。

和文献、哲学和宗教、国家组织和社会问题等进行了深入研究,撰写了大量关于中国的报道,勾勒出一幅比较完整的中国图像,把它传达给欧洲公众。

对于大部分西方人来说,中国直到19世纪中叶仍是一个"虽然已知,但却没有实际经验的世界"[1]。长期以来西方人习惯于"从外国看中国(从自己看他人)"[2]。与那些虽然从事中国研究,但从未到过中国的西方学者完全不同,花之安实实在在地在中国生活工作过(长达三十余年)。他不仅学习中文,努力钻研中文文献,而且与中国社会各阶层人士都有交往,熟知中国人的思想方式和风俗习惯,所以他能够"从中国看中国(从他人看他人)"[3],对中国社会的各方面情况均有比较深入的了解和认识。这一点不仅那些从未来到中国的西方学者望尘莫及,就是那些到过中国的西方商人、外交官和普通游客也有所不及。然而花之安向西方介绍中国并非为了促进中西文化交流,而是要论证中国传教的合理性,激发西方公众对于传教事业的热情和支持。因此他所描述的中国主要是贫穷落后的恶劣画面,尽管他也经常对中国古老的文化和文明表露出些许敬重之情。

在花之安看来,中国首先是一个"异教大国"。他写道:"当今世界真正的异教大国只有两个,即中国和印度。"[4]"异教"一词是

---

[1] Jürgen Osterhammel, *Forschungsreise und Kolonialprogramm. Ferdinand von Richthofen und die Erschliessung Chinas im 19. Jahrhundert*, in: *Archiv für Kulturgeschichte*, 69, 1987, S. 158.

[2] 忻剑飞:《世界的中国观》,学林出版社1991年版,第141、313页。

[3] 同上。

[4] Ernst Faber, *Ein noch unbekannter Philosoph der Chinesen*, in: *Allgemeine Missionszeitschrift*, 8, 1881, S. 4.

出自基督教《圣经》的概念，指基督教以外的所有其他宗教。在平常的话语中包含有"低下、粗俗"之意，暗示"宗教－文化的卑劣或堕落"，用"异教"概念指称中国实际上带有很大的蔑视和宗教歧视倾向。① 因此花之安说："异教是没有任何慰藉的沉沉黑夜。"②尽管上帝之光偶尔也会照射到异教徒当中，中国的情况比其他异教国家或原始部落要好些，但是在异教的统治下中国是无法摆脱贫穷落后、道德败坏的命运的。花之安写道："法律生活崩坏，各级行政管理都不可信赖。政府公职只被看作占有者发财致富的门路，并且被巧妙地加以利用。"③"道德水准下降到最低点，男人们获得了完全的性自由。吸食鸦片、赌博、欺蒙拐骗等劣迹虽然被承认为坏习惯，但不被当作耻辱。教育主要限于书本知识和填词作赋，根本谈不上独立思考和研究能力的培养。礼貌普遍流行，但在礼貌的背后往往隐藏着卑劣的动机、报复心理、残忍、傲慢等恶欲。心灵的纯洁和态度谦恭极为罕见，人们甚至怀疑它们在异教的中国人当中究竟是否存在。"④

花之安承认中国是"世界上最古老的文明国家"⑤，他也赞美中国美丽的自然风光和丰富的物产资源，并对普遍流行的关于中国人口过多的观点持有异议。花之安指出："中国的面积比德意志

---

① Giancarlo Collet, "Heiden. IV. Missionstheologisch", in: *Lexikon für Theologie und Kirche*, Band 4, Freiburg 1995, S. 1255.

② Ernst Faber, *China in historischer Beleuchtung*, Berlin 1895, S. 53.

③ Ernst Faber, "Theorie und Praxis eines protestantischen Missionars in China", in: *Zeitschrift fuer Missionskunde und Religionswissenschaft*, 14, 1899, S. 227.

④ Ernst Faber, "Ein noch unbekannter Philosoph der Chinesen", in: *Allgemeine Missionszeitschrift*, 8, 1881, S. 227.

⑤ Ernst Faber, *China in historischer Beleuchtung*, Berlin 1895, S. 5.

帝国大二十四倍,但其人口数量只比后者多八倍,因此完全可以再容纳和供养现今人口的五倍。中国只是在一些沿河地区人口较密集,其广大的内地常常荒无人烟。"① 然而花之安更强调中国历史发展的停滞。"中国文化看上去太苍老,它已失去活力,不能适应现代生活严肃的、奋发向前的发展要求。"② "中国文化在三百年前还远远超过所有邻国,近百年来却停滞不前,某些方面甚至颓废堕落了。中国的农业生产曾经十分发达,工业生产也可满足中世纪生活的各方面需要。文学艺术开端良好,但未得到健全发展。学习的风尚曾经非常普及,但仅限于诗词歌赋,或者尊古守旧。尽管出现过若干次良好的时机,科学技术却未能发展到较高水准。虽然不缺乏观察能力,然而常常囿于个别事物。"③ 因为缺少现代化的科学技术,中国丰富的矿产资源得不到开发利用。陈旧的生产设备,保守的思想观念,严重阻碍了中国的进一步发展。

花之安专门研究过中国历史,并在其著作中多次论述"中华帝国"的形成和疆域的开拓、中国封建国家的建立和中国封建社会的发展,描述中国农、林、牧、渔、工、商各行各业的经营情况和科学发明及艺术创造。花之安强调说:"一些在我们国家仍然残存的旧关系,在中国早已被克服了。"④ 在中国,无论个人、社团或其他一些较大的共同体均享有很大的迁徙和择业的自由。被征服的地区享有与内地平等的权利。"在这方面中国比其他古老国家,甚至比

---

① Ernst Faber, *China in historischer Beleuchtung*, Berlin 1895, S. 7.
② 同上书,第5页。
③ Ernst Faber, "Theorie und Praxis eines protestantischen Missionars in China", in: *Zeitschrift für Missionskunde und Religionswissenschaft*, 14, 1899, S. 258.
④ Ernst Faber, *Eine Staatslehre auf ethischer Grundlage oder Lehrbegriff des chinesischen Philosophen Mencius*, Elberfeld 1877, S. 28.

欧洲部分现代国家都优越。中国自古以来对被征服地区实行与对内地一样的管理政策,其公民享有同样的权利和义务。以此方法,中国得以扩张成现今的庞大规模。尽管血缘、语言、地区不同,但许多邻近国家都接受了中国的文化,被中国同化了。"[1]虽有这些赞美之词,花之安仍没忘记揭露中国历史中的阴暗面。他特别痛恨中国宫廷内部尔虞我诈、争权夺利的阴谋诡计和血腥屠杀。花之安指出:中国皇帝的历史"是对孔子谦谦君子学说的最大讽刺"。[2]

对于中国的行政管理,花之安突出强调以下情况:1.不管出身如何,只要能够提供合法证明,每个中国人都可以进阶高级官员职位。不过,在同样知识水平上,出身高贵者还是有优先权的。2.各省份的税赋负担完全相同。3.普遍存在的居住和迁移权,就是说无条件的迁徙自由。4.择业自由,无论商业、手工业、医疗、教育还是宗教。5.村社共同体,由年长者或可信赖的人进行管理。后者权力很大,甚至拥有殴打、罚款和监禁等处罚权。6.国家官员和常备军被限制在尽可能少的数量内,由此节省了国家的财政开支,也使轻赋措施能得以实现。[3] 花之安不赞成19世纪西方流行的中国专制主义论,他看到专制主义的独裁意志在中国经常受到制约。花之安写道:"即使皇帝理论上拥有绝对的权威,但他的专制意志往往被大臣所阻止,可惜他的一些好计划也是如此。

---

[1] 转引自 Julius Happel, "Zur Würdigung der missionarischen Thätigkeit E. Fabers in China", in: *Zeitschrift für Missionskunde und Religionswissenschaft*, 1, 1886, S. 235.

[2] Ernst Faber, *China in historischer Beleuchtung*, Berlin 1895, S. 18.

[3] 转引自 Julius Happel, "Zur Würdigung der missionarischen Thätigkeit E. Fabers in China", in: *Zeitschrift für Missionskunde und Religionswissenschaft*, 1, 1886, S. 235—236.

大臣们同样有很大独断专行的活动空间,但是他们在上受顶头上司的制约,在下受下级官员的抵制,而从皇帝到各级官员都受民众的约束。"①1895年中日甲午战争之后,花之安看到了中国中央政府权力式微,地方势力坐大的趋势。他指出,各省政府在一些方面已完全不服从中央政府指挥了,陆海军被一些军阀所私有,因而无法形成统一领导。② 花之安还特别厌恶中国官员的贪污腐败,指出:中国官员几乎无一例外地缺乏可信赖性和道德观念。③

因为传教工作的需要,花之安常常深入民间,对中国的国民生活和社会生活有着比较多的了解。他发现中国人的社会生活非常丰富多彩。中国民众当中存在许多自由结社,有的是协助和福利性质的协会,有的则带有政治倾向,还有若干文人学社。在城市里更有商会、手工业行会及各种各样的俱乐部。就连乞丐和小偷、土匪恶霸也成帮结伙。④ 花之安有时也反对欧洲人污蔑中国人贪财的做法,他指出,中国人热爱公益事业,绝不像一些视财如命的基督教教徒所想象的那样吝啬。⑤ 然而花之安更强调中国人普遍的贫困。他报道了许多反映中国贫穷落后的情况,例如大批移居国外谋生的中国民工、令人发指的饥荒、城市里成群结队的乞丐、恶劣的居住条件、失修的水道和荒芜的田野等。⑥ 他把造成贫困的

---

① Ernst Faber, *China in historischer Beleuchtung*, Berlin 1895, S. 13.
② 同上。
③ Ernst Faber, *China in historischer Beleuchtung*, Berlin 1895, S. 27.
④ 同上书,第14页。
⑤ Ernst Faber, "China in seinen Beziehungen zum Auslande", in: *Allgemeine Missionszeitschrift*, 6, 1879, S. 103.
⑥ Ernst Faber, "Literarische Missionsarbeit in China", in: *Allgemeine Missionszeitschrift*, 9, 1882, S. 56.

原因主要归咎于中国人吸食鸦片、好赌、多妻、侍奉偶像和婚丧嫁娶的烦琐礼仪和铺张浪费等。①

作为传教士,花之安自然十分关注中国人的宗教信仰。在他看来,中国人基本是"儒教徒,尽管表面上佛教的势力更显赫,而欧洲学者也常常被这种表面现象所迷惑"。② 但是严格说来,儒家学说并不是一种宗教。中国人本来的宗教精神深深植根于"子女对父母的孝敬"之中,后者不仅导致了对祖先的崇拜,而且也导致对所有被中国人视为崇高和神圣之物的敬仰。对父母和祖先的崇拜在中国已形成一整套完备的礼仪,它是所有宗教中最典型的中国式的宗教。祖先崇拜体现了中国人最深厚的宗教感情和最高的道德与政治思想。③ 然而,花之安谴责祖先崇拜是"偶像崇拜",认为它是由于恐惧鬼神和超自然物而引起的迷信行为。在他看来,祖先崇拜根本不会净化人的心灵,使它高尚起来,因而不能有利于基督教福音的传播。"人心不向往上帝,不知道乞求上帝帮助脱离人的原罪和困苦。人们不想了解真正的救主。"④

"中国自我构成一个独立的世界。中国话——语言文字和文献(文学)——则是这个独立世界观念的表现。"⑤花之安承认中国

---

① Ernst Faber, "Literarische Missionsarbeit in China", in: *Allgemeine Missionszeitschrift*, 9, 1882, S. 58; Ernst Faber, *China in historischer Beleuchtung*, Berlin 1895, S. 54.

② Ernst Faber, *China in historischer Beleuchtung*, Berlin 1895, S. 43.

③ Ernst Faber, "Ein noch unbekannter Philosoph der Chinesen", in: *Allgemeine Missionszeitschrift*, 8, 1881, S. 4—5.

④ Ernst Faber, "China in seinen Beziehungen zum Auslande", in: *Allgemeine Missionszeitschrift*, 6, 1879, S. 116.

⑤ Ernst Faber, *Eine Staatslehre auf ethischer Grundlage oder Lehrbegriff des chinesischen Philosophen Mencius*, Elberfeld 1877, S. 25.

语言文字是"世界上古老的语言文字之一",而且"在现存语言文字当中是最为古老的",①因此它具有重要的科学研究意义,可以帮助解决语言研究中某些尚未解决的问题。同样,通过中国的语言文字,人们可以回溯到至少四千年以前的历史时代,对于那个时代现代人差不多完全淡忘了。② 中国的语言文字还是维系庞大的中华民族与国家统一的强有力纽带。它以其独特的构造形式可以不受发音和方言的限制,通行全国。③ 可能受 17 世纪德国哲学家莱布尼茨的影响,花之安也谈到中国语言文字的普世性意义。他说,一种经过"修订"的中国文字,将有助于世界各民族之间的交往。正如阿拉伯数字的普遍通用主要建立在没有语音关系的纯图形基础之上的情形一样,一种简化的中国文字也会非常实用。人们可以选出 1000—2000 个图形,构造大约同样多的概念。而每个图形应当既容易书写又明白易懂。④ 然而花之安又批评中国语言文字不适合于自然科学。⑤ 这一批评后来愈演愈烈,他甚至强调说"中文是中国人精神进步的主要障碍"⑥,并要求在传教学校中广泛推广英语,以便将来在全中国用英语取代中文。⑦

对于中国文献,花之安同样毁誉参半。一方面他承认其数量和内容的丰富,承认它在历史研究上的重要性。因为在中国数千

---

① Ernst Faber,*Eine Staatslehre auf ethischer Grundlage oder Lehrbegriff des chinesischen Philosophen Mencius*,Elberfeld 1877,S. 25.

② 同上。

③ Ernst Faber,*China in historischer Beleuchtung*,Berlin 1895,S. 36.

④ Ernst Faber,*Eine Staatslehre auf ethischer Grundlage oder Lehrbegriff des chinesischen Philosophen Mencius*,Elberfeld 1877,S. 27.

⑤ 同上。

⑥ Ernst Faber,*China in historischer Beleuchtung*,Berlin 1895,S. 37.

⑦ 参见顾长声著《传教士与近代中国》,上海人民出版社 1991 年版,第 241 页。

年积累而成的文献宝库中,不仅包含丰富的关于中国政治、经济、社会和思想文化的记录,而且也有许多关于自然科学和中国周边国家情况的资料。① 另一方面花之安也提醒人们,在中国文献中存在着不少"异教的"迷信和若干荒诞不经的东西。对此必须从基督教的立场观点出发加以批判清理。②

花之安十分关心教育。因为德国在 19 世纪之所以能改变其长期以来落后英法诸国的局势,摆脱积贫积弱的状况,一跃而成为欧洲乃至世界强国,是与它进行教育改革,大力发展教育事业密不可分的。从德国的发展经验中花之安深刻认识到教育对于一个后进国家的重要性。因此他撰写了不少中文作品,竭力向中国介绍西方的教育制度。他也对中国的学校和学校教育进行了多方面考察,试图比较深入地了解中国社会落后的根源。他发现,与欧洲相比,在中国有更多的社会阶层可以受到较好的教育。这一点只要对比一下这里和那里社会下层居民的行为方式、言谈举止和相互交往的情况,便可得知。之所以如此是因为中国政府自古代起就把教育臣民看作它的一项重要任务。③ 另一方面,花之安也看到,中国的教育手段太陈旧落后,远不能适应现代科学技术发展的需要。特别是中国的科举考试更是扼杀人的天赋的罪魁祸首。"陈旧的教育制度和方法现今在中国的影响比鸦片烟和别的陋习更坏。……中国人只求学习如何读、写,只求掌握一些写作技巧,特别是赋诗作辞。全部的学校教育仅仅局限于此。没有任何实用的

---

① Ernst Faber, *Eine Staatslehre auf ethischer Grundlage oder Lehrbegriff des chinesischen Philosophen Mencius*, Elberfeld 1877, S. 25—26.

② Ernst Faber, *China in historischer Beleuchtung*, Berlin 1895, S. 37.

③ 参见 Julius Happel, "Zur Würdigung der missionarischen Thätigkeit E. Fabers in China", in: *Zeitschrift für Missionskunde und Religionswissenschaft*, 1, 1886, S. 236.

内容。……陈旧的工具实有百害而无一利。……以读书为业的学者们只为科举考试而工作,他们必须会背诵大量古典作品和权威诠解,此外还要掌握写八股文和格律诗的技巧。……他们从古旧书籍中只学会了自高自大的狂妄和把所有外国人都称作野蛮人的傲慢。对古典文献的盲目信赖使他们无法毫无成见地检阅外国的东西,并欣喜地获悉其中的精华。"①

(四)论证基督教传教事业的合理性

花之安的中国研究和中国报道是时代的产物。19世纪正是欧洲人在全世界范围大规模进行殖民扩张的时代。随着科学技术和经济的迅速发展,进步思想、种族主义以及西方文化和基督教优越论思想在欧洲逐渐得以贯彻。② 这种思潮对花之安也产生了极大影响。西方文化优越论,特别是基督教优越论,在其论述中国的行文中清楚可见。对于花之安来说,基督教乃是"世界之光"③。只有基督教国家处于文化的顶峰,世界上其他国家则越来越多地处于基督教国家的统治之下。中国作为一个"异教"大国已经匍匐倒地,只通过以基督教精神为指导的改革,才能得救。④ 而已经深入到中国的西方文化恰恰是充满基督教精神的,它将像"黎明

---

① Ernst Faber, *China in historischer Beleuchtung*, Berlin 1895, S. 52.
② Mechthild Leutner, "Deutsche Vorstellungen über China und Chinesen und über die Rolle der Deutschen in China, 1890—1945", in: Kuo Heng-Yü (Hrsg.), *Von der Kolonialpolitik zur Kooperation. Studien zur Geschichte der deutsch-chinesischen Beziehungen*, München 1986, S. 404.
③ Ernst Faber, *China in historischer Beleuchtung*, Berlin 1895, S. 58.
④ 同上书,第53页。

拂晓"一样,宣告青天白日的到来。花之安虽然知道中国文化源远流长,内容极其丰富,其发现和发掘对于欧洲也十分重要,并对中国古代文化怀有敬意,主张西方也应当向中国学习。在论述中国时,他也把古代与现代区别对待,把中国与一些"原始的"、"没有文化"的部落和民族区别开来,对古代中国表示敬重,对中国当代的落后性则予以了深刻揭露。但是总的看来,花之安笔下的中国仍是极其落后的,他描绘了一幅灰暗的中国图像,一幅遭受"异教"困苦,在政治、经济、社会和文化各方面都陷入停滞状态而无力自拔的画面。他也极力为西方宗教势力的扩张进行辩护,反复论证基督教中国传教事业的合理性。花之安的主要目的在于说明:中国人迫切需要基督教。"福音对于中国人来说是非常必要的,因此传教士需要到他们那里进行布道。"[1]花之安相信:"基督教独自就呈现出丰富的真正的宗教生活,它来自上帝并与上帝紧密结合在一起。任何基督徒只要理解委托与他的最珍贵的财富,就会全心身地投入传教事业,把上帝赋予他的才富与亿万中国人同享。"[2]花之安呼吁中国改革,但是在他看来,改革运动必须从接受基督教开始。若无基督教,所有努力都将徒劳无益。[3]

不难理解,花之安的影响主要局限在传教的圈子里。他的一些著述被西方传教界人士视若珍宝。德国著名传教学教授古斯塔夫·瓦内克(Gustav Warneck)评论花之安译介的《孟子》、《墨子》和《列子》三部著作时便说:"尽管篇幅有限,但它们是理解中国古

---

[1] Ernst Faber, *Bilder aus China*. Band I, 2. Aufl., Barmen 1893, S. 47.

[2] Ernst Faber, "Theorie und Praxis eines protestantischen Missionars in China", in: *Zeitschrift für Missionskunde und Religionswissenschaft*, 14, 1899, S. 229.

[3] Ernst Faber, *China in historischer Beleuchtung*, Berlin 1895, S. 18.

典作品的很好向导。"①然而在比较新的关于19世纪汉学研究的历史编纂中,花之安的名字很少被提及,他的大部分著作也已被遗忘。职业汉学家们根本不再参照其研究成果。人们习惯于把传教士看作"自学者"②,因为他们大都不是在学院教育范围内,而是通过实地考察,即在中国语言区域内,并借助于他们的中国助手获得有关中国的知识的。他们也是"业余爱好者"③。他们的职业不是科学工作者或大学教师,而是西方宗教——基督教的传播者。激发他们从事研究中国的动力首先来自他的传教工作的"义务和需要",即论证中国传教的必要性,探讨适合中国传教的方式方法,鼓励西方公众对中国传教给予更多的支持和帮助。花之安本人对此直言不讳:"传教士本来的职业不是开拓科学研究的新领域,而是传达(福音)信息。因此他主要把宗教—伦理作为他的活动场所。从这个角度来看,他只能被当作实际工作者加以评判,而不能用陌生的尺度来衡量。研究他所处的工作环境,即中国人的生活和思想,他们的日常生活和作为这种活动的因素之一的文献,却是传教士履行其职责的重要前提和手段。由此便产生了某些对于科学研究有用的成果。"④

总之,在花之安的中国研究中,传教是第一位的,学术意义微

---

① Gustav Warneck, "Literatur-Bericht", in: *Allgemeine Missionszeitschrift*, 4, 1877, S. 142.

② Franke Herbert, *Sinologie im 19. Jahrhundert*, in: Otto Ladstaetter und Sepp Linhart (Hrsg.), *August Pflizmaier (1808—1887) und seine Bedeutung für die Ostasien-Wissenschaften*, Wien 1990, S. 25.

③ 同上书,第26页。

④ Ernst Faber, *Eine Staatslehre auf ethischer Grundlage oder Lehrbegriff des chinesischen Philosophen Mencius*, Elberfeld 1877, S. 31.

不足道。花之安并没有中西文化交流的自觉意识,他研究中国的目的主要是为了使基督教更快更彻底地征服中国,使中国早日"福音化"。实际上,花之安的中国观带有强烈的宗教偏见,它很容易对西方公众产生误导作用。不仅不能促进中西文化的正常交流,而且还会产生严重的阻碍作用。直到20世纪初年随着西方文化世界霸权地位的动摇和文化相对论的出现,个别传教士才逐渐放弃西方文化和基督教优越论,对中国历史和文化进行了重新审视,提出了综合中西文化的主张,并自觉地充当起中西文化交流的中介者的角色。

五、德国新教传教士论义和团运动爆发的原因

19世纪末,在中国各地,以农民为主体、有社会各阶层人士广泛参与的反对外来侵略和基督教传教、捍卫国家主权和自身利益的武装斗争大规模兴起,并且最终酿成了声势浩大、规模壮阔的义和团起义。它以大刀会、梅花拳、义和拳、神拳、红拳等民间武术团体和秘密教门为基层组织,以"画符吞朱"、"刀枪不入"、"降神附体"等神秘主义仪式为手段,以"助清灭洋"、"兴清灭洋"、"扶清灭洋"等要求为纲领,在很短时间里就动员了四五十万民众参加战斗,烧教堂、杀洋人、拆铁道、毁洋货,并与外国列强纠结的八国联军展开了殊死搏斗。

义和团起义爆发后,德国社会各界深感震惊,不少外交官、商人和新闻记者在隶属于自由派和自由思想者的报纸杂志上发表文章,齐声讨伐基督教新教的中国传教活动,认为基督教传教,特别是新教传教(福音教传教)对在中国发生的"可怕的灾难"负有"主要责任"。[①]针对这种指控,德国新教传教士奋起反击,一方面痛斥

[①] 参阅 Karl Maus, *Über die Ursachen der chinesischen Wirren und die evangelische Mission*, Kassel/Barmen 1900, S. 5f.;C. Johannes Voskamp, *Aus der Verbotenen Stadt*, Berlin 1901, S. 62f.;Gustav Warneck, *Die chinesische Mission im Gerichte der deutschen Zeitungspresse*, Berlin 1900;Erling von Mende, "Einige Ansichten über die

各种各样的"恶意诽谤",为传教事业进行辩护;另一方面又现身说法,力图揭示引发义和团"暴乱"的"真正"原因。

那么,这些传教士是如何探讨义和团运动的爆发原因的?其主要观点有哪些?他们的立场观点与外交官和商人的立场观点是否有本质的不同?对于这些问题,国内外学术界迄今尚无专门论述,我们试作一初步探索。

(一)指控基督教新教传教的社会舆论

率先对基督教新教的中国传教提出批评的是一些德国外交官和从事对华贸易的商人,而在德国掀起"一场正式攻评传教运动"①的则是柏林、科伦、汉堡、哈勒等地的自由派和自由思想者报纸。

在柏林,《小报》(*Das "kleine Journal"*)在1900年6月29日发表了报社记者就当前局势采访一位德国外交官的访谈。这位外交官把引发义和团起义的责任归咎于传教士,特别是新教传教士,声称他们的宗教狂热、不得体行为和对中国国情的无知触犯了那些对于中国人来说至为神圣的东西。几乎在每个地方,传教士一露头,民众的反对就马上爆发。政府则迫于外国列强的压力,不得不派兵惩罚所谓的闹事者,这样一来,人们的怨言就更多了

---

deutsche protestantische Mission in China bis zum Ersten Weltkrieg", in: Kuo Heng-yue (Hrsg.), *Von der Kolonialpolitik zur Kooperation. Studien zur Geschichte der deutsch-chinesischen Beziehungen*, München 1986, S. 377—400, hrer, S. 385f.

① Gustav Warneck, *Die chinesische Mission im Gerichte der deutschen Zeitungspresse*, Berlin 1900, Vorwort, S. 4.

们的不满。① 另一份柏林报纸甚至说:传教士待在沿海通商口岸城市,过着舒适的日子,不懂中文,仅仅依靠被派遣到内地的翻译进行布道。② 先前的德国驻华公使巴兰德(M. von Brandt)则为《周报》(Die "Woche")撰文,列举了一系列引发中国人仇外情绪的因素,其中首先是基督教,特别是基督教新教传教士劝人皈依的传教活动,然后是修筑铁路给人力车夫、赶骡马和骆驼的人、拉船的人带来的一些直接损失。巴兰德还特别强调说,基督教新教传教士缺乏其天主教同行的"宽容态度"(Diskretion)。③

在科伦,《科伦报》(Die "Kölnische Zeitung")在1900年7月7日发表了一篇题为《我们的中国志愿者》(Unsere Freiwilligen für China)的文章,其中写道:"在我们最终战胜敌人时,控制一下我们两大教派传教士的狂热精神的时机也就来到了,因为正如1860年法中战争因为几位传教士和中国基督教教徒被残杀而得以爆发那样,现在也没有任何人会怀疑,我们的传教士的热情对于血腥的起义负有很大一部分责任。"④"早在1860年,法国学者就指出传教士和耶稣会使人改变信仰的癖好(Bekehrungssucht)对于战争负有责任,并且提出了这样的问题,如果中国人派遣人来让我们皈依孔夫子的学说的话,我们欧洲人又会作何感想。对于拥有历时数千年的宗教的中国来说,今天问题是同样的;他们在与曾经在1860年焚毁了颐和园的欧洲人进行交往的过程中,也在许多

---

① Karl Maus, *Über die Ursachen der chinesischen Wirren und die evangelische Mission*, Kassel/Barmen 1900, S. 7.
② 同上书,第8页。
③ 同上。
④ 同上。

其他事务方面,并没有看到什么好事。"①"他们(指中国人)天天目睹基督教宗教社团的内讧,而我们不能责令他们感谢传教士。对于我们在欧洲的人来说,是否有几十万穷苦力出于生计成为了令人怀疑的基督教教徒,这根本不重要;与现在被牺牲掉了的数千名欧洲人的宝贵鲜血相比,它是毫无价值的。"②

7月8日,《科伦报》又发表文章指出:"定居在丹吉尔(Tanger)的著名美国人约翰·佩蒂凯利斯(John Perdicaris)向《帕尔马尔日报》(*Pall Mall Gazette*)报道了已被谋害的克林德(von Ketteler)先生有关传教士的下列评论:品行端正的土著居民或者属于较好阶级的人都很少与传教士交往。投靠外国人的尽是为社会所遗弃者或者罪犯,目的在于获得外国人的保护,而为此他有时要缴纳一点钱财,正如在土耳其和摩洛哥那样,在这里,公使馆和领事馆的下级官员……与其联盟者、高利贷者,不久之前还在做着一种繁荣的生意。如果土著居民没有任何可以用来支付保护费的东西,他就转向传教士,拼命装出一副信仰宗教的样子,并且最终,在赢得了传教士的信任后,便开始讲述一个悲惨故事,告诉传教士,由于他的背叛,他的同胞是如何误解他,如何鄙视他,如何一致决定把他送上法庭,使他遭到审判,然后他就被残忍的、不公正的法官关押起来,受尽责打和折磨。传教士很容易被这些人说服,对这些卑劣的撒谎者表示同情并提供帮助,特别是他知道,国家法庭的公正性实际上经常是一种欺骗。克林德男爵说,在中国,与之相关的最坏情形是,一般说来,恰恰是不诚实的负债者和滥用其经手

---

① Karl Maus, *Über die Ursachen der chinesischen Wirren und die evangelische Mission*, Kassel/Barmen 1900, S. 9.
② 同上。

管理的钱财的人往往会突然醒悟到基督教宗教的美好和价值。通过这种方式,经常有田地和其他价值很高的财产被从中国的法庭夺走并被带到领事法庭上,由此而被激起的民众的不满和愤懑便构成了一个严重危险,等等。"①

在汉堡,《汉堡新闻报》(Die "Hamburger Nachrichten")声称:"一旦所谓的义和团起义被镇压下去,列强的最主要义务就是遏制传教士。"②后来它又要求"放弃对那些进入了中国内地的传教士的保护"。③《汉堡新闻报》(第 167 号)还不加任何评论地刊登了一位"年轻的汉堡商人"的报道,该商人在义和团起义爆发前不久到达天津,并"在那里的德国人俱乐部中寻欢作乐",他说:"看到传教士遭到中国人的屠杀,人们甚至感到高兴。"④还有一位中国问题"专家"在《汉堡新闻报》撰文说:"中国人是一个有着正统信仰的民族;每个月人们都用两整天的时间专门侍奉神祇,因此,即便是最轻微的干预其宗教的企图,都会激起他们的愤怒。"⑤

在哈勒,也有一位定居香港已经多年的"德国大商人"在《哈勒报》(Die "Hallesche Zeitung")上发表文章指出:"通过埋设电报线或通过建造传教站或教堂,风水,即'守护神'(genius loci)受到

---

① Karl Maus, Über die Ursachen der chinesischen Wirren und die evangelische Mission, Kassel/Barmen 1900, S. 10—11.

② Gustav Warneck, Die chinesische Mission im Gerichte der deutschen Zeitungspresse, Berlin 1900. S. 6.

③ 同上。

④ Gustav Warneck, Die chinesische Mission im Gerichte der deutschen Zeitungspresse, Berlin 1900, Vorwort, S. 1 und S. 6; Karl Maus, Über die Ursachen der chinesischen Wirren und die evangelische Mission, Kassel/Barmen 1900, S. 6.

⑤ Gustav Warneck, Die chinesische Mission im Gerichte der deutschen Zeitungspresse, Berlin 1900, S. 9.

严重冒犯。"①

归纳起来,对基督教新教在中国传教的指责主要有以下几点:1.新教传教士不了解中国的情况、不懂中国语言;2.他们怀有"宗教狂热",恣意妄为,搅扰人心;3.他们缺乏其天主教同行的宽容精神;4.伤害了中国人最神圣的情感,一旦中国人奋起反对基督教,他们便策动惩罚性讨伐;5.中国教徒都是无用的人。②

(二) 德国新教传教士的反击

对于上述指控,德国新教传教士们坚决予以否定。他们声称,德国新闻媒体的批评是不合理、不公平的,纯属"骗人的谎话"。德国新教传教士卡尔·毛斯指责商人和外交官的指控是"反对福音传教的、得不到任何证实的指控和诽谤"。③ 安保罗断言:"说福音传教对于中国的义和团暴动负有责任,是一种没有证据、充满错误、完全违背事实真相的肆意诽谤。那些诽谤者根本不能证明其言论的正确性。"④

德国新教传教士还批评巴兰德对天主教传教的偏袒和对新教传教的漠不关心,认为他不具备评论新教传教的资格,或者说他攻击新教传教的行为是不合时宜的。

---

① Gustav Warneck, *Die chinesische Mission im Gerichte der deutschen Zeitungspresse*, Berlin 1900, S. 9.
② Karl Maus, *Über die Ursachen der chinesischen Wirren und die evangelische Mission*, Kassel/Barmen 1900, S. 11—12.
③ 同上书,第 16 页。
④ Paul Kranz, *Die Missionspflicht des evangelischen Deutschlands in China*, Berlin 1900, S. 3.

卡尔·毛斯说:"巴兰德尽管在德国享有莫大的信誉,但我怀疑他具备对福音教中国传教作出评判的资格。他到处赞扬罗马传教士,通过翻译与中国官员进行交谈,在其坐落在北京的官邸中举办大量节日庆典,并且'时常侮辱福音传教'(传教士花之安语)。他对福音传教毫不了解,至少在中国南方从没有访问过一个福音教传教站,他的评判完全是根据他从厌恶传教的其他欧洲人那里听到的一些流言蜚语形成的。这些流言蜚语足够在全世界传播下列论断,即传教,特别是新教传教对于中国的动乱负有主要责任。只要巴兰德先生列举不出重要事实,我们就完全可以说,他对福音传教的评论是一个无法说明其公正性的偏见。"①

叶道胜(Immanuel Genaehr)则说巴兰德对传教士,特别是福音教传教士的攻击是"非常不合时宜的"。法国商人和传教士、外交官和修道会士、新教徒和天主教徒鉴于异教徒的这种恐怖行为都重新感到他们相互之间具有某种依属性,从根本上说是属于一个整体的。"巴兰德先生自身肯定没有多少类似的基督教团体精神(Korpsgeist),否则的话,他绝对不会无视在遥远的地方发生的义和团及其帮凶的残暴行径,恰恰指责受到伤害最严重的传教士,说他们引发了中国的暴乱。"②

针对有关新教传教士不了解中国国情、不懂中文的指责,卡尔·毛斯列举了大量的、由新教传教士用德文或英文写作的关于中国和用中文写作的关于宗教、哲学及其他研究对象的著作,请求读者自行判断。在他列举的书目中有:英国传教士理雅各(Legge)译

---

① Karl Maus, *Über die Ursachen der chinesischen Wirren und die evangelische Mission*, Kassel/Barmen 1900, S. 7.

② Imanuel Genähr, *Die Wirren in China in neuer Beleuchtung. Ein Salongespräch über die Mission*, Gütersloh 1901, S. 3—4.

注的四书五经(Chinese Classics)、美国传教士卫三畏(S. Wells Williams)编著的中文字典和《中国总论》(*The Middle Kingdom*)、德国传教士花之安编著的《孔子的学说》、《孟子的国家学说》、《墨子的学说》、《列子著作译释》和《自西徂东》等,以及美国传教士明恩溥(Arthur Henderson Smith)著《中国人的特性》。[①]

卡尔·毛斯还强调指出,商人和外交官"大多数人不懂中文,居住在通商口岸城市,从未深入到内地,只与难缠和狡诈的官员和纯粹是为了做买卖的中国商人打交道,并且也只看到过流落街头的苦力",根本不可能了解中国。而传教士则"居住在乡村,讲当地人的方言,熟谙风俗习惯"。[②]

德国新教传教士同样反对所谓的"宗教狂热"的指责。卡尔·毛斯说:"但是事实上,情况是这样的:恰恰福音传教士的突出特点是,他们在工作中处处谨慎小心,他们充满爱意地深入探究中国人的思维和观察方式,知道把民族传统与特殊的异教学说区别开来,并且试图保留前者,借助于福音的力量克服后者。如果说传教士,特别是较年轻的传教士,鉴于普遍性的穷困、异教徒的残暴和不道德而热血沸腾,迫切地期望做一些事情,这绝不是恣意妄为、搅扰人心。"[③]

基督教的中国传教至迟在 13 世纪就已经开始,最初主要是天主教的一种海外扩张活动,它在明末清初甚至取得了相当可观的成就:在康熙皇帝统治时期,中国已有 50 万人皈依了天主教。这首先要归功于耶稣会士的"文化传教"和"适应策略"。以利玛窦为

---

① Karl Maus,*Über die Ursachen der chinesischen Wirren und die evangelische Mission*,Kassel/Barmen 1900,S. 12—16.
② 同上书,第 16 页。
③ 同上书,第 18 页。

首的耶稣会士尊重中国文化,广交文人学士,积极传播西学,深得中国皇帝及一部分士大夫的赏识,其传教活动也得到了比较顺利的进展。然而,主要由于天主教会内部的政治斗争,即所谓的"礼仪之争",天主教传教在雍正元年(1723)遭到中国政府的严令禁止,耶稣会也在1773年被罗马教廷解散,到18世纪末,中国天主教徒的人数锐减为不足20万。直到19世纪中叶鸦片战争以后,在罗马教廷的统一领导和法国政府强有力的保护下,天主教的中国传教再度出现一种兴盛局面。到1898年,从事中国传教活动的天主教神职人员已达759人,此外还有不计其数的修士和修女,中国天主教教徒的人数也上升为616000人。[1]

德国的政治自由主义者和宗教冷淡者在谴责新教传教的同时,还流露出了"痴迷罗马"、偏袒天主教的倾向。

《汉堡新闻报》声称(其他报纸也竞相模仿):"天主教徒比新教徒更懂得运用实用手段进行传教,因此取得了更大的成功。他们收养了许多被其贫穷的父母抛弃的儿童,特别是女孩,然后结合其追求的最终目标,也就是说用他们的信仰来培养新的灵魂,同时将这些可怜的人从穷困和犯罪当中解救出来。此外,就其整体特征而言,天主教宗教比枯燥的新教更适合于亚洲人,特别是因为在这里有多种多样的类型可供选择,传教士可以向中国人提供他自以为最适合于自己的类型。成年人的皈依往往是表面的,并且大多数是一些诡诈的人才接受一种外来的宗教。他们这样做只是为了捞一些好处,因为他们知道,他们可以从传教士那里获得保护,包

---

[1] Gustav Warneck, *Die chinesische Mission im Gerichte der deutschen Zeitungspresse*, Berlin 1900, S. 32—33.

括对其世俗事务的保护。此外,天主教的一些外在的东西也特别适合中国人的口味,天主教徒也主动顺应汉人的习俗。在上海附近山上的天主教堂中,圣母玛利亚就身穿中国人的服装,圣子基督则头扎一条小辫。"①

对于批评者称赞天主教传教的种种言论,德国新教传教士也逐一进行了驳斥。他们反对耶稣会士对祭祖、供奉偶像和迷信的容忍;批评天主教传教士对于欧洲人的一些不良习惯,如暴饮暴食、酗酒和淫乱等的宽容;揭露天主教传教士与法国世俗政权勾结、滥招信徒、包庇罪犯、干预诉讼、惩罚无辜百姓的劣迹。卡尔·毛斯愤怒地指出:"天主教传教士最终通过法国政府获得了与中国官员平等的官阶。一般神父与县官同级别,主教则与省抚同级别。"②"在南方,在广东省,恰恰是法国传教士犯有克林德先生所说的种种过错。他们把强盗释放了,把赌场纳入他们的保护范围,帮助新入教者打官司,拘押县衙的捕役,甚至囚禁一位礼贤会传教士,折磨他并以处死他相威胁;他们甚至公开宣称:'加入天主教,当官的就不能把你们怎么样了,你们将受到法国的保护。'他们还为教堂配备了武器,到处散布谣言,声称两广很快就会成为法国的地盘。"③

叶道胜也揭露"罗马教会自从进入中国起就没有停止把传教和政治搅和在一起,并且由此制造了许多令人不愉快的血案",说"他们成功地依靠法国驻北京公使的帮助,为其主教和神父争取到

---

① Gustav Warneck, *Die chinesische Mission im Gerichte der deutschen Zeitungspresse*, Berlin 1900, S. 12—13.

② Karl Maus, *Über die Ursachen der chinesischen Wirren und die evangelische Mission*, Kassel/Barmen 1900, S. 26.

③ 同上书,第33—34页。

了帝国高级官员的头衔、地位和权力",以便"在所有涉及中国天主教徒及其同伴的案件中拥有这样的权力,即以平等的甚或更高的地位与本土法官共同主持审判,换言之,影响本土法官的判决"。①

德国天主教中国传教的主要承担者是"圣言会"传教士。该会于1875年在荷兰的斯泰伊尔建立,1879年派遣巴伐利亚人安治泰(Anzer)和蒂罗尔人福若瑟(Freimetz)作为第一批传教士来到中国,并以山东南部地区作为自己的活动范围,在阳谷县的坡里庄建立了一个传教站。1885年12月,罗马教廷传信部把鲁南提升为独立的使徒代理区(主教区),任命安治泰为德国在中国的第一位传教主教。安治泰在进驻济宁后还不满足,千方百计要把其住所搬到兖州,也就是说中国人的圣人孔夫子曾经生活和讲学的地方。兖州和曲阜是中国传统的祭祀与崇拜孔子中心,向来被中国人视为圣地。正如安治泰本人所讲的那样,他的进驻兖州要求遭到了当地居民的强烈反对。德国新教传教士也以此事为依据并且援引安治泰本人的报道,严厉谴责天主教传教士对中国人的宗教情感的伤害。②

德国新教传教士声称自己与天主教传教士不同,对中国人的祭祖、供奉偶像和迷信活动,坚守第一和第二条戒律。③ 他们认为祭祖构成了"异教徒的最坚固堡垒,倘若它紧密地和伦理的孝敬情感相联系的话"。对于中国人这种最神圣情感,他们主张"一是承

---

① Imanuel Genähr, *Die Wirren in China in neuer Beleuchtung. Ein Salongespräch über die Mission*, Gütersloh 1901, S. 6f..

② Karl Maus, *Über die Ursachen der chinesischen Wirren und die evangelische Mission*, Kassel/Barmen 1900, S. 21.

③ 同上书,第20页。

认和加深其中真实的和珍贵的成分,二是剔除其错误的成分"。耶稣会士容忍"皈依者"继续从事某些迷信活动,新教传教士却不能容忍。或者更确切地说,新教传教士"容忍异教徒这样做,不容忍基督教徒这样做,同反对赌博、吸食鸦片或卖淫嫖娼一样坚决。""但是福音传教士不需要因此而伤害异教徒的最神圣情感。他只是简单地布道福音。争辩不能说服任何人改变信仰,反而只会制造麻烦。但是如果有人在我们进行布道时和在做完布道后向我们提问,那么我们就停下来,表达意见和回答问题,但总是以教诲的方式,从不嘲笑异教徒的看法。大多数情况下,我们是在与那些准备接受洗礼的人进行谈话时才要求他们与异教诀别的。"①安保罗强调说,新教"在中国从不与政治发生干系,从不滥用政治权力"。②

德国新教传教士承认中国人的一些神圣情感经常受到外国人的伤害,但是他们指出,伤害者不是传教士,而是欧洲文化的其他代表人物。外交官不是诚实、正直和人道的人,更不是真正的基督教教徒。他们在中国人面前根本无视"男女授受不亲"的礼仪,在举办舞会和宴会时,女士粉妆登场,与男人坐在一起吃饭,手挽手,搭肩搂背地与男士跳舞。而不少西方商人则对中国人颐指气使,任意辱骂殴打。③

针对有关中国的基督教徒都是些"无用的人"的指责,德国新教传教士指出,在基督教教会史上,有一个事实就是,最初总是穷

---

① Karl Maus, *Über die Ursachen der chinesischen Wirren und die evangelische Mission*, Kassel/Barmen 1900, S. 28—29.
② Paul Kranz, *Die Missionspflicht des evangelischen Deutschlands in China*, Berlin 1900, S. 3.
③ Karl Maus, *Über die Ursachen der chinesischen Wirren und die evangelische Mission*, Kassel/Barmen 1900, S. 29—30.

人倾向于接受福音,并且这种情形一直未变。社会上层人物一般是在全体民众开始从异教转向皈依基督教时才到来的。因此,皈依基督教,加入基督教社团的中国人,大都出自社会下层,这是符合基督教宣教传统的。在最初的时候,基督也因接受税吏和罪人而受到过嘲讽。①

但对于下列指控,即邪恶之徒利用加入基督教的做法来掩盖其犯罪行为,德国传教士却坚决予以否认。卡尔·毛斯说:"我可以作证,我所认识和了解的福音教传教士都十分谨慎,不把这样的人接纳到他们的社团之中。我也相信,德国的公使、外交官和领事也都十分注意,不采用法律上有问题的诉讼。""我也可以确保,我们决不接受被社会遗弃的分子加入社团,社团成员均是诚实本分的农民、手工业者和商人。"②

19世纪也是"一个新教传教时代"③,大约有40多个基督教新教传教协会和差会派遣传教士到中国工作,其中大部分来自英国和美国。英国传教士戴德生(J. H. Taylor)还在1866年创立了跨国跨宗派的差会"中国内地会",提出了"信仰传教"(faith missions)原则,要求传教士的衣着起居尽量中国化,以无偿献身的精神来传教。其总部设在上海,但发展方针是避开大宗派差会在沿海和城市的传教地区,专向中国的内地发展,在四川、河南、陕西、云南等省都有其传教士。因为对事工的需要量越来越大,人手、经济上都需要增添,所以,"内地会"也开始到各个国家传递"异象",

---

① Karl Maus, *Über die Ursachen der chinesischen Wirren und die evangelische Mission*, Kassel/Barmen 1900, S. 33.

② 同上。

③ Gustav Warneck, *Die chinesische Mission im Gerichte der deutschen Zeitungspresse*, Berlin 1900, S. 3.

五、德国新教传教士论义和团运动爆发的原因　145

鼓励更多的青年人参与宣教事业。除此之外,还有其他的差会也加入了内地会的系统,致使内地会成为最大的差会团体。到20世纪初,内地会在中国约有700座教堂,19000余名教徒,还办有若干小学、医院等。

相比之下,德国新教的中国传教势力单薄,规模不大,主要有巴色会、巴勉会、大巴陵会和同善会等向中国派遣了许多传教士,而其活动区域也主要是在中国南方,特别是广东省。1897年德意志帝国侵占胶州湾后,大巴陵会和同善会才把传教活动转向北方,在青岛建立一些传教站。到19世纪末巴色会共派遣52名传教士来华,巴勉会则有32名,巴陵会有27名①,同善会有4名。德国新教各传教会在中国共建传教站40余个,发展中国教徒10000余人。②

鉴于这种情况,有的传教士说,德国新教的中国传教对于义和团运动的爆发毫无干系,因为义和团起义发生在华北而不是华南,发生在占领胶州湾之后而不是之前。③

一般说来,也没有人刻意指责德国新教的中国传教,《德意志报》(Deutsche Zeitung)只提到这样一点,并在其中对德国传教士提出批评,这就是:德国传教士"无论在人数上还是在活动能力上"都远远落在美国和英国传教士之后,"至今仍未建成一座德国学校"。④ 巴兰德甚至在一篇发表于《基督教世界》(Christliche Welt)

---

① Lixin Sun, *Das Chinabild der deutschen protestantischen Missionare des 19. Jahrhunderts. Eine Fallstudie zum Problem interkultureller Begegnung und Wahrnehmung*, Marburg 2002, S. 323—333, Anhang.
② 同上书,第102—106页。
③ Karl Maus, *Über die Ursachen der chinesischen Wirren und die evangelische Mission*, Kassel/Barmen 1900, S. 34.
④ Gustav Warneck, *Die chinesische Mission im Gerichte der deutschen Zeitungspresse*, Berlin 1900, S. 10.

的较晚文章中说,德国和瑞士的传教士是无辜的,他所指控的主要是英国和美国的传教士。①

德国自由派媒体所谴责的主要是英国和美国的新教传教士,特别是中国内地会。他们对"内地会"的所有做法都看不惯,尤其不赞成它把许多没有受过教育、根本不懂中文的人,如工厂女工或女招待等,招聘进来从事传教活动。此外,他们也反对让一些年轻女子在没有欧洲男人保护的情况下到处走动,惹是生非。②

对于中国内地会,德国新教传教士也持保留态度。卡尔·毛斯说:"我必须承认,我并不赞成这种传教实践的所有方法,例如,如果人们想要在某些群体当中为传教的主(König der Mission)预定这样的时间,即在几年之后中国的每一个人都应当有机会听到福音以便自行作出决定。但是现有的指责也不是针对在戴德生英明领导下的真正的内地会,而至多是一些与内地会有联系但没有被完全纳入内地会的分支机构。这些机构中的工作人员的确缺乏培训。但是,总的来说,供职于内地会的英国人都是素有教养的人。人们只要回想一下'献身基督的七杰'就一清二楚了,他们都出身于最好的阶层,现在,他们当中有一位已经成为了主教。的确,对于中国来说,内地会传教士所受的教育是不充分的,但在中国也有许多普通老百姓,恰如我们这里的情形。诚然,博学并不能使人改变信仰,但它可以在中国引起极大的关注,即使一个简单的见证也不会毫无作用。至于下列质问,即让年轻女子单独一人到

---

① Karl Maus, *Über die Ursachen der chinesischen Wirren und die evangelische Mission*, Kassel/Barmen 1900, S. 36.

② 同上书,第35—36页。

内地旅行是不合适的,戴德生曾经反驳说,年轻的女传教士总是有已经结婚的本土教徒或传教助手陪伴,完全符合中国人的礼仪观念。无论怎样,指责中国内地会急躁冒进是有些草率的,因为在其章程中明确规定,无论到了哪里,只要不被接受,传教士必须马上离开。而编造他们依靠强权进行惩罚的谎言则是完全不对的,因为按照他们的章程,传教士根本不允许向中国或英国官员请求帮助。凡此种种,都有明确规定。"①

德国新教传教士普遍承认,个别传教士的行为并不总是无可指责的,更进一步说,天主教的和新教的个别传教士的确对中国的动乱负有连带责任。然而,导致动乱的原因十分复杂,人们可以列举许多原因,而不仅仅是一个。德国新闻媒体有关动乱的基本原因的讨论根本没有说到点子上,或者说,说得很不充分。② 尤其是当时,中国"狂热的仇外运动的野蛮爆发已经使传教士遭受许多苦难,并且令人担心的是他们还将继续遭受苦难",德国社会对新教传教士的指控"实在令人痛心"。③

(三) 对于"真正的"原因的探寻

德国新教传教士致力于探寻义和团运动爆发的"真正"原因,而在具体论述中,他们虽然不完全一致,但大都首先提到了欧洲列

---

① Karl Maus, *Über die Ursachen der chinesischen Wirren und die evangelische Mission*, Kassel/Barmen 1900, S. 36.
② Imanuel Genähr, *Die Wirren in China in neuer Beleuchtung. Ein Salongespräch über die Mission*, Gütersloh 1901, S. 7.
③ Gustav Warneck, *Die chinesische Mission im Gerichte der deutschen Zeitungspresse*, Berlin 1900, Vorwort, S. 5.

强的侵略政策、西方商人不讲道德的贸易行为和天主教传教与政治的联系等因素。①

传教士们宣称西方商人的贪婪和西方列强的侵略政策负有责任。卡尔·毛斯指出,中国人已经饱受欧洲人和美国人,也就是说"白种人的代表和属员"的欺辱。这一点必定会招致中国人对外国人的仇恨。② 他列举了大量的、中国与欧洲不愉快的政治接触,并且断言:"中国肯定会从西方列强及其政策中经历到这一切。难道会有一个西方国家容忍这种'友谊'吗?每个人都要为此表示感谢。中国人即使不热爱现今的王朝,因为它属于'野蛮人(夷族)',但他们热爱他们的祖国,正如我们当中的每个人都热爱自己的祖

---

① 卡尔·毛斯列举了导致义和团运动爆发的九大因素:1.欧洲人对中国人的"虐待";2.欧洲列强的政策;3.天主教传教插手政治的行为;4.铁路铺设和矿山开发;5."不讲道德"的贸易;6.报纸中有关瓜分中国的宣传;7.外国公使为了本国利益而进行的竞争;8.中国官员的腐败、饥荒和秘密会社的存在;9.布尔人与英国人斗争和菲律宾人与美国人斗争的榜样。参阅 Karl Maus, *Über die Ursachen der chinesischen Wirren und die evangelische Mission*, Kassel/Barmen 1900, S. 38ff. ——和士谦则讲了"十二条过错":"由外国人制造的越来越严重的危险——对丧失民族独立自主的担心——因为割让台湾、胶州、香港岛对面的九龙地区、威海卫、旅顺大连而在民众当中产生的不满——中国国家官员对俄国占领整个北亚和中国本土的担心——外国人在中国许多地方开矿,挖掘这个国家的煤炭资源和其他矿藏——已铺设完毕和正计划铺设的铁路——比利时、英国、德国、俄国、法国辛迪加期望获得新的营业许可证的要求——各个国家在港口城市争取扩大租界的斗争——日益急迫的、开轮船航行所有可航行的大江大河要求——到处设立的海关,即使它们构成朝廷唯一的比较可靠的收入来源,但也被外国人所掌握,成为中国向欧洲国家举办的巨额借贷的担保(抵押),因此中国一直感觉到它依赖于欧洲——欧洲商人持续不断的反对厘金的斗争,也就是说,反对阻碍欧洲人在中国内地进行贸易的地方关税——并且,在这个关联中,人们还可以列举传教,其越来越大的成功对于根本不理解宗教的中国官员来说,只是衡量外国列强在中国不断增加的影响的尺度——所有这一切以及其他事宜都是激起中国民众骚动不安的原因。"C. Johannes Voskamp, *Aus der Verbotenen Stadt*, Berlin 1901, S. 66f.

② Karl Maus, *Über die Ursachen der chinesischen Wirren und die evangelische Mission*, Kassel/Barmen 1900, S. 18.

国那样。"①其结论是:"单单中国与外国的交往经历本身就足以刺激中国人奋起抗争。"②

叶道胜质问道:"我们的敌人口口声声地说,不是商业贸易公司对中国人锱铢必较的盘剥,他们不顾本地居民的偏见和迷信,想要用一个铁路网把全国贯通起来;不是列强在胶州湾、威海卫、大连湾和广州湾经常是肆无忌惮的进犯;不是被强加给坚决表示抗议的中国人的鸦片或者其他通过强者对弱者百般凌辱的强暴,对于中国的动乱负有责任,而是没有用处的传教士!"③

马丁·迈尔(Martin Maier)则指出,中国与外国列强的各种摩擦和冲突,以及从总体上说,中国与外国交往的增多,"一方面使中国人感受到了外国人的优越性,并且由此略微打击了他们的妄自尊大心理,另一方面又使中国人屡遭暴力侵犯和不公正的对待。……受到打击的妄自尊大心理和不得不接受的屈辱,两者加在一起,促成了疯狂仇恨的爆发,正如它在各种各样的血腥屠杀,特别是在义和团起义中得到发泄的情形那样。"④

正如前面已经说过的那样,天主教传教士干预政治的行为也受到了批评。卡尔·毛斯说:"鉴于血腥的迫害,在这几个月内,在中国,许多罗马-天主教传教士和本土的中国人也成为了它的牺牲品,我恰恰在现在这一刻深感悲哀,深为天主教在中国传教事业遭受的损失感到难过,但是如果要列举中国动乱的真正原因,人们就

---

① Karl Maus, *Über die Ursachen der chinesischen Wirren und die evangelische Mission*, Kassel/Barmen 1900, S. 43f.
② 同上书,第 44 页。
③ Imanuel Genähr, *Die Wirren in China in neuer Beleuchtung. Ein Salongespräch über die Mission*, Gütersloh 1901, S. 4f.
④ Martin Maier, *Die gelbe Gefahr und ihre Abwehr*, Basel 1905, S. 6.

不能对罗马传教士的过失保持沉默。"①他在列举了一系列事实后指出,包括德国在内、受到西方列强保护的天主教传教士,激起了中国民众对传教和外国人的仇恨:"无论如何,显而易见的是,单单法国和德国罗马传教士孜孜以求的传教与政治的联盟就完全能够引发中国人的愤怒了。"②

安保罗同样认为,"安治泰主教的政治宣传"和"外国人,特别是法国神职人员在处理他们的皈依者与异教徒发生的诉讼时的骄横态度和行为"在一定程度上"加剧了中国官员和普通百姓对所有外国事物的仇恨"。③

叶道胜也肯定地说:"罗马教会自从进入中国起就没有停止把传教和政治搅和在一起,并且由此制造了许多令人不愉快的血案,给中国人造成了非常不好的印象。自从他们成功地依靠法国驻北京公使的帮助,为其主教和神父争取到了帝国高级官员的头衔、地位和权力以来,天主教神职人员便在所有中国天主教徒及其朋友的案件中拥有了这样的权力,即以平等的甚或更高的地位与本土法官共同主持审判,换言之,影响本土法官的判决。毫无疑问,这大大加剧了中国人的不知所措和愤怒;毫无疑问,罗马僧侣统治集团肆无忌惮的干预在很大程度上引起了中国人的抵抗。"④

天主教传教士干预诉讼的行为,特别伤害了中国官员的自尊,

---

① Karl Maus, *Über die Ursachen der chinesischen Wirren und die evangelische Mission*, Kassel/Barmen 1900, S. 4.
② 同上书,第 54 页。
③ Paul Kranz, *Die Missionspflicht des evangelischen Deutschlands in China*, Berlin 1900, S. 3.
④ Imanuel Genähr, *Die Wirren in China in neuer Beleuchtung. Ein Salongespräch über die Mission*, Gütersloh 1901, S. 6f.

激起了他们纵容民众反抗的决心。对此,德国新教传教士深有感触。和士谦报道说:"中国官员很清楚地知道,罗马传教是与法国的侵略政策紧密联系的。在法庭审理涉及罗马天主教教徒的案件时,罗马传教士就坐在中国法官身边,并且提出异议,而他不仅受到法国领事的庇护,其身后又有法国战船的大炮撑腰,中国官员自然会感到其在民众当中的威望受到了严重伤害,以至于可怕的愤怒必然在他的心中升起。恰恰这种蒙受莫大屈辱的感受使官员和文人转而支持同样激动万分的民众的反抗斗争。"①

但在大多数传教士们看来,这里根本谈不上什么"责任"或"罪责"问题。人们不应当谴责"西方的商业和政治经营"。它们"更多的是有利于整个人类的文化进步的,也是特别有利于贫穷的中国人民大众的社会提升的,因此是完全必要的"。② "泛泛地、不加区别地指责天主教传教对于这些动乱负有责任,很不恰当;在天主教传教士当中有许多值得尊敬、正直诚实、乐意献身的传教士"。③

对于德国新教传教士来说,西方国家所有商业的、政治的和传教的活动都是以"一种神意"为基础的④,都有助于"实现上帝的文化要求"。⑤

和士谦断言:"我们生活在这样一个时代,大海已可横越,遥远

---

① C. Johannes Voskamp, *Unter dem Banner des Drachen und im Zeichen des Kreuzes*, 2. Aufl., Berlin 1900, S. 80f.

② Paul Kranz, *Die Missionspflicht des evangelischen Deutschlands in China*, Berlin 1900, S. 4f.

③ 同上书,第3页及下一页。

④ C. Johannes Voskamp, *Aus der Verbotenen Stadt*, Berlin 1901, S. 66.

⑤ Paul Kranz, *Die Missionspflicht des evangelischen Deutschlands in China*, Berlin 1900, S. 5.

的国家已相互联结。上帝不期望各民族相互封闭隔离,固守在中国的长城背后和居住在紫禁城内。现在,对于中国来说,一个新时代已经到来,正如它在长时间的沉寂之后已经在日本开始了那样。如果说手持刀剑的各民族要求一个开放的、盛行商业自由的中国,而上帝则把这一巨大的、世界历史的任务赋予我们亲爱的皇帝和国王,那么传教士就向上帝为此委任的地球上的最强大者发出这样的请求:给予我们盛行宗教自由的中国。"① 借助于这种论证,传教士便对西方列强的殖民扩张和所有教派的传教活动作出了正面评价,并使之完全摆脱了责任指控。

就是德意志帝国占领胶州湾事件应对义和团起义的爆发所负的责任也被传教士一口否定了。叶道胜断言:"声称德国在胶州的行动导致了中国暴乱的爆发的说法是一个未经证实的指控。"② 安保罗甚至试图为德国占领胶州湾事件进行辩护。他指出,占领胶州湾完全是一个"道德上正当的德国贸易政策的后果"。它因此是必要的,因为它"在一个向世界贸易开放但其内部却由于一个腐朽政府而摇摇欲坠、由于强盗和土匪而危险丛生的国家里,可以为德国的贸易提供有效的保护"。③ 在这里,安保罗也公开表达了他的"爱国主义"立场:"同国内的新教牧师一样,传教士也是坚定不移、忠心耿耿的爱国者,并且,作为爱国者,我深感欣慰,我们具有远见卓识的皇帝陛下在合适的时候,下令占领胶州湾,为德国的贸易和

---

① C. Johannes Voskamp, *Aus der Verbotenen Stadt*, Berlin 1901, S. 66f.

② Imanuel Genähr, *Die Wirren in China in neuer Beleuchtung. Ein Salongespräch über die Mission*, Gütersloh 1901, S. 6.

③ Paul Kranz, *Die Missionspflicht des evangelischen Deutschlands in China*, Berlin 1900, S. 5.

世界政策建立了一个基地。"①"作为德国的爱国者,我完全赞成德国政府迄今为止在中国推行的政策。"②这种思想是与德意志帝国当时的主流意见完全一致的。

传教士们承认,基督教传教一向是以一种破坏性因素对"异教"社会发挥作用的。它肯定会不可避免地遭到"异教徒"的抵抗。

叶道胜写道:"如果人们把传教士说成是导致中国的灾难的因素之一的话,就我的观察而言,这没有什么不对的地方。在某种意义上,我们也愿意让人们责骂为'肇事者'。"③和士谦也明确地说:"福音传播到哪里,它就会在哪里激起暴动。它引起了家庭的分裂,村庄、宗族和民族的分化。基督教教徒因此必须为其信仰而遭受折磨和迫害。"④通过基督教传教进行的对中国的"道德征服"为中国的暴乱的发生"起了帮助作用"。⑤

与此同时,叶道胜坚信,传教士也有权利把自己标榜为最特别意义上的"和平的信使"。传教士不仅仅是"向中国人传达和平的福音的承载者",他们也"在土著居民和外国人之间进行和平调解"。"因为不仅在原始居民(Naturvölkern)当中,而且也在所谓的文化民族(Kulturvölkern)当中,传教士常常发挥着调解员的作用。他能够平息土著居民很容易产生的愤怒,他也能够为进行贸易的商人铺平道路。如果战船较少地向陆地发射致命的和摧毁财

---

① Paul Kranz, *Die Missionspflicht des evangelischen Deutschlands in China*, Berlin 1900, S. 4.

② 同上。

③ Imanuel Genähr, *Die Wirren in China in neuer Beleuchtung. Ein Salongespräch über die Mission*, Gütersloh 1901, S. 16.

④ C. Johannes Voskamp, *Aus der Verbotenen Stadt*, Berlin 1901, S. 67.

⑤ 同上。

物的炮弹,这在很大程度上要感谢传教士。"[1]并且"中国的当权者吃惊地意识到,'微不足道的'和'头脑简单的'传教士,或者,正如中国人所说的那样,'外国鬼子'或'洋夷',千方百计地欲对其整个国家进行道德征服。因为不仅他们无休无止的布道活动,而且他们作为青少年的教师和基督教文献的传播者所起的作用,都只服务于这样一个目的,即推翻旧中国,在旧中国的废墟上造就一种新人。"[2]

在德国新教传教士看来,"导致了中国暴乱的真正原因必须到另外的地方寻找"[3],或者说,中国的暴乱的发生有着更深层的原因。最主要的是中国人"对所有外国事物的仇恨"。[4]

传教士声称"中国人对所有外国人怀有一种天生的仇恨"。[5]他们也断言:"中国民众的整体态度是仇视外国人的。"[6]"仇外心理风靡全国。"[7]

传教士还指出,大多数官员对外国人怀有莫大的不信任,[8]或者说,"仇恨传教士行为的真正煽动者是中国的官员和社会的上层人物"[9];"仇恨外国人态度的承载者是官员和书生"[10]。

---

[1] Imanuel Genähr, *Die Wirren in China in neuer Beleuchtung. Ein Salongespräch über die Mission*, Gütersloh 1901, S. 16.

[2] 同上书,第 14 页。

[3] 同上书,第 6 页。

[4] Paul Kranz, *Die Missionspflicht des evangelischen Deutschlands in China*, Berlin 1900, S. 4.

[5] Charles Piton, "Die Lage in China", in: EMM 28, 1884, S. 498—508, hier S. 498.

[6] C. Johannes Voskamp, *Aus der Verbotenen Stadt*, Berlin 1901, S. 63.

[7] 同上。

[8] Ernst Reinhard Eichler, "Politik und Mission in China", in: AMZ 17, 1890, S. 213—221, hier, S. 216.

[9] Karl Maus, *Über die Ursachen der chinesischen Wirren und die evangelische Mission*, Kassel/Barmen 1900, S. 18.

[10] C. Johannes Voskamp, *Aus der Verbotenen Stadt*, Berlin 1901, S. 63.

查尔斯·皮翁(Charles Piton)指出:"对于这些人(中国官员)来说,所有外国人恰如眼中的一根刺,而在他们当中的一些身居高位的人似乎相信,为了把所有外国人都驱逐出国,必须采取切实可行的措施,付出巨大的努力。"①祭恩则把中国学者与"法利赛人"(Pharisärn,古犹太教的一个派别的成员,该派标榜墨守宗教法规,基督教圣经中称他们是言行不一的伪善者)加以对比:"正如法利赛人和学者的一举一动都表现得像是耶稣的最大敌人那样,中国的法利赛人也对基督教充满仇恨。无论何时,一旦发生迫害传教士或基督教徒事件,总是有这些身居第一等级者,有的甚至是获得学位者的参与,他们或者出头露面,公开领导,或者经常在暗地里煽风点火,鼓动仇外。"②

在论述迫害传教士和中国教徒事件的发生时,和士谦也写道:"在绝大多数情况下,只要现任的一位敌视外国人的官员在衙门中发出迫害基督教徒的号令,教堂就会被捣毁,教徒就会遭打击,受驱赶。有的时候,只要贩卖神像者抱怨其生意受到冷淡,神职人员抱怨神像受到忽视迫害行动就会接踵而来。"③

在德国新教传教士看来,中国人的"仇外心理只能从民众的历史和政治观方面加以解释"④。中国人的思想意识、他们的道德观念以及他们的宗教都与基督教格格不入、相互对立。⑤"深受儒家

---

① Charles Piton,"Die Lage in China",in:EMM 28,1884,S. 498—508,hier,S. 498.

② Georg Ziegler,"Chinesische Sitten und Verhältnisse im Vergleich zu den biblisch-israelitischen",in:EMM 44,1900,S. 449—473,hier S. 455.

③ C. Johannes Voskamp,*Aus der Verbotenen Stadt*,Berlin 1901,S. 67.

④ 同上书,第63页。

⑤ Martin Maier,*Die gelbe Gefahr und ihre Abwehr*,Basel 1905,S. 6f.

思想影响的中国人对其自认为唯一正确的文化和哲学深感骄傲骄傲"①。

当时,在西方社会还存在着这样一种自耶稣会中国传教以来就广泛流传的观念,认为中国人是一个爱好和平的民族,除了能够和平地耕种其土地,修饰其花园,对世界别无他求。在这样一个儒教、佛教和道教相互和平共处的国家里,宗教不宽容是不可想象的。

对于这种观念,德国新教传教士很不以为然。叶道胜说:"对于受到广泛赞誉的中国人的宗教宽容特性绝不可无条件地盲从。曾经也有过三大宗教体系激烈斗争的时期。如果说它们现今相互和平共处了,那么必须看到,它们当中没有一种宗教提出过这样的权力要求,即想要成为唯一真正的宗教;相对于其他宗教,它也没有权力提出这样的要求。但基督教却从一开始就是怀着这个权力要求进入由各民族构成的世界的,因此,它总是,并且在各个地方都受到了坚决抵制。"②

再者,在当时西方和德国社会中,义和团因为要彻底消灭外国人,所以从一开始就使人产生了一种爱国主义运动的印象。也有人把义和团组织(Boxerbund)比作德国的战士协会(Kriegervereinen)。

对于这种观点,德国新教传教士同样不予以认可。叶道胜说:"这一比较并不坏,初看起来也有一些道理。但不难证明的是,义

---

① Paul Kranz, *Die Missionspflicht des evangelischen Deutschlands in China*, Berlin 1900, S. 3.

② Imanuel Genähr, *Die Wirren in China in neuer Beleuchtung. Ein Salongespräch über die Mission*, Gütersloh 1901, S. 14.

和团的爱国主义原本并非要支持在民众当中从未得到爱戴的满清王朝,相反,它的口号是:'打倒满清'。"①"众所周知,同所有在中国大量存在的秘密会社一样,义和团组织本来是针对现政府的。但是皇太后及其帮凶懂得把运动从自己身边转移开来,赋予它一种反对外国人和基督教的斗争方向。"②

其他传教士也强调说,义和团起义最初是把矛头指向满清王朝的,意欲推翻该王朝。只是由于皇太后的"狡猾政策",它才转向攻击外国人。③ 和士谦写道:"从紫禁城的所有谕令、法规和公告以及从民众的普遍看法中可以看出,整个义和团运动——它受到宫廷的奖掖和领导,而端王则担任其最高领袖——是针对光绪、他的追随者和在全中国日益发展壮大的改革党的。它声称要把外国人从中华帝国的所有省份驱逐出去,彻底清除中国的基督教,然后把古老的国门重新关闭。正如北京的紫禁城一样,整个中国要像过去一样与其他民族隔离开来,成为一个被禁止的、被封闭的民族和国家。"④

对于叶道胜来说,真正的、最根本的原因在于中国政府,一是其无限的傲慢和自大,二是其无底的谎言和欺骗。他说:"我确信,一方面应当在中国政府无限的傲慢和自大当中,另一方面应当在其无底的谎言和欺骗中寻找原因。在备受瞩目的中国皇太后那里,它们也成为中国政府的典型特征。她和她的追随者,分别是端

---

① Imanuel Genähr, *Die Wirren in China in neuer Beleuchtung. Ein Salongespräch über die Mission*, Gütersloh 1901, S. 11—12.
② 同上书,第12页。
③ Wilhelm Lutschewitz, *Revolution und Mission in China. Vortrag*, Berlin 1912, S. 4.
④ C. Johannes Voskamp, *Aus der Verbotenen Stadt*, Berlin 1901, S. 22.

王、荣禄、刚毅和其他极端保守派王公大臣,应当对动乱的发生负主要责任。假如可以在中国举行公民公投,那么中国人民就会对她和她的追随者意见一致地表达这种评判。人们普遍把她看作是劣迹累累、不知羞耻的女人。"[1]"完全没有必要比简单地指出下列事实做更多的事情,这个事实就是,中国政府现在被公开谴责为一个庞大无比的说谎者和不诚实者。中国与外国的关系的历史为此提供了大量例证,人们还可以加以补充的是,我们从官员与民众的关系中所知道一些情况一点也不更好。对此,中国人也不要有任何幻想了。正如人们对它无比愤怒地想象的那样,与这种谎言和欺骗完全对应的是一种堕落和腐朽状态。我们必须从这里找寻动乱的基本原因。所有被列举的其他原因都只不过是与之伴随的次要原因,它们仅仅加速了灾难的爆发。"[2]

与德国新教传教士有关慈禧太后的评价不同,德国原驻华公使巴兰德和其他人曾把慈禧太后比作英国的伊丽莎白(Elisabeth)和奥地利的玛丽亚特·雷西亚(Maria Theresia),极力称赞其统治者品德。

叶道胜说:"我很不明白,巴兰德先生怎么能这样做。慈禧太后自然不乏统治天才。这种天才,她在三个皇帝执政的40年间,充分展示了出来,甚至多于必要。与此同时,她又在其追求方面展示出了一种冷酷无情,在面对她的敌人和她仇恨的外国人时展示出了一种报复心和嗜血性,以至于人们不由自主地回想起血腥的耶洗别(Isebel)或者亚他利雅(Athalja),关于她,可以说,她早就

---

[1] Imanuel Genähr, *Die Wirren in China in neuer Beleuchtung. Ein Salongespräch über die Mission*, Gütersloh 1901, S. 7.

[2] 同上书,第11页。

准备'把所有王家后裔都斩净杀绝'。把她比作这些圣经旧约中的女人,在我看来是更恰当的。三年前,她就用强有力的手腕,把她的侄子光绪皇帝推翻了,把他监禁起来,让人杀害了他心爱的女人,砍了改革派的头,没有别的,仅仅因为所有新举措都不合她的意,而她本人又盲目自大地相信,能够制止历史发展的车轮。现在,她受到了惩罚,面临着被碾碎的危险。"①

和士谦同样认为,"这个女人号称'慈禧'(erbarmende Gnade)是多么富有讽刺意味。40多年来,她一直是紫禁城内的女统治者。如同圣经旧约中的犹太女王亚他利雅,她'心狠手辣,把所有王家后裔都斩净杀绝了。'"②

在中国的动乱中,基督教传教士比其他外国人更容易受到攻击。对于这个事实,传教士们公认不讳。但在他们看来,传教士并不是因为其传教活动而受到憎恨和迫害,而只是因为他们是外国人。这是传教士论述中国民众的反传教斗争的一个重要命题。传教士们企图据此为基督教传教开脱罪责。再者,中国的基督教徒也受到憎恨和迫害:"基督教徒无论在这个庞大帝国的哪个角落,都经常性地受到迫害。"③对此,传教士的意见是,中国教徒被看作是"其祖国和同胞的背叛者",他们是被当作外国人的追随者而受到蔑视的。④"外国人作为外国人被仇恨,皈依基督教的中国人被仇恨是因为他们与外国人结盟。中国的基督教徒被称为卖国贼,

---

① Imanuel Genaehr, *Die Wirren in China in neuer Beleuchtung. Ein Salongespraech ueber die Mission*, Guetersloh 1901, S. 7—8.
② C. Johannes Voskamp, *Aus der Verbotenen Stadt*, Berlin 1901, S. 54.
③ 同上书,第67页。
④ Charles Piton, *Die Lage in China*, in: EMM 28, 1884, S. 498—508, hier S. 498.

但是买办和欧洲公司中的业务中介也被称作卖国贼。在义和团起义高潮阶段,就连带欧洲手表的人和穿用外国面料做的衣服的人也被当作卖国贼杀害了。"①

归根结底,在德国新教传教士看来,义和团运动是"一场针对在中国的各民族外国人而爆发的血腥灾难"②,中国人的仇外是造成这一灾难的最根本原因,中国政府应当对其爆发负主要责任。

虽然从根本上说,在 19 世纪,基督教传教和殖民扩张手牵手同时并进,相互支持,但是这种合作关系并不总是和谐的。两者之间有时也会发生利益冲突。传教士的宗教狂热偶尔会被非传教圈子的人们看作一个干扰因素,并受到指责。声称传教引发了义和团起义的指责就反映了这些敌视传教的人的不满情绪。相反,德国新教传教士对西方列强殖民政策和西方商人赢利思想的弊端的批评则主要是一种反击和自我辩护。在一定程度上,传教士的基督教道德观和他们的个人经历也发挥了作用。然而,传教士们对西方文化的"文明化使命"毫不怀疑。同西方外交官和商人一样,他们也抱有强烈的西方文化优越论思想,坚决不向中国人示弱。按照他们的见解,既不是传教士也不是在中国的其他外国人对义和团起义的爆发负有罪责。③ 所有的责任和罪过最终都被归咎于中国和中国人身上。借此,西方殖民主义和帝国主义的对华侵略也都得到了认可和辩护。

---

① C. Johannes Voskamp, *Aus der Verbotenen Stadt*, Berlin 1901, S. 62 f.

② Gustav Warneck, *Die chinesische Mission im Gerichte der deutschen Zeitungspresse*, Berlin 1900, S. 5.

③ 在分析了义和团起义爆发的原因后,安保罗反问道,现在"还会有人用手指着某个外国人或某个外国人群体说:你对其爆发负有责任吗?"Paul Kranz, *Die Missionspflicht des evangelischen Deutschlands in China*, Berlin 1900, S. 4.

第三部分：
卫礼贤与中德文化交流

六、论东西方文化

在近代来华的基督教传教士中,德国新教传教士卫礼贤[1]独立特出,与众不同。他抛弃了欧洲中心主义和西方文化优越论思想,对处于西方帝国主义剥削压迫下的中国和中国人民深表同情。他也从自由主义"非教条的伦理化基督教"[2]宗教观出发,坚决反对"虔信主义"的传教方法和"文化帝国主义"的宗教扩张。作为一个传教士,卫礼贤在中国"没有为任何一个中国人举行洗礼"[3],而是致力于办学、行医和中德文化交流,从一位基督教传教士变成"真正的"汉学家。

不仅如此,卫礼贤还是19世纪末、20世纪初西方重要的文化学者之一,他对西方社会的文化危机有着敏锐的观察,对古代中国人的生活智慧有着精辟的见解。正是基于对西方文化的深刻反省和对中国文化的真诚喜爱,卫礼贤提出了综合东西方文化的思想

---

[1] 另有人写作"尉礼贤"或"魏礼贤"等。

[2] Horst Gründer, *Christliche Mission und deutscher Imperialismus. Eine politische Geschichte ihrer Beziehungen während der deutschen Kolonialzeit（1884—1914）unter besonderer Berücksichtigung Afrikas und Chinas*, Paderborn 1982, S. 45.

[3] Carsun Chang, *Richard Wilhelm, der Weltbuerger*, in: Sinica, 5, 1930, S. 72. 也参见张君劢著,蒋锐译《卫礼贤——世界公民》,载孙立新、蒋锐主编《东西方之间——中外学者论卫礼贤》,山东大学出版社2004年版,第27页。

主张。这一思想主张不仅是"拯救"第一次世界大战后西方文明的一剂良药,在当今全球化时代也具有重要意义。

(一) 反观自身,检讨西方文化

卫礼贤的东西方文化交流思想是与其对西方文化的深刻反省密切相关的。通过反省,卫礼贤对西方文化的本质特征、优点和缺陷有了比较深刻的认识,并在此基础上积极寻求挽救"西方没落"的方法和工具。

自18世纪中叶起,以技术革新和科学发明为动力的"工业革命"在欧洲和北美一些国家相继展开,资本主义生产方式在这些国家逐渐确立。"资产阶级在它的不到一百年的阶级统治中所创造的生产力,比过去一切世代创造的全部生产力还要多,还要大。"① 资本主义生产方式的确立和资本主义经济的大发展,促使西方进步—乐观主义和基督教—西方文化"优越论"普遍流行,海外殖民扩张和海外传教活动大规模展开。到19世纪末,地球上一半多的土地和三分之一的人口均被西方列强占领和控制,基督教传教士深入海外,足迹遍布世界各地。然而,随着帝国主义的兴起,资产阶级的自由民主理念受到了严重冲击,而帝国主义国家之间为了重新分割世界、夺取世界霸权,也展开了激烈斗争,最终导致了世界大战的爆发,使全世界人民都陷于艰难困苦的深渊。第一次世界大战的灾难打破了19世纪"充满秩序与和平、前途一片光明的黄金时代"的梦想。"帝国时代的世界模式"、"自由主义的世界体

---

① 《马克思恩格斯选集》第1卷,人民出版社1972年版,第256页。

系"、"19世纪资产阶级社会视为任何'文明'皆热切渴望的标准",在各种蓬勃发展的力量撕扯下宣告崩溃。① "欧洲的地位已经开始削弱;它的世界领导地位已被破坏。"②

正是站在世界大战的劫后废墟上,卫礼贤反观自身,对西方文化进行了认真检讨。在卫礼贤看来,西方文化的突出特征就是"生活的不断机械化和合理化"③。因为欧洲精神具有强烈的"向外推进"的冲动,它以研究客观物质世界为重点,以"改造和控制"客观物质世界为主要目标。通过研究和实践,人们认识到"物质材料的原子结构",发现了客观物体所具有的"因果关系"律,于是用"机械的观点"来看待和处理客观物体、用"强力"手段来控制客观物体,便成为欧洲人或西方人惯常的思维和习用的方法。"数学-机械科学和广义的技术"日益兴盛,最终导致欧洲现代文明的形成和发展。④ "西方人在最近一个世纪里创造了一种机械文明,它胜过有史以来在地球上出现的所有发明创造,其影响波及全人类,而不仅仅是某一个别文化。各种各样的机器第一次发挥出巨大作用;它们不再依赖于人力或畜力,而是强迫机械帝国供其使役。"⑤

卫礼贤笔下的"机器文明",实际上就是西方近代以来由工业革命造成的机器大生产,它是技术革新和科学发明的产物,与古希腊

---

① 〔英〕艾瑞克·霍布斯鲍姆著,贾士蘅译:《帝国的时代》,江苏人民出版社1999年版,第424、433页。

② 〔英〕C. L. 莫瓦特编:《新编剑桥世界近代史——世界力量对比的变化(1898—1945)》,中国社会科学出版社1999年版,第10页。

③ Richard Wilhelm, *Ost und West*, in: Wolfgang Bauer (Hrsg.), *Richard Wilhelm. Botschafter zweier Welten*, Düseldorf / Köln 1973, S. 177.

④ 同上书,第167页。

⑤ 同上书,第189页。

以来西方自然科学研究的传统有着密切联系。卫礼贤从欧洲精神的特征来分析西方现代文化和机器文明的形成,不是没有道理的。

工业革命和机器大生产是人类历史上史无前例的重大变革,它不仅在经济方面,而且也在社会和政治方面产生了重大影响。卫礼贤对此也有比较深刻的认识。他看到,在历史上,畜力的使用曾经促使父权制取代母权制,使男性获得了统治地位。因为用牛耕田需要较大的力气,需要男人来做,妇女因力气小,只能从事家务劳动,这就自然而然地提高了男人的权利和地位。现在机器"造成了男女平等",它极大地节省了力量,妇女和儿童几乎可以同男人一样进行操作。机器还"造成了无产阶级化"[1],大批民众丧失了除自身劳动力以外的所有生产资料,不得不走进工厂,孤立无援地遭受着"企业主的剥削"[2]。其政治后果则是:"不仅家长制的婚姻关系告停,而且英雄式的世袭国家也不复存在。平民大众获得了胜利。"机器文明还有强烈的扩张性,"它必然要向世界各地进行扩张。而且它到达哪里,哪里的本土文化就要消失。正如外来的老鼠赶跑家鼠一样,机器文明对于全人类所有其他生存形式都会发生毁灭性的影响"[3]。"机器文化毁灭所有其他文化,因为它太简易了。"[4]

然而,卫礼贤更清楚地洞察到西方文化所隐含的弊端,他批评"欧洲精神在个人修养和社会组织方面的失灵"[5]。卫礼贤指出:

---

[1] Richard Wilhelm,"Ost und West", in: Wolfgang Bauer (Hrsg.), *Richard Wilhelm. Botschafter zweier Welten*, Düseldorf / Köln 1973, S. 189.
[2] 同上书,第194页。
[3] 同上书,第189页。
[4] 同上书,第190页。
[5] 同上书,第168页。

欧洲社会主要是以一大批专业人员为支柱的,这些人的强项在于不断发展的专门化,而面对所有不属于他们专业范围的领域,他们只能是一帮"原子人和大众人"(Atommenschen und. also Massenmenschen)。他们习惯于从机械和技术的角度来观察人以及人与人之间的交往,习惯于用"强力"手段来调整、处理社会组织事务。"欧洲社会组织的目标是帝国主义。帝国主义即强力政治。当这个目标被一些实力几乎相同的权力集团所追求时,世界大战就必然要发生。"强力政治是"现代欧洲精神固有的特性",因此,"厌恶和仇恨情绪弥漫在这个文化圈的各成员国之间,……兄弟之间的相互敌对可能会使他们完全忘记他们本来同出一家"[1],第一次世界大战的爆发实际是西方文化的必然结果。把欧洲精神的本质概括为帝国主义,这种观点虽然有失偏激,但也入木三分,击中了要害。

在卫礼贤看来,第一次世界大战的爆发标志着西方文化的终结和机器文明的崩溃。即使名望很高的学者和教会领袖,面对战争的到来也束手无策,超民族的科学和宗教组织可悲地突然瘫痪。[2] 承载欧洲文化的精神基础崩溃了,欧洲文化的精神受到致命创伤。"欧洲人丧失了对机器的控制能力,自己成为机器的牺牲品。技术过度提高,人退化到原始的精神状态,互相仇恨,毫无顾忌。"[3]对此,卫礼贤深感不满。

应当看到,早在19世纪末,在西方社会已经出现了一股反对占统治地位世界观和价值观的精神思潮。第一次世界大战的暴力

---

[1] Richard Wilhelm,"Licht aus Osten", in: Wolfgang Bauer(Hrsg.), *Richard Wilhelm. Botschafter zweier Welten*, Düsseldorf / Köln 1973, S. 168.

[2] 同上。

[3] Richard Wilhelm,"Licht aus Osten", in: Wolfgang Bauer(Hrsg.), *Richard Wilhelm. Botschafter zweier Welten*, *Düsseldorf* / Köln 1973, S. 193.

和恐怖,更在知识阶层引起对西方和西方社会制度的批判。有一些知识分子甚至对国际国内存在的矛盾冲突怀有极大恐惧,对文明产生厌倦,他们敌视进步,不再信任人的理性,陷于文化悲观主义和和平主义而不能自拔。卫礼贤对西方文化的反省和批判,在一定程度上是与这股思潮一致的。[①] 但卫礼贤绝不是一位文化悲观主义者和虚无主义者,他并没有完全否定西方文化的价值,相反,他充分肯定了机器文明对于未来人类文化的重要性。卫礼贤指出:西方的科学技术将成为人类的共同财产,"机器技术的胜利进军为每一种未来可能的文化都奠定了一般基础"[②]。卫礼贤也看到,欧洲现代文明的崩溃与先前一些文明的衰落过程——逐渐停滞、僵化和粗糙——不同,欧洲及其文明已达到相当完善精致的程度。像欧洲对世界大战中用于自我残害的破坏机器的天才构思,以前时代是未曾有过的。欧洲文化的精神基础虽然崩溃了,但是它的文化手段仍继续存在,即使今天,欧洲的科学技术仍居世界各国之首。[③] 西方文化还拥有这样的精神力量:它们在人类未来的发展中对其他民族也有重要价值,这就是"个人独立自主的自由性"[④]。因为在未来社会中,束缚个人的自然羁绊将越来越松弛,社会组织越来越有意识、合理化和自由。将来文化灵魂的承担者不再是团体,而是个人。[⑤] 西方文化中的自由主义传统,必将成为

---

① 参见罗梅君《异国情调与现实——17世纪至20世纪中叶德国游记里的中国》,载刘善章、周荃主编《中德关系史译文集》,青岛出版社1992年版,第393—394页。

② Richard Wilhelm,"Ost und West",in: Wolfgang Bauer (Hrsg.),*Richard Wilhelm. Botschafter zweier Welten*,Düsseldorf / Köln 1973,S. 195—196.

③ 同上书,第193页。

④ 同上书,第198页。

⑤ 同上。

全人类的宝贵财富。因此,西方人没有理由自暴自弃,而应当对自身文化的优缺点有全面准确的认识,自觉地扬长避短。他们也应当虚心向其他民族学习,积极寻求纠正西方文化弊端的良策。

(二) 揭示中国人的生活智慧

卫礼贤本是一位基督教传教士,但是在与中国社会和文化的接触过程中,他逐渐转变成为中国文化的崇敬者,并且在中国文化中发现了拯救西方文化的良方。[1]

对于中国文化,卫礼贤主要是从东西方比较的角度来讨论的。他看到,东方文化与西方文化有很大差异,东方人的精神类型与西方人的精神类型截然不同。"东方的精神主要是向内用力,因而十分矜持含蓄,绝不飞扬跋扈,它把人看作最重要的研究对象。但是东方人对人的认识与欧洲人不同,用欧洲的语言来表达就是:他们从细胞的观点出发,而不是从把原子看作最小单位的观点出发。细胞是由有机联系的干预规律而产生反应的,而原子则深受机械的因果关系作用的影响。"[2]"中国文化更多地植根于心灵,而西方文化更多地植根于精神领域。"[3]"在中国人思想中起决定作用的是对变化的认识,西方人则以纯粹的存在为前提。"[4]东方人"牢牢

---

[1] Horst Gründer, *Welteroberung und Christentum. Ein Handbuch zur Geschichte der Neuzeit*, Gütersloh 1992, S. 408—409.

[2] Richard Wilhelm, "Licht aus Osten", in: Wolfgang Bauer (Hrsg.), *Richard Wilhelm. Botschafter zweier Welten*, Düsseldorf / Köln 1973, S. 169.

[3] Richard Wilhelm, "Die Grundlagen der chinesischen Kultur", in: *Sinica*, 2, 1927, S. 165.

[4] Richard Wilhelm, "Gegensatz und Gemeinschaft", in: Wolfgang Bauer (Hrsg.), *Wilhelm, Richard. Botschafter zweier Welten*, Düsseldorf / Köln 1973, S. 93.

把握住了自然所赋予心灵的力量",而西方人则"不断地使生活机械化、合理化"①。

卫礼贤指出:中国古代文化有南方和北方两种形式,这两种形式的文化相互影响、相互交融,最终融为一体,并且历久不衰。北方形式的文化集中于黄河流域,属于大陆性文化,孔子是其主要代表,"两极力量的最后和谐"则是孔子思想的主要内容。孔子把血缘宗族看作社会的基础,认为在宗族内部存在着纯自然的友爱之情,父母和孩子本能地相互爱戴,丈夫与妻子、兄弟姐妹之间也是如此。仁爱绝不是强人所难的必做之事,而是纯粹的、不言而喻的自然本能。人所能为的只是把这些本能加以规整,使它们能够和谐相处,使人的各种感情能够有条不紊地充分发挥。② 正是在血缘宗族自然感情的基础上,孔子阐述了一种"国家的自然文化":对父亲的敬爱、对长兄的服从转变为效忠君主、顺从上司的义务,而君主和上司也有义务像父亲或长兄那样仁慈地对待其臣民和下属。义务成了扩大的爱,国家成了扩大的家庭。但是孔子的眼界更开阔,它没有囿于有限的事物。正如上天无时无刻不保护大地一样,文化最终被集结到人类,其最高理想是让人类生活在和谐状态中。③

中国文化的南方形式主要分布在长江流域,它更多地受海洋的影响,老子是这种文化形式的主要代表。孔子关心人世间的组织,其意识是"君子"意识;老子则试图在一般的自然关系中来理解

---

① Richard Wilhelm,"Ost und West",in:Wolfgang Bauer (Hrsg.),*Richard Wilhelm. Botschafter zweier Welten*,Düsseldorf / Köln 1973,S. 177.
② 同上书,第 180 页。
③ 同上。

人，其意识是"天"的意识。在老子看来，人只是自然的一部分，所有统治自然、强迫自然的行为都是有害的恶行。回归自然是唯一的幸福。①

卫礼贤虽然把中国文化区分为南方形式和北方形式，但并不认为两者是绝对对立的。相反，它们相辅相成，共同影响着中国人的生活态度。"人们可以说，南方神秘主义的自然亲和性同北方理性主义的自然亲和性一起发挥作用，使中国人从未脱离世俗母胎，也使他们在宇宙世界中找到了最终和谐。他们虽然看到了现实世界中许多不如人意的事情，但没有因此而悲观厌世，因为他们清楚地知道，世上万物最终都会达到和谐境地。"②卫礼贤强调说，在中国，个人被牢固地置于宗族、国民和人类重叠的有机组织中。中国社会的秩序恰恰是建立在下列认识基础之上的，即每个人都有其自然的、属于他自己的位置，他的存在由此得到充分认可，任何逾越都是不合法的，也是不合要求的。因此，在中国人的世界观中，狂妄自大的虚傲没有任何地位，因为任何人都不能对别人占据的位置产生争议，要求非分之得并非英雄行为而是犯罪，但是争取其合法地位却是合情合理的。因此，中国人一方面有无条件为其合法地位而奋斗的坚韧性，另一方面又会心满意足，不抱任何异想天开的幻想。在中国没有重大的悲剧性，虽然悲惨之事、可怕之事、由错误导致的恶果经常发生，但是中国人内心从不厌弃世界，因为义务的大小不是建立在不同基础之上，而是构成一个统一的联系。在中国有一系列的义务，人们只要心地善良就能正确行事。中国

---

① Richard Wilhelm, "Ost und West", in: Wolfgang Bauer (Hrsg.), *Richard Wilhelm. Botschafter zweier Welten*, Düsseldorf / Köln 1973, S. 181.
② 同上书，第182页。

人爱生活,更爱义务。如果两者不可兼得,则舍生取义。这种积极的生活态度足以排除所有的悲剧性。中国人也很爱面子,强调名正言顺,外在的与内心的通常都会被调节到和谐状态。

总而言之,中国文化是"一种高度发达的、理性的文化"①,它是"一种植根于自然本能绵延不断地存活于其中的文化,是一种美化自然的文化"②,它展示了一种"追求和谐、遵循宇宙和社会中组织理性的理想"③。它也展示了"一种营养均匀的和谐平衡状态,在此,全体的共同事业承载并支撑着个体家庭,正如个体家庭构成国家权力和财富一样"④。因此,中国人的生活是"比较幸福和满足的,从未因思想单调而萎靡不振",即使那些处于社会最下层的中国人的生活也是如此。⑤

在卫礼贤看来,中国文化恰恰可以弥补西方文化的欠缺。中国人的生活智慧是一剂"良药",是"拯救现代欧洲的有效工具"。⑥中国人对"内心世界、人、生活艺术、组织化"的重视,正好可以纠正西方人思想的片面性,因为除了外在世界、客观事物、技术、制度外,内心世界、人、生活艺术、组织化也非常重要。卫礼贤把这种认

---

① Richard Wilhelm, "Die Grundlagen der chinesischen Kultur", in: *Sinica*, 2, 1927, S. 167.

② Richard Wilhelm, "Die Krisis der chinesischen Kultur", in: *Sinica*, 3, 1928, S. 211.

③ Richard Wilhelm, "Ost und West", in: Wolfgang Bauer (Hrsg.), *Richard Wilhelm. Botschafter zweier Welten*, Düsseldorf / Köln 1973, S. 184.

④ Richard Wilhelm, "Die Grundlagen der chinesischen Kultur", in: *Sinica*, 2, 1927, S. 167.

⑤ Richard Wilhelm, "Ost und West", in: Wolfgang Bauer (Hrsg.), *Richard Wilhelm. Botschafter zweier Welten*, Düsseldorf / Köln 1973, S. 184.

⑥ 同上书,第187—188页。

识称作"来自东方的光辉",欧洲人"亟需其照耀"①。

这种转向东方、自觉吸纳东方文化内容、把东方文化看作西方救星的倾向,在第一次世界大战后的西方知识界绝不是个别现象,它甚至已成为一种"时髦"。不少知识分子因为对西方文明深感绝望,便把眼光转向了遥远的东方和中国,他们渴望一种远离机器、清静无为的生活方式,并且认为具有悠久文化传统和永恒价值的中国正是一个理想的境地。②卫礼贤对中国文化的关注和赞赏同样反映了欧洲人在劫难之余寻找新生活的渴望。然而,与当时一些并不真正了解中国文化的梦想家不同,卫礼贤在中国生活长达25年之久,对中国文化进行过深入研究,因此他的赞美之词不可能是浪漫主义的呓语。实际上卫礼贤并没有盲目地崇拜中国文化,相反,他对中国文化赖以产生和生存的物质基础是有清醒认识的。

任何文化都不是无源之水,无根之木。中国文化也以一定的经济和地理关系为基础,对此,卫礼贤有很好的说明。他指出,中国文化是一种"农业形式的文化",它首先是以广阔的地域为前提的。在这里,只要正确地安排现有生产力,就可以保证人们过上温饱的日子。其次,它也是以社会内部高贵者与低贱者、富人与穷人之间紧张关系的适度为前提的。只有这样,紧张关系才可以通过习俗和等级秩序来加以调解,富人和高贵者能够承担其社会义务,并从家庭关系和谨慎的考虑出发,与其他阶层团结在一起。再次,联结各社会阶层的统一纽带还没有出现断裂,在抵御外来侵犯时,

---

① Richard Wilhelm,"Ost und West",in:Wolfgang Bauer (Hrsg.),*Richard Wilhelm. Botschafter zweier Welten*,Düsseldorf / Köln 1973,S. 175—176.
② 参见罗梅君《异国情调与现实——17世纪至20世纪中叶德国游记里的中国》,载刘善章、周荃主编《中德关系史译文集》,青岛出版社1992年版,第393—394页。

全体国民能够本能地集合于一体。① 应当说,这种认识是比较深刻的,它充分考虑到了中国传统文化的特殊性质和它赖以生存的物质基础。传统的中国文化,的确是小农经济和农业社会的产物和反映。

中国文化源远流长,与西方现代文化相比,它是十分古老和陈旧的。这一点,卫礼贤也十分明白。他多次提到,中国文化与欧洲文化有"旧"与"新"的区别。与西方精神相比,中国精神意味着"一种从历史发展角度来说'较古老的人性类型'"。② 中国文化已经经历了很长的历史发展阶段,在现今世界上属于最古老的文化形态之一。"中国的旧石器时代比世界大部分地区出现得都早,仅此一点就可以说明中国文化的古老性。同样,整个中国文化的主要结构标志,也表明中国文化的开始可追溯到远比现代欧洲文化起源更古老的人类阶段。中国文化的古老还表现在中国历史周而复始的循环发展上。"③对于中国文化古老性的认识,同样说明了卫礼贤的求实精神。

卫礼贤还看到,古老的中国文化在西方先进经济、技术和军事的威逼下,面临着严重危机。他写道:西方的机器文化因为简易,在世界范围内所向披靡,到处破坏着土著居民的文化传统。西方列强同样以武力打开了中国原先紧紧封闭的国门,侵占了中国大片领土,并在其势力范围内完全剥夺了中国人的权利。中国成了

---

① Richard Wilhelm,"Ost und West",in:Wolfgang Bauer (Hrsg.),*Richard Wilhelm. Botschafter zweier Welten*,Düsseldorf / Köln 1973,S. 184—185.
② 同上书,第 187 页。
③ Richard Wilhelm,"Die Grundlagen der chinesischen Kultur",in:*Sinica*,2,1927,S. 165.

西方列强的剥削对象,金钱大量外流,贫困化程度日益加剧。西方商品的大规模倾销剥夺了数以百万计农业手工业者的生路,造成了严重的无产阶级化问题,与之相应,中国的社会道德水准日益下降,中国文化赖以维持的大家庭分崩离析。①"欧洲金钱向前推进,欧洲的军事力量远远优越于中国,中国的顽固排拒越来越无力。欧洲的思想观念像瘟疫一样到处传播,严重侵蚀着中国文化,有的甚至像毒药一样渗透到中国文化的机体内,并且毒性越来越大。"②

尽管如此,卫礼贤对中国人和中国文化仍情有独钟。他断言,中国文化与西方文化具有同等地位和同等价值。中国文化虽然古老,但这绝不意味着它比西方文化低级,因为"在某些方面,老者与年轻者并无高下之分"③。中国文化与西方文化之间不是原始与高级、粗糙与精细、不完善与完善的关系,"对于某些生活问题,大自然会以各种各样的方式加以更好地解决,并且事情往往如此,大自然较早开辟的道路会被后来者加以拓宽和修缮,而不是完全弃之不顾。我们可以发现,在动植物界,许多地质年代极不相同的种类彼此共存,毫无隔阂,而最新的种类并非总是最能适应环境的"④。较老的事物往往是一股力量源泉的汇集,未来者可以直接从中吸取营养。正是在此意义上,西方人需要向中国学习。

---

① Richard Wilhelm,"Politische Entwicklungen in China", in: *Sinica*, 2, 1927, S. 153—164; Richard Wilhelm, "Die Krisis der chinesischen Kultur", in: *Sinica*, 3, 1928, S. 211—229.

② Richard Wilhelm, "Die Krisis der chinesischen Kultur", in: *Sinica*, 3, 1928, S. 224.

③ Richard Wilhelm, "Ost und West", in: Wolfgang Bauer (Hrsg.), *Richard Wilhelm. Botschafter zweier Welten*, Düsseldorf / Köln 1973, S. 187.

④ Richard Wilhelm, "Die Grundlagen der chinesischen Kultur", in: *Sinica*, 2, 1927, S. 165.

卫礼贤还强调,中国人无论在保存其传统还是在接受新事物方面,都具有无与伦比的高超能力。虽然欧洲精神已经深深侵入中国人当中,并且正在极力改造其精神,但它并没有彻底摧毁中国人的顽强生命力。相反,在某些方面,中国人完全能够很好地适应欧洲精神,例如妇女问题在很短时间内就得到了很好的解决。①卫礼贤写道:"欧洲文明的入侵并没有使中国人彻底衰亡,这一点完全不同于我们在别的地方所经历的情形。在那里,欧洲文明在原始的土著居民当中可谓所向披靡。中国人民具有无与伦比的顽强生命力,没有任何迹象表明中国人的大脑容量有限,不能接受欧洲的科学。相反,欧洲的科学很容易被中国人接受,甚至连许多手工业者都能够很快习惯外来的坐标系。数千年来练就的技巧和中国文化的方法,使他们很容易做到这一点。"②

(三)倡建"世界新文化"

同德国大哲学家戈特弗里德·威廉·莱布尼茨(Gottfried wilhelm Leibniz,1646—1716)和大文豪约翰·沃尔夫冈·歌德(Johann Wolfgang Von Goethe,1749—1832)一样,卫礼贤也是一位具有宽宏普世思想的世界主义者。"他天生就注定要超越民族和国家的特殊性而径入人类。"③卫礼贤认为现在时机已到,东西

---

① Richard Wilhelm,"Die Krisis der chinesischen Kultur",in:Sinica,3,1928,S. 225.

② 同上书,第224页。

③ Walter F. Otto,"Richard Wilhelm. Ein Bild seiner Persönlichkeit",in:Sinica,5,1930,S. 54. 也参阅〔德〕W. F. 奥托著,蒋锐译《卫礼贤——人格肖像》,载孙立新、蒋锐主编《东西方之间——中外学者论卫礼贤》,山东大学出版社2004版,第7页。

方必须停止囿于个别地区或国家的门户之见。他坚决主张以人类观念代替民族观念,综合世界各民族的优秀文化遗产,创造新的世界文化。①

在卫礼贤看来,人类过去所创造的文化都是自然的产物,世界各民族在不同的自然环境中以各种各样的方式创造了风格独特的文化。它们同纯粹的自然产物一样,也是自然生成、发展和壮大的,根本不以人的意志为转移。它们也各有利弊,都已不能适应时代的需要,已处于衰朽的状态。"各种各样的旧文化基石都破碎了,它们的废墟残留在这里或那里",并且由于高山大川、戈壁沙漠等地理因素的限制,这些文化之间相互交往很少,主要是独立成长发展的,只有东方和西方后来的一些支流偶尔发生一点接触。但是,旧文化的衰落绝不意味着彻底毁灭,而是预示着新文化的诞生。"这些文化在过去若干时代相继解体,它们经历了孩童阶段、成熟时期、耄耋之年,最终在临死之前把其遗产留给了新成长起来的文化胚胎","这种新文化,即所谓的二级文化,不再是自然的生成,而是文化的创造,是建立在至今为止所有文化成就上的高级建筑。"②在当今世界,文化的地缘性已越来越淡薄,交通工具的改进已为人类指出了相互联系的新途径,旧式的自然文化"在铁路、轮船和飞机的影响范围内已经很难形成了。我们顶多只能满足于过去文化所遗留下来的遗产,并面临技术任务,把这些遗产加以组

---

① Horst Gründer, *Christliche Mission und deutscher Imperialismus. Eine politische Geschichte ihrer Beziehungen während der deutschen Kolonialzeit*（1884—1914）*unter besonderer Berücksichtigung Afrikas und Chinas*, Paderborn 1982, S. 409—410.

② Richard Wilhelm, "Ost und West", in: Wolfgang Bauer (Hrsg.), *Richard Wilhelm. Botschafter zweier Welten*, Düsseldorf / Köln 1973, S. 196.

织,使之适合于我们人类的新需要"①。新的时代、新的人类,需要新的文化。而新文化必须超越地域限制,必须在综合各民族优秀文化遗产的基础上产生。人类今天面临的迫切任务,正是创造一种新的世界文化。

卫礼贤深信,中国精神对于人类的继续发展有无比重要的意义。"如果我们扪心自问,中国以其丰富的历史遗产可向我们提供什么东西的话,那么我们就不会否定这样的见解,即中国自古至今的绵延不绝,对于人类继续发展恰恰具有命定的意义。"②因此,欧洲必须承认其他有才智的民族为世界民族社会中完全平等的成员,必须放弃它迄今在实践中一贯实行的独裁统治。③ 它必须向东方学习,虚心接受中国文化中对西方有益的东西,特别是对于西方人蔚为重要的中国人独特的精神气质和生活智慧。

欧洲人必须学会像中国人那样过孩子般的生活。"古代中国的生活智慧拥有孩子般的单纯力量。中华民族虽然十分古老,但她绝不带任何年迈的气象,而是像孩子一样和善无害地生活着。这种和善完全不同于无知或原始,它是深晓事物大义的人才能具有的特性。从这种和善中,生命之泉会不断流出汩汩新水。因此,一个中国人会全然不计他曾做过什么,他对外界作出了何种贡献,他只关心自己作为一种存在到底是什么。这种存在不是毫无生气的暂时存在,而是一种力量强大的、具体的现实,它能发生影响,并且影响巨大,因为它不考虑自己,只表达一些理所当然的、无意识

---

① Richard Wilhelm,"Die Krisis der chinesischen Kultur", in: *Sinica*, 3, 1928, S. 227.

② Richard Wilhelm, "Ost und West", in: Wolfgang Bauer (Hrsg.), *Richard Wilhelm. Botschafter zweier Welten*, Düsseldorf / Köln 1973, S. 187.

③ 同上书,第 195 页。

的东西。这就给予人们莫大的安宁和自制。中国人的眼光并不停留在自己带有偶然性的小我上,而是深入人类的根底。他们听天由命地生活着,并因此而成为自主者,不为表面的波涌而动摇。有一句中国谚语说得好:'大事化小,小事化了'。对于领袖们来说还要具备耐心,不要仓促行事,只追求表面上的成功。他们善于对刚刚萌生的事物施加影响,能够长时间施展塑造的魔力。"[1]卫礼贤认为这就是西方人所需要的、而古老的中国又能够给予的东西。简言之,在中国人的生活智慧方面,西方人必须甘当小学生。

自鸦片战争以来,面对西方列强的坚船利炮,中国不少有识之士提出了"师夷之长技以制夷"的主张。在这种主张影响下,中国出现了"洋务运动"、"戊戌变法"等改革运动,力图通过学习西方某些先进的科学技术,达到富国强兵的目的。到19世纪末、20世纪初,一批激进的青年学生和年轻知识分子更提出了彻底打倒孔家店的口号,掀起了轰轰烈烈的新文化运动。但是,在向西方学习的过程中,有一些中国人也滋长了崇洋媚外的不良习气。他们对所有旧的、中国的东西都嗤之以鼻,无论在衣着打扮上还是在世界观上,均以西方为准则。他们完全抛弃了中国哲学的基本思想,穿起欧洲的衣服,奉行美国的实用主义和功利主义,甚至提出了"全盘西化"的主张。

对于这种完全否定本国文化传统、盲目崇拜西方的倾向,卫礼贤深感担忧。他深刻揭露了西方列强对中国一贯的统治野心。"当中国被内部的讧争搞得破败不堪时,当它成为所谓人类发展的牺牲品时,当这个牺牲品在人类意义重大的决定中被揭露出来时,

---

[1] Richard Wilhelm, "Ost und West", in: Wolfgang Bauer (Hrsg.), *Richard Wilhelm. Botschafter zweier Welten*, Düsseldorf / Köln 1973, S. 187—188.

欧洲就来到它的面前，用大炮向它射击。欧洲人根本不想让它有所发展，他们要中国在已陷入的危机中无力自拔，自行灭亡。他们要压制它，使它成为一个可供使用的工具，成为将来数世纪的剥削对象。"[1] 卫礼贤提醒中国人认清西方列强的侵略本质，对西方文化不要盲目崇拜。他诚恳地告诫说，欧洲列强绝不愿把中国作为完全平等的成员而吸收到西方文化共同体中，虽然有不少欧洲文化的热情赞美者作为欧洲文化的先导和代言人在中国从事活动，但是老的欧洲国家并不愿意把新中国当作完全平等的一员接收到西方文化共同体之中。他们花言巧语，到处许愿，实际上却把中国当作与黑人国家并无二致的国家来对待；因为欧洲的文化心理结构决定了他们必定要这样做，他们竭尽全力、用各种手段在非欧洲国家激起对欧洲文化的需求，但其目的只是为了获得一个较好的销售市场。原因在于，一方面，欧洲按照帝国主义的强力原则把其统治强加到世界各地；另一方面，出于该文化圈的原始本能，欧洲人把所有非欧洲人都看作是野蛮人。[2] 中国人必须在其古老的传统精神中寻求解决办法。卫礼贤也欣喜地看到，不少中国知识精英越来越对欧洲个人得救的福音产生了怀疑，他们开始实事求是地研究和审查自己的和外来的好的、有用的东西，努力为建立一种新的文化综合而奋斗。[3]

"中国人不必像欧洲那样经历工业资本主义的所有阶段，因为

---

[1] Richard Wilhelm, "Politische Entwicklungen in China", in: *Sinica*, 2, 1927, S. 163.

[2] Richard Wilhelm, "Ost und West", in: Wolfgang Bauer (Hrsg.), *Richard Wilhelm. Botschafter zweier Welten*, Düsseldorf / Köln 1973, S. 191.

[3] 同上书，第195页。

后者曾在欧洲造成了太多的苦难。而现今的形势是十分有利的。自从布尔什维克的俄国诞生以来,像在欧洲19世纪出现过的无产阶级悲惨的非人化处境,在道德上便不再可能了。在欧洲,机器的出现是毫无预兆的,工人们不可避免地遭受工厂主残酷的剥削。与之不同,中国的工人已经有了较强的防卫能力,中国还从过去时代继承了高超的组织能力。城市里的商人和手工业行会仍然充满生机,这些组织也是建立在家族团结基础上的乡村自治组织的成果,它们构成了工人阶级工会组织的胚胎。此外,中国工人并不是孤立无援地在苦难中挣扎,他们在大学生那里找到了领导、支持和道德援助,大学生与正在进行战斗的无产阶级团结起来的思想非常强烈,大学生与无产阶级肩并肩进行斗争。"[1]因此,中国未来的发展一定会是非常美好的。

卫礼贤满怀信心地指出,未来的人类完全能够缔造一种新文化,一种不受时间空间条件限制、综合所有文化遗产特别是东西方文化遗产而形成的世界文化。"过去的遗产必须作为文化的基础来利用。这些遗产现在已不能再自然而然和纯粹偶然地进入未来的人的精神,人们必须通过新式教育有意识地把它们灌输到新一代人的头脑里,它会成为一种新的自我塑造传统。在植物种植和动物饲养中人们已经获知:新的物种是完全可以被创造出来的,这些物种因为符合人的意志,所以会比自然的物种更富有生命力。人们可以像对待别的自然物一样来与它们打交道。在植物界、动物界可能的事情,在人类世界同样会是可能的。实际上,人们也总

---

[1] Richard Wilhelm, "Ost und West", in: Wolfgang Bauer (Hrsg.), *Richard Wilhelm. Botschafter zweier Welten*, Düsseldorf / Köln 1973, S. 194—195.

是以这样的方法来传播文化的。"①而要摆脱时间和空间上的限制,必须要有两种东西:首先是深入到自己的下意识,根据神秘主义的统一观和直觉本能来认识人的存在,开辟新的生路。这是东方好的方面;另一方面,它需要进一步加强个人的独立自主,直到获得力量能够抵御外部世界的所有压力。这是西方好的方面。"在这块土地上,东方和西方作为互不可缺的姐妹团聚在一起。"②

从上面的论述中可以看出,卫礼贤对于东西方文化交流的确具有明确的自觉意识和指导思想。无论对西方文化还是对东方文化,他都进行过认真研究和深入思考。尽管他对东西方文化的论述不一定完全正确,但他热爱中国的深情和克服欧洲中心主义的意图是难能可贵的。他提醒我们绝不能盲目崇拜西方文化,更不应当对我们本民族的传统文化持完全否定的态度。在我们奋起直追、快马加鞭地进行现代化建设的时候,我们固然应当加大开放力度,虚心学习西方先进的科学技术和管理经验,但是我们也要警惕西方文化中的机械主义危害,不能重蹈帝国主义的覆辙。我们必须认真思考中国先哲关于自然和谐的宝贵思想,自觉继承中国古代生活智慧的合理因素,为消弭霸权和战争的危险贡献力量。

---

① Richard Wilhelm,"Die Krisis der chinesischen Kultur", in: *Sinica*, 3, 1928, S. 228—229.

② Richard Wilhelm, "Ost und West", in: Wolfgang Bauer (Hrsg.), *Richard Wilhelm. Botschafter zweier Welten*, Düsseldorf / Köln 1973, S. 198.

七、以传教作为文化交流的媒介

卫礼贤原本是一个基督教新教(福音教)传教士,1899年被德国传教差会"同善会"派遣到中国,并在中国工作、生活长达20多年。但在中国,卫礼贤"并没有为任何一个中国人举行洗礼"①,相反,他在办学、行医、翻译中国典籍、评介中国文化和向中国引进德国文化方面成绩显著,最终成为赫赫有名的"汉学家"。尽管如此,卫礼贤并没有放弃传教使命,他只是反对现存的教会和传教的实践,采取了一种新的传教方法,力图把传教活动与文化交流有机地结合起来,为创造一种世界文化而奋斗。

(一)一种全新的传教方法

卫礼贤信仰上帝和耶稣,大学期间又专修神学,毕业后担任过代理牧师和牧师。② 为了能够外出"到遥远的地方去宣讲耶稣的福音"③,他在1899年加入同善会,如愿以偿地受派到达了刚刚沦

---

① 张君劢著,蒋锐译:《卫礼贤——世界公民》,载孙立新、蒋锐主编《东西方之间——中外学者论卫礼贤》,山东大学出版社2004年版,第27页。

② 关于卫礼贤的生平事迹,可参见〔德〕吴素乐著,蒋锐译《卫礼贤(1873—1930)传略》,载孙立新、蒋锐主编《东西方之间——中外学者论卫礼贤》,山东大学出版社2004年版,第30—53页。

③ 〔德〕阿尔布莱希特·埃舍著,孙立新译:《卫礼贤与巴特·鲍尔》,载孙立新、蒋锐主编《东西方之间——中外学者论卫礼贤》,山东大学出版社2004年版,第63页。

为德意志帝国"新殖民地"的青岛,成为一位基督教新教中国传教士。

然而,在到达中国之后不久,卫礼贤就确立了一种全新的传教方法。这一方法用他本人的话来说就是:"约束自己按照基督教的基本原则过简单的生活,通过学校和医院来产生影响,与普通人共同生活并从精神上接近他们……"①此语包含三层意思:

第一层意思是"约束自己按照基督教的基本原则过简单的生活"。对于这一句话,我们不能仅仅按照字面意思理解为衣食的简朴,它实际表明了一种平和的工作作风。在青岛,卫礼贤及其家人居住在安逸的、完全欧洲化的环境中,雇有厨师、保姆和家庭教师,这种生活根本不能说是"简单的",与广大中国民众的生活水准相比甚至近乎奢侈。但与那些"对另一个民族和思想怀有不近人情的误解"②、在中国耀武扬威、横行霸道的欧洲人完全不同,卫礼贤对中国民众怀有深切同情,时刻关心他们的处境和遭遇,尽力为他们提供帮助。他尤其不能容忍传教士强迫中国人受洗入教,欲使中国"迅速地福音化"的狂热劲头,坚决主张平静地、循序渐进地开展工作。③

第二层意思是"通过学校和医院来产生影响"。办学、办医院本来是传教士常用的传教手段,属于间接传教的方法。办学的主

---

① Richard Wilhelm, *Die Seele Chinas*, Berlin 1926, S. 32.——此书有王宇洁、罗敏、朱晋平等翻译出版的中文本,书名为《中国心灵》,1998年由国际文化出版公司出版。可能因为此中文本系根据原著英文本转译的,个别地方与德文本有出入。本人在引用时参阅德文和中文两个版本,凡遇与德文本有较大不同的地方,都以德文本为主,并另加翻译。其余引文则直接采自王宇洁等的中译本。

② 〔德〕W. F. 奥托著,蒋锐译:《卫礼贤——人格肖像》,载孙立新、蒋锐主编《东西方之间——中外学者论卫礼贤》,山东大学出版社2004年版,第6页。

③ Karl Rennstich, *Die zwei Symbole des Kreuzes. Handel und Mission in China und Südostasien*, Stuttgart 1988, S. 218.

要目的是为了向中国基督教社团的下一代施加宗教影响,培养基督教青年担任传教工作的助手。因此,在传教学校中宗教教育一般占有重要地位。同样,医疗传教也是"一种有效的劝人皈依基督教的工具"①,它不仅可以消除中国人"根深蒂固的狂妄自大",充分展示西方文明的优越性,而且也可以赢得中国人对西方人的信任和好感,接受和皈依基督教。②

卫礼贤办学虽然也是为了传教,但他同时又在学校工作中看到了西方真正的"社会"任务,即基督教文化民族对非基督教民众的"思想教育"职责。他还在学校工作中看到了德中文化双向交流的最佳可能性。③ 此外,卫礼贤还以办学赢得中国人的信任为要务,希望通过中国官方的认可,使其学生能够参加国家考试,进入上流社会,自上而下地产生影响。因此他在办学过程中,坚持中西并重,既实行西式教育,又不放弃中国的教育,既要让学生掌握西方的历史文化和科学技术,又不使他们远离本民族的文化。他也摈弃任何强迫性宗教教育,不开设宗教课,不举行基督教宗教节日庆典。晨祷时,《圣经》章节与中国经籍文本的宣讲交替进行。星期天作礼拜,参加与否完全自愿。④

---

① Horst Gründer, *Christliche Mission und deutscher Imperialismus. Eine politische Geschichte ihrer Beziehungen während der deutschen Kolonialzeit* (1884—1914) *unter besonderer Berücksichtigung Afrikas und Chinas*, Paderborn 1982, S. 352.

② Schultze, "Die ärztliche Mission in China", in: *Evangelisches Missionsmagazin*, 28, 1884, S. 29.

③ 〔德〕豪斯特·格林德著,孙立新译:《卫礼贤——德国的自由派帝国主义者和中国的朋友》,载孙立新、蒋锐主编《东西方之间——中外学者论卫礼贤》,山东大学出版社 2004 年版,第 90 页。

④ Lydia Gerber, "Richard Wilhelms Missionsarbeit im deutschen Pachtgebiet Kiautschou", in: Klaus Hirsch (Hrsg.), *Richard Wilhelm. Botschafter zweier Welten*, Frankfurt am Main / London 2003, S. 167—199.

第三层意思是"与普通人共同生活并从精神上接近他们"。卫礼贤虽然身为基督教传教士,担负着指导人们的灵性生活的重任,但他绝不自以为高人一等,更不颐指气使地凌驾于中国人之上,指手画脚。相反,他尽力淡化自己所担负的"神职",以礼待人,谦卑恭顺。当他闻讯德国殖民当局派遣军队镇压高密农民反对铁路铺设的行动后,迅速奔赴事发现场进行调解,竭力阻止新的流血冲突。他还设立救护所,救治受伤者,安抚无辜难民。卫礼贤尤其积极结交中国政府官员,与熟读儒家经典的旧文人过从甚密。他聘任平度籍举人邢克昌等担任礼贤中学的教员,讲授中国古典文化。他也拜他们为师,并在他们的指导下刻苦学习和研究中国古典作品。在青岛的时候,卫礼贤还多次到崂山道观与道士们谈经论道,也与康有为建立了不浅的交情。1911年辛亥革命爆发之后,许多逊清王公贵族、高官大臣迁居青岛,寻求德国殖民统治当局的庇护。卫礼贤看到这些前清遗老中有不少是出身翰苑的饱学之士,马上便与他们建立了密切联系,并与他们一起创办了"尊孔文社"和"藏书楼"。在北京,他也积极参与北京大学研究所国学门的活动,参加了柯劭忞、罗振玉、王国维等人创办的"东方学社",与著名新儒家张君劢一起编纂德汉词典。新文化运动兴起后,卫礼贤又与蔡元培、胡适和梁漱溟等人建立和保持着密切联系。正是通过与中国知识界和文化界的接触,卫礼贤对中国人的精神生活有了比较深入的了解,也对基督教传教的意义和作用产生了新的认识。

由此可见,卫礼贤的传教方法是十分独特的,它在很大程度上背离了传教士的一般工作。洗礼和建立宗教社团的活动完全被放弃了。与之相反,教学和研究工作被赋予了中心意义。那么,此类传教活动的最终目标是什么?对于这个问题,卫礼贤只是笼统地说:"至于由此将产生什么样的结果,我听凭圣灵的创造。"①联系他的其他话语,我们可以发现他实际上把其工作的重点放到促进东西方文化交流和创立一种综合性的世界文化上了。他要以此为人类的统一奠定基础,为上帝的统治开辟道路。

卫礼贤写道:"过去,东方和西方没有建立联系,各民族各自走自己的路,创造了独特的文明、习俗和组织机构,彼此很不一致。因为缺乏了解,些许传闻只能使人深感惊奇。现在,时代变了。铁路和蒸汽船导致了前所未闻的交往,而这种交往还在不断发展,它也以不容抗拒的必要性把各民族联系在一起了。这肯定是上帝的旨意,我们必须对此加以特别关注。上帝不仅希望在各民族之间开展贸易往来,而且也希望使人们越来越多地知道,我们人类在上帝面前均为兄弟姐妹,在上帝面前不存在中国人和欧洲人的区别。因此,各民族的任务是,尽力谋求相互理解和尊重,把各自所拥有的珍贵的精神财富悉数拿出进行交流。"②

卫礼贤相信,传教对于文化交流和文化融合具有无比重要的意义。在他看来,"传教使命同中世纪的圣战一样,在现代有着重要的意义。"它将不可避免地导致东方和西方的思想交换。而在现代传教中的这一交换"或许是世界历史所提供的最大和最重要的一次,它不仅是两个相距极其遥远的文化区域的综合,而且也是两个人类时代的综合"③。它必将为东方和西方带来巨大转变,必将

---

① Richard Wilhelm, *Die Seele Chinas*, Berlin 1926, S. 32.
② Richard Wilhelm, "Eröffnungsrede bei der Feier der Eröffnung der chinesischen Tagesschule in Tapautau", in: *Zeitschrift für Missionskunde und Religionswissenschaft*, 16, 1901, S. 279.
③ Richard Wilhelm, *Die Seele Chinas*, Berlin 1926, S. 230.

克服它们的对立,也必将实现其相互补充形成一种新的全人类共有共享的文化,建立一个新的大同世界。由此可见,卫礼贤"所追求的目标十分远大,那就是要实现所有世界性大宗教的最深层要求,即人性与正义,和平与各民族人民的友好"。[①]

(二) 重新认识基督教教义,坚决反对宗教狂热

卫礼贤对于传教方法的革新首先是与克里斯托夫·布卢姆哈特(Christoph Blumhardt,1842—1919)的精神指导有密切关系。

布卢姆哈特原为德国南部小镇巴特·鲍尔(Bad Ball)的基督教新教牧师,他在其父亲去世后承担了管理当地一所疗养院并对疗养者进行精神指导的职责。但是后来布卢姆哈特发展成为一位著名的"宗教社会主义者",加入德国社会民主党并当选为符腾堡邦议会议员。布卢姆哈特对于未来充满信心,坚信会有一个更好的世界到来,认为《圣经》所承诺的拯救史已经隐含在世界历史之中了,现实世界的所有事变都是朝着它演进的。布卢姆哈特还认为,耶稣基督自古以来始终都是无特权者和无产者的救主,他特别眷顾穷人,祝福他们死后升天,这充分体现了上帝对世界的爱——不只爱个别人或只爱那些公开标榜的基督徒。他反对当时已成为资产阶级的工具,已经忘记了广大民众需求的基督教会,反对德意志帝国政府镇压工人的政策。他看到一股活跃的社会力量正在发

[①] 〔德〕阿尔布莱希特·埃舍著,孙立新译:《卫礼贤与巴特·鲍尔》,载孙立新、蒋锐主编《东西方之间——中外学者论卫礼贤》,山东大学出版社 2004 年版,第 64—65 页。

挥作用,这股力量清楚地意识到诸如正义、人类之爱、自由等上帝的意图,并试图在政治上加以推行,那就是:社会民主。因此,他在1899年毅然放弃牧师头衔,宣布加入了德国社会民主党,并代表该党进入符腾堡州议会。

布卢姆哈特视野开阔,他是站在全世界和全人类的高度上信仰上帝、思考人生并身体力行的。他自认为是耶稣的门徒和继承者,把社会民主党看作上帝推进拯救史的工具!他发展了一套革命性的新神学:"上帝信任所有人",或者说:"每个人都是被上帝所信任的。"人们根本不需要归附上帝,成为基督教徒,因为上帝早就降临在他身上了,对他有无限的信任。上帝的爱无所不包,爱是通向世界的钥匙。世界各民族都是平等的,异教徒也可以直接进入天国。"异教徒没有转变成为基督教徒也可以进入上帝之国。他们是为基督而来的,不是为基督教徒及其不吉利的教会而来的。人子(Menschensohn)的原则、人性的原则、社会的义务、通过和平和机构处理政治事务的行为已经开始启动,在异教徒当中也是如此,这是基督精神传遍全球的第一步。不是基督教徒,不是伊斯兰教徒或佛教徒,而是真正的人将成为未来宗教的表现。无论人怎么想,怎么做,都不能阻止各国人民向着追求统一、争取实现更高级目标的人性的大踏步前进,在这里弱者和有缺陷的人将得到体谅和帮助,以便促进其发展。"① 这一新神学完全颠倒了流行的皈依要求和大部分教会教义学说。对卫礼贤也产生了巨大影响。

1897年,卫礼贤以代理牧师的身份来到巴特·鲍尔。他很快

---

① Karl Rennstich, *Die zwei Symbole des Kreuzes. Handel und Mission in China und Südostasien*, Stuttgart 1988, S. 217.

就与布卢姆哈特一家建立了亲密关系,视布卢姆哈特为精神导师,并娶其女儿萨美懿(Salome Wilhelm)为妻。布卢姆哈特则把卫礼贤看作自己的传教士,通过各种各样的方式指导他在中国的活动。布卢姆哈特不赞成中国的欧洲化和基督教化,主张"在那个民族中,用他们自己的语言和习俗,把反映在基督身上的上帝的本质自然、真实地表现出来,以至于我们欧洲人也可以从中学到不少东西,为一种鲜活的本质而受到激励"[1]。中国人"根本不需要成为什么基督徒,我们根本没有理由让这个名称出现在异国他乡。谁遵从上帝的意愿,按照上帝的旨意做事,谁就是天国的孩子,不管他出身于孔子还是出身于教父。基督作为真理和生活的实践者站在所有待发展的事物之上"[2]。这些思想和观点均为卫礼贤所接受,融合到他本人的神学思想之中。

而当卫礼贤到达中国后,他很快就发现原先的传教实践存在着许多问题。首先传教士不厌其烦地宣讲了大量教条,但是没有受过教育的中国教徒对这些教条根本无法理解。传教士还极力从儒家学说中挑毛病,像对其他宗教一样对它进行百般诋毁,这就极大地伤害了中国人的宗教情感和伦理原则,就连比较开明的社会上层人士也不能容忍。更为严重的是传教士利用物质诱惑吸引教徒,依靠"炮舰外交"的支持干预词讼,致使一些不法分子浑水摸鱼,横行乡里,敲诈勒索非基督教民众。"这种行为非但没有给中

---

[1] 〔德〕阿尔布莱希特·埃舍著,孙立新译:《卫礼贤与巴特·鲍尔》,载孙立新、蒋锐主编《东西方之间——中外学者论卫礼贤》,山东大学出版社2004年版,第63—64页。

[2] 布卢姆哈特致卫礼贤,1901年1月21日,转引自〔德〕阿尔布莱希特·埃舍著,孙立新译《卫礼贤与巴特·鲍尔》,载孙立新、蒋锐主编《东西方之间——中外学者论卫礼贤》,山东大学出版社2004年版,第64页。

国人和教会带来和平,反而造成了恶性循环,教会为了袒护他的教民不断向官府施加压力,用炮舰或其他外交手段相威胁,中国官府只得让步并为讨好教会而镇压百姓,最后积重难返,人民忍无可忍只好造反。他们焚烧教堂,经常不断地杀死传教士,后来外国力量只得出面干涉,派遣炮舰执行处罚,例如占领青岛便是一例——所有的事又都重新开始。"①

当然,无论在什么时候,也不管在什么国家,都有一些传教士心地善良、态度虔敬、作风正派。对于先他而来中国的德国传教士花之安、黎力基,英国传教士仲均安(Alfred George Jones)、库守龄(S. Couling)和李提摩太(Timothy Richard)等人,卫礼贤还是十分尊重的。他也看到美国传教士丁韪良(William Martin)对中国人祖先崇拜思想表示了一定程度的理解,并不得不为此忍受其正统派同事的严厉谴责。此外,狄考文(C. W. Mateer)和柏尔根(Bergen)在山东的传教工作也富有成效。卫礼贤特别称赞美国、英国和瑞典各种大学传教团的活动。它们以自由和充分理解的精神为基督教教育工作作出了贡献。②

同样,中国教徒也不都是些低级、怪异的人,不都是怀着不可告人的目的加入教会的。相反,有相当一部分好教徒,他们"出自虔诚的信仰,并想以传教为生,将终生奉献给这一事业"。许多出国留学的年轻人不仅学到了西方的文化,而且接受了基督教信仰。许多教会组织在当今中国的社会生活中发挥着重大作用。孙中山、冯玉祥以及其他一些革命领袖都皈依了教会。卫礼贤十分欣

---

① 〔德〕卫礼贤著,王宇洁、罗敏、朱晋平译:《中国心灵》,国际文化出版公司 1998 年版,第 181—182 页。
② Richard Wilhelm, *Die Seele Chinas*, Berlin 1926, S. 225.

慰地看到在中国也形成了不少本土基督教教会。它们越来越多地摆脱了传教士错误的影响,积极寻求经济上和政治上独立自主,密切联系本国同胞。中国的教会现在不再是一个与大多数中国人格格不入和对立的团体了,相反,它积极地和富有创造性地参与了民众的普通生活。基督教徒也彼此联系了起来。人们以共同性为重,相互容忍特殊的东西;某些在欧洲作为历史负担而遗留下来的分裂因素在这里消失了,人们走向了一个勇敢地超越传教士之间的不同的统一的中国教会。就是在新教徒与天主教徒之间,基督教信仰共同性的情感也克服了分裂因素。①

但是这些传教成果仍不能彻底改变传统传教方法所引起的诸多矛盾,不能从根本上消弭东西方之间的紧张关系,因为其神学基础依然是狭隘的西方中心论的。而为了使福音在中国得以全面展现,必须寻找到一种产生于中国人心灵的表达,要使对福音的宣讲接近于中国教育的精神,要树立"一种去教条化的、中国化的基督教"。

卫礼贤认为在中国"根本就没有什么异教徒;因为所谓异教徒,只是指那种被认为是另类的人,据此,人们不是使他皈依就是罚他下地狱"。欧洲人并不优越于中国人,基督教徒也不优越于"异教徒"。在上帝面前,人人都是平等的。现实中的人——不论欧洲人还是中国人,也不论基督徒还是"异教徒"——均为上帝的子民。"与受到再三强调的种族对立观点不同,我认为十分珍贵的是,人们只要稍有一点善意就会到处发现人的存在,共同的人的纽带比把人分隔开来的东西更重要。"②卫礼贤坚决反对"反异端"宗

---

① Richard Wilhelm, *Die Seele Chinas*, Berlin 1926, S. 226.
② "Bericht von R. Wilhelm über 1. Juli 1. November 1899", in: *Zeitschrift fuer Missionskunde und Religionswissenschaft*, 15, 1900, S. 29—31.

教体制的粗暴行为,主张:"在中国的传教士不能再从一种优越的立场观点出发,自认为属于一个文化民族而面对的是一种较低层次的文化,他们必须采取一种人对人的态度。"① 在卫礼贤看来,"所有的民族都是友好的、忠实的、善良的,要以人道的方式对待他们,不要老想着从他那儿为自己获取什么,不管是金钱还是劳动,或者,更痛苦的,为了永久地奴役而企图改变他们,或诱使他们加入异己的制度。"②

卫礼贤坚信:"世界历史的发展进程把握在一双强有力的手中,所有发生的事件(包括破坏性的和毁灭性的事件)都有助于使我们的主耶稣基督成为人类的统治者。在源于他那里的生活力量当中,我们看到了中国民众的唯一希望。"③"基督不仅仅是一个宗教的领袖和创始者。他还是人性的神圣代表,他作为人类的领袖,代表了统一的整个人类。这一人性具有非凡的意义,在中国肯定会像在欧洲一样,成为现实。"④ 基督教同样会成为中国未来的宗教,只是"不会以现在存在的教会这种形式,这些教会都是在极为特殊的环境中建立起来的。并不是每一个教会都拥有基督教的全部真理。它们只是必需的框架,临时的建构,不经历很多的困难和繁琐,它们很难从一个地方移植到另外一个地区。"⑤ 对于中国人

---

① 〔德〕豪斯特·格林德著,孙立新译:《卫礼贤——德国的自由派帝国主义者和中国的朋友》,载孙立新、蒋锐主编《东西方之间——中外学者论卫礼贤》,山东大学出版社 2004 年版,第 93 页。

② 〔德〕卫礼贤著,王宇洁、罗敏、朱晋平译:《中国心灵》,国际文化出版公司 1998 年版,第 11 页。

③ Karl Rennstich, *Die zwei Symbole des Kreuzes. Handel und Mission in China und Südostasien*, Stuttgart 1988, S. 218.

④ 〔德〕卫礼贤著,王宇洁、罗敏、朱晋平译:《中国心灵》,国际文化出版公司 1998 年版,第 143 页。

⑤ 同上。

来说，洗礼是不合适的，因为用水举行洗礼的做法原本起源于日耳曼人的风俗，不是为"富有智慧的人"(Geistesmenschen)设立的，如果硬要为后者举行洗礼则应当用"圣灵和火"。① 对于中国这样一个"新传教区域"也不应当采用"非洲的方法"，就是说建立以传教士为中心的家长制基督教共同体的方法，而是应当采用耶稣召集门徒的方法，建立一个本土化的但又具有强烈普世性的"基督见证人共同体"(Gemeinde wirklicher Erkenner)。②

由此可见，卫礼贤并没有放弃基督教信仰，只是其神学观念比传统教条要开放得多。他相信对于在中国的传教工作来说，"最重要的基本原则之一就是必须对他人抱以极大的信任，借此，他们当中的好东西便可以显露出来并被用来服务上帝。"③那么，卫礼贤又是怎样看待中国文化的呢？

（三）综合东西方文化，建立大同世界

与大多数传教士不同，卫礼贤对中国文化深怀敬意，他不仅通过艰苦卓绝的深入研究洞悉了其中的许多奥妙，而且还发现了足以弥补西方文化缺陷的灵丹妙药提出了在综合东西方文化的基础上创立一种世界文化的宏大主张。

19世纪时，基督教传教士普遍把中国看作是一个贫穷、落后、

---

① Lydia Gerber,"Richard Wilhelms Missionsarbeit im deutschen Pachtgebiet Kiautschou", in: Klaus Hirsch（Hrsg.）,*Richard Wilhelm. Botschafter zweier Welten*, Frankfurt am Main / London 2003, S. 176—177.

② 同上书，第177页。

③ "Bericht von R. Wilhelm über 1900", in: *Zeitschrift fuer Missionskunde und Religionswissenschaft*, 16, 1901, S. 90.

停滞的"异教大国",认为中国政治腐朽、法律崩溃、道德沦丧,中国里里外外都衰败不堪,严重缺乏责任感,自私自利、贪污受贿、残忍、迷信、崇拜偶像等等恶习泛滥成灾。中国文化已经不能继续发展了。它已经衰老不堪,失去了活力,不能适应现代生活严肃的、奋发向前的发展要求。只有"强盛的、充满活力的"西方国家才能给中国输入"新鲜血液和新生活",使它从数百年冬眠中醒来。西方文化是预告天亮的黎明晨光,只有它才能推动中国向前发展。而西方文化的基础是基督教,基督教精神构成了西方文化的精髓,只有基督教才能救中国。因此,中国迫切需要基督教。

传教士也坚决反对中国传统的信仰、习俗、礼仪和权威,要求用西方文化取代中国的传统文化,主张维护殖民体系,赞同殖民列强所实行的武力政策及其对中国人民反抗斗争的严厉镇压。虽然不能不承认中国人民拥有勤劳、好客、主持正义等优秀品质、拥有较高的智力水平和较强的集体精神——因为"上帝之光偶尔也会照射到异教徒当中,中国的情况比其他异教国家或原始部落要好些",但是他们从未把中国人看作是与西方人地位平等的。中国人只是比"原始的"、"未开化"的野蛮民族和其他"异教"民族好一些,与西方人相比仍是"低级的"、"劣等的"。在这种观念背后隐伏着强烈的种族歧视态度和基督教—西方文化优越论思想。正是基于对中国文化的蔑视和对基督教—西方文化的"优越"性的坚信,传教士们极力要把全世界都纳入西方文化体系,使之"基督教化"和"文明化"。①

卫礼贤对中国的看法与之大不相同。他反对欧洲人对祖先崇

---

① 关于19世纪德国新教传教士对中国的认识可参见 Sun Lixin, *Das Chinabild der deutschen protestantischen Missionre des 19. Jahrhunrts. Eine Fallstudie zum Problem interkultureller Begegnung und Wahrnehmung*, Marburg 2002.

拜的夸大其词①，也不认为中国官员像欧洲人所说得那么腐败，把溺婴称作中国民间的一种风俗的说法只不过是那些以偏概全的传教士荒谬的杜撰，所谓"黄祸"只是欧洲人心中的空洞的幻影。②卫礼贤特别反对那种声称中国人很残忍的观点，因为"不能说所有的人都是残忍的，就好像不能说人是好是坏一样。至多也只能说某种习惯和风俗有一定的传统"。③ 在卫礼贤看来，中国人一点都不残忍，相反，他们可能是人类大家庭中最温顺的一员。中国人是富有同情心的，他们在任何需要帮助的情况下都会表现出友好的和乐于助人的态度。④ 就连中国人的反洋教斗争也是可以理解的。中国人并非都对外国人充满敌意，他们只是想挣脱西方人制造的把全世界都控制在自己手中的桎梏。⑤ 卫礼贤还反对那种认为中国停滞的观点，他认为中国人的民族意识已经觉醒，中国绝不会衰落。她有能力将自己从"白色恐怖"中解脱出来，并且有些人能够理解欧洲文化的特色，从它阴暗的表现面中区分出来。⑥

卫礼贤尤其对中国人的生活智慧珍爱有加："中国人从未脱离世俗母胎，也使他们在作为宇宙的世界中找到了最终和谐。他们虽然看到了现实世界中许多不如人意的事情，但没有因此而悲观厌世。他们清楚地知道，世上万物最终都会达到和谐境地。"⑦在

---

① 〔德〕卫礼贤著，王宇洁、罗敏、朱晋平译：《中国心灵》，国际文化出版公司1998年版，第322页。
② 同上书，第315页。
③ 同上书，第221页。
④ 同上书，第221—222页。
⑤ 同上书，第204页。
⑥ 同上。
⑦ 〔德〕卫礼贤著，王宇洁、罗敏、朱晋平译：《中国心灵》，国际文化出版公司1998年版，第182页。

中国,个人被牢固地置于宗族、国民和人类重叠的有机组织中。中国社会的秩序恰恰是建立在下列认识基础之上的,即每个人都有其自然的、属于他自己的位置,他的存在由此得到充分认可,任何逾越都是不合法的,也是不合要求的。因此,在中国人的世界观中,狂妄自大的虚傲没有任何地位,因为任何人都不能对别人占据的位置产生争议,要求非分之得并非英雄行为而是犯罪,但是争取其合法地位却是合情合理的。因此,中国人一方面有无条件为其合法地位而奋斗的坚韧性,另一方面又会心满意足,不抱任何异想天开的幻想。在中国没有重大的悲剧性,虽然悲惨之事、可怕之事、由错误导致的恶果经常发生,但是中国人内心从不厌弃世界,因为义务的大小不是建立在不同基础之上,而是构成一个统一的联系。在中国有一系列的义务,人们只要心地善良就能正确行事。中国人爱生活,更爱义务。如果两者不可兼得,则舍生取义。这种积极的生活态度足以排除所有的悲剧性。中国人也很爱面子,强调名正言顺,外在的与内心的通常都会被调节到和谐状态。

卫礼贤认为中国文化是"一种高度发达的、理性的文化"①,它是"一种植根于自然本能不间断生存之中的文化,是一种美化自然的文化"②,它展示了一种"追求和谐、遵循宇宙和社会中组织理性的理想"③。它也展示了"一种营养均匀的和谐平衡状态,在此,全体的共同事业承载并支撑着个体家庭,正如个体家庭构成国家权

---

① Richard Wilhelm,"Die Krisis der chinesischen Kultur",in: *Sinica*,3,1928,S. 167.
② 同上书,第 211 页。
③ Richard Wilhelm,"Ost und West",in: Wolfgang Bauer (Hrsg.),*Richard Wilhelm. Botschafter zweier Welten*,Düsseldorf / Köln 1973,S. 184.

力和财富一样"①。因此,中国人的生活是"比较幸福和满足的,从未因思想单调而萎靡不振",即使那些处于社会最下层的中国人的生活也是如此。② 中国文化恰恰可以弥补西方文化的欠缺。中国人的生活智慧是一剂"良药",是"拯救现代欧洲的有效工具"。③ 中国人对"内心世界、人、生活艺术、组织化"的重视,正好可以纠正西方人思想的片面性,因为除了外在世界、客观事物、技术、制度外,内心世界、人、生活艺术、组织化也非常重要。卫礼贤把这种认识称作"来自东方的光辉",欧洲人"亟需其照耀"④。

西方文化的突出特征就是"生活的不断机械化和合理化"⑤。因为欧洲精神具有强烈的"向外推进"的冲动,它以研究客观物质世界为重点,以"改造和控制"客观物质世界为主要目标。通过研究和实践,人们认识到"物质材料的原子结构",发现了客观物体所具有的"因果关系"律,于是用"机械的观点"来看待和处理客观物体、用"强力"手段来控制客观物体,便成为欧洲人或西方人惯常的思维和习用的方法。"数学-机械科学和广义的技术"日益兴盛,最终导致欧洲现代文明的形成和发展。⑥ "西方人在最近一个世纪里创造了一种机械文明,它胜过有史以来在地球上出现的所有发明创造,其影响波及全人类,而不仅仅是某一个别文化。各种各样

---

① Richard Wilhelm, "Die Grundlagen der chinesischen Kultur", in: *Sinica*, 2, 1927, S. 167.

② Richard Wilhelm, "Ost und West", in: Wolfgang Bauer (Hrsg.), *Richard Wilhelm. Botschafter zweier Welten*, Düsseldorf / Köln 1973, S. 184.

③ 同上书,第187—188页。

④ 同上书,第175—176页。

⑤ 同上书,第177页。

⑥ 同上书,第167页。

的机器第一次发挥出巨大作用;它们不再依赖于人力或畜力,而是强迫机械帝国供其使役。"①

然而机器"造成了无产阶级化"②,大批民众丧失了除自身劳动力以外的所有生产资料,不得不走进工厂,孤立无援地遭受着"企业主的剥削"③。其政治后果则是:"不仅家长制的婚姻关系告停,而且英雄式的世袭国家也不复存在。平民大众获得了胜利。"机器文明还有强烈的扩张性,"它必然要向世界各地进行扩张。而且它到达哪里,哪里的本土文化就要消失。正如外来的老鼠赶跑家鼠一样,机器文明对于全人类所有其他生存形式都会发生毁灭性的影响"④。"机器文化毁灭所有其他文化,因为它太简易了。"⑤

与中国文化相比,欧洲社会主要是以一大批专业人员为支柱的,这些人的强项在于不断发展的专门化,而面对所有不属于他们专业范围的领域,他们只能是一帮"原子人和大众人"。他们习惯于从机械和技术的角度来观察人以及人与人之间的交往,习惯于用"强力"手段来调整、处理社会组织事务。"欧洲社会组织的目标是帝国主义。帝国主义即强力政治。当这个目标被一些实力几乎相同的权力集团所追求时,世界大战就必然要发生。"强力政

---

① Richard Wilhelm, "Ost und West", in: Wolfgang Bauer (Hrsg.), *Richard Wilhelm. Botschafter zweier Welten*, Düsseldorf / Köln 1973, S. 189.
② 同上。
③ Richard Wilhelm, "Ost und West", in: Wolfgang Bauer (Hrsg.), *Richard Wilhelm. Botschafter zweier Welten*, Düsseldorf / Köln 1973, S. 194.
④ 同上书,第189页。
⑤ 同上书,第190页。

治是"现代欧洲精神固有的特性",因此,"厌恶和仇恨情绪弥漫在这个文化圈的各成员国之间……兄弟之间的相互敌对可能会使他们完全忘记他们本来同出一家"①。

欧洲必须承认其他有才智的民族为世界民族社会中完全平等的成员,必须放弃它迄今在实践中一贯实行的独裁统治。② 它必须向东方学习,虚心接受中国文化中对西方有益的东西,特别是对于西方人蔚为重要的中国人独特的精神气质和生活智慧。

欧洲人必须学会像中国人那样过孩子般的生活。"古代中国的生活智慧拥有孩子般的单纯力量。中华民族虽然十分古老,但她绝不带任何年迈的气象,而是像孩子一样和善无害地生活着。这种和善完全不同于无知或原始,它是深晓事物大义的人才能具有的特性。从这种和善中,生命之泉会不断流出汩汩新水。因此,一个中国人会全然不计他曾做过什么,他对外界作出了何种贡献,他只关心自己作为一种存在到底是什么的问题。这种存在不是毫无生气的暂时存在,而是一种力量强大的、具体的现实,它能发生影响,并且影响巨大,因为它不考虑自己,只表达一些理所当然的、无意识的东西。这就给予人们莫大的安宁和自制。中国人的眼光并不停留在自己带有偶然性的小我上,而是深入人类的根底。他们听天由命地生活着,并因此而成为自主者,不为表面的波涌而动摇。有一句中国谚语说得好:'大事化小,小事化了'。对于领袖们来说还要具备耐心,不要仓促行事,只追求表面上的成功。他们善

---

① Richard Wilhelm, "Licht aus Osten", in: Wolfgang Bauer (Hrsg.), *Richard Wilhelm. Botschafter zweier Welten*, Düsseldorf / Köln 1973, S. 168.

② 同上书,第 195 页。

于对刚刚萌生的事物施加影响,能够长时间施展塑造的魔力。"①卫礼贤认为这就是西方人所需要的、而古老的中国又能够给予的东西。简言之,在中国人的生活智慧方面,西方人必须甘当小学生。

然而,与那些厌倦文明、敌视进步、不再信任人的理性的悲观主义论者不同,卫礼贤绝并没有完全否定西方文化的价值,相反,他充分肯定机器文明对未来人类文化的重要性,认为西方的科学技术将成为人类的共同财产,"机器技术的胜利进军为每一种未来可能的文化都奠定了一般基础"②。卫礼贤也看到,欧洲现代文明的崩溃与先前一些文明的衰落过程——逐渐停滞、僵化和粗糙——不同,欧洲及其文明已达到相当完善精致的程度。像欧洲对世界大战中用于自我残害的破坏机器的天才构思,以前时代是未曾有过的。欧洲文化的精神基础虽然崩溃了,但是它的文化手段仍继续存在,即使今天,欧洲的科学技术仍居世界各国之首。③西方文化还拥有这样的精神力量:它们在人类未来的发展中对其他民族也有重要价值,这就是"个人独立自主的自由性"④。因为在未来社会中,束缚个人的自然羁绊将越来越松弛,社会组织越来越有意识、合理化和自由。将来文化灵魂的承担者不再是团体,而是个人。⑤ 西方文化中的自由主义传统,必将成为全人类的宝贵财富。因此,西方人没有理由自暴自弃,而应当对自身文化的优缺

---

① Richard Wilhelm,"Ost und West",in:Wolfgang Bauer (Hrsg.),*Richard Wilhelm. Botschafter zweier Welten*,Düsseldorf / Köln 1973,S. 187—188.
② 同上书,第 195—196 页。
③ 同上书,第 193 页。
④ 同上书,第 198 页。
⑤ 同上书,第 196 页。

点有全面准确的认识,自觉地扬长避短。他们也应当虚心向其他民族学习,积极寻求纠正西方文化弊端的良策。

卫礼贤认为现代时机已到,东西方必须停止囿于个别地区或国家的门户之见,必须综合世界各民族的优秀文化遗产,创造新的世界文化。他也满怀信心地指出,未来的人类完全能够缔造一种新文化,一种不受时间空间条件限制、综合所有文化遗产特别是东西方文化遗产而形成的世界文化。"过去的遗产必须作为文化的基础来利用。这些遗产现在已不能再自然而然和纯粹偶然地进入未来的人的精神,人们必须通过新式教育有意识地把它灌输到新一代人的头脑里,它会成为一种新的自我塑造传统。在植物种植和动物饲养中人们已经获知:新的物种是完全可以被创造出来的,这些物种因为符合人的意志,所以会比自然的物种更富有生命力。人们可以像对待别的自然物一样来与它们打交道。在植物界、动物界可能的事情,在人类世界同样会是可能的。实际上,人们也总是以这样的方法来传播文化的。"①而要摆脱时间和空间上的限制,必须要有两种东西:首先是深入到自己的下意识,根据神秘主义的统一观和直觉本能来认识人的存在,开辟新的生路。这是东方好的方面;另一方面,它需要进一步加强个人的独立自主,直到获得力量能够抵御外部世界的所有压力。这是西方好的方面。"在这块土地上,东方和西方作为互不可缺的姐妹团聚在一起。"②

总而言之,卫礼贤并非要放弃传教使命,他只是反对现存的教

---

① Richard Wilhelm, "Die Grundlagen der chinesischen Kultur", in: *Sinica*, 2, 1927, S. 228—229.

② Richard Wilhelm, "Ost und West", in: Wolfgang Bauer (Hrsg.), *Richard Wilhelm. Botschafter zweier Welten*, Düsseldorf / Köln 1973, S. 198.

会和传教的实践,试图寻求一种新的传教方法。而这种传教策略的转变不仅有着独特的神学背景,而且也是建立在对东西方文化的深刻理解和对人类社会的终极关怀的基础之上的。如果仅仅把卫礼贤看作一位汉学家,而不了解其神学背景和宗教思想在他从传教士到汉学家的转变过程中所发挥的重要作用,就不可能对他的事业作出恰当的评价。

八、创办"尊孔文社"

在初为传教士、后成汉学家的卫礼贤的生平事迹中,组建青岛"尊孔文社"的活动虽然不是最重要的,但也颇为突出,几乎所有介绍卫礼贤的著述都会提及此事。然而,散见于各种书籍和论文之中的相关信息又多有混乱和相互矛盾之处;对于卫礼贤创办该社团的动机和目的、其与民国初年孔教运动的关系,以及其内部组织和活动情况,言者虽夸夸其谈、振振有词,但大都未提供确凿证据,不能不令人生疑。本部分试根据比较权威的资料,在现有研究成果的基础上,进一步探讨卫礼贤的思想发展轨迹、组建"尊孔文社"的过程和"尊孔文社"的主要活动,附带纠正一些常见的错误论断。

(一)崇拜孔子人格,得领儒门遗泽

从卫礼贤、他的夫人萨美懿和劳乃宣等人的回忆录[1]来看,青岛"尊孔文社"主要是由卫礼贤组建的,或者说是由卫礼贤联合部

---

[1] 参见 Richard Wilhelm, *Die Seele Chinas*, Berlin 1926; Salome Wilhelm (Hrsg.), *Richard Wilhelm. Der geistige Mittler zwischen China und Europa*, Düsseldorf / Köln 1956;王云五主编,清劳乃宣撰:《清劳韧叟先生乃宣自订年谱》,台湾商务印书馆民国六十七年七月;〔德〕卫礼贤著,王宇洁、罗敏、朱晋平译:《中国心灵》,国际文化出版公司1998年版。

分前清遗老共同组建的,这一点本不成问题,但还是有人把劳乃宣当作了青岛"尊孔文社"的组建人①。这种错误或许出于作者的一时疏忽,但无论如何也是不应该的。② 至于"尊孔文社"建于何时,我们将在下面予以专门讨论,我们现在先看一看该组织的组建过程。

在此,一个迫切需要解答的问题是:一个外国人,特别是一个肩负传播具有强烈排他性、被同时代许多人看作"唯一真正宗教"的基督教的使命的外国人,怎么可能对孔子产生如此浓厚的兴趣,大张旗鼓地倡导"尊孔"呢?要回答这个问题,恐怕需从卫礼贤来到中国后的独特经历和思想转变说起。

卫礼贤是在1899年受基督教新教传教差会"同善会"派遣来到中国的,并且从一开始就被指定到当时刚刚沦为德国殖民地的青岛工作。虽然身为传教士,担负着指导人们灵性生活的"神职",并且来自殖民地的"宗主国",但与那些"对另一个民族和思想怀有不近人情的误解"③、在中国耀武扬威、横行霸道的欧洲人完全不同,卫礼贤从一开始就对中国人民怀有极大的同情,时刻关心他们

---

① 如张艳国就说:"1913年,劳乃宣在青岛设立'尊孔文社',专讲圣人之道。"见张艳国《亡清皇室贵族复辟集团复辟与尊孔关系探讨》,《学术月刊》2002年第6期,第91页。

② 其实就在张艳国所征引过的《清劳朂叟先生乃宣自订年谱》中,下列数语便足以证明他的论断是不正确的:"癸丑71岁……山东青岛为德国租借地,国变后中国遗老多往居之,德人尉礼贤笃志中国孔孟之道,讲求经学,设书院于岛境有年,与吾国诸寓公立尊孔文社。淀周玉山制军来函,见招主持社事,适馆授餐,情意优渥,于十一月移家至岛。"见王云五主编,清劳乃宣撰:《清劳朂叟先生乃宣自订年谱》,台湾商务印书馆民国六十七年七月,第47页。劳乃宣是在"尊孔文社"成立后才应邀前往青岛主持社事的,怎么能说是他"设立"了该组织呢?

③ 〔德〕W. F. 奥托著,蒋锐译:《卫礼贤——人格肖像》,载孙立新、蒋锐主编《东西方之间——中外学者论卫礼贤》,山东大学出版社2004年版,第6页。

的处境和遭遇,尽力为他们提供帮助。① 与此同时,他也发现,在中国根本就没有需要他去感化或者惩戒的异教徒,"虔信主义"的传教实践实际上存在着许多问题,特别是"施洗"给中国社会造成了巨大分裂。在卫礼贤看来,传教士不厌其烦地宣讲了大量教条,但是没有受过教育的中国教徒对这些教条根本理解不了。传教士还极力从儒家学说中挑毛病,像对其他宗教一样对它进行百般诋毁,极大地伤害了中国人的宗教情感和伦理原则,就连比较开明的社会上层人士也不能容忍。更为严重的是传教士利用物质诱惑吸引教徒,依靠"炮舰外交"的支持干预词讼,致使一些不法分子浑水摸鱼,横行乡里,敲诈勒索非基督教民众,迫于外来压力,中国官府不得不作出让步,并且为了讨好教会而镇压百姓,最后积重难返,人民忍无可忍只好造反,以至于西方传教士、中国基督徒、中国非基督教的官员和民众之间冲突连绵不断。②

在其岳父和精神导师克里斯托夫·布卢姆哈特的影响下,卫礼贤逐渐转向了一种末世论创世信仰,把所有教会都视为束缚人的桎梏,极力主张一种非教条的、中国化的基督教。他也从以基督为中心的思想出发,确立了一种全新的传教方法,"约束自己按照基督教的基本原则过简单的生活,通过学校和医院来产生影响,与普通人共同生活并从精神上接近他们……"③这一方法在很大程

---

① 当他闻讯德国殖民当局派遣军队镇压高密农民反对铁路铺设行动后,迅速奔赴事发现场进行调解,竭力阻止新的流血冲突。他还设立救护所,救治受伤者,安抚无辜难民。参见〔德〕吴素乐著,蒋锐译:《卫礼贤(1873—1930)传略》,载孙立新、蒋锐主编《东西方之间——中外学者论卫礼贤》,山东大学出版社 2004 年版,第 37—39 页。

② 〔德〕卫礼贤著,王宇洁、罗敏、朱晋平译:《中国心灵》,国际文化出版公司 1998 年版,第 198—205 页。

③ Richard Wilhelm, *Die Seele Chinas*, Berlin 1926, S. 32. 也参见孙立新《卫礼贤的传教方法》,中国人民大学基督教文化研究所主编《汉学与神学——基督教文化学刊》,宗教文化出版社 2007 年,第 65—89 页。

度上背离了传教士的活动常规：洗礼和建立宗教社团的活动被放弃了，教学和研究工作被赋予了中心意义。卫礼贤特别在学校工作中看到了西方真正的"社会"任务、基督教文化民族对非基督教民众的"思想教育"职责。与此同时，他也在学校工作中看到了德中文化双向交流的最佳可能性。

1901年，卫礼贤在青岛大鲍岛开办了一所学校，命名为"礼贤书院"[1]。在办学过程中，卫礼贤主张中西并重，既注重科学知识的传授，也不偏废中国文史知识。他尤其反对在课堂上传播基督教，强迫中国学生皈依的做法，不开设宗教课，不举行基督宗教节日庆典。这些主张完全背离了当时绝大多数教会学校所奉行的办学方针，虽然遭到教会官方和其他传教团体的非议，但却使卫礼贤本人及其学校受到中国社会的普遍认可和赞扬。其时清政府已开始实行"新政"，创办新式学堂活动在山东蔚然成风。卫礼贤的办学主张和礼贤书院新颖的课程设置、先进的教学方法和充足的师资力量受到山东地方官员的高度重视。他们普遍把卫礼贤看作优秀的教育家，在创办新式学堂时"恒以卫氏书院为楷模"[2]。高密县学堂还把卫礼贤本人请去主持该校教务，改革教学方法，增设新课程。[3] 1902年底，山东巡抚周馥来青岛访问，当他看到礼贤书院

---

[1] 不少人都说卫礼贤是以自己的名字命名这所学校的，实际不然，因为卫礼贤曾在一份报告中对该学校的名字作出明确解释，德文写作：Zivilisations-und Tugend-Buchhof，可以翻译为"文明和道德书院"。见"Richard Wilhelm's Bericht", in: Zeitschrift für Missionskunde und Religionswissenschaft, 16, 1901, S. 279. 之所以称之为礼贤书院，恐怕主要是中国人的习惯吧。

[2] 赵振玫、照千：《里夏德·卫礼贤（Richard Wilhelm）三论》，载赵振玫主编，周振业审订《中德关系史文丛》，中国建设出版社1987年版，第64页。

[3] 同上。

"成绩显著"时深表赞许,欣然批准该校享有派学生参加山东大学堂考试的资格。① 1906年山东省学台又允准礼贤书院的毕业生可选拔优贡。同年,礼贤书院第一届毕业生谭玉峰就被选为优贡。②

卫礼贤尤其与一些熟读儒家经典的中国旧文人过从甚密。他聘任他们担任礼贤中学的教员,讲授中国古典文化。他本人也拜他们为师,在他们的指导下刻苦学习和研究中国古典作品,并在他们的帮助下将一些儒学著作,如《大学》、《中庸》、《论语》等,译为德文。通过这些活动,卫礼贤开始获悉中国人生活和谐的精神起源,认识到中国古典文化的精深、奥妙,逐渐转变成为孔子和孔子学说的真诚爱慕者。

卫礼贤对孔子的人格推崇备至,对其道德伦理和哲学思想也大加赞扬。早在1903年,他就发表了一本论述《孔子在人类代表中的地位》的小册子③,对孔子的生平作了简要论述。在卫礼贤看来,在孔子的"人格中确实存在着某些值得我们这些人进一步了解他、甚至使我们不得不对他表示赞叹的东西"。卫礼贤总结道:"整个来看,人类历史集中于少数几个伟大人物,他们都是本民族的杰出代表,在历史进程的黑暗混乱中放射出光芒与力量。他们的影响不是随着时光而衰退,而是通过改造与重建一代又一代延续下来。如果要根据这些人类代表所产生的影响来评价其意义,那么我们不得不承认,孔子在这一行列中占有光荣的一席之地。他致

---

① 鲁海:《卫礼贤在青岛》,载孙立新、蒋锐主编《东西方之间——中外学者论卫礼贤》,山东大学出版社2004年版,第68页。

② 同上。

③ 见 Richard Wilhelm, *Die Stellung des Konfucius unter den Repraesentanten der Menschheit*, Tsingtau 1903.

力于政治、社会伦理和文学三大领域,在每个领域都产生了巨大影响。一个远古时代的国家,一个与古巴比伦和古埃及同时代的国家,历经各种暴风雨仍屹立于我们当代世界,这种今天罕见的情形正是孔子的功绩;中华民族具有如此坚不可摧的社会与伦理基础,这个基础似乎是不可动摇的,没有任何管理上的不善能够毁灭它,也是孔子的功绩;这个民族拥有一种解决一切生活疑问和为全人类三分之一人口提供了几千年精神生活基础的文学,一种纯粹的、高度道德的文学,这种文学无疑也能传到广大青年人手中,为此中华民族也应当感谢孔子。"①

1909年,卫礼贤又发表了《孔子的意义》一文②,进一步论述了孔子的生平、他的追求和他的成就。卫礼贤评论说:"孔子对于绝大多数中国人来说是一种历史形成的理想,不理解这个理想便无法正确判断这个民族。"孔子是中国伟大社会文化体系的集大成者和总结人。从其实际影响来讲,人们"不能不把孔子视为人类十分伟大的人物之一,因为他对约占全人类三分之一的整个东亚世界的影响一直持续到今天,他所代表的道德理想也堪与其他世界宗教相媲美。甚至一些怀有巨大偏见的人,经过对他的更深入研究最后也不得不承认:他的确是一个伟大的人"。因为"孔子代表着人类发展的因素"。③

由此可见,卫礼贤的独特的传教方法、他的办学活动、他与中

---

① 译文选自蒋锐编译,孙立新译校《东方之光——卫礼贤论中国文化》,外语教学与研究出版社2007年版,第130—131页。

② 见 Richard Wilhelm, "Die Bedeutung des Konfuzius", in: *Zeitschrift fuer Missionskunde und Religionswissenschaft*, 24, 1909, N. 2, S. 35—44; N. 3, S. 66—72.

③ 译文选自蒋锐编译,孙立新译校《东方之光——卫礼贤论中国文化》,外语教学与研究出版社2007年版,第140—141页。

国社会各阶层的密切接触和对中国文化的深入研究,使他对孔子和孔子学说的重要意义产生了发自肺腑的敬仰。他对孔子的爱慕和崇拜并非出于某种策略性的权宜之计,而是与其固有的思想观念和行为方式完全一致的。当然,要建立像"尊孔文社"这样的团体,仅仅依靠一个人的力量是不够的,它还需要一种氛围,需要一帮具备相同或相似志趣的师长、伙伴和朋友的帮助。幸运的是,卫礼贤很快就找到了这样的师长和友人。

1911年,辛亥革命爆发,中华民国成立。一大批前清贵族、官吏纷纷离开京师及地方官衙署,避居外国租界及殖民地。对于这些前清贵族大臣,德国殖民统治当局或者出于对君主政体的认同,或者出于经济方面的考虑,采取了极度宽容和笼络的政策。他们修改法令,打破了曾经严格实施的"华洋分居"制度,准许前清贵族大臣在原先划定的"欧洲人城区"购置或租赁房屋,使之成为欧洲人社区中非同寻常的华人居民。青岛一度成了前清遗老麇集的重镇。

卫礼贤看到这些前清遗老中有不少是先前的高官、大员和出身翰苑的饱学之士,他们的社会地位和言谈举止处处显示着中国古典文化的精神风貌。为了更深入地了解中国传统社会和文化,卫礼贤积极主动地与他们当中的一部分人建立了联系,兴趣盎然地参加他们的定期聚会:聊天、下棋、观赏旧字画、比赛即兴赋诗。据他回忆:"当时,在青岛居住着大臣、总督、巡抚、各种类型的高官、学者和大工业家,中国精神生活的浪潮拍打着迄今为止仍十分荒凉的海滩。各种各样的文化和学术联系出现了。定期的公开聚会在来自扬子江沿岸省份商人装饰豪华的会馆房间里举行。参加者有来自中国各地的学者和官员,从蒙古和西部遥远的甘肃省直到最南端的云南省。精神影响的承载者从四面八方汇聚到了一起。除了长期定居青岛的人,还有些著名来访者驻跸逗留,时间或长或短,这样,人们在当时的青岛就有了一个了解古老文化的高峰的机会,而这样的机会在中国任何地方都是不能找到的。"①

这类聚会便为青岛"尊孔文社"的建立打下了基础。那么,该团体到底是在何时建立的?对于这个问题,国内学者大都根据《孔教会杂志》有关卫礼贤来访的记载②和劳乃宣在自订年谱中就其迁居青岛一事所作的说明,把"尊孔文社"的建立时间确定在1913年,更准确地说是在1913年4—11月之间,也就是在卫礼贤从上海返回青岛之后和劳乃宣从涞水之北郭下村举家迁居青岛之前。然而,《孔教会杂志》所提到的只是卫礼贤去上海的日期,并不是"尊孔文社"组建的日期,而且它所讲的卫礼贤准备在青岛组织孔教会支会等事,也不见得十分可靠,很有可能是陈焕章、沈曾植等人的一厢情愿,甚或是故意宣传。

也有个别人认为"尊孔文社"在1912年就形成了。例如韩华就把青岛"尊孔文社"与卫礼贤创办的社团区别开来,称1912年青岛就有"尊孔文社";1913年,卫礼贤在青岛组建的孔教会分支机构为"尊孔社"。③但是韩华并没有深究这两个机构到底有何不

---

① Richard Wilhelm, *Die Seele Chinas*, Berlin 1926, S. 163.
② 《孔教会杂志》第一卷第三号《本会纪事·总会》第一至二页记载说:1913年4月,卫礼贤专程去上海拜访了孔教会的负责人陈焕章和沈曾植,对陈、沈二人"极言孔教之不可不保存,且述仰慕之意",并向孔教会纳金20元,"为其入会之常年费及订阅三年杂志之资",表示愿担任在青岛组织孔教会支会的任务,还准备参加是年在曲阜举行的祭孔大会。
③ 韩华:《民初孔教会与国教运动》,四川大学历史文化学院博士学位论文,2003年,第12页。

同,其所依据的资料也缺乏权威性。①"尊孔文社"和"尊孔社"其实是一回事。或者更准确地说,并没有一个专门的"尊孔社"。至于郑天星讲卫礼贤在1912年10月参加了陈焕章等人在上海发起的成立孔教会活动;在尊孔文社成立之前,卫礼贤就在青岛与晚清名儒劳乃宣相识,"交往甚密"等,②更是想当然的臆测,毫无实证基础。

从德国学者马维利(Wilhelm Matzat)根据卫礼贤日记编制的卫礼贤年谱③中,我们可以获知,卫礼贤早在1912年12月18日就曾与有关人士商谈过组建"孔子协会"(Konfuzius-Gesellschaft)事宜。而在1913年2月21日,又有一个"德中联合会"(Deutsch-chinesische Vereinigung)在青岛亨利亲王旅馆举行了成立大会。④ 这里讲的"孔子协会"或"德中联合会"就是"尊孔文社"。在卫礼贤和他的夫人萨美懿的记述中,"尊孔文社"既被写作"Dsun Kung Wen Schê",也被写作"Konfuziusvereinigung"⑤或"Konfuzius-Gesellschaft"。⑥ 而在当时的青岛,除了"尊孔文社",并没有其他由德

---

① 韩华依据的是刘志琴主编,罗检秋编著的《近代中国社会文化变迁录》第三卷,浙江人民出版社1998年版和〔美〕萧公权著,汪荣祖译的《近代中国与新世界:康有为变法与大同思想研究》,江苏人民出版社1997年版,这两本书都不属于卫礼贤研究专著,作为依据是不可靠的。

② 郑天星:《传教士与中学西渐——以德国汉学家卫礼贤为中心》,《宗教学研究》1997年第2期,第110页。

③ 2004年,香港浸会大学宗教和哲学/人文学院费乐仁(Lauren Pfister)教授为编写卫礼贤传组织了一个跨国研究小组,有德国学者顾斌(Wolfgang Kubin)、马维利(Wilhelm Matzat)、托马斯·齐默尔(Thomas Zimmer)、吕迪亚·格贝尔(Lydia Gerber)和中国学者孙立新等人参加。该组成员分工协作,马维利教授的任务之一就是编制卫礼贤年谱。整个项目已接近尾声,新著《卫礼贤传》将以英德中三种文字出版发行。

④ 参见 *Die Biographische Chronik von Richard Wilhelm*, zusammengestellt von Wilhelm Matzat(未刊稿)。

⑤ Richard Wilhelm, *Die Seele Chinas*, Berlin 1926, S. 171.

⑥ Salome Wilhelm (Hrsg.), *Richard Wilhelm. Der geistige Mittler zwischen China und Europa*, Düsseldorf / Köln 1956, S. 220.

国人和中国人联合创办的协会组织,所谓的"Deutsch-chinesische Vereinigung"不过是"尊孔文社"的另一个德文名称。据此,我们可以把青岛"尊孔文社"的创立时间十分具体地定在1913年2月21日。

对于组建"尊孔文社"的目的,卫礼贤有明确的说明,这就是:"通过翻译作品、报告和学术出版物,加强东西方之间在精神领域中的联系与合作。"[1]由此可见,卫礼贤寄托于该组织的主要是一种学术文化关怀,"尊孔文社"主要是一个学术文化团体,其宗旨并非像它的名字所显示的那样,仅仅为了"尊孔",而是文化交流。千万不能因为"孔教会"的片面之词和"尊孔"的名号就贸然断定"尊孔文社"是"孔教会"的一个分支机构。对于这两个机构的差别和卫礼贤等人对孔教运动的态度,我们在下面还要作详细探讨。

此外,从萨美懿所写的回忆录中,我们还可以获悉:"尊孔文社"的成员除了卫礼贤外,主要有周馥、周学熙、周叔弢、徐世昌、徐世光、张人骏、赵尔巽、吕海寰、吴郁生、于式枚、李经迈、刘廷琛、李家驹、萧应椿、张士珩、李寿仁(Lischou Jen 音译)、劳乃宣、张志清和商衍瀛等[2]。其中劳乃宣是由周馥推荐给卫礼贤,并且是在"尊孔文社"成立之后才来青岛主持社务的。[3]

由此可见,青岛"尊孔文社"虽然号称"德中联合会",但在德国

---

[1] Richard Wilhelm, *Die Seele Chinas*, Berlin 1926, S. 172.

[2] Salome Wilhelm(Hrsg.), *Richard Wilhelm. Der geistige Mittler zwischen China und Europa*, Düsseldorf / Köln 1956, S. 220—221.

[3] 参见 Richard Wilhelm, *Die Seele Chinas*, Berlin 1926, S. 173;王云五主编,清·劳乃宣撰:《清劳韧叟先生乃宣自订年谱》,台湾商务印书馆民国六十七年七月,第47页。

方面，只有卫礼贤是热心组织者和参与者，而在中国方面也并非所有避居青岛的前清遗老都积极参加其活动。个中隐情还是很耐人寻味的。

（二）研讨中德学术，推动文化交流

在许多著述中，青岛"尊孔文社"都被说成是 1912 年 10 月 7 日由陈焕章、麦孟华、梁鼎芬、沈曾植、朱祖谋等人在上海山东会馆成立的"孔教会"的分支机构，是卫礼贤响应"孔教会"号召而建立的。① 而其所依据的史料都没有超出上面已经提到的《孔教会杂志》第一卷第三号《本会记事·总会》的记载。这种说法是大可怀疑的。青岛"尊孔文社"不仅早在 1913 年 4 月卫礼贤赴上海拜会陈焕章和沈曾植②之前已经成立了，而且其创办的动机和目的也与孔教会完全不同。从卫礼贤对孔子的崇拜来看，他或许能够说出"孔教之不可不保存"之言，做出向孔教会纳金 20 元之事，但若说他愿担任在青岛组织孔教会支会的任务，这恐怕只是陈、沈二人的一厢情愿了。而且，我们马上还要看到，"尊孔文社"的具体活动与孔教会发起的立孔教为国教的运动大相径庭，卫礼贤对立孔教

---

① 如杨思信："略论民国初年的孔教运动"，《兰州铁道学院学报》（社会科学版）2001 年第 2 期，第 85 页；邱巍：《民初的西儒与孔教会》，《安徽史学》2002 年第 2 期，第 55 页；韩星：《清末民初的孔教活动及其争论》，《宗教学研究》2003 年第 2 期，第 93 页；方艳华：《民初山东孔教会及其活动》，《成都教育学院学报》2004 年第 12 期，第 61 页。

② 有人说卫礼贤此行是"专程"赴上海拜会陈焕章和沈曾植！这也不对，卫礼贤主要是为送许勒（Schueler）牧师回国才去上海的；后者将应聘到柏林东方研究所工作。见 Salome Wilhelm（Hrsg.），*Richard Wilhelm. Der geistige Mittler zwischen China und Europa*，Düsseldorf / Köln 1956，S. 219.

为国教一事也是极力反对的。

青岛"尊孔文社"自建立之日起就大张旗鼓地开展起了儒学研究和中外文化交流活动。为此,卫礼贤通过其老朋友、前山东巡抚周馥的介绍,把曾任京师大学堂总监督兼署学部副大臣及代理大臣、颇有学术造诣的劳乃宣邀请来主持社事。在一封写于1913年12月17日的书信中,卫礼贤说:"我的意图是,与古老的儒家学说①建立亲密联系,因为没有教会组织的支持,它在现代国家生活中不得不与许多困难作斗争。应当通过〔建立社团〕这种方式把它争取过来,使它与我们的基督教精神生活保持一致。"②而劳乃宣则在"尊孔文社"举办的讲座中,旗帜鲜明地表示:"窃维本会自尊孔文社发起,自当尊孔子之道,欲尊孔子之道,当学孔子之学,且导世人以共学孔子之学。"③他还追溯儒学之发展历程说:"孔子之学祖述尧舜宪章文武继往开来为百世所共尊。"到唐朝,训诂之学、辞章之学和道学之学相继兴起;自宋代以降,又出现了义理之学、经济之学、实学、汉学等流派。而曾文正公"以义理为体,以经济为用,考据辞章皆所兼及是足综国朝诸儒之长"。因此,"今日欲学孔子当自学曾文正公始"。④ 劳乃宣特别声称:"今日全球交通西学东渐,笃守旧闻不足以应当世之务","且西学有哲学、法政学、各种

---

① 儒家学说一词在德文中写作"Konfuzianismus",而这一德文术语既可以被翻译为"儒家学说",也可以被翻译为"孔子学说"、"孔教"、"儒学"、"儒教"等,没有固定标准,只能根据上下文、视语境而定。

② Salome Wilhelm (Hrsg.), *Richard Wilhelm. Der geistige Mittler zwischen China und Europa*, Düsseldorf / Köln 1956, S. 224.

③ 劳乃宣:《论为学标准》,桐乡卢士校刻:《桐乡劳先生(乃宣)遗稿》,台湾文海出版社印行,第133页。

④ 同上书,第135—136页。

科学、语言文字学诸门,也不外乎中学门径哲学,义理之学也,法政学,经济之学也,各种科学,考据之学也,语言文字学,辞章之学也,第仍以曾文正公所示求学之方,求之中学西学一以贯之无二致矣"。① 卫礼贤和劳乃宣都强调博采百家,学贯中西的重要性,就此而言,他们的志趣是完全一致的。

为了更好地开展儒学研究和中外文化交流,也为了拯救当时可能已受到严重损害的中国古代典籍,尤其是保存儒家典籍,卫礼贤提议在礼贤书院的花园中建造一座大房子,其中一部分用作报告厅和活动室,一部分用作"藏书楼"。这一建议得到了大家的积极响应,纷纷捐助,仅李鸿章的儿子、前清邮传部副大臣李经迈就捐助了5000马克。② 1914年5月11日,新建筑举行了落成典礼。③ 自此之后,"尊孔文社"有了固定的活动场所。其"藏书楼"也收集了一大批极有价值的中国作品。它以最早来青岛并死于此地的同善会传教士花之安遗留下来的藏书为基础,加上卫礼贤新购买的图书和"尊孔文社"其他成员馈赠的图书,共计三万余册。④

但这个藏书楼不同于中国传统的以"典籍收藏"为主的藏书楼,它在管理上采用现代图书馆方法,并对公众开放,在图书分类上则采用了国际上通行的杜威十进分类法,实为中国早期的现代

---

① 劳乃宣:《论为学标准》,桐乡卢士校刻:《桐乡劳先生(乃宣)遗稿》,台湾文海出版社印行,第139页。

② 参见 Die Biographische Chronik von Richard Wilhelm, zusammengestellt von Wilhelm Matzat(未刊稿)。许多中文著述都说卫礼贤出资建造"藏书楼",实际上这又是一大谬论。

③ 参见 Die Biographische Chronik von Richard Wilhelm, zusammengestellt von Wilhelm Matzat(未刊稿)。

④ 王世维:《在青岛成名的德国大汉学家卫礼贤》,《青岛师专学报》1990年第2期,第81页。

化图书馆之一。① 避居青岛的恭亲王溥伟为藏书楼题写了匾额,劳乃宣则作《青岛尊孔文社建藏书楼记》,装入铁函,埋入地基。其中写道:"德国尉君礼贤,以西人而读吾圣人之书,明吾圣人之道者也。时居青岛,闻而忧之,与中国寓岛诸同人结尊孔文社以讲求圣人之道,议建藏书楼以藏经籍,同人乐赞其成,相与捐资剋期兴作,行见不日成之。圣经贤传之精,子史百家之富,萃集于斯,圣人之道将不外求而得焉。青岛为德国租界,内地官吏势力所不及,虽欲摧残之而不能。他日内地读书者日少,老者既代谢,后生不获窥圣人之典籍。寰宇之中,晦盲否塞,芸芸群生,必且如秦代黔首之见,愚莫克知人道之所在。有欲考寻圣人之书以为人道之指导者,将不可得。而是楼也,岿然独存,且卷之富有,足资探讨。与古者之抱残守缺者尤不同,人道之晦而复明,绝而复续,不于是乎在而安在。其功不胜于山岩屋壁之藏万万哉。"②

与此同时,"尊孔文社"还经常举办演讲会,由中国人、德国人轮流主讲。中国人如劳乃宣、吴郁生、周叔弢等主要讲儒家学说;德国人如青岛特别高等专门学堂的德国教师等,则讲国际形势和科学技术。由于文社设在礼贤书院内,书院高年级学生可以参加。这些讲座不仅充分体现了"尊孔文社"所极力倡导的文化交流主张,也极大地活跃了青岛的学术文化氛围。

借助于"尊孔文社"这一文化交流平台,中德两国重要典籍的互译工作也开始进行了。在卫礼贤的帮助下,周叔弢把康德的部

---

① 鲁海:《卫礼贤在青岛》,载孙立新、蒋锐主编《东西方之间——中外学者论卫礼贤》,山东大学出版社 2004 年版,第 71 页。

② 劳乃宣:《青岛尊孔文社建藏书楼记》,桐乡卢士校刻:《桐乡劳先生(乃宣)遗稿》,台湾文海出版社印行,第 511—512 页。

分著作翻译成了中文,而卫礼贤则在前清遗老们的帮助下进一步开展了翻译中国古典作品的工作。其中最值得称道的是卫礼贤与劳乃宣合作进行的《易经》翻译。

在中国古代经籍中,《易经》是群经之首、儒道之源,集中体现了中国古代智慧的精髓。从17世纪传入欧洲启发莱布尼兹创立二进位制到20世纪初,《易经》越来越为西方学术界所重视,几百年来先后出现过六种西方译本。然而所有这些译本都不甚理想,都未能将中国人的生活智慧精确地展示出来。卫礼贤知道翻译《易经》是个巨大的挑战,但在劳乃宣这位曾亲炙于一位精通《周易》的硕儒并得到了真传的大师的鼓励和帮助下,他最终十分出色地完成了这一事业。关于这部书的翻译过程,卫礼贤后来是这样说的:"于是我们开始研究这部书。我们进行着细致的工作。他(指劳乃宣)用汉语讲解句子的内容,我作笔记。然后我自己把句子翻译成德语。接着我再脱离书本把我的德语译文翻回到汉语,由他来比较我是否正确理解了所有要点。再下来,还要对德语译文作些修辞处理并讨论其细节。然后我还要对它进行三到四遍的修改,并附上最重要的参考文献。翻译就是这样进行的。但是在翻译还未完成时,战争①就爆发了,我尊敬的劳先生和其他学者一起回到了中国内地。未完成的译稿就这样搁置起来。就在我担心这本书再也完不成时,出乎意料地收到劳先生一封信,问我是否能给他安排住所,他想再回青岛同我一起完成《易经》的翻译。当他真的到来时,人们可以想象我当时是多么喜悦啊,而且这件工作也

---

① 此处所指的是1914年第一次世界大战爆发后,日本联合英国所进行的围攻青岛的日德战争。

真的得以完成。后来我回德国度假。这位年迈的大师在我离开期间去世了,而他早已把一笔珍贵的遗产交给我了。"①

1924年,卫礼贤翻译的德文版《易经》在德国出版,成为西方公认的权威版本,相继被转译成英、法、西班牙、荷兰、意大利等多种文字,在整个西方世界发挥着持久而深远的影响。

中德文人学者的友好相处和密切合作,还激起了爱好东方哲学的俄国贵族哲学家盖沙令(Hermann Alexander Keyserling)的莫大兴趣,甚至在其游历中国的途中,专程来青岛与卫礼贤及"尊孔文社"诸公讨论儒家学说。② 盖沙令在其所著的《一个哲学家的旅行日记》中,用近万言来记述这次交往。他称卫礼贤等人是"活的孔学","是在人间最困难的情况下,他们仍然在与他们有关的混乱中保持着精神上的自由","这些绅士们,具有非常高尚的人格,他们的卓越表现使我们极为感动"。③

卫礼贤后来写道:"我们希望,远离中国革命洪流、坐落于山海之间、舒适宁静的青岛,也许是完成这一建设性工作的适宜场所。所以,当我们为这幢竣工于1914年夏天的建筑物奠基时,参加者都满怀希望。当然,后来事情的发展与人们当初想象的完全不同。就在这幢建筑物刚刚竣工的时候,战争爆发了。不过,它在经历过炮火后仍完好无损。在战争期间,由于数百名德国妇女儿童羁扣留在青岛,图书馆差不多就成了在青岛的德国人的活动室。朗诵

---

① Richard Wilhelm, *Die Seele Chinas*, Berlin 1926, S. 173—174.
② 对于盖沙灵的来访,卫礼贤在其回忆录中有专门描写,参见 Richard Wilhelm, *Die Seele Chinas*, Berlin 1926, S. 174—176;〔德〕卫礼贤著,王宇洁、罗敏、朱晋平译:《中国心灵》,国际文化出版公司1998年版,第163—165页。
③ 王世维:《在青岛成名的德国大汉学家卫礼贤》,《青岛师专学报》1990年第2期,第80—81页。

会、儿童节、音乐会和戏剧演出,陪伴人们打发掉难挨的漫长等待,并有助于人们振奋精神渡过难关。所以说这幢建筑物到底还是为文化事业作出了贡献,并且证明了它是献给德国难民的一份中国文化的厚礼。"①

对于"尊孔文社"的建设,卫礼贤可谓倾注了大量心血。他在1914年7月底写道:"莱顿(Leyden)提供的汉学教席被拒绝了,因为在青岛的工作更合适并且在较高的意义上也更重要。"②而卫礼贤对中国和中国文化的真挚情感,也受到了他的中国朋友的高度赞扬。通过"尊孔文社"建立起来的深厚友谊,使得卫礼贤即使在身陷困境之际,也能获得中国朋友的鼎力相助。

青岛"失陷"后,卫礼贤征得日本军事管理当局的允准,利用校舍开办红十字会,医治战争受伤人员,后来甚至可以继续开办学校。恭亲王溥伟、前清大臣吕海寰和礼贤学院教师高天元自始至终同卫礼贤在一起,帮助他管理红十字会,经营学校。在日本统治时期,礼贤书院经费奇缺,经营维艰。为了帮助卫礼贤渡过难关,先是青岛商会会长隋石卿以个人和商会的名义提供捐款。1919年,曾官至北洋政府财政总长后辞职办实业的周学熙又决定全面支持。他将学校改为培养商业人才的基地,更名"礼贤甲种商业学校",学制三年,由劳乃宣任监督,高孟贤任校长。礼贤书院得以继续维持。而卫礼贤本人在把其创办的学校交付中国朋友照管之后于1920年夏返回了德国。③

---

① Richard Wilhelm, *Die Seele Chinas*, Berlin 1926, S. 172.
② 参见 *Die Biographische Chronik von Richard Wilhelm*, zusammengestellt von Wilhelm Matzat(未刊稿)。
③ 《青岛九中校史》上卷(未刊稿)。

（三）冲决宗教藩篱，追求"永恒真理"

民国初年，由于新旧国体的转换，中国国家行政系统紊乱不堪，法律效力荡然无存，社会秩序难以维持。又由于旧的道德规范已被否定，新的道德权威尚未确立，人们处于一种信仰真空之中，各种腐败随之丛生。正如陈焕章所指出的："现在之政局，果何局耶？以国内言之，则造谣之局也，垢污之局也，斗殴之局也，棍骗之局也，贿赂之局也，暴乱之局也，暗杀之局也，分裂之局也。"①

在政治动荡、社会混乱和信仰缺失如此严重的局势下，南京国民政府又准备颁布新教育条例，意图废除小学读经科，禁用清学部颁行的教科书。这就意味着儒家学说将从教育、社会和思想文化领域中彻底退出，中国人崇奉了千余年的道德规范和行为指南将被彻底抛弃。耳闻此情此景，流亡日本的维新派领袖康有为"若坠重渊"，遂写信给其在国内的弟子陈焕章等人，指示他们"趁方今旧学士夫诸生遍于全国"，"立孔教会以振之"。②

1912年10月7日，在孔子诞辰纪念日，陈焕章、麦孟华、梁鼎芬、沈曾植、朱祖谋等人③，在上海的山东会馆正式成立了"孔教

---

① 陈焕章：《论废弃孔教与政局之关系》，《民国经世文编》，上海经世文社1914年版，卷三十九。

② 康有为：《致仲远书》，上海市文物保管委员会编《康有为与保皇会》，上海人民出版社1982年版，第369页。

③ 陈焕章说："焕章目击时事，忧从中来，惧大教之将亡，而中国之不保也。谋诸嘉兴沈乙盦先生曾植、归安朱疆村先生祖谋、番禺梁节庵先生鼎芬，相与创立孔教会。"陈焕章《孔教会序》，《孔教会杂志》第一卷第一号，第七页。但在送交政府备案的呈文中所列发起人为：王人文、姚丙然、沈守廉、姚文栋、张振勋、陈作霖、沈恩桂、麦孟华、陈焕章等。沈曾植、梁鼎芬等前清遗老均未列名。见《孔教会公呈》，《孔教会杂志》第一卷第一号，公牍第二十三页。此处还明确注明："公呈系上达政府之文，故发起人中二三遗老不列姓名。"

会",共推康有为为会长,陈焕章为总干事。该会以"昌明孔教,救济社会"为宗旨,明确把孔教当作救治社会无序、道德标准混乱的主要手段,而在组织上则模仿西方教会,声称凡诚心信奉孔教之人,无论何教、何种、何国,皆得填具愿书,由介绍人介绍入会。它还以《孔教会杂志》为机关刊物,积极开展宣传鼓动工作,并计划在国内各市县设支分会,每年开全国大会一次,同时每月朔望各开常会一次。①

随着"孔教会"的建立,一场声势浩大的以孔教为"国教"的社会请愿运动也粉墨登场,特别是1913年陈焕章、严复、梁启超等人,以孔教会的名义向国会参、众两院递交请愿书,呈请"定孔教于国教,立于宪法",更是轰动一时。拥护者虽不乏其人,反对者也大有人在。

那么,卫礼贤及其"尊孔文社"社友又是持什么样的态度呢?

"笃志中国孔孟之道,讲求经学"②的卫礼贤虽然对孔子深怀敬仰之情,期望从孔子学说中寻找到能够解决现实问题的生活智慧,但他也深知不能原封不动地照搬旧宗教和旧世界观,而是应当赋予它们一些新形式。卫礼贤尤其反对建立排他性的宗教团体,反对人为地把人与人隔离开来的种种藩篱。他所憧憬的是普天之下的人类大同和世界文化,而要实现这一理想,必须通过深入研究和思想交流,把东西方的伟大学说有机地综合起来。他说:"人类需要某些新的东西。所有旧宗教和旧世界观都不能不加审查地盲

---

① 关于"孔教会"的建立和组织情况,可主要参见韩华《民初孔教会与国教运动》,四川大学历史文化学院博士学位论文,2003年。
② 王云五主编,清劳乃宣撰:《清劳韧叟先生乃宣自订年谱》,台湾商务印书馆民国六十七年七月,第47页。

目接受；它们也都不能完全适应新的人类的需要了。但有一点是我们可以做和将要做的,这就是为永恒的生活力量赋予新的年轻的形式,而这些形式又必须在思想交锋中得到锤炼。"①

而在劳乃宣看来,孔教主要是"教人之法,不可作党派解",是"人道之教,非神道之教"。② 他说:"教最初之语出于帝舜命司徒以教百姓,是教者,帝王用以教民者也,文行忠信为先,圣孔子教人之目,文行修于外忠信立于内,是孔子之教惟以人人所知所能之庸言庸行始终本末一以贯之并无高深幽远之处也。……其阐圣言明圣道也专以纲常伦纪诚正修齐人道之教,夫妇之愚可以与知,夫妇之不肖可以能行者为主。……一人不外乎人道即一人不外乎圣教,一家不外乎人道即一家不外乎圣教,则人人亲其亲长其长而天下自平不必远乎人而别有神道设教之心,思如此则孔教之名乃纯粹无疵,实足以为天地立心为生民立命为往圣继绝学为万世开太平矣。"③

卫礼贤和劳乃宣都反对把孔教立为国教。因此,当受袁世凯直接操控的《北京日报》(*Peking Gazette*)就是否应当把孔教提升为国教这一问题,要求卫礼贤表态时,卫礼贤在与青岛"尊孔文社"诸公详加商讨后,以完全一致的立场观点,作出了如下声明:"有史以来,中国从未设立国家宗教。孔子也从未考虑建立一个新教会。他所期望的不是别的,仅仅是传承与永恒的上帝意志一致的维护

---

① Salome Wilhelm (Hrsg.), *Richard Wilhelm. Der geistige Mittler zwischen China und Europa*, Düsseldorf / Köln 1956, S. 299.
② 劳乃宣:《论孔教》,桐乡卢士校刻:《桐乡劳先生(乃宣)遗稿》,台湾文海出版社印行,第167页。
③ 同上书,第165—169页。

人类社会秩序的重要法则。他从不要求成为某种宗教的创始人。他所希望的仅仅是传授真理,指明在现实世界维持秩序与和平的道路。在全世界真理只有一个。没有任何疆界能够把真理局限在一个由人构成的联合体内;而那些构成该联合体的人们却因为属于某个特定的教会,便与其他人格格不入了。联系有关这个真理的学说,等级和种族差别也是不存在的。无论是谁,只要遵循这个学说,就掌握了真理。孔子的唯一目标便是获取这个生活真理。除此之外,对于他来说,没有任何地方可以建立一个使自己与其他人分离开来并获得某种特殊性的教会共同体。无须赘言,孔子也根本不要求某种个人崇拜。的确,他曾经不止一次地考虑到,要想获取真理,与他本人保持密切联系是十分重要的。但他对他的学生所提出的要求不是别的,只是努力地遵循永恒的真理。孔子的真正伟大之处恰恰在于,他为所有人开启了真理的大门,未设任何教会的限制。孔子学派直到今天都忠实于这一榜样。虽然历代统治者都高度敬仰孔子,但从没有人想把孔教宣布为国家宗教。这就像没有人想把空气或水标识为国家空气或国家水一样。空气和水无处不在,每个人都可以享用,根本无须考虑他属于哪个国家或哪种教会。真理也是如此。国家真理原本是没有的,如果说孔教除了真理之外,未传授任何其他东西的话,那么它根本就不可能成为国家宗教。所有此类设施都有损于孔子的声誉,都必然会缩小孔子真理的影响范围。孔教就会被简单地降低为一个教派,我们不能想象那些真正的孔教徒,能够在这个社会中为其荣耀无比的大师找到一个这样的教派。……时机已经成熟,东西方的伟大学说都不能继续被某个国家视作私有财产而加以占有了。在孔子的学说中,有许多东西对于西方世界也是弥足珍贵的。因此,崇拜孔子的最好方式便是使他的学说为全世界所熟知。"①

从这一论述中,我们不难发现,卫礼贤和"尊孔文社"诸公对待孔子和孔子学说的立场态度是与"孔教会"的组织者们有重大差异的。

后来,卫礼贤还对"孔教会"作出了更为直接的批评。他说:"有一些不齿之人,他们把好战的基督教机构借来充当组织工具,以便通过这类工作为自己找碗饭吃,并把别人的注意力吸引到自己身上。例如,孔教会就属于这一类型。虽然其创立者不乏真诚,对古代智者的意义有着狂热的迷恋。但他的所作所为,如组建一个可与基督教教会进行竞争的教会,如为这个教会设立一些其推行已不符合时代要求、不能被参加者认真接受的仪式,都充分表明,他的失败是命中注定的。"②这就更加明确地表达了卫礼贤对"孔教会"的反对态度。

与此同时,卫礼贤也看到:即便在宗教领域,也有一种新气象遍布中国各地。中国最伟大的智者的思想也开始以其简洁、明了的形式重新焕发生机了。"对于时代精神有着非同寻常的敏锐感受的梁启超,果敢坚决地为人们指出了涌流到大师言论之中的思想源泉,并且他不是单纯地从学术方面对这些思想源泉加以研究,而是也把它当作塑造个性的力量和生活之本源来加以利用的。于是,智者的永恒性开始通过其时代源泉越来越清楚地闪耀出来,并且自由自在地成为了生活的塑造力量。"③

---

① Salome Wilhelm (Hrsg.), *Richard Wilhelm. Der geistige Mittler zwischen China und Europa*, Düsseldorf / Köln 1956, S. 224—225.
② 同上书,第299页。
③ 同上。

由此可见,卫礼贤和"尊孔文社"的其他同人都不支持孔教运动。卫礼贤本人甚至十分厌恶"孔教会"。无视这些事实而把青岛"尊孔文社"不加区别地混同于"孔教会"的做法是完全错误的。

然而,确有一些避居青岛的前清贵族、大臣积极串联,密谋、策划并发动了多次光复大清王朝、还政于宣统皇帝的行动,致使青岛成为了民国初年封建复辟活动的一个重要"根据地"①。这一点早已为许多学者所提及,并且似是不刊之论。问题在于,青岛"尊孔文社"究竟在复辟运动中扮演了什么角色?发挥过什么作用?它是不是真的像人们所说的那样,是"一个积极鼓吹复辟的中心"②?这个问题也涉及德国政府和卫礼贤与复辟运动的关系。基于卫礼贤与青岛遗老们的密切交往,不少学者认为德国帝国主义对这些复辟活动采取了支持和帮助态度,卫礼贤本人甚至积极参与其中③。这种看法是不是也对呢?

我们已经知道,辛亥革命后,一部分前清贵族、大臣密谋发动了多次复辟活动,其中与青岛相关的至少有三次,这就是癸丑(1913年)复辟、甲寅(1914年)复辟和丁巳(1917年)复辟。癸丑

---

① 鲁海、张树枫、鲁军:《胶澳租界与封建复辟》,《东岳论坛》1989年第2期,第91页。

② 方艳华:《民初山东孔教会及其活动》,《成都教育学院学报》2004年第12期,第62页。

③ 如见鲁海、张树枫、鲁军:《胶澳租界与封建复辟》,《东岳论坛》1989年第2期,第93—94页;张艳国:《亡清皇室贵族复辟集团复辟与尊孔关系探讨》,《学术月刊》2002年第6期,第89页;鲁海:《德国人卫礼贤》,青岛市政协编:《青岛市政协文史资料选辑》第10辑,中国文史出版社1996年版,第185页;鲁海:《卫礼贤在青岛》,载孙立新、蒋锐主编《东西方之间——中外学者论卫礼贤》,山东大学出版社2004年版,第75—77页;蒋锐:《卫礼贤的汉学生涯》,《德国研究》2004年第1期,第55页;蒋锐:《卫礼贤汉学生涯的三个阶段》,载孙立新、蒋锐主编《东西方之间——中外学者论卫礼贤》,山东大学出版社2004年版,第107页等。

复辟始于前清遗老迁居青岛不久,计划拉拢驻扎在兖州的新军阀头子张勋,联合冯国璋和田中玉,自济南北上讨伐袁世凯。这次复辟由溥伟亲自策划,前学部副大臣刘廷琛、翰林侍郎于式枚、邮传部左参议陈毅、监察御史温肃和胡思敬积极协助。据陈毅回忆说:"先是,壬子夏恭亲王建谋青岛,因刘(廷琛)大臣及余奔走于张(勋)公军中,期以癸丑之春举济南而集议于潜楼。"①此处所说的"潜楼"系指刘廷琛在青岛湖南路建造的一座楼邸,可见此次复辟密谋的主要场所并非"尊孔文社",与卫礼贤也没有什么直接联系。

但复辟分子的确想从德国方面获得支持,为此恭亲王溥伟曾在1912年10月6日亲自拜会了在青岛逗留的亨利亲王。恭亲王恳求德皇弟同情中国帝制复辟工作,但亨利亲王指出德国的举动,"俾不致激起其他各国在这样一个微妙的问题上的猜忌、怀疑与妒忌。"②此时德国正在欧洲加紧备战,无暇顾及远东局势,也不希望青岛"成为许多旧政权拥护者及厌倦新政府的官僚的避难所"③。德国政府甚至倾向于以较早承认袁世凯的举措来增强其在华的权益和影响,根本不想因支持前清遗老而节外生枝。由此可见,说德国帝国主义帮助复辟活动是不符合逻辑的。此间舆论宣扬的恭亲王溥伟与亨利亲王"往来活跃",亨利亲王夸口"他的皇兄陛下和他本人将竭力支持清朝的复辟"④,等等,恐怕都是复辟分子虚张声势罢了。

---

① 《丁巳同难图记(附朱江墓志铭)》,中国科学院近代史研究所近代史资料编辑组编《近代史资料》总35号,中华书局1965年版,第94页。
② 孙瑞芹:《德国外交文件有关中国交涉史料选译》第三卷,商务印书馆1960年版,第256页。
③ 同上。
④ 孙瑞芹:《德国外交文件有关中国交涉史料选译》第三卷,商务印书馆1960年版,第255页。

由于田中玉暗地告密,袁世凯严加防范并采取措施离间,癸丑复辟胎死腹中。

癸丑复辟失败后,溥伟、刘廷琛等人并不善罢甘休,继续计划在济南、汉口、上海、广东、南京等地设立机关,以期三年内恢复社稷。但随着二次革命的失败,袁世凯政权日益巩固,讨袁行动似无成功之希望。而在另一方面,鉴于政局的动荡和自身力量的加强,袁世凯本人又想称帝,依靠铁腕手段来平息内乱了。于是,在甲寅年间,他亲自操纵舆论,在北京刮起了一股恢复帝制之风。

此风传到青岛,不少前清遗老大喜过望,以为有机可乘,遂有劳乃宣等人上书袁世凯,要求"变更国体,还政清室"①,掀起了一次新的复辟活动。

劳乃宣早在辛亥革命爆发后不久,就针对舆论界有关"君主立宪"还是"民主立宪"问题的争论,写作了《共和正解》一文,并将它发表在《民视报》上。在劳乃宣看来,"共和"之语,中国古已有之,"其本意为君幼不能行政,公卿相与,和而修正事"。"共和"政体"乃君主政体非民主政体",与现今"东西各国所谓君主立宪绝相似"。少数"不学之流"把"共和"当作"民主"来用,实大谬也。民主之制之所以在欧美个别国家实行,一方面这些国家"民政久有基址",另一方面其君主暴虐残忍"激而生反抗之力"。而在中国,"略晓欧美文明法律具民主之间者"仅为少数,绝大多数都是"守旧之人",况且"朝廷本无虐政,德泽犹在人心",因此民主之制万不能行于中国。如若硬要推行,势必造成天下大乱,民不聊生。今日救时之要道乃是"君主具正统知名以镇服天下之人心,政府握大权之实以担负行政之责

---

① 黄远庸:《远生遗著》卷二,上海书店据中国科学公司1938年版影印,第283页。

任,又有国会处于监察之地位,使不致有跋扈之虑"。①

及至1914年,劳乃宣看到在民主制实行的三年间果然"变乱百出",而"近者总统之制定,党人之言衰",袁世凯不愧是具有"雄才大略"的政治家,而且他在正式就任大总统职之后,"凡命令中涉及大清帝后,备极尊严,且将优待条件列入约法之内",实有"不忘故君"之心。于是,他又连续写作了《续共和正解》和《君主民主平义》两文,刊行于世,并请赵尔巽、徐世昌转呈于袁世凯,恳求袁在"戡定之后,尊王室,秉政权,实行正解之共和以安天下",等到十年总统任满,即还政于宣统皇帝,皇帝则封袁王爵,"世袭罔替"。②

劳乃宣的复辟言论在当时产生了很大影响,世人称:"大抵复辟邪说,惟劳乃宣正续共和解一书为之厉阶"③。袁世凯为了笼络人心,便特聘劳乃宣为参政院参政,让徐世昌代为促驾。而袁世凯的此举,的确刺激了其他复辟分子,如曾为反袁大将的刘廷琛,此时摇身一变为袁世凯的公开支持者,并作《复礼制馆书》予以进呈。国史馆协修宋育仁也摇旗呐喊,大肆鼓吹复辟大清,甚至还联合国史馆其他成员,准备集体上书。只是劳乃宣等人此时已因为日德战争爆发离开了青岛,"尊孔文社"也因为前清遗老们的纷纷逃离而有名无实了。④ 说"尊孔文社"是"一个积极鼓吹复辟的中心"的

---

① 劳乃宣:《共和正解》,桐乡卢士校刻:《桐乡劳先生(乃宣)遗稿》,台湾文海出版社印行,第141—145页。

② 劳乃宣:《续共和正解》,桐乡卢士校刻:《桐乡劳先生(乃宣)遗稿》,台湾文海出版社印行,第147—153页。

③ 黄远庸:《远生遗著》卷二,上海书店据中国科学公司1938年版影印,第286页。

④ 劳乃宣在自订年谱中写道:"战事起,迁济南小住,又迁曲阜赁屋寄居……辛亥曾作共和正解至是复作续共和正解,主张复辟,作书致徐菊人,转达袁氏又印行于世,新党大哗,不得要领而罢。"王云五主编,清劳乃宣撰:《清劳韧叟先生乃宣自订年谱》,台湾商务印书馆民国六十七年七月,第45—48页。

人,根本就没有注意到这个基本事实。

而劳乃宣苦心孤诣地为袁世凯谋划的坐享荣华富贵的蓝图并不能满足后者的野心;袁世凯之所以大造帝制舆论,本是想为自己称帝铺路的,并非要"还政清室"。因此,当他看到宋育仁等效法劳乃宣,准备集体上书时,便马上下令将其交内务部查办。劳乃宣见状,根本不敢进京了,而刘廷琛等人又再度策划起反袁活动。

1916年6月,不顾全国人民反对悍然称帝的袁世凯,在一片咒骂声中绝望地死去。其后,中国政局又陷入严重分裂状态。趁此混乱之机,重返青岛的刘廷琛和蒙古多特罗公升允等人又开始联络张勋,积极谋划新的复辟活动,最终于1917年7月1日酿成仅仅维持了12天的丁巳复辟。

有论卫礼贤与复辟运动的关系者,多以此次复辟活动为依据,声称卫礼贤是"复辟分子与德国政府的联系人",曾"代表德国政府答应复辟可给予贷款",或者说"向张勋、刘廷琛表达了德国对复辟的支持","卫礼贤还出谋划策,主张让逊帝宣统与德国皇室联姻,以换取德国的支持"等。[①] 实际情况果真如此吗?

论者在讨论中德皇室联姻建议时,所依据的只是溥仪在《我的前半生》中的一段回忆,其中写道:"劳乃宣悄悄地从青岛带来了一封信。发信者的名字已记不得了,只知道是一个德国人,代表德国皇室表示愿意支持清室复辟。劳乃宣认为,这是个极好的机缘,如果再加上德清两皇室结亲,就更有把握。"[②]这只是一个孤证,并且溥仪已经忘记发信人的名字了,仅凭是一个德国人就断定为卫礼

[①] 以上引语均出自鲁海《卫礼贤在青岛》,载孙立新、蒋锐主编《东西方之间——中外学者论卫礼贤》,山东大学出版社2004年版,第75—77页。

[②] 爱新觉罗·溥仪:《我的前半生》,群众出版社1983年版,第101页。

贤,未免有些草率。

　　至于卫礼贤"代表德国政府"向复辟分子作出的许诺,论者参考了郑孝胥的日记[①],但即使根据这些日记,也很难得出上列结论。根据郑孝胥的日记,我们可以获知,当时复辟分子为了劝说张勋起事、筹措资金、争取外国政府对"新政府"的承认,的确花费了很多心机,他们也的确想获得卫礼贤的支持,并利用这一支持来说服张勋,扩大自己的势力。但卫礼贤的态度究竟如何呢?

　　在郑孝胥写于1917年4月14日的日记中,我们可以看到:"鑑泉自徐州来,言于徐州遇升吉甫(升允)、章一山、刘幼云(廷琛)等。吉甫携尉礼贤书与一山同至徐州,夜见张勋,将来沪。刘幼云告之曰:日人已闻借德款事,将出干涉,恐姚洩之于日人,子宜勿行。升吉甫惧,即返青岛。"[②]从鑑泉的话语里,我们可知升允曾带着卫礼贤的书信拜见过张勋,但卫礼贤的书信究竟写了些什么,我们不得而知。从刘廷琛的话语里,我们仅能看到复辟分子要向德国借钱,但德国是否已经答应,我们也无从知晓。这些话语只反映了复辟分子的行动和意图,很难据此认为卫礼贤支持他们的要求和行动。

　　相反,从郑孝胥日记中的其他记载来看,卫礼贤似乎并不愿意提供什么帮助。郑在1917年4月16日写道:"赋秋来,示吉甫信云:一山来,即拟偕,而尉礼贤执拗不肯作信。先生成之,而尉败之,此乃运气无可如何等语。而与余信则曰:借款已为谍者所

---

①《郑孝胥丙丁日记》,中国科学院近代史研究所近代史资料编辑组编《近代史资料》总35号,第63—84页。

② 同上书,第71页。

觉,此中深可骇诧……此乃吉甫信刘幼云之言,谓赋秋洩其事于日本也。彼意借款为日所忌,故为刘言所中,而不知其不然也。刘似欲卖吉甫,而令张勋自与德人商借故耳……鑑泉言尉礼贤虽无信,而又一名刺,背面有洋文数行。姚谓:得此足资介绍,不必信也。"[①]这里所讲的一席话,因无背景知识,实在很难理解,只能大体上作这样的判断:复辟分子希望通过卫礼贤的介绍,向德国在上海的机构(公司或领事馆)借款,而卫礼贤只是碍于朋友的面子[②],不得已而为之。况且,卫礼贤也仅仅是一介平民,根本代表不了德国政府。德国政府对于此次复辟活动的态度也是非常消极的。在复辟分子多次拜访德国驻上海领事馆人员之后,德国方面才出于各种考虑[③]在7月6日答应可以借款,此时张勋复辟已经临近失败了,而借款事仅仅达到口头许诺水平。[④]

对于这些事,卫礼贤似乎不愿意多谈,在其回忆录中仅仅简单地说:"当时还处于秘密状态的重建君主制计划也失败于目光短浅、没完没了的纷争和自以为是。辜鸿铭甚至想出任外交大臣并因此招致许多人的不满。那些更审慎的人总是在关键时刻疏远密谋。一些人与袁世凯或民国讲和,整个复辟活动最终以冒险告吹。"[⑤]而从其夫人萨美懿的回忆录中,我们可以看到,卫礼贤拒绝

---

① 《郑孝胥丙丁日记》,中国科学院近代史研究所近代史资料编辑组编《近代史资料》总35号,第71页。

② 从卫礼贤的回忆录中可以看到,他经常与升允一起喝酒、聊天,两人关系应当是很不错的。参阅 Richard Wilhelm, *Die Seele Chinas*, Berlin 1926, S. 164.

③ 其中不排除因为中国政府有准备对德宣战倾向而产生的影响。

④ 参见《郑孝胥丙丁日记》,中国科学院近代史研究所近代史资料编辑组编《近代史资料》总35号,第72—77页。

⑤ Richard Wilhelm, *Die Seele Chinas*, Berlin 1926, S. 174.

参加恭亲王溥伟的所有复辟计划和活动,仅在把一些合同和协议从中文翻译为欧洲语言,并用外文把它们誊写出来方面,提供了一定的帮助。而当前清遗老在他们家中议论政事的时候,卫礼贤及其夫人都表现得十分克制,根本不想参与他们的政治行动。[1]

综上所述,我们可以看到,卫礼贤组建青岛"尊孔文社"主要是出于他对孔子的崇拜和他期望认真研究中国文化、促进东西方之间文化交流的学术关怀。"尊孔文社"也的确在很多方面与"孔教会"不同,与曾经喧闹一时的孔教运动也格格不入。虽然有不少参加"尊孔文社"的前清遗老积极筹划、进行封建复辟活动,但他们的行为基本上都与"尊孔文社"无关,不应当依据他们的行为把"尊孔文社"确定为民初封建复辟运动的一个中心。就卫礼贤本人来讲,他虽然极力结交避居青岛的前清贵族和大臣,但其志趣和志向并不与之完全相同,特别是在政治方面,卫礼贤对封建复辟活动的支持实际是很有限的。与之相反,在研究和传播中国文化方面,"尊孔文社"的创办是非常富有成效的。别的不说,仅卫礼贤和劳乃宣合作翻译《易经》一事来看,"尊孔文社"就不愧是沟通东西方文化的一座伟大桥梁。

---

[1] Salome Wilhelm (Hrsg.), *Richard Wilhelm. Der geistige Mittler zwischen China und Europa*, Düsseldorf / Köln 1956, S. 254.

第四部分：

德占胶澳与
中德相互作用

九、从海洋战略角度看德占胶澳事件

1897年,德意志帝国悍然出兵中国,强占胶州湾为其租借地,划山东省为其势力范围。这一军事行动不仅是德国帝国主义酝酿已久的侵华政策的具体实施,也是其海洋战略的逻辑结果。

所谓的海洋战略,包含有广义和狭义两方面的内容。作为广义的海洋战略,主要是指某个国家的发展战略,其主要目标是,通过捍卫和扩大国家的海洋利益,促进政治、经济、社会生活和文化事业的全面发展。狭义的海洋战略即为海洋战争的战略,包括所有为进行海洋战争而做的准备工作,也包括对海洋战争的具体指挥和指导。广义和狭义的海洋战略并非相互对立而是相互包容的;前者是基础和前提,后者则是工具和手段。而在不同历史时期,并对不同国家而言,海洋战略的性质又有巨大差别;有的是和平的、正义的,有的是侵略的、非正义的。但不管怎样,从技术角度来说,所有海洋战略在许多方面又是相同或相通的。

从海洋战略角度考察和分析德占胶澳这一历史事件,不仅有助于更深刻地认识和揭露德国帝国主义的侵略本质,也可以进一步搞清其内在的逻辑结构和军事技术含义,使人们从历史中获取更丰富的经验教训。

（一）德国海洋战略的兴起

自地理大发现以来,西班牙、葡萄牙、荷兰、法国和英国等西方列强纷纷把眼光瞄向海外,先后开展了一系列大规模海外扩张和殖民掠夺活动。为了霸占贸易航道、独吞殖民地财富,它们也建立了一支又一支海上战斗力量,进行了不计其数的、激烈的海洋战争。与此同时,也有不少政治家、军事家、历史学家和军事理论家对海军建设和海上作战进行了广泛研究,阐述了丰富多彩的海洋战略思想。

与西、葡、荷、法、英诸国相比,德国的海洋意识和海外经营一直是相当落后的,以海洋为重心的海洋战略思想也是很晚才出现。这是有其自然地理和历史发展原因的。

从地理方面来看,德国地处欧洲中部,基本上是一个陆地国家,只有北方少数地区濒临海洋(北海和波罗的海),远离海洋的人们自然是难以萌生海洋情结的。不仅如此,德国国土还缺乏自然屏障的保护,除了南部的阿尔卑斯山外,东、西两边都是地域开阔、地势平坦的大平原,这就很容易使之成为兵家常争之地和各民族拼搏厮杀的大战场。为了应对陆地上的战争,德国的许多政治家和军事家都不得不把注意力集中于陆军建设,强调拥有强大的陆军而不是海军的重要性。从历史发展情况来看,德国自中世纪晚期以来长期处于分裂割据状态,中央政权有名无实,地方诸侯拥兵自重,尾大不掉。为了争权夺利,各种政治势力之间经常发生纠纷,互相吞并和拼杀。连绵不断的血腥内讧,严重地阻碍了德国的经济发展和海外贸易,更不用说海外扩张了。大大小小的统治者们既无心也无力顾及其海洋权益。

然而,德意志人也不是毫无支配海洋的欲望的。实际上,"谁能控制海洋,谁就能控制世界"这一古罗马政治家西塞罗的名言,早就流传到了德国。14世纪时,吕贝克、汉堡、科隆、但泽、柯尼斯堡等大多数北德沿海城市曾联合组成汉萨同盟,垄断了东欧、北欧同西欧的贸易,其联合舰队一度控制了波罗的海和北海的大片海域。在16世纪大航海时代到来之际,一些德意志人也参加过由葡萄牙和西班牙组织的远洋航行。南德富商韦尔泽(Welser)家族和富格尔(Fugger)家族甚至还在马德拉岛、印度、南美洲等地进行过多次殖民开发和经营。[1]这些活动虽然多属偶然的、零星的,但还是给后世留下了深刻印象。

到18世纪末19世纪初,随着英美等国新一轮海外贸易和海外传教热的兴起,德国商人和传教士也开始了较大规模的海外经营。仅在1783—1803年间就有10艘德意志商船抵达中国广州;其中,9艘是普鲁士商船,1艘是汉堡商船。受普鲁士政府的委托,原英国东印度公司的会计丹尼尔·贝勒(Daniet Beale)成为了普鲁士驻广州的领事,负责维护普鲁士与中国之间的贸易。[2]与此同时,积极鼓吹海外扩张和创建海军的重要性的殖民宣传也在德国逐渐兴起。[3]不少文学作品连篇累牍地宣扬中世纪汉萨同盟的辉煌历史,哀叹最近几个世纪德意志人海外经营的失败经历。一些到过海外的人则在旅行报道中极力渲染自己的探险活动和异国他乡的趣闻轶事,把远洋航行说成是自由、独立和幸福的象征,是民

---

[1] 〔德〕马克斯·布劳巴赫等著,陆世澄、王昭仁译,高年生校:《德意志史》第二卷上册《从宗教改革至专制主义结束》,商务印书馆1998年版,第547页。

[2] Yue Wen-tang, *Die deutsch-chinesischen Beziehungen von 1860—1880*, Bochum 1981, S. 30.

[3] Guntram Schulze-Wegener, *Deutschland zur See. 150 Jahre Marinegeschichte*, Hamburg/Berlin/Bonn 1998, S. 13.

族和国家生命力强盛的体现。"海洋生活强健了沿海居民的身体，培养了他们的自由和独立精神。"①而"对于一个正在成长的民族，若不扩张就谈不上富裕，若无海外政策就谈不上扩张，若无海军就谈不上海外政策"。②

但在奥托·冯·俾斯麦(Otto Von Bismarck,1815—1898)执政期间，海外扩张运动又受到了严格限制。特别是在普法战争胜利以后，以"铁血宰相"著称的俾斯麦却主动作出保守姿态，反复强调新建立的德意志帝国"除了保持安宁，力争在和平环境中进一步发展外"别无他求。俾斯麦深谙法国对德国怀有强烈的仇恨和报复情绪，俄国和英国也对德国充满猜忌和不安。为了巩固和维护德意志帝国已经取得的"半霸主地位"(halbhegemoniale Stellung)③，维护和巩固新的欧洲均势局面，他宁愿采取比较务实的"信任政策"(Politik des Vertrauens)和"大陆政策"(Kontinental Politik)，确定德国的主要活动舞台在欧洲大陆而不在海外，力图通过纵横交错的联盟体系，稳定德、俄、奥之间的三皇盟友关系，利用奥地利牵制俄国，利用俄国牵制英国，千方百计地阻止法国东山再起。自1884年起，俾斯麦虽然也为德国谋取了一些殖民地，④

---

① Guntram Schulze-Wegener, *Deutschland zur See. 150 Jahre Marinegeschichte*, Hamburg/Berlin/Bonn 1998, S. 13—14.

② Joachim Schultz-Naumann, *Unter Kaisers Flagge. Deutschlands Schutzgebiete im Pazifik und in China. Einst und heute*, München 1985, S. 33.

③ Konrad Canis, *Von Bismarck zur Weltpolitik. Deutsche Aussenpolitik 1890 bis 1902*, Berlin: Akademie-Verl. 1999, S. 17.

④ 1884年4月德国政府把一块由不来梅商人吕德里茨在西南非洲安格腊培昆纳湾买来的土地置于自己的保护之下；1884年7月在多哥和喀麦隆建立起德意志帝国的统治权；1885年2月给卡尔·彼得斯在东非获得的土地签发了一种帝国护照；1885年5月接管了由德国新几内亚公司在阿道夫·冯·汉塞曼获得的威廉皇帝洲(北新几内亚)和它前面的群岛——俾斯麦群岛——的宗主权。

但其做法是相当节制的,尽量把殖民事务限制在经济范畴内,并且继续坚持大陆政策的优先权。俾斯麦特别不愿意因为殖民地问题而触及英国的利益,与英国发生冲突。90年代时,他甚至准备把德国的所有殖民地都出租给汉堡商人联合会。[1]

不过,在迅速工业化和由工业化所带来的社会变革的压力下,海外扩张和殖民宣传也不可遏制地一再兴起。无论经济实力迅速膨胀的大康采恩、仍然具有很大影响力的易北河以东的容克贵族,还是新兴的中间阶层都积极要求向欧洲以外扩张。殖民地不仅被看作工业产品的销售市场、原料产地和过剩人口的收容所,而且也被看作可以缓和本国经济危机和社会矛盾的"社会安全阀"。深受社会达尔文主义影响的激进民族主义者更是极力宣扬建立德意志帝国世界强权的重要性,认为在各民族的生存竞争中,德意志帝国的生死存亡完全取决于它的政治、经济和军事实力和它在世界上的影响。[2]

至19世纪90年代,美国海军历史学家和海军战略家阿尔弗雷德·塞耶·马汉(Alfred Thayer Mahan,1840—1914)的"海权论"传入德国,并且立即产生了巨大影响。马汉在其《海权对历史的影响(1660—1783)》一书中所阐述的以掌握"制海权"为目标的国家发展战略,不仅极大地鼓舞了德国扩张主义者的斗志,而且也直接导致了德意志帝国政府海洋战略的制定。

1888年登基的德意志帝国皇帝威廉二世(Wihelm Ⅱ,生于1859

---

[1] Guntram Schulze-Wegener, *Deutschland zur See. 150 Jahre Marinegeschichte*, Hamburg/Berlin/Bonn 1998, S. 49.

[2] 参见〔德〕余凯思著,孙立新译,刘新利校《在"模范殖民地"胶州湾的统治与抵抗——1897—1914年中国与德国的相互作用》,山东大学出版社2005年版,第70—71页。

年,卒于 1941 年,1888—1918 年在位)无疑是海洋战略的最主要倡导者。这位登基时年仅 29 岁的"好斗的少主"在执掌国政后不久就与老宰相俾斯麦在内政外交问题上产生了严重分歧,最终迫使后者在 1890 年辞职返乡。此后,威廉二世开始实行"个人统治"(persoenliches Regiment)①。他也抛弃了俾斯麦的"大陆政策",转而推行走出欧洲,面向世界,追求世界强权的"世界政策"(Weltpolitik)。

威廉二世的"世界政策"实际上就是一种侵略性海洋战略。构成这一政策的主要理论基础便是马汉的"海权论"。在威廉二世看来,马汉的《海权对历史的影响(1660—1783)》"是第一流的著作,所有的观点都是经典性的"。他要让所有舰船上都有这本书,要让舰长们和军官们经常引用它。②马汉所宣扬的海权与国家兴衰休戚与共、海权是世界性权利的基本来源,"获得制海权或控制了海上要冲的国家就掌握了历史的主动权"等观点,几乎完全被威廉二世所接受。威廉二世极力宣称:"德国的未来在海上","定叫海神手中的三叉戟掌握在我们手中"。"国权即是海上权,海上权与国权,犹如车之双轮,鸟之双翼,两两相辅而促进国运之发展,若缺其一,则不能期望国家强盛。"③这种对海洋权益的渴望和追求,在德国历史上可谓是空前的。

---

① Hans Wilderotter,*"Unsere Zukunft liegt auf dem Wasser". Das Schiff als Metapher und die Flotte als Symbol der Politik des wilhelminischen Kaiserreichs*,in:Hans Wilderotter/Klaus-D. Pohl (Hrsg.),*Der letzte Kaiser Wilhelm II. im Exil*,Gütersloh/München:Bertelsmann-Lexikon-Verl. 1991,S. 58.

② 〔美〕罗伯特·西格著,刘学成等编译:《马汉》,解放军出版社 1989 年版,第 205 页。

③ 青岛市博物馆、中国第一历史档案馆、青岛市社会科学研究院编:《德国侵占胶州湾史料选编(1897—1898)》,山东人民出版社 1986 年版,第 397 页。

正是在这种富有侵略性的海洋战略指导下,德国开展了大规模的海军建设,提出了占领海外军事基地的要求和行动方案。

(二) 德国海军建设的进行

要推行世界政策和海洋战略,必须建立强大的海军。海军作为海上交通线的卫士和海上作战的主要工具,不仅在战争中可发挥决定性作用,就是在和平时期也可以承担起保护本国海外利益的任务。没有强大的海军,任何国家都不能在国际舞台上树立起自己的权威。然而德国的海军不仅建立得很晚,在发展过程中也屡遭坎坷,与各个海洋大国相比,长期连二三流都轮不上。

德国海军始建于1848年,这至少在形式上是德国资产阶级革命的产物。1848年,德国资产阶级革命爆发。5月18日,全德国民议会在莱茵河畔法兰克福城圣保罗教堂召开。鉴于因石勒苏益格-荷尔斯坦因公国问题而与丹麦王国发生的军事冲突,全德国民议会在12月21日宣布建立一支德国海军。然而,它虽号称德国海军,实际上却被个别德意志邦国所控制,只是这些邦国的海军。[1]尽管如此,随着资产阶级革命的失败,这支海军部队也旋即夭折。其军舰有两艘,即"巴巴罗萨"号和"艾肯弗尔德"号,被移交给普鲁士,其余的都被拍卖给私营海运公司了。[2]

19世纪50年代,随着普鲁士国家的崛起,其海军力量也得到了加强。但普鲁士政府只把海军运用于海岸防御,部署在但泽、施

---

[1] Guntram Schulze-Wegener, *Deutschland zur See. 150 Jahre Marinegeschichte*, Hamburg/Berlin/Bonn 1998, S. 17.

[2] 同上书,第23页。

特拉尔松和施维内明德诸港口,并没有组建远洋舰队。作为普鲁士海军的最高指挥官,阿达尔伯特亲王虽然强调普鲁士海洋利益的重要性,但也仅限于在1853年购买了一处位于亚德湾附近的平地,准备为普鲁士北海舰队建立一个军事基地。①普鲁士是一个陆地国家,对于它来说,最有效的军事力量是陆军而不是海军。在普鲁士陆军将领们看来,海军军舰仅仅是造价昂贵的附属物,况且它还带有1848年革命的"坏名声"。普鲁士海军力量依然有限,只是象征性力量和国家的装饰,未能在海外产生真正的威慑力。②

1866年普奥战争后,以普鲁士为首的北德意志联邦成立,北德联邦海军也相应建立,普鲁士海军加入其中,而普鲁士国王则担任其最高指挥。北德联邦海军从英国购买了3艘战船,另外还委托德国船厂建造了3艘装甲三桅快速战船("大选侯"号、"普鲁士"号和"弗里德里希大王"号)。虽然仍十分寒酸,但北德联邦海军已经可以投入战斗了。因此,不少政治家和海军将领都期望借助这支海军为德国谋取殖民地。③

1871年德意志帝国建立后,先前的北德联邦海军变成了帝国皇家海军。因为各陆军部队继续由帝国成员国控制,只在战争时期听命于拥有最高指挥权的皇帝,集结成为帝国军队,所以海军便成为帝国政府在和平时期所掌握的唯一武装力量了。然而,为了避免与英国发生冲突,帝国首相俾斯麦只允许建立一支以保护德国的海外贸易和海外外交机构为目的的海军,其任务也仅限于:在

---

① Guntram Schulze-Wegener, *Deutschland zur See. 150 Jahre Marinegeschichte*, Hamburg/Berlin/Bonn 1998, S. 24.
② 同上书,第25页。
③ 同上书,第24页。

进行外交谈判时,到异国海岸展示军旗和权威;在德国国民和商家的生命财产遭到威胁时,到异国维持治安。另外,最初的帝国海军舰队主要是由一些小型蒸汽帆船组成,具体地说,是由巡洋三桅快速战船、巡洋武装帆船和主要用于在海岸边和河流上行驶的吃水浅的炮艇组成。俾斯麦要向世界展示一个知足的、对于扩张没有丝毫兴趣的德国,他从不愿意通过一种冒险的和以世界为导向的海军建设来危害他的"信任政策"。俾斯麦把海军安排在"观众"席上,为它打上了自我满足的封印,这就极大地限制了德国海军的发展。继俾斯麦接任帝国首相的卡普里维也拒绝任何超出海岸保护的海军建设计划,认为花费高昂的海军建设超出了德国的能力。①

　　德国大规模的海军建设同样始于威廉二世亲政之后。威廉二世清楚地知道,要走出欧洲,夺取世界霸权,必须首先创建一支能与英国皇家海军相匹敌的强大海军。而在此时,英国的皇家海军正处于全盛时代,不但拥有规模庞大的舰队,而且也把全英国最优秀的人才都吸引到了海军当中。英国皇家海军守卫着从加拿大到澳大利亚,从印度到南非的几千平方公里的殖民领地,其战斗力远远超过德国海军。毫不掩饰自己对马汉崇拜的威廉二世把海军看作推行其"世界政策"的重要工具,力主扩大海军建设规模,甚至不惜冒与英国发生冲突的危险。自1895年起,威廉二世越来越强烈地要求制定一个长期的海军建设计划,并且在第一阶段就建造共计36艘军舰的两个巡洋舰舰队。②

---

　　① Guntram Schulze-Wegener, *Deutschland zur See. 150 Jahre Marinegeschichte*, Hamburg/Berlin/Bonn 1998, S. 43—44.
　　② Peter Winzen, "Zur Genesis von Weltmachtkonzept und Weltpolitik", in: John C. G. Roehl (Hrsg.), *Der Ort Kaiser Wilhelms II. in der deutschen Geschichte*, München 1991, S. 192—193.

为了说服帝国国会批准经费预算、顺利贯彻海军建设计划,威廉二世还利用新闻媒体大造声势,煽动民众向国会请愿,要求国会理解和支持"扩展我们海洋利益"的事业。他特别向工人们宣称:日益增长的商业贸易需要海军加以保护,削减军舰和普通船舶的建造计划必然会导致大批工人下岗。他还建议扩大《海军瞭望》杂志的发行量和销售市场,大规模翻译出版英文海军文献,鼓励海军军官参加以促进一般海洋利益为宗旨的民间协会,加强海军与私营企业的联系。①

在威廉二世直接督导下,德国海军很快就有了显著发展。到1897年,德国海军已扩大到1,000余名军官和技师,大约22,000名下级军官和水兵,军费达11,700万马克;拥有7艘装甲舰,1艘装甲巡洋舰,7艘海岸装甲舰,5艘普通巡洋舰。②这种规模虽然还不能与英法等国相比美,但对德国自身情况来说已经是一大进步了。

(三) 在中国沿海占领海军据点计划的形成

从初创到19世纪80年代中期,德国海军的作用一直被解说为防御性的,其任务仅限于保护和捍卫德意志帝国的海岸。在大多数军事指挥员和战略家看来,海军只是"实施祖国整体防御的助手",可以"在未来的战争中保障生活品输入、满足人民衣食之需"。因为陆军在欧洲大陆两线作战中的决定性作用和与之相联的在装

---

① Peter Winzen,"Zur Genesis von Weltmachtkonzept und Weltpolitik",in:John C. G. Roehl (Hrsg.), *Der Ort Kaiser Wilhelms II. in der deutschen Geschichte*, München 1991, S. 194.

② Guntram Schulze-Wegener, *Deutschland zur See. 150 Jahre Marinegeschichte*, Hamburg/Berlin/Bonn 1998, S. 62.

备方面的优先权是不能否认的,所以海军长期处于陆军的仆从地位,在军备方面则是备受歧视的"灰姑娘"。①

现在,随着自身力量的壮大及其在海外支持本国外交和商业作用的日益突出,德意志帝国海军逐渐成为可以在世界范围投入使用的高级政治工具了。与之相应,德国海军的任务和目标设置也发生了重大变化。战略进攻思想越来越占上风。与之相应,德国海军的任务转变为:在北海进行防御战,在海外进行进攻性的巡洋舰战,就是说把海军的活动从本国海岸扩大到世界海域,由被动变为主动。②

这种战略进攻思想也因为造船技术的革新而变得容易实现了。蒸汽机使船舰的航行速度得以大幅度提高,也使它们在较大程度上摆脱了对水文和气候条件的依赖。就建筑材料、船体构造和武器装备来说,木材被钢铁所取代,装甲和舱壁系统大大增强了船舰的抵抗能力。③

然而,依靠蒸汽动力推进的军舰需要大量煤炭;在投入战斗的情况下,参战船也要求有一个安全的港口;这些加煤站和港口还必

---

① Volker R. Berghahn, *Der Tirpitz-Plan. Genesis und Verfall einer innenpolitischen Krisenstrategie unter Wilhelm II.*, Düsseldorf 1971, S. 47ff.;〔德〕余凯思著,孙立新译,刘新利校:《在"模范殖民地"胶州湾的统治与抵抗——1897—1914年中国与德国的相互作用》,山东大学出版社2005年版,第77—78页。

② Peter Winzen, "Zur Genesis von Weltmachtkonzept und Weltpolitik", in: John C. G. Roehl (Hrsg.), *Der Ort Kaiser Wilhelms II. in der deutschen Geschichte*, München 1991, S. 193; Werner Rahn, "Seestrategisches Denken in deutschen Marinen von 1848 bis 1990", in: Joerg Duppler (Hrsg.), *Seemacht und Seestrategie im 19. und 20. Jahrhundert*, Hamburg/Berlin/Bonn 1999, S. 57—58.

③ Walter Nuhn, *Kolonialpolitik und Marine. Die Rolle der Kaiserlichen Marine bei der Gründung und Sicherung des deutschen Kolonialreiches 1884—1914*, Bonn 2002, S. 16—17.

须配备船坞和船舶维修设施,以便于受损机件的保养和更换。凡不能利用海军据点的舰队必将遭到严重的困难。这样一来,占领海外军事据点问题就被提上议事议程了,对此,德意志帝国军政界人士进行了充分讨论,制定了详细计划,力图占领最有价值的地点。

1895年4月,帝国海军署国务秘书霍尔曼(Hollmann)[①]就在一个草案中,对德国准备谋取的海外海军站作出了如下表述:"海军站指的是这样一些受到保护的国外领土,它们隶属于德国的领土主权,可以保障我们的船只在任何时候都能满足其给养、煤炭、军火以及各种储备的需要。工场、船坞、船台理应保障修理工作的进行,野战医院则可以接受伤病员的救治,军营能够为船队后备人员提供驻扎场所。一旦发生战争,海军站马上就构成所有军事行动的基地,它们可以充当海军舰队的集聚点和支持点,也可以为商船提供比较安全的避难所。如果外国的局势平静有序,那么建立海军站就主要对经济扩张有利。占领这样的地方同时会提高政治权力及其在国外的威望,因此,单单通过海军站的存在和由它而表明的居留权就可以产生一种强权影响,根据以往的经验,这一影响可以大大超出占领区范围,而且事实上责无旁贷。……然而,即使开始时仅仅为了实现某种意志,为了表达行使镇压权力的意志,要确保这一影响也必须有必要的强权立于背后,要使敌手对此强权心怀畏惧,相信我们为了贯彻我们的意志不惜冒战争的风险。否则的话,示威不仅毫无价值,而且也会使我们的船只服务于别的毫无意义的活动。"[②]

[①] 也译作"何尔门"。
[②] 〔德〕余凯思著,孙立新译,刘新利校:《在"模范殖民地"胶州湾的统治与抵抗——1897—1914年中国与德国的相互作用》,山东大学出版社2005年版,第74—75页。

理想的据点是一个位置方便、条件良好的海港,能够为大量船只的停泊、装备和维修提供必要的帮助,也可以借助自然的和人为的防御设施长时间地抵抗来自陆地和海上的攻击。然而,德国海军并不占有能够满足上述条件的海港。德国虽然在非洲和太平洋占领了一些殖民地,但是它们的海港都不适宜于作海军据点。其中一部分原因属于自然条件的限制,例如西萨摩亚港经常受到风暴的袭击,多哥的洛美港海浪汹涌,西南非洲的卢得立次海湾缺少淡水,喀麦隆的杜阿拉则远离主要的通商航线。另一部分原因则在于其他列强已经捷足先登了,例如东非达累斯萨拉姆的自然条件虽然比较优越,但英国——它被想象为德国最大的海上敌人——前往印度和远东的主要商业航路穿过北印度洋,早已控制了桑给巴尔,并在亚丁建有海军站。位于南海的几个偏僻岛屿也曾受到关注,但最终因为价值不大而不了了之。

1894年中日战争的爆发使德国政府把眼光转向了东亚和中国,在中国谋取一个海军基地的设想遂成为优先的选择。这既符合德国"世界政策"的全球性要求,也适应于德国在中国日益增长的经济政治势力。

在1840年英国用炮舰打开中国封闭的大门后,德国各邦资本家和商人垂涎中国的巨大市场,纷纷吁请普鲁士政府采取适当措施,从政治和外交上支持对华贸易,确保德国商业在一般中国贸易中占有一定份额。1847年,普鲁士政府任命礼和洋行业主里查德·冯·卡洛维茨(Richard von Carlowitg)为普鲁士和萨克森驻广州的第一任领事。因为1842年《南京条约》的规定适用于所有欧洲大国,所以他实际成了德国所有商行的商业政治代表。1859年,正当英法两国再次发动对华战争之际,普鲁士政府又派遣了一个由艾林波伯爵(Graf Fritg zu Euleuburg)领导的东亚远征队到东亚，与中国、日本、暹罗进行有关缔结商约和建立外交关系的谈判。1861年9月2日，中德《通商和通航条约》签订，德国跻身于在华的西方列强行列。[①] 1865年普鲁士公使馆在北京设立，李福斯(Guido von Rehfues)被任命为第一位公使。此后，德国在中国的经济、政治、宗教和军事势力逐渐扩大起来。

但是，在对华贸易方面英国一直占据着绝对的垄断地位，它以香港为据点，以各个通商口岸为跳板，源源不断地向中国输出产品，从中国输入原材料。它也凭借强大的海军，通过外交谈判和不平等条约向中国索取种种特权。其他殖民主义列强也在中国沿海通商口岸设立若干租界（英国占有香港，法国占有越南的东京，俄国占有北满等进出口岸）。德国在中国对外贸易中的份额只从80年代中期的2.5%上升到90年代中期的5.1%。[②] 1895年《马关条约》签订后，中国背上了沉重的战争赔款负担，向德国订购军火物资的商业活动急剧减少，德国在中国的经济利益深受负面影响。1896年，德国出口到中国的商品只占其总出口量的1.2%，而德国从中国进口的商品只占其总进口量的0.9%。[③] 特别是德国在中国尚未占有一个根据地，这就使一些热衷于在华扩张德国势力的人

---

① Yue Wen-tang, *Die deutsch-chinesischen Beziehungen von 1860—1880*, Bochum 1981, S. 44—86;〔德〕余凯思著，孙立新译，刘新利校：《在"模范殖民地"胶州湾的统治与抵抗——1897—1914年中国与德国的相互作用》，山东大学出版社2005年版，第80—81页。

② 〔德〕余凯思著，孙立新译，刘新利校：《在"模范殖民地"胶州湾的统治与抵抗——1897—1914年中国与德国的相互作用》，山东大学出版社2005年版，第89—90页。

③ 同上书，第96页。

深感不满。

鉴此,德国商人、企业主和银行家以及与之立场接近的新闻媒体不断要求本国政府加强对中国贸易的支持,让其驻外代表向中国政府施加压力,为德国工业争取订单。他们也要求在中国占有同其他列强同样的地位,有同样均等的机会,占有如英国的香港、法国在越南的东京和俄国在北满那样的进出口岸。①

实际上,德国政府早就想在中国建立一个侵略据点了。早在19世纪60年代,普鲁士东亚远征队就获得指示,在太平洋的一个岛上或在南美为普鲁士创立一个移民点。但是艾林波因为与中国进行的缔结商业条约的谈判非常吃力,没有能力再为普鲁士谋取一块殖民地了,只好建议将吞并问题留待"不久的将来"。②

中德《通商和通航条约》签订后,普鲁士派出了几只炮艇到东亚海面巡逻,并继续考虑在台湾建立一处或两处海军据点。1863年李福斯乘坐"羚羊"号军舰在驶往厦门的途中,收集了一些有关台湾情况的报告。次年,该军舰又奉命到台湾物色一处适合于建立普鲁士居留地的地点。但时任驻日本领事的巴兰德坚决反对,认为从政治、军事和卫生方面来看,台湾"完全不适宜"建设海军据点。1867年,普鲁士在日本横滨设立了一个海军仓库和一所医院。1869年和1870年,"亥尔塔"号和"迈都萨"号两艘三桅军舰先后到达东亚,并准备驻扎三年,普鲁士-德意志的"东亚船站"遂宣告成立。③

---

① 〔德〕余凯思著,孙立新译,刘新利校:《在"模范殖民地"胶州湾的统治与抵抗——1897—1914年中国与德国的相互作用》,山东大学出版社2005年版,第90页。

② 〔民主德国〕施丢克尔著,乔松译:《十九世纪的德国与中国》,生活·读书·新知三联书店1958年版,第78—79、67—69页。

③ 同上书,第80—81、75—76页。

在俾斯麦担任普鲁士首相期间,在中国建立一个德国据点的设想被德国统一问题挤压到了次要地位,虽也有人偶尔提及,但从未被认真对待过。1868年12月,李希霍芬(Ferdinand von Richthofen)又来到中国进行"科学考察",1869、1870年,他在呈献给俾斯麦的详细报告中,强调主张夺取该岛。他盛赞舟山拥有一个易收及易于设防的港口,他今日还相信,"如果采取适当的措施,如设立自由商埠,该岛不难发展成为商业大都会,不但能吸取邻地宁波之商业,并能在该方面的交通上起而代替上海之地位,因为上海海港不易容纳一船进出。"①俾斯麦遂于1870年4月2日训令李福斯同中国谈判关于"在中国海岸中心地点或在与该海岸附近的岛上"取得一个海军站的问题。但是李福斯却认为这件事不可能通过谈判途径达到目的,他建议在厦门附近的鼓浪屿,不使人注意地和事前不经过协商地设立一个野战病院和海军仓库。"用这种方法,可能在短时期着手于所希望的居留地并预计在引起中国政府注意到这件事以前,已经可以得到结果。那些以后也许和地方官厅必要的谈判可由领事去主持,如有需要,北京公使馆才加入对此事的决定。"②对法战争的开始使得在中国设置一个领土据点的问题暂时搁置。

1871年帝国建立后,俾斯麦政府把巩固帝国在中欧的大国地位放在首位,不想以牺牲其他列强利益的方式来谋求进一步的扩张,这就使得在中国或它的附近获取一个据点的计划继续受到忽视。俾斯麦的外交政策强调政治的优先权;经济目标应当服从对

---

① 孙瑞芹:《德国外交文件有关中国交涉史料选译》第一卷,商务印书馆1960年版,第9页。
② 〔民主德国〕施丢克尔著,乔松译:《十九世纪的德国与中国》,生活·读书·新知三联书店1958年版,第83—85页。

外政治。他认为德意志帝国在中国只有经济的利益,绝无政治的利益。①

这个时期,曾经参加过艾林波使团的地质地理学家斐迪南·冯·李希霍芬又多次来到中国考察,并在第三次旅行中,特别注意到了山东的煤炭资源,并从地图上发现了胶州湾这个海湾。李希霍芬本人并没有到过胶州湾,但在1882年出版的《中国——个人旅行的成果和在这个基础上的研究》第二卷中,发表了他对胶州湾的"未来重要性"的猜想,认为除了长江边的镇江外,只有胶州湾符合于建造一条伸展到华北的铁道的条件。在李希霍芬看来,胶州湾是"中国北半部最大和最好的港口",不仅有着优越的装船条件,而且还可以通过建造一条铁路与省府济南连接起来,为山东的煤炭出口提供便利。李希霍芬的这个猜想,对于德国政府后来选择胶州湾作为海军据点产生了巨大影响。但他本人似乎并不是第一个提出占领胶州湾的人,因为他始终没有放弃占领舟山的主张。他对德国侵占胶州湾的支持,实际上是占领之后的事了。

进入90年代以后,随着海洋战略的出台和参与世界事务的能力的增强,德国政府越来越迫切地期望在中国沿海地区占领一个海军据点了。特别是威廉二世极力主张将德国的势力通过海洋渗透到东亚,改善德国在远东地区的形象,积极参与列强"瓜分中国"的行动。

1894年中日战争爆发后,威廉二世立即下达命令:一旦其他

---

① 〔德〕余凯思著,孙立新译,刘新利校:《在"模范殖民地"胶州湾的统治与抵抗——1897—1914年中国与德国的相互作用》,山东大学出版社2005年版,第81—82页。

列强在中国实施土地占领,德国也必须相应地参与。1895年3月13日,日本强迫清政府签订《马关条约》,从中国获得了大量权益,特别是强迫清政府割让了辽东半岛。德国政府担心中国成为日本的保护国,而强大的日本加上中国将会为德国在东亚的扩张计划造成严重障碍,[①]于是便伙同俄国和法国对日本实行强硬干涉,迫使日本放弃了对辽东半岛之永久领有。与此同时,德国政府自恃有功,接二连三地向清政府提出了在汉口、天津设立德租界和在中国沿海为德国海军建立一个"储煤站"的要求。清政府因尚需依赖德国的干涉,以便最终从日本手中收回辽东半岛,故而不敢拒绝德国开设租界的要求,但对于建立德国海军"储煤站"的要求却以这一要求没有先例和害怕其他国家仿效提出同样要求为借口,予以婉言拒绝。

与"干涉还辽"行动密切联系,德国海军将领们也就有关在中国沿海建立一个海军据点问题进行了热烈讨论。1895年,曾经参与"干涉还辽"行动、后来成为德国海军上将的舍尔(Scheer)断言:"在这个海岸(指中国海岸)占领一个合适的据点的必要性现在已经以不可抗拒的说服力凸现出来。"[②]在舍尔看来:"在东亚我们踏入了一个许多人都极力追求的商业区域。到目前为止已经在那里进行的和最近20年以巨大的步伐向前迈进的德国的工作单从国民经济方面考虑就必须保障其存在,并推动其发展。欧洲的政治

[①] 孙瑞芹:《德国外交文件有关中国交涉史料选译》第一卷,商务印书馆1960年版,第7页。

[②] Walter Nuhn, *Kolonialpolitik und Marine. Die Rolle der Kaiserlichen Marine bei der Gründung und Sicherung des deutschen Kolonialreiches 1884—1914*, Bonn 2002, S. 129.

已把其影响范围扩展到了东亚海岸,并与那里出现的商业政治问题纠缠在一起,形成了一种不再协调一致的外交计谋结构。必须让海军充当决定性角色的时代已经到来。这一点没有任何地方比在国外表现得那样清楚了,尤其是在那个我们现在所光顾的地区(就是说东亚水域),在这里,从各个极其不同的方面都产生了迫切的贯彻商业政治的权利要求的努力。"①

帝国海军署国务秘书霍尔曼则从与中国和日本对抗的角度论述了在中国沿海建立海军基地的重要性:"应当强调指出的是,我们不能只满足于保护商业和航行免遭欧洲列强的危害,我们还必须强有力地与中国和日本对抗,而这一点只有我们在那里站稳了脚跟才能做到。只有这样,我们才能在竞争着的列强在那个水域所发挥的影响当中成功地独占鳌头,并且从我们的民族福利出发使商业和强权产生必要的相得益彰的作用。"②

对于1897年出任海军署国务秘书的阿尔弗雷德·冯·蒂尔皮茨(Alfred von Tirpitz,1849—1930)来说,在中国建立一个德国海军据点除了经济、政治和军事上的意义外,还可以"提升德国文化在国外的地位",以便加强"德国文化的凝聚力、增强德意志人对自己家乡的自豪感"。蒂尔皮茨抱怨在东亚可以观察到这样的情况,即"在英国势力范围内有不少德国人一定程度上自愿转入英国的阵营,以至于德国原先在该地区占据的大部分经济(工业)势力

---

① Walter Nuhn, *Kolonialpolitik und Marine. Die Rolle der Kaiserlichen Marine bei der Gründung und Sicherung des deutschen Kolonialreiches 1884—1914*, Bonn 2002,S. 130.

② 〔德〕余凯思著,孙立新译,刘新利校:《在"模范殖民地"胶州湾的统治与抵抗——1897—1914年中国与德国的相互作用》,山东大学出版社2005年版,第75页。

逐渐被排挤出去"。"数百万移居他乡的德意志人,从内心到外表逐渐与我们疏远了,这会使我们未来最坏的敌人占尽便宜。"一个德国据点可以使德意志帝国在中国成为不容忽视的政治和军事强权。据此,德国人在中国广泛的经济和民族文化活动就可以对德意志帝国有所贡献,而德国自身也可以发展成为一个"世界性工商业国家"①。此外,德国的海军建设计划也迫切需要为海军提供一个可以充分展示其殖民经营能力的场所。

这样,出自威廉二世的倡议并且在与海军及外交署保持一致的情况下,在中国谋取一个据点的具体意见最终形成了。

(四)"选港之争"与出兵胶州湾

然而,中国良港众多,究竟选择什么地方建立军事据点,通过什么样的途径获得,威廉二世、帝国首相、外交署和海军署以及驻华公使、海关官员、地理学家和军事工程专家意见并不一致,"选港之争"历时3年之久,最后选定胶州湾并且决定武力占领。

威廉二世最初主张占领台湾,但遭到外交大臣马沙尔(Marschall)的反对;后者认为这样做会与日本和法国发生冲突。②帝国首相霍恩洛厄(Hohenlone)③也反对占领台湾,他说:"除其他人以外此间大学教授及著名中国通李希霍芬警告我们不要夺取该

---

① 〔德〕余凯思著,孙立新译,刘新利校:《在"模范殖民地"胶州湾的统治与抵抗——1897—1914年中国与德国的相互作用》,山东大学出版社2005年版,第78页。
② 孙瑞芹:《德国外交文件有关中国交涉史料选译》第一卷,商务印书馆1960年版,第5—7页。
③ 也译作"何伦洛熙"。

岛。……台湾没有供大船适用之港口,且因其人口稠密与野蛮不适宜于殖民,又因其广宽难以防守……,夺取台湾,不但使我们与日本冲突,并且可能与法国冲突。"①

威廉二世后来又主张占领威海卫,马沙尔依然反对。其理由有二:一是因为其面积太大;二是因为它已经受到日本的控制。②海军将领克诺尔(Knorr)和帝国海军署国务秘书霍尔曼同样表示反对。

在大臣们的劝阻下,威廉二世只好"同意放弃占领威海卫之议,但保留提出另外一个合适地点以资替代"。③但是他所提议的厦门依然遭到外交部门的反对。他们认为占领厦门会遭到中国以及法、俄、英等多国的反对,也会妨碍该处港内的自由通商。④

外交大臣马沙尔主张"赶快占据"舟山,他完全是根据李希霍芬的建议和评论提出这一主张的。但他企图避开英国的反对,通过秘密谈判途径从中国政府手中买下这个岛屿的计划,却没有实现。⑤

至于另外一些提议,比如澎湖列岛、厦门北部的三门湾、厦门附近的鼓浪屿、南方的大鹏湾、北方的莞岛和安所港(Crichton Harbour)等,也都因为这样或那样的原因未能取得一致赞同。到最后只有胶州湾成为唯一合适的选择了。

最早提出占领胶州湾的主张并引起德国军政高层关注的大概

---

① 孙瑞芹:《德国外交文件有关中国交涉史料选译》第一卷,商务印书馆1960年版,第16页。
② 同上书,第93—95页。
③ 同上书,第103页。
④ 同上书,第124—125页。
⑤ 同上书,第9页。

是德国驻北京的公使绅珂(Schenck)。①他在1894年11月23日从北京写给帝国首相霍恩洛厄公爵的报告中说:"位于山东海角西南的胶州湾,帝国驻天津领事在他的本年1月14日之报告中所已提及的,该地在中国所计划之要塞建筑中尚未获得重要价值,似可考虑。"②此议一出,马沙尔虽没有完全拒绝但却表示怀疑。在他看来,"占领胶州湾,在目前不能希望有经济利益,这些利益,只有等中国铁路网集中于该海湾后始能谈到。占据该处因之也就是占据中国之大陆,势必在该地建筑军事设备,这在某种情况下,极容易引起军事行动。"③

帝国海军署基本上是赞成占领胶州湾的,但除了类似于马沙尔的质疑外,它还担心胶州湾位于中国北方,冬天海水可能冰冻。④

正在中国海关任职的德国人德璀琳(Gustar von Detring, 1842—1913)极力主张占领胶州湾。在他看来,胶州湾有如下诸多

---

① 余凯思指出:1894年11月23日,德国驻北京公使绅珂首次提出把胶州湾作为考虑对象的建议。参阅〔德〕余凯思著,孙立新译,刘新利校:《在"模范殖民地"胶州湾的统治与抵抗——1897—1914年中国与德国的相互作用》,山东大学出版社2005年版,第83页。在参事克莱孟脱1895年2月20日的记录中有这样一笔:"最近帝国驻北京公使推荐台湾附近之澎湖列岛和山东海角南部之胶州湾,同样不重要。"见孙瑞芹:《德国外交文件有关中国交涉史料选译》第一卷,商务印书馆1960年版,第17页。从这个记录中,我们可以看到,占领胶州湾的最早建议者的确是绅珂。但在外交部副大臣罗登汉男爵的记录、参事克莱孟脱的清稿(1895年9月9日)中又有这样的记载:"除了帝国海军部及巴兰德先生外,帝国公使绅珂男爵也指出胶州湾是值得推荐作为取得的一个地点。"见孙瑞芹:《德国外交文件有关中国交涉史料选译》第一卷,商务印书馆1960年版,第97页。其实,前任公使巴兰德、驻天津的领事也有过这种主张,但因不知确切提出日期,我们较难以判断他们的提议是否比绅珂提出得更早。

② 孙瑞芹:《德国外交文件有关中国交涉史料选译》第一卷,商务印书馆1960年版,第8页。

③ 同上。

④ 孙瑞芹:《德国外交文件有关中国交涉史料选译》第一卷,商务印书馆1960年版,第37页。

优点：1.它的港口位置优越，不仅足以控制山东，且亦足以控制整个华北的进出口货物；2.它的位置也有利于船坞及码头的设置，因为它离扬子江并不很远，而那里吃水深的船口却没有进坞和修理的机会，至于北方，更根本缺乏船坞；3.它的后地资源丰富并有消纳力量。有煤、铁及其他矿产足资开发；4.交通路线已经有了一部分，另一部分也容易修筑；胶州堪为一条到达北京的铁路的良好终点；5.在体质与智力方面，这一地区的居民是全中国最优秀的；6.气候完全适宜于欧洲人居住；7.港内挖泥到足够深度，也没有困难，因为土地到处都含有软土；只要黄河中大量泥沙土被带至北直隶湾内，此处就无须顾虑新沙泥的淤积。①

时任东亚巡洋舰舰队司令的蒂尔皮茨曾经两次到胶州湾进行实地考察。第一次是在1895年，但是"由于观察得不充分"，曾得出胶州湾冬天海水冰冻的错误结论。第二次是在1896年。经过此次考察，蒂尔皮茨不仅推翻了海水冰冻的观点，而且在有关胶州湾商业发展的可能性方面，得出了与德璀琳完全相同的意见。他也指出胶州湾有以下四个突出优点：1.有安全的停泊处；2.容易设防而需费不多；3.附近有煤田，能够提供很大的经济利益；4.气候适宜于欧洲人。②在蒂尔皮茨看来，不仅从军事方面来说，而且从经济方面来说，胶州湾提供了最有利的条件。在1896年9月写给德国海军总司令部的一封信中，他虽然指出了未来据点的军事意义，但更强调其"商业利益"。"正如尊贵的阁下倾心向往的那样，我们有充分的理由说明开放前面所提到的海湾的商业意义，我们

---

① 孙瑞芹：《德国外交文件有关中国交涉史料选译》第一卷，商务印书馆1960年版，第118—119页。

② 同上书，第116页。

也有足够的理由说明其未来前景的可观性。""它和中国北部的开放城市一样是一个重要的商业港口;它是中国从上海直至牛庄之间唯一的天然良港。"①

从外交的观点来看,胶州湾位于其他列强都不感兴趣的地方,甚至沙俄在那里停泊的权利也不是不可逾越的障碍,因为俄国的主要兴趣远在此以北的地方。它也远离英国在中国的势力范围。因此,德国外交署官员们最终也对这个地区表示满意。

基本定下了占领胶州湾的计划后,威廉二世又在1897年派遣海军部建筑顾问格奥尔格·弗兰齐乌斯(Georg Franzius)前往东亚,实地勘查胶州湾是否适合作为帝国海军基地之用。弗兰齐乌斯等人反对占领三沙湾和厦门,也否定了鼓浪屿和舟山群岛以北的长涂,认为只有胶州湾一处从技术观点上值得考虑。在看到弗兰齐乌斯的报告后,威廉二世召集御前会议,最终作出了占领胶州湾的决定。

然而,在谋取胶州湾时,究竟应当通过何种途径呢? 外交谈判还是军事占领?

威廉二世从一开始就把兼并的意图与向东亚战场派遣巡洋舰的行动结合在一起,然而外交署国务秘书马沙尔持谨慎态度,主张通过谈判方式解决。②

1896年初,马沙尔以帮助中国夺回辽东半岛为理由,在柏林向中国公使许景澄提出,德国需在中国"借地泊船储煤"。许景澄

---

① 〔德〕余凯思著,孙立新译,刘新利校:《在"模范殖民地"胶州湾的统治与抵抗——1897—1914年中国与德国的相互作用》,山东大学出版社2005年版,第79页。

② Peter Winzen, *Zur Genesis von Weltmachtkonzept und Weltpolitik*, in: John C. G. Roehl (Hrsg.), *Der Ort Kaiser Wilhelms II. in der deutschen Geschichte*, München 1991, S. 208.

九、从海洋战略角度看德占胶澳事件　　261

代表清政府予以拒绝,并解释说:"中国如允德国,则在东方有权之数大国,必援照要索,若不见允,必致与我为难。"① 6月,李鸿章以清政府特使身份参加俄国沙皇加冕典礼后访问柏林,马沙尔在与之会见时,又提出了在中国租借一个海军军港的要求。李鸿章以回国后进行"斡旋"为托词,委婉拒绝了马沙尔的要求。②此后,德国新任驻华公使海靖(Heyking)在北京多次向总理衙门交涉此事,甚至明确提出割让胶州湾的要求,但都遭到了拒绝。

中国的拒绝使得威廉二世大为恼火。早在1896年10月30日威廉二世就向海军领导部门下令在严守军事和政治秘密的前提下准备夺取胶州湾。1897年2月19日,当中国政府再次拒绝割让胶州湾时,威廉二世大叫:"经过这样的拒绝后这将是一个耻辱,那是最后一次",将来"无须再询问!地点定后,立刻占据"③。

蒂尔皮茨则提出了系统的、分阶段实施占领和建设胶州的方案:"1.占据外围半岛,用东亚站的军舰驱逐中国军队,然后尽可能地逐渐向内地扩展。2.增派1600名士兵和一个连的海军炮兵部队补充海军兵力或者更确切地说补充驻防部队,对中国军队现有的工事加以临时修整。以原有兵营为驻地。开放全部胶澳租借地为自由港,或者规定很低的关税率,在阴岛建造船舶码头。彻底检修船坞和海港设施,铺设通往潍县或济南府的铁路,这些工作无论怎样都是值得做的,即使我们不能事先就开始行动。……建造一

---

① 转引自吴景平《从胶澳被占到科尔访华——中德关系1961—1992》,福建人民出版社1993年版,第45页。

② 同上书,第45—46页。

③ 孙瑞芹:《德国外交文件有关中国交涉史料选译》第一卷,商务印书馆1960年版,第131页。

个储煤库和一个较小一点的海军仓库。3.一旦该地区在商贸方面有明显的起色,我们就可以用旧的大炮材料来改善船坞设施和临时的海上和陆地防御工事了。4.根据该地方的商贸发展和军事意义增长程度进行扩建。5.驻军总需求量为6,000名士兵。尽管在经营胶州湾时肯定会有一个逐渐发展的过程和与之相应的逐渐增加开支情况,但我坚信,整个行动并不缺乏某种特定的系统和某种程度的伟大性。"①蒂尔皮茨所设计的行动计划十分具体详细,德国海军后来对胶州湾的军事占领和殖民经营基本上都是按照这个计划进行的。

德国还看到胶州湾地区恰好位于英、俄两国在华势力范围的中间地带,决心利用英、俄之间日益激化的矛盾,争取得到英国特别是得到俄国的背后支持,从而达到其夺取胶州湾的目的。德国决意武装强占胶州湾之后,便有意向伦敦作了试探。英国鉴于当时在外交上已处于较为孤立的地位:在非洲与法国争夺而使两国关系不断恶化,在远东与俄国的冲突也有一触即发之势,不想再干涉德国的行动。另外,英国认为,胶州湾在中国北部,德国占领之后,则极有可能与俄国发生冲突,并因预感到德俄发生冲突而格外高兴。沙俄虽然在1896年从中国取得了借泊胶州湾的权利,但沙俄当时的目标主要是谋取旅顺口、大连湾。它无意放弃胶州湾,但想以胶州湾作为与德国私下交易的筹码,以图得到德国的支持,占领旅顺口、大连湾。1897年8月,威廉二世又亲赴俄国与沙皇尼古拉二世进行秘密会谈,沙皇表示不反对德国船只在胶州湾停泊。德

---

① 转引自〔德〕余凯思著,孙立新译,刘新利校《在"模范殖民地"胶州湾的统治与抵抗——1897—1914年中国与德国的相互作用》,山东大学出版社2005年版,第79—80页。

国以表示谅解沙俄在中国北部另觅海港来换取沙俄对它的支持。①

在涉及地点选择、占领计划制定和消除俄国的反对等问题的疑点得以澄清之后,人们在柏林就等待一个合适时机了。1897年6月,棣利斯(Otto Von Diedrichs)担任了东亚巡洋舰舰队司令。他在抵达中国后,立即进行了占领胶州湾的部署。东亚巡洋舰队停泊在福州的两艘军舰开始向胶州湾靠拢,中国的上海也被作为武装占领胶州湾军用物资的供应地。舰队突然出袭所必需的粮食、煤炭及野营攻城用物都一一准备就绪。就连运输工具、秘密运输如何实现也作了详细打算。"催上海德商禅臣洋行之行之汽船龙门,使远载军舰所需食粮品物。""该船固奉有德使急命,预为永久占领胶州湾之准备者",要求在起航参战时要"龙门罄其吨量之所及,而悉载之,以赴胶州"。②在德国国内,德皇威廉二世还迅速由地中海舰队抽调4艘战舰,由其弟海因里希(Heinrich)亲王率领,随时准备增援袭击胶州湾的德军。

至于占领的借口,最初一个受到欢迎的机会是1897年10月31日发生于德国公使在武昌拜访两湖总督张之洞期间的一个意外事故。当护送海靖赴武昌的"考莫龙"号护卫舰驶靠着陆桥时,船上的水兵遭到武昌市民的石块袭击。但是正当棣利斯与海靖商谈向中国政府提出哪些具体赔偿和补偿要求事宜时,两个德国传教士在山东被谋杀了。

"巨野教案"让威廉二世找到了一个占领胶州湾的"绝妙"借口。

---

① 吴景平:《从胶澳被占到科尔访华——中德关系 1961—1992》,福建人民出版社 1993 年版,第 47 页。
② 青岛市博物馆、中国第一历史档案馆、青岛市社会科学研究院编:《德国侵占胶州湾史料选编(1897—1898)》,山东人民出版社 1986 年版,第 225 页。

11月6日,威廉二世从报纸上读到山东省内德国天主教会突遭袭击的消息。他先是电告沙皇尼古拉二世:"我一定要依照我们在彼得荷夫的私人谈话来惩罚这些中国人,我相信您会赞成我的舰队进征胶州,以便由此向劫掠者行动。"尼古拉二世回电说:"十分感谢您预先以私人资格通知我,对于您保护下的天主教士被袭击一事,我深表惋惜,我既不赞成,也不能不赞成你派遣舰队到胶州去,因为最近才知道,此一港口只是在1895—1896年间暂时归我国应用而已。"①其言辞虽然极其隐讳,但基本上是持赞成态度的。紧接着,威廉二世就命令德国东亚巡洋舰舰队立即实施军事占领胶州湾行动:"舰队必须采取积极行动报复此事。如果中国政府方面不立即以巨款赔偿损失,并实行追缉及严办祸首,舰队必须立刻驶往胶州占领该处现有村镇,并采取严重报复手段。我现在已坚决放弃我们原来过分谨慎而且被全东亚认为是软弱的政策,并决定要以极严厉的,必要时并以极野蛮的行为对付华人,以表示德皇不是可以随便被开玩笑的,而且和他为敌并不好玩。"②

在德国政府内部,威廉二世的行动命令却受到了帝国首相霍恩洛厄、海军署国务秘书蒂尔皮茨等人的反对;他们主要担心这一行动会引起俄国或英国的抗议,也担心会与中国发生激烈冲突。在他们的坚持下,威廉二世最终向棣利斯拍发了一个电报,并且指出,如果中国完全接受了德国的要求,就立即停止占领行动。然而,棣利斯已经在一天前率领3艘军舰驶离了吴淞口,因此他没有

---

① 转引自孙克复、关捷著《甲午中日海战史》,哈尔滨:黑龙江人民出版社,1981年,第17页。
② 孙瑞芹:《德国外交文件有关中国交涉史料选译》第一卷,商务印书馆1960年版,第144—145页。

收到这个电报。假如棣利斯及时收到该电报,占领胶州湾一事就有可能被推迟,或者采取其他方式。①

(五)德占胶澳的"得"与"失"

1897年11月13日,德国军舰抵达青岛海面。次日晨,德军500余名官兵突然登陆,分别占领了各个军事要地,筑基架炮,构建工事。清政府守将章高元部还以为德军是在进行军事演习,未加任何阻拦。

在实现了实际控制后,德军指挥官便立即限令清军在3个小时内撤出防地。章高元虽亲往德国军舰面见棣利斯,并提出抗议,但并没有起到什么作用,只好率清兵撤退到四方一带。从14日起,章高元数次急电北洋总督王文韶和山东巡抚李秉衡,请示应变办法。李秉衡虽然主张武装抵抗,但清政府唯恐事态扩大,决定奉行不抵抗政策。

1898年3月6日,在经过数次谈判后,清政府重臣李鸿章和翁同龢与德国驻华公使海靖在北京签订了《胶澳租界条约》。清政府承认了德国"租借"胶州湾的事实。随后,德国政府在胶州湾和青岛迅速建立起了一整套殖民统治体系,并通过建海港、筑铁路、规划市政建设、实行自由贸易制度等措施,力图把其租借地打造成为一个"模范殖民地"。

然而,德意志帝国占领下的胶州湾并不是一般意义上的殖民

---

① 〔德〕余凯思著,孙立新译,刘新利校:《在"模范殖民地"胶州湾的统治与抵抗——1897—1914年中国与德国的相互作用》,山东大学出版社2005年版,第105—106页。

地,如前所述,德国政府的最初意图是要获取一个海军站。这一意图很快也真的实现了。1898年1月27日,皇帝威廉二世批准了蒂尔皮茨把胶州湾租借地置于帝国海军署领导之下的要求,这就使胶州湾租借地与其他的由帝国殖民局管辖的海外占领区明显区别开来。1898年2月8日,时任德意志帝国外交署国务秘书的伯恩哈德·冯·毕洛(Bernhard von Bülow)在帝国议会上发表演讲,详细阐述了占领胶州湾的军事意义。他说:"从海军关系来看,取得一块根据地是极为急要的事,随着我们在东亚的商业利益的扩大,需要经常驻扎有力的舰队,这个舰队必须在自己的港湾上进行武装及装载粮食;在损坏时能得到修理,如果像现在这样成为在远东无家可归的流浪舰队,即使增加舰只及兵员,也是无益的事业。连平时修理舰艇等事也要利用别国的港湾,并且常常不受欢迎,遭到白眼冷遇的情况不少。我们德国如果不甘心在远东屈居二等国家的地位,特别是要想与列强为伍,就一定要拥有根据地。英、俄、法三国都有巩固的立脚地,连小小的国家西班牙、葡萄牙、荷兰都有根据地,而独我德国没有,当可知其不利。一旦我德意志在中国拥有一块根据地时,我远东舰队即使仍然保持现在的规模,其尊严及势力也必然会立即增长两倍。"[①]

作为沿海口岸,胶州湾租借地首先是为扩大德国海权服务的军事基地。然而,蒂尔皮茨也非常重视当地的经济开发,力图把建设成为德国的一个海外商业中心。这一方面出于实用主义的考虑,即通过经济发展实现自养和赢利;另一方面也是为了证明德国

[①] 青岛市博物馆、中国第一历史档案馆、青岛市社会科学研究所编:《德国侵占胶州湾史料选编(1897—1898)》,山东人民出版社1986年版,第494页。

海军的殖民地经营能力,为扩大海军建设,谋求海洋霸权和世界霸权提供依据。此外,帝国海军署军事计划的制定者们还在胶州湾租借地遇到了一个难得的、可以实现"理想的现代社会秩序"的时机。在他们看来,社会机体类似于一架机器;在这里,每一个个体都应当像齿轮一样准确无误地发挥着自己的功能。因此,他们也在胶州湾租借地进行了一系列的社会实践,采取了大量社会监控措施,如建立行政机构、颁布土地政策、规定建筑形式、构造社会组织等。①

占领胶州湾是德意志帝国实施"世界政策"和海洋战略的唯一一次"成功"实践。在"弱肉强食"、"强权即是公理"的帝国主义时代,依靠武力侵略他国,抢占他国,是无须背负道义上的不安的。对于德国帝国主义来说,占领胶州湾不仅是其争霸世界的一个重要步骤,也是其海军站需求的适当满足。然而,暂且不论其对中国国家主权和民族尊严的严重伤害,仅就德国本身来说,占领胶州湾也是有"得"又有"失"的。

从"得"的方面来说,占领胶州湾首先大大加强了德意志帝国在中国军事和政治势力,为其更大程度地攫取在华权益、干涉中国内政、镇压中国人民的反抗斗争打开了方便之门。无论何时,一旦在中国境内发生反抗斗争,德国的军队和军舰都能够从青岛或胶州湾出发,迅速奔向事发现场,就地实行军事威胁和武力镇压。

占领胶州湾还极大地提高了德意志帝国在世界诸大国中的地位,使其影响从欧洲大陆扩大到远东和太平洋地区,为德国参与远

---

① 〔德〕余凯思著,孙立新译,刘新利校:《在"模范殖民地"胶州湾的统治与抵抗——1897—1914年中国与德国的相互作用》,山东大学出版社2005年版,第233—276页。

东和太平洋地区事务奠定了基础,为德国争霸世界开辟了道路。

在海外的政治成功也满足了右翼党派谱系中的民族沙文主义团体的要求,并使威廉二世获得了对抗传统权贵集团、社会民主党人和权力越来越大的帝国国会的资本。而德国海军则可以利用胶州湾宣传德国的殖民经营能力,争取议会和社会各界支持海军建设,为进一步实施海洋战略创造了条件。

然而,占领胶州湾也存着许多难以避免和克服的问题。首先,它导致了远东和太平洋地区原有国际力量对比的严重失衡,迫使各个帝国主义国家重新调整战略。其次,它也导致了德国与其他列强,特别是与英国和日本的关系紧张,为第一次世界大战的爆发埋下了隐患。特别是,作为德意志帝国唯一一处海外海军站,德占胶州湾远离本土,缺乏必要支持网点,在和平时期就出现了难以克服的维持和供应问题。德占胶州湾实际上成为了帝国主义列强环伺下的一个孤岛,一旦与一个海洋和陆地强国发生战争,来自母国供给就会被切断,不可能长时间地抵抗围攻。即使德国政府不惜重金,采取了一系列军事防御手段,驻扎了强大的海军部队,也只是徒劳,无济于事。

1914年第一次世界大战爆发后,德占胶州湾迅速被英国和日本的陆海军包围了,而身为孤岛的青岛要塞根本不能长久地抵御敌人的猛烈进攻。1914年11月7日,青岛德国驻军在弹药消耗殆尽的情况下,不得不向比自己强大数倍的敌人投降。

德国主要是一个陆地国家,要捍卫国家主权,保障国土安全,必须建立强大的陆军。事实上,自19世纪70年代统一以来,经过俾斯麦的苦心经营和德国社会各界的奋发努力,德国的国家建设的确有了显著成效,成为了世界上少数强国之一。但是诚如德国社会民主党国会议员威廉·李卜克内西(Wilhelm Liebknecht，1826—1900)所说:"我们是地球上最强大的陆上强国,我们不可能同时是最强大的海上强国,或者头号的海上强国。世界上任何一个国家都做不到这一点,何况德国的资源相对来说有限,就更做不到这一点了。"威廉二世的"世界政策""干涉世界上发生的一切事情,并自以为可以充当世界的主宰。它企图让德国成为世界宪兵,到处为所欲为,并让秩序进行统治。……这种想法是十分愚蠢的。因为,它缺少必要的力量"[①]。由此可见,德意志帝国距离真正的海洋大国尚有很大距离,威廉二世和蒂尔皮茨之流对海洋战略和"世界政策"的盲目推崇和仓促实施,严重脱离了现实,特别是他们的过度自信、狂妄自大、刚愎自用和一意孤行,在外交上造成了极端孤立局面,最终不可避免地导致彻底失败。

[①] 青岛市博物馆、中国第一历史档案馆、青岛市社会科学研究所编:《德国侵占胶州湾史料选编(1897—1898)》,山东人民出版社1986年版,第544—545页。

十、帝国主义时代的中德"合作"办学

在近代中德关系史上,德华青岛特别高等专门学堂的创办虽然不算特别重大的事件,但也是相当重要的。一方面它是德国对华政策从经济、政治、军事侵略向所谓的"文化政策"转变的一个突出标志,另一方面也是中国高等教育发展史上的一个重要举措。对于德华青岛特别高等专门学堂的创办,中外学者早有关注,研究性论述也屡见不鲜。[①] 但在以往的著作中,不少学者有意无意地片面强调了德国的主导作用,没有或几乎没有看到中国方面的活动,不承认或否认中德合作办学的性质,其论述方式从根本上说仍囿于"西方中心论"的历史编纂模式。

实际上,对于在青岛创办大学事宜,中国政府并不是完全的被动者。相反,它从一开始就与德国政府进行了严正交涉,并在长时间的谈判过程中,争取到了许多权益,最终确定了中德"合作"的办学形式。透视德华青岛特别高等专门学堂的创办过程,我们不仅可以看到中国社会的主体地位和主观能动性,而且也可以从一个

[①] 参见李厚基《试谈华德青岛特别高等专门学堂的建立及其作用和影响》,载赵振玫主编,周振业审订:《中德关系史文丛》,中国建设出版社 1987 年版;周东明:《德占青岛时期的教育策略及其实施》,载刘善章、周荃主编《中德关系史文丛》,青岛出版社 1991 年版;Roswitha Reinbothe, *Kulturexport und Wirtschaftsmacht. Deutsche Schulen in China vor dem Ersten Weltkrieg*, Frankfurt am Main 1992.

侧面认证德国柏林自由大学东亚研究所以罗梅君教授为首的"德中关系史"课题组所倡导的"跨文化相互作用"理论[1],对近代中德关系史作出更准确、更合理的解说。

(一) 德国在华创办大学的提议

在青岛创办一所高等学校的倡议是由德国政府提出来的,这与德国殖民政策的调整有密切联系。

众所周知,德意志帝国在向中国进行殖民扩张之初,其武力征服和以武力"开发市场"的意图明显占据主导地位。1897年11月14日,德国政府借口巨野教案,出其不意地派遣远东舰队强占胶州湾,迫使中国政府签订《胶澳租界条约》,划青岛为其殖民地,山东省为其势力范围。随后德国政府又出兵沂州,野蛮地镇压了当地人民反对基督教传教的斗争;出兵高密,野蛮地镇压了当地人民反对胶济铁路修筑的斗争;参加八国联军,更加野蛮地镇压了义和团反对帝国主义侵略的大起义。这一系列军事行动充分反映了德意志帝国欲用武力征服中国的野心。1897年11月15日,即德国海军占领胶州湾的第二天,德皇威廉二世决定向中国增派军队,并

---

[1] 参见 Mechthild Leutner, *Hegemonie und Gleichrangigkeit in Darstellungen zu den deutsch-chinesischen Beziehungen*, in: Mechthild Leutner (Hrsg.), *Politik, Wirtschaft, Kultur: Studien zu den deutsch-chinesischen Beziehungen*, Münster 1996, S. 447—460;〔德〕余凯思著,孙立新译,刘新利校:《在"模范殖民地"胶州湾的统治与抵抗——1897—1914年中国与德国的相互作用》,山东大学出版社2005年版;〔德〕罗梅君、余凯思著,孙立新译:《跨文化行为模式:帝国主义后期在中国的德国经济与传教》,载国家清史编纂委员会编译组编《清史译丛》第四辑,中国人民大学出版社2005年,第135—174页。也参见本书有关"跨文化相互作用"的理论和实践的论述。

由其弟普鲁士亨利亲王亲自率领。他在欢送宴会上发表即兴演说,杀气腾腾地叫嚷:"重新统一重新建设的德意志帝国的头等任务,即以宗教宣传为职,对我德意志同胞为把我宗教福音传与外国及外国人,不顾牺牲生命而受阻碍而受迫害的境遇,要予以救援保护。……在我德意志军旗保护下的我德意志的贸易,我德意志的商人以及我德意志的船舶,要享有与其他列强在这方面的同等权利,并受到保护。德意志的贸易因有能受到德意志国权的安全保障的自觉,才能发展起来。国权即是海上权,海上权与国权,犹如车之双轮,鸟之双翼,两两相辅而促进国运之发展,若缺其一,则不能期望国家强盛。……我在海外的臣民,不问其为商贾或从事任何事业者均应确信,朕选派帝国舰队去中国海设防不外是为遇有要求保护时,能进行勇猛的进击。无论何人,若有试欲牵累或妨碍我正当权利者,卿即应挥举'武装的铁拳'征讨之!"[1]在这个后来被人称"铁拳演讲"的讲话中,威廉二世张扬武力的"世界政策"得到了淋漓尽致的发挥。

然而,军事行动和武力镇压并不能使具有悠久历史文化传统的中华民族彻底屈服。恰恰相反,在经历了一次又一次的军事失败之后,中国广大民众"保国"、"保教"、"保种"的民族主义激情更加高涨,反对帝国主义侵略的斗争此起彼伏。当然,已经经过"欧风美雨"之洗礼的中国人民不再像以前那样知识贫乏、唯我独尊和盲目排外了。现在,符合国际游戏规则的、非暴力的经济斗争逐渐取代了过去甚至披着宗教迷信外壳的武力对抗。许多新型知识分

---

[1] 青岛市博物馆、中国第一历史档案馆、青岛市社会科学研究所编:《德国侵占胶州湾史料选编(1897—1898)》,山东人民出版社1986年版,第397页。

子和留学生开始把"种族"和"民族"看作是促成国家与社会联合、共同发挥作用的重要手段,强调全体"中国人"的共同利益,要求全体国民紧密团结,齐心协力拯救中华民族于危难。一些地方政治精英、商人、企业家和开明士绅也提出了国家利益至上的"民族资本主义"纲领,力图通过发展实业和进行"商战"的方式,抵制西方资本主义的经济掠夺。留学生、士绅、企业家和地方官员还通力合作,发起了大规模的收回铁路和矿山权益运动,把斗争矛头直接指向了西方列强通过不平等条约而从中国攫取的特权。广大工人和普通民众则以罢工、罢市和抵制外货等行动,反对外国资本家的压迫剥削。就连晚清政府也在内外压力下不自觉地充当了戊戌维新志士的遗嘱执行人,推行自上而下的改革运动:废除科举制,开办新式学堂,倡导新学与实学;扶植私营企业,促进经济发展和对外贸易;改革军事制度,废除武举,重建一支新式军队;吸纳和利用地方精英,扩大国家职能和权力,加强中央对地方的控制。其目的固然主要是为了维持自己摇摇欲坠的王朝统治,但也不排除富国强兵,抵制帝国主义列强进一步侵略的考虑。所有这些抵抗行动充分表明了中国社会的主体意识和能动作用,特别是用非暴力经济手段进行的抵抗突出表现了中国社会的革新能力。

中国社会的抵抗迫使德国侵略者不得不承认:瓜分中国一事,"绝对不能实现",且"系毫无益处之举"。"中国前途,尚有无穷希望",中国民众"在实际上,尚含有无限生气"。[1] 要巩固和扩大在中国的经济、政治势力,必须在不放弃武力的前提下,辅之以文化输出,通过在中国办学等文化措施,对中国人民进行"道义征服"。用德意志帝国资产阶级自由主义政治家的话来说就是:"扩散帝国

---

[1] 牟世安:《义和团抵抗列强瓜分史》,经济管理出版社1997年版,第487页。

文化上的影响,为它的经济发展充当开路先锋,应是现代化的对外政策方案。"①这种战略调整说明帝国主义政策并非始终如一或者仅仅直线式地不断加剧,恰恰相反,它是根据自身的遭遇和时代的变化而变化的。

在德国政府看来,推行文化政策首先有助于消解中国民众对德国的仇恨,拆除阻碍中国人与德国人交往的障篱。其次,可以展示德国文化和科学的成就和贡献,提高德意志"文化大国"的声誉,使中国人获得一个良好的德国印象。再次,可以扩大德国商品在中国的销路,促进德国对华贸易的大规模发展。最后,可以在政治上和思想意识上影响中国未来一代领导层,在中国政府部门培植亲德势力,以便最终能够左右中国政局。在这里,办学和传播现代科学技术成了合乎时宜的、扩展非正式统治并为帝国主义侵略利益服务的重要工具。②

事实上,通过文化输出对中国人民进行"道义征服"的做法,在近代来华的许多宗教团体那里已不是什么新鲜事。特别是英美诸国传教士从一开始就把举办文化教育事业看作是传教工作的一个重要方面,很早就在中国创办了小学、中学、师范学院和神学院等一系列学校。仅早期的大学来说,就有美国圣公会 1879 年在上海建立的圣约翰书院(1905 年更名为圣约翰大学),美以美会 1890 年在北京建立的汇文大学,监理会 1901 年在苏州建立的东吴大学,英、美、加拿大等国新教差会 1902 年在山东潍县、济南、青州建立的山东新教大学(1909 年改称山东基督教大学;1917 年所辖各

---

① 李工真:《德国对华文化政策的开端》,载刘善章、周荃主编《中德关系史文丛》,青岛出版社 1991 年版,第 216 页。

② 对此,中外学者如李厚基、周东明、李工真、洛斯维塔·赖因博特(Roswitha Reinbothe)、罗梅君和余凯思等都予以了深刻揭露。

校均迁至济南,统一校名为齐鲁大学),罗马天主教会1903年在上海建立的震旦大学,美国雅礼国外布道会1904年在长沙建立的雅礼大学,基督教华北教育联合会与美部会女传教士裨治文夫人1905年在北京建立的华北协和女子大学以及英国伦敦会、美国公理会和美国长老会于1906年在北京建立了北京协和医学院等。所有这些大学都承担着向中国进行文化渗透的使命。① 德国政府在这些学校中看到了一种竞争的压力,因为如同在整个殖民扩张运动中,它在推行文化政策方面也是一个"迟到者";它又十分鄙视盎格鲁—美利坚式教育的"肤浅性"、它的自由主义和个人主义,力图用德意志强调彻底性、质量和秩序的教育与之对抗。② 此外,德国政府还有意要实行一种独立的、世俗的国家文化政策以区别于传教士主要在中国农村地区进行的、具有明显宗教动机的办学活动,因为它认为这样的文化政策恰恰可以向未来将占据关键职位的中国青年施加影响,培养他们的亲德意识。③ 这种强

---

① 这一点,德国经济界人士早已看得十分清楚:"在德国,对中国的兴趣暂时还很小。……只有少数人认识到,这一点关系到我们未来的世界强权地位。……那种把我们的世界市场竞争者为了文化目的而在中国投放数百万资金的行动看作是理想主义或人道主义激情的流露而不是某种健康的利己主义和求安全的商业本能的表现的观点是十分荒谬的。对中国市场在不久的将来将要产生的重要影响的信念是激发我们的对手逐年增加努力的诱因。在这里,不是今天花钱明天就要赢利的小商贩式斤斤计较,而是一种度量博大、谋略深远的经济政策在为帝国主义思想意义上的重大任务工作。"见〔德〕余凯思著,孙立新译,刘新利校《在"模范殖民地"胶州湾的统治与抵抗——1897—1914年中国与德国的相互作用》,山东大学出版社2005年版,第281页。
② 参见 Roswitha Reinbothe, *Kulturexport und Wirtschaftsmacht. Deutsche Schulen in China vor dem Ersten Weltkrieg*, Frankfurt am Main 1992, S. 10.
③ 〔德〕余凯思著,孙立新译,刘新利校:《在"模范殖民地"胶州湾的统治与抵抗——1897—1914年中国与德国的相互作用》,山东大学出版社2005年版,第282—283页。

烈的竞争意识反映了后起帝国主义的典型心态,对于德国政府在创办和经营青岛特别高等专门学堂方面的活动产生了重要影响。

至少自1902年起德国驻北京公使穆默(Alfons von Mumm)就吁请本国政府履行其"文化使命",实施文化政策了。[①] 稍后,汉学家佛尔克(Alfred Forke)、青岛海关关长阿理文(Ernst Ohlmer)和德亚银行驻华总代表考德斯等人也纷纷向德意志帝国首相、外交署和海军署进言,力主在中国创办德国学校。[②] 文化举措作为德国在胶澳进行殖民统治的基本组成部分也越来越重要;胶澳租借地的发展目标越来越多地被说成是在中国建立一个"德国的文化中心"了。1905年,胶澳副督雅各布森(Jacobsen)在呈交帝国海军署的一份意向书中,把文化政策称作德国在胶澳租借地和中国扩展势力的重要政治任务之一。雅各布森写道:"我们德国人在殖民地教育事业——这个现代民族文化生活最重要的领域——中所要承担的任务,可以根据前述作如下简要概括。如果要使德国的影响超出我们所占领地区的狭小界限而扩展到山东的话,那么,就必须通过计划周密的和强有力的利益代表,与已经在那里开展工作的列强抗衡。在我们的殖民地,我们不应当像香港那样把自己局限于培养一些只知道在学校教育中寻求一种更方便的谋生手段的中国人的水平上,而是要使学校教育全面地对其精神和品格施

[①] 〔德〕余凯思著,孙立新译,刘新利校:《在"模范殖民地"胶州湾的统治与抵抗——1897—1914年中国与德国的相互作用》,山东大学出版社2005年版,第280页注释①。

[②] Roswitha Reinbothe, *Kulturexport und Wirtschaftsmacht. Deutsche Schulen in China vor dem Ersten Weltkrieg*, Frankfurt am Main 1992, S. 193—194.

加影响,要使它成为这样一种手段,借助于它,德国的知识和德国的精神可以被贯彻到全省,贯彻到经济上依赖青岛的腹地之中。"①这份意向书清楚无误地反映了推行文化政策的目的:它不只是要为德国企业和政府培养合格的、会讲一口流利的德语的劳动力(正如前面引文所指出的香港的情形那样),而且还要通过办学,使"德国的精神"和"德国的知识"对土著居民各社会群体发挥操纵和指导作用;要在统治者和被统治者之间培植一个本土的、受德国意识形态操纵并且因此绝对效忠德国统治者的中介阶层,以确保德国在中国的政治和经济利益。

与之相应,在青岛建立一所高等学校的计划也出台了。其最积极的倡导者首先是德国驻华公使雷克斯(Grof von Rex)。此人在1907—1908年间多次向德国政府提议,力主迅速在青岛建立一所高等学校,将青岛建设成为从各个方面对中国人进行"德国化"教育的基地。雷克斯论证说,中国人迄今只知道德国有"很好的士兵和军工厂",因此,必须创办大学让中国人接近德国的语言和科学,改变原有的偏见。德国殖民主人在青岛"居于首位",他们在这里也没有盎格鲁的竞争者与之作对,因此,必须充分利用这样的优越条件,以"现代教育的最好大师"身份展现于中国人面前,把德国文化传扩到全中国。在青岛创办一所大学也恰恰有助于化解中国人至今仍耿耿于怀的、对德意志帝国用武力抢占中国领土一事的仇恨。最后,从长远的眼光来看,创办大学乃是"一本万利"的好买

---

① 雅各布森致帝国海军署(1905年1月27日),载 Mechthild Leutner (Hrsg.), Klaus Muehlhahn (Bearb.), "Musterkolonie Kiautschou". Die Expansion des Deutschen Reiches in China. Deutsch-chinesische Beziehungen, 1897 bis 1914. Eine Quellensammlung, Berlin 1997, S. 449—450.

卖,受过德国精神熏陶的中国人自然会对德国的工业及其产品产生爱慕之情,德国的工业和商业必将因此而受益无穷。①

雷克斯的建议和论证,受到主管胶澳租借地事务的帝国海军署国务秘书蒂尔皮茨的大力支持,他在1907年10月4日致函外交署:"公使的建议触及到我近几年来一直在思考的计划。实际上,我希望立刻就按照公使所表达的政治意愿去做,并且为了扩大我们在中国的影响,动用我所掌管的租借地行政管理大权,建立一个大型的教育机构。"②然而,蒂尔皮茨强调说,只有在获得中国政府的赞同并与中国政府协调一致的情况下,才有可能开办这样一所学校,并使之发挥所希望的政治作用。因此必须从一开始就对中国中央政府和相关省的巡抚把办学的好处讲清楚并使之产生兴趣,要让中国主管当局参与教学计划的制订,承认要在青岛通过的考试,并尽可能关心毕业学生日后的前程。蒂尔皮茨还计划委派一位科学成就突出并且在中国人当中很有威望的人士来担任学校未来的领导,也要让他从开展工作初始就与主管教学的中国机构达成谅解。③ 这种与中国政府"合作"的态度实出无奈。中国社会

---

① Roswitha Reinbothe, *Kulturexport und Wirtschaftsmacht. Deutsche Schulen in China vor dem Ersten Weltkrieg*, Frankfurt am Main 1992, S. 194—196.

② 蒂尔皮茨致外交署(1907年10月4日),载 Mechthild Leutner(Hrsg.), Klaus Muehlhahn (Bearb.), "*Musterkolonie Kiautschou*". *Die Expansion des Deutschen Reiches in China. Deutsch-chinesische Beziehungen, 1897 bis 1914. Eine Quellensammlung*, Berlin 1997, S. 453—454。译文参考 http://news.qdu.edu.cn/xiaoqing/index.asp 校史研究栏。

③ 蒂尔皮茨致外交署(1907年10月4日),载 Mechthild Leutner(Hrsg.), Klaus Muehlhahn (Bearb.), "*Musterkolonie Kiautschou*". *Die Expansion des Deutschen Reiches in China. Deutsch-chinesische Beziehungen, 1897 bis 1914. Eine Quellensammlung*, Berlin 1997, S. 454。译文参考 http://news.qdu.edu.cn/xiaoqing/index.asp 校史研究栏。

的抵抗斗争迫使德国政府不得不面对现实,改变殖民政治手段,通过笼络中国政府的方式来进行文化渗透。蒂尔皮茨继续写道:"这样一所尤其必须以实际使用欧洲的,特别是德国的宪法和行政管理办法、预算安排、财政法、铁路法等为己任的教育机构,显然对中国人尤为急需,而我恰恰期望从这所学校去施加最直接的影响。这里的前提当然也是中国政府部门的合作,以免从一开始引起嫌疑,好似在德国学校中类似于在日本大学中一样施加了使人不愉快的政治因素。我更希望,正是由于在日学习的大学生的令人不愉快的经历使得中国当局一定程度地倾向我们,从温和保守意义上组建一所行政管理学校。"① 由此可见,德国政府在准备创办大学时就考虑到了与中国的"合作",这种"合作"态度也表现在以后与中国政府的谈判和大学的实际经营上。

(二) 中国政府的回应与中德谈判

对于在青岛创办大学事宜,中国政府并不是完全的被动者。相反,它从一开始就与德国政府进行了严正交涉,并在长时间的谈判过程中,争取到了许多权益,最终确定了中德"合作"的办学形式。

中国素有文化教育之邦的美誉,文教事业在中国社会历来都受到高度重视。早在春秋时期,孔子就设杏坛,首开私人讲学之

---

① 蒂尔皮茨致外交署(1907年10月4日),载 Mechthild Leutner (Hrsg.), Klaus Muehlhahn (Bearb.), "*Musterkolonie Kiautschou*". *Die Expansion des Deutschen Reiches in China. Deutsch-chinesische Beziehungen, 1897 bis 1914. Eine Quellensammlung*, Berlin 1997, S. 454. 译文参考 http://news.qdu.edu.cn/xiaoqing/index.asp 校史研究栏。

风。公元前 136 年,汉武帝又在朝中立"五经博士",办起了"太学"。隋唐以后科举考试蔚然成风,不仅极大地促进了中国教育事业的发展,而且其影响远及海外,甚至被欧洲启蒙思想视作典范和学习的榜样。只是由于偏重"人伦道德"和诗赋词章,也由于"文胜而实衰,法久而弊起"①的自然规律,中国的教育制度后来逐渐趋向衰落。特别是自明代起,被称为"经义之文"的八股大盛,"遂使世之慕速化者,置经史实学于不问,竞取近科闱墨,摹拟剽窃以弋科第。"②结果"士人皆束书不观,争事帖括。至有通籍高第,而不知汉祖唐宗为何物,更无论地球各国矣"③。对于中国传统教育制度的落后性,许多有识之士早已洞若观火。从自强运动(1860—1894 年)、维新运动(1895—1898 年)到立宪运动(1905—1911 年),"锐之科学,讲求实用"的教育改革始终占据重要地位。而在中国新教育体系的发展过程中,德国也经常被称作样板。1898 年在百日维新期间,康有为上书清廷,指出普鲁士的教育改革堪为中国教育领域的榜样。1901 年,袁世凯在保定建立了一种以普鲁士的样板为导向的军事学院。1905 年,五大臣考察欧洲回国后,再次对德国的教育制度大加彰扬。因此,当德国政府提出在青岛创办一所大学的建议时,部分中国官员立即作出了积极的回应。中国驻德国公使孙宝琦就在写给外务部的报告(1907 年 12 月 11 日)中,极力称赞该计划"用意甚善","具徵睦谊",理应支持。④

然而,晚清政府也十分清楚外国列强对华采取文化政策的真

---

① 陈旭麓:《近代中国社会的新陈代谢》,上海人民出版社 1992 年版,第 247 页。
② 同上书,第 246 页。
③ 同上。
④ 孙宝琦致外务部(1907 年 12 月 14 日),现存于中国第一历史档案馆,外务部,1512 号。也见褚承志《青岛特别高等专门学堂》,《山东文献》第六卷第四期,第 37 页。

正动机,不愿拱手出让教育大权,而是希望在引进西方现代科学技术、建立新式学堂的过程中,把握办学方向,一方面为了维护封建王朝的统治地位,另一方面也为了避免民族和国家利益受到进一步损害。因此,早在1906年9月,清政府学部就发布公告,取消对外国学校毕业生学历资格的承认。中国中央政府试图借此在全国范围统一考试制度。[1] 1907年12月,当德国驻华公使雷克斯照会中国政府,要求在青岛开办一所大学时,学部也以"教育实为国家应尽义务,非外人所能代谋"[2]为由予以拒绝。不过,功利心切的雷克斯并不善罢甘休。他在1908年2月15日直接拜会清政府学部大臣张之洞,重申办学要求,并建议派员专门来华商谈,与中国政府达成一项协议。[3] 张之洞虽然认定中外学堂宗旨"迥然不同,课程自难以一致",但也看到德国在青岛办学动议出自政府,与私人办学不同;德方也筹措巨资,准备派专员来华商定章程,有与中国合作之意。因此学部在与外务部反复筹商之后,决定先与德国专员进行试探性谈判。[4]

---

[1] Roswitha Reinbothe, *Kulturexport und Wirtschaftsmacht. Deutsche Schulen in China vor dem Ersten Weltkrieg*, Frankfurt am Main 1992. ,S. 201; Mechthild Leutner (Hrsg.), Klaus Muehlhahn (Bearb.), *"Musterkolonie Kiautschou". Die Expansion des Deutschen Reiches in China. Deutsch-chinesische Beziehungen, 1897 bis 1914. Eine Quellensammlung*, Berlin 1997, S. 431.

[2] 学部致外务部(1908年1月31日),现存于中国第一历史档案馆,外务部,第1512号。参见 Mechthild Leutner (Hrsg.), Klaus Muehlhahn (Bearb.), *"Musterkolonie Kiautschou". Die Expansion des Deutschen Reiches in China. Deutsch-chinesische Beziehungen, 1897 bis 1914. Eine Quellensammlung*, Berlin 1997, S. 435;〔德〕余凯思著,孙立新译,刘新利校:《在"模范殖民地"胶州湾的统治与抵抗——1897—1914年中国与德国的相互作用》,山东大学出版社2005年版,第286页。

[3] Roswitha Reinbothe, *Kulturexport und Wirtschaftsmacht. Deutsche Schulen in China vor dem Ersten Weltkrieg*, Frankfurt am Main 1992, S. 199.

[4] 褚承志:《青岛特别高等专门学堂》,《山东文献》第六卷第四期,第37页。

1908年4月,德国海军署委派原公使馆翻译、汉堡大学汉学教授福兰阁(Offo Franke)为特别委员,就在青岛创办高等学校事宜与中国政府进行谈判。为了避免中国方面的警觉,福兰阁并不以军方代表身份而是以德国驻北京公使馆"专业顾问"身份与中国谈判代表接触。① 在提交给中国政府的办学草案中,福兰阁先打出新建大学严禁在校内进行传教活动和开设中学课程等招牌,目的在于取得中国方面的好感,换取其他方面的认可。②

对于禁止传教、开设中学课程,中国政府自然表示欢迎。但是学部官员仍不能认可德方的办学草案,因为德国政府希望在青岛建立的大学应当具有与京师大学堂同等的大学地位,要求中国政府承认在青岛毕业的学生的大学学历并接纳他们进入政府部门任职,至少应当把他们视作与留学回国的大学生资格相同,可以参加京师大学堂的毕业考试。这样的要求已经大大超出了中国政府所能接受的范围。中国政府一方面仍按照过去科举考试时的模式设计新式教育,把京师大学堂的毕业考试看作与科举的最高级考试——京试——一般,不准备在地方上设立与京师大学堂同等地位的大学。另一方面,中国政府也担心,一旦同意了德国的要求,其他列强会纷纷效仿,提出同样的要求。③ 此外,他们还看到草案

---

① Roswitha Reinbothe, *Kulturexport und Wirtschaftsmacht. Deutsche Schulen in China vor dem Ersten Weltkrieg*, Frankfurt am Main 1992, S. 200.

② Roswitha Reinbothe, *Kulturexport und Wirtschaftsmacht. Deutsche Schulen in China vor dem Ersten Weltkrieg*, Frankfurt am Main 1992, S. 203—204; O. Franke, *Die deutsch-chinesische Hochschule in Tsingtau, ihre Vorgeschichte, ihre Einrichtungen und ihre Aufgaben*, in: Marine-Rundschau. Dezember, 1909, S. 1325.

③ Roswitha Reinbothe, *Kulturexport und Wirtschaftsmacht. Deutsche Schulen in China vor dem Ersten Weltkrieg*, Frankfurt am Main 1992, S. 201—202; O. Franke, *Die deutsch-chinesische Hochschule in Tsingtau, ihre Vorgeschichte, ihre Einrichtungen und ihre Aufgaben*, in: Marine-Rundschau. Dezember, 1909, S. 1328—1329.

规定:"学堂监督各员,皆由德国政府选派,并不由中国派员考察。每逢考试,仅由中国学部派员监视。学生毕业,则请奖以进士出身"等,这些条款均有损于中国的主权,若不加改动,断不可接受。①

按照张之洞和学部的意见:"大学名称,未便轻予假借,学生功课,学堂章程,若不由中国派员驻堂稽察,久必渐成。生入堂之始,若不由山东提学使选送,诚恐以中学毫无根底者充数其间。学生毕业之时,若不由中国派员会同考试,诚恐以程度未能,滥邀升拔。至学生毕业,或准升大学,或酌量任使,已足以示殊异,碍难议及出身。凡此数端,关系极为重要,若不预为订定,必致流弊滋多。"②由此可见,中国政府官员的主权和自主权意识十分敏锐,在一些原则问题上,决不甘心轻易妥协。结果,德国方面不得不放弃初衷,同意即将建立的大学定名为:"青岛特别高等专门学堂"。③德国政府也放弃了自主招生的要求,同意由中国政府选送学生,而且录取范围不以山东为限;同意按照中国学部颁发的学校章程划分高等班和初级班两级;同意由中国政府选派教师教授中学课程。④中国在一定程度上捍卫了国家主权,争得了较多的办学权益。

---

① 褚承志:《青岛特别高等专门学堂》,《山东文献》第六卷第四期,第37—38页。
② 同上书,第38页。
③ 同上。
④ 参见 Roswitha Reinbothe, *Kulturexport und Wirtschaftsmacht. Deutsche Schulen in China vor dem Ersten Weltkrieg*, Frankfurt am Main 1992, S. 205; O. Franke, *Die deutsch-chinesische Hochschule in Tsingtau, ihre Vorgeschichte, ihre Einrichtungen und ihre Aufgaben*, in: *Marine-Rundschau*. Dezember, 1909, S. 1327—1328; 褚承志:《青岛特别高等专门学堂》,《山东文献》第六卷第四期,第38页。

中国政府还提出了将校址改为济南和由中方任命一位与德国校长地位平等并与之共同管理学校事务的要求。[1] 对于改变办学地址一事,福兰阁与蒂尔皮茨都表示反对。因为德国政府办学的目的正是为了以青岛为基地,向全中国施加文化影响。青岛作为殖民地,处于德国政府的直接统治之下,在青岛办学也有利于德国对学校事务的控制和干预。[2] 德国政府起初也反对中国政府委派官员进校的要求。但是在中国方面的坚持下,德国政府被迫作出一定的让步,同意在保证德国校长唯一领导地位的前提下,由中国政府派遣一位官员担任"总稽察",其职能是:"向中国政府通报学校是否按照条约经营,检查中文教学和中国教员情况,监督学生的中文课程学习。"[3]尽管权力有限,中国政府还是可以借此参与学校管理了。

谈判的最终结果是:中德双方都作出了妥协,达成了"合办"大学的共识,尽管双方的动机和目的各不相同。德国政府主要想以这所大学为工具推行其文化政策,贯彻其殖民主义利益,而中国政府则力图引进现代科学技术,培养现代化建设人才,自强图治。这

---

[1] 参见1908年7月18日特别委员福兰阁致海军署国务秘书蒂尔皮茨,载 Mechthild Leutner (Hrsg.); Klaus Muehlhahn (Bearb.), "*Musterkolonie Kiautschou*". *Die Expansion des Deutschen Reiches in China. Deutsch-chinesische Beziehungen*, *1897 bis 1914. Eine Quellensammlung*, Berlin 1997, S. 455—458. 也见 Roswitha Reinbothe, *Kulturexport und Wirtschaftsmacht. Deutsche Schulen in China vor dem Ersten Weltkrieg*, Frankfurt am Main 1992, S. 200—201.

[2] 同上。

[3] Mechthild Leutner (Hrsg.), Klaus Muehlhahn (Bearb.), "*Musterkolonie Kiautschou*". *Die Expansion des Deutschen Reiches in China. Deutsch-chinesische Beziehungen*, *1897 bis 1914. Eine Quellensammlung*, Berlin 1997, S. 457; O. Franke, *Die deutsch-chinesische Hochschule in Tsingtau*, *ihre Vorgeschichte*, *ihre Einrichtungen und ihre Aufgaben*, in: *Marine-Rundschau*. Dezember, 1909, S. 1328.

是在近代中外不平等关系结构下产生的一种极为特殊的"合作"。无视这个特殊的历史背景,很容易导致对青岛特别高等专门学堂的性质作出错误的判断。

稍后,福兰阁根据谈判达成的协议,拟定《青岛特别高等专门学堂章程》。[①] 该章程共计 18 项条款,对学校性质、名称、办学地点、学校设备、行政管理、经费来源、学制、课程设置、考试制度、学生来源、年龄限制、入学后居住和服装、毕业生去向等项作出了具体规定。章程传到中国外务部,外务部又转咨到学部。学部官员再加详核,在确定"实系照议改定"后,方才批准立案。1908 年 7 月 8 日,德国代表福兰阁、中国代表学部郎中杨熊祥、陈曾寿等在章程上签字画押。

中德双方还就办学经费之事进行了磋商。德国政府原计划筹措开办费 30 万马克,常年经费 75,000 马克。这个数额遭到中国方面的非议。1908 年 6 月 20 日,德国驻华公使雷克斯向德国首相呈送了一份专门报告,要求帝国国会的预算案委员会增加在青岛建校的经费投入。德国方面按照国会通过的胶澳总督建校预算及赞助法案提供开办费 64 万马克,财政拨付 60 万马克,分 3 年划拨。德国政府支出常年经费 13 万马克。中国学部则认筹开办经费 40,000 马克,常年经费 40,000 马克。因为学部财政拮据,中国方面负担的常年经费暂以 10 年为限,并且由学部、直隶和山东省

---

① 该章程中文稿可见谋乐辑:《青岛全书》,青岛印书局刊 1912 年版,第 210—214 页;褚承志:《青岛特别高等专门学堂》,《山东文献》第六卷第四期,第 39—40 页。德文稿见 Mechthild Leutner（Hrsg.）, Klaus Muehlhahn（Bearb.）, "*Musterkolonie Kiautschou*". *Die Expansion des Deutschen Reiches in China. Deutsch-chinesische Beziehungen, 1897 bis 1914. Eine Quellensammlung*, Berlin 1997, S. 464—467.

省府分别负担;学部认筹 10,000 马克,直隶、山东各认筹 15,000 马克。① 经费问题谈妥后,中德合办青岛特别高等专门学堂一事才算最终落实。从经费数目上看,德国方面显然负担了主要部分,中国方面只起辅助作用。这是由两国经济实力差异悬殊的具体情况所决定的。而中国政府在国家财政十分紧张的情况下(远的不说,帝国主义列强单在《辛丑条约》中就向中国勒索四亿五千万两白银的战争赔款)仍拨款支持办学,可见其在发展教育事业方面用心何等良苦。

1909 年 6 月 20 日,清政府学部上呈《山东青岛设立特别高等专门学堂咨议情形并商订章程认筹经费折》,正式奏请设立青岛特别高等专门学堂,当日即获批准。

从上述谈判过程来看,中国政府为捍卫文化教育主权付出了不懈努力,并且取得了很大的成功,以至于当胶澳总督特鲁泊(Oskar Truppel)获悉章程内容后大为光火,批评德国作出的让步太多。② 但是福兰阁和雷克斯却认为,能够得到中国官方的承认和财政资助,这对于德意志帝国文化政策的实施是十分有利的。福兰阁甚至说,德国可以利用这个机会,在青岛建立"这样一个机

---

① O. Franke, *Die deutsch-chinesische Hochschule in Tsingtau, ihre Vorgeschichte, ihre Einrichtungen und ihre Aufgaben*, in: *Marine-Rundschau*. Dezember, 1909, S. 1332. 也见褚承志《青岛特别高等专门学堂》,《山东文献》第六卷第四期, 第 38 页;周东明:《德占青岛时期的教育策略及其实施》,载刘善章、周荃主编《中德关系史文丛》,青岛出版社 1991 年版,第 150 页。

② 参见 Roswitha Reinbothe, *Kulturexport und Wirtschaftsmacht. Deutsche Schulen in China vor dem Ersten Weltkrieg*, Frankfurt am Main 1992, S. 204—205; 〔德〕余凯思著, 孙立新译, 刘新利校:《在"模范殖民地"胶州湾的统治与抵抗——1897—1914 年中国与德国的相互作用》,山东大学出版社 2005 年版,第 287 页。

构,它远远超越迄今在中国国土上所建立的设施、教员和业绩等等"。① 与"模范殖民地"的殖民战略一样,德国政府也期望在青岛的文化教育事业方面作出比其他殖民列强更高一筹的"成就"。

(三)中德联合创办"青岛特别高等专门学堂"

"青岛特别高等专门学堂"校址设在德国驻军炮兵营旧址(现朝城路青岛铁路局)。它于1909年10月25日开学,11月1日正式开始教学。第一学年招收学生大约80名。以后逐年增长,到1913至1914年约有在校生400名。② 由于第一次世界大战和日德战争的爆发,该校被迫停办。总共只有大约30名学生得以毕业。

青岛特别高等专门学堂属于中德合办性质。这种合办性质并非像有人所说的那样:"名义上为中德合办、实际上是由德国一手操办的。"③或者说:"学校名为中德合办,行政大权实为德国人独揽。"④实际上,中国方面积极参与了办学实践,并在其中发挥了一定的能动作用。中德合办主要体现在以下三个方面:

(一)中德双方分别筹款,共同承担办学费用。中德双方共筹

---

① 〔德〕余凯思著,孙立新译,刘新利校:《在"模范殖民地"胶州湾的统治与抵抗——1897—1914年中国与德国的相互作用》,山东大学出版社2005年版,第287页。

② Roswitha Reinbothe, *Kulturexport und Wirtschaftsmacht. Deutsche Schulen in China vor dem Ersten Weltkrieg*, Frankfurt am Main 1992, S. 227.

③ 李厚基:《试谈德华青岛特别高等专门学堂的建立及其作用和影响》,载赵振玫主编,周振业审订《中德关系史文丛》,中国建设出版社1987年版,第214页。

④ 周东明:《德占青岛时期的教育策略及其实施》,载刘善章、周荃主编《中德关系史文丛》,青岛出版社1991年版,第150页。

措开办费69万马克,常年经费20万马克。所有这些经费都得到了落实。只是"宣统三年,因革命军起,中国国事如麻,中国方面可能变化"[①]。

(二)由中德双方各派官员、教员,分工协作,共同进行管理。德国政府选派监督(相当于校长)一员总理全校事务,领导全体教职工。中国政府选派总稽察一员,常川驻堂,负责检查学校章程的实施、中学教员的资质、学生的功课和品行等事宜。德国政府任命地理学家、海军署官员格奥尔格·凯贝尔(Georg Keiper)担任学校监督(相当于校长)。中国政府则派遣记名御史学部员外郎蒋楷担任总稽察(蒋楷于民国二年四月去职,总稽察一职由窦学光代理)。[②]

(三)在教学方面,德国教员讲授德文、世界历史和地理、数理化及法政、工程技术、农林和医学等西学课程。中国教员教中国经学、文学、人伦道德、历史、舆地等中文课程。这就把德国的教育和中国的教育相互结合起来,形成了中西合璧的学习体系。

这种合作局面的出现,一方面是因为德国政府在推行教育文化政策伊始就有与中国政府进行"合作"的意向,因为中国社会对帝国主义侵略的抵抗斗争迫使德国政府不得不面对现实,改变殖民政治手段,通过笼络进行文化渗透。另一方面,也是中国政府通过谈判,据理力争的结果。当然,因为动机不同,中德双方的行动各有所重。

如上所述,德国政府创办青岛特别高等专门学堂的主要目的

---

① 褚承志:《青岛特别高等专门学堂》,《山东文献》第六卷第四期,第42页。
② 同上书,第43—44页。

是为了向中国施加影响。要通过办学,向中国学子灌输"德国的知识"和"德意志精神",使之成为易于操纵的工具。这一点首先体现在对德语教学的强调上。

青岛特别高等专门学堂大力推行德语教学。不仅初级班的主要课程就是德语,而且高等班的主要课程也都是由德国教师用德语讲授的。因为德国殖民主义者懂得,德语教学是传播德国文化,影响中国精英的最重要工具。而学习德语也是中国人接受德国文化的重要前提,只有让更多的中国人学会德语,才能使德国文化在中国得到更广泛的传播。另一方面,同英语一样,德语在当时也是一门具有很高商业价值的外语,掌握了它的学生或进入商界,或进入政界,都游刃有余。这对于促进德国的对华贸易,培植亲德势力,意义十分重大。

德国政府还期望通过法政科的教学与科研工作,向中国施加特别的影响。与西方民主国家不同,德国直到20世纪仍实行君主专制政体,国家政权掌握在一伙容克贵族手中,资产阶级积极参政的议会形同虚设。与之相应,德国的宪法和法律体系带有明显的维护国家机器,反对人民基本权利的特征。德国的这种法律观念被看作是特别适合于中国的。德国地方法官库尔特·罗姆贝格(Kurt Romberg)就公开宣扬"建立在君主制基础之上的德国国家生活和德国宪法尤其(适用于)中国,它们比以共和国形式展示出来的英国和美国的样板要好得多"[①]。他自1911年起出任法政科领导,提出多项方案,力图使中国学生熟知德国的法学和

---

① 转引自 Roswitha Reinbothe, *Kulturexport und Wirtschaftsmacht. Deutsche Schulen in China vor dem Ersten Weltkrieg*, Frankfurt am Main 1992, S. 214.

法律体系。可以想见,这样的法政教育对于中国学生会产生何种效果。

作为后起的帝国主义国家,德意志帝国在世界政治、经济和文化诸领域中的竞争意识是十分强烈的。因为老牌帝国主义国家已经捷足先登,在瓜分世界、占领殖民地的角逐中占据了优势地位。后起的帝国主义国家必须通过剑拔弩张的争夺才能从帝国主义国际会餐中分到一点美味佳肴。这种竞争意识在青岛特别高等专门学堂的办学过程中也清楚地表现了出来。例如对外语教学的强调,它不仅有助于德国文化的渗透,而且也有利于与教会大学进行竞争。教会大学一般不教授外语,或者限制学生学习外语,因为它以宗教教育和培养神职人员为重点,担心教授外语可能导致教会学校宗教气氛的改变,导致学生们脱离宗教界向其他待遇较高的部门流动。而对于德国政府来说,教授外语不仅于己无害,还能提高自己的声誉,吸引更多的学生前来求学。实际情况也恰如所料,青岛特别高等专门学堂开学后不久,就因其外语教学而名声大噪。许多中国青年把到该校学习看作如留学德国一般,争相报名,结果求学者"年年激增,以至于苦于接收"[①]。

同样出于竞争的考虑,德国政府采纳了德国教授诺斯贝克开设工科的建议,因为照诺斯贝克的说法,"英美在中国所办的大学,都以神学和医理为主,唯缺工科,如我以办工科为主,就可以同英美竞争"[②]。工科的教学后来甚至成为青岛特别高等专门学堂的主要特色,在中国高等教育史上占有一席之地。有不少著名的德国

---

① 李厚基:《试谈德华青岛特别高等专门学堂的建立及其作用和影响》,载赵振玫主编,周振业审订《中德关系史文丛》,中国建设出版社 1987 年版,第 225 页。
② 同上书,第 223 页。

科学家应聘前来执教。数学家康拉德·克诺普(Konrad Knopp)是《数学杂志》的创办人之一和众多关于复合功能问题著作的作者。1910—1911年间他在青岛特别高等专门学堂任教。1914年马可斯·普兰克的高足,量子物理学家卡尔·艾利希·胡普卡(Karl Erich Hupka),也受聘来到青岛。启程前,他完成了一部影响很大的、迄今仍受到广泛重视的关于伦琴射线的著作。[1]这些科学家与其政府不同,他们很少抱有殖民主义动机,而是真正的科学技术传播者。恰恰因为他们的到来和教学活动,青岛特别高等专门学堂才获得较高的科学声誉。

此外,德国政府还在青岛特别高等专门学堂采取了一系列军事化管理措施,大力强化纪律、服从、守时等精神。规定学生必须住集体宿舍,着统一校服,遵守学校的规章制度。违者严惩。在校学生处处受到严密监视。他们每两人或三人住一个房间。晚上关闭校门,学生不准外出。学生宿舍每层都有管理员整夜看守。学生们也有义务自我监督和互相监督,一旦发现有不轨行为,必须马上报告校领导。上课、就餐都按照同一时间进行。学校在每年1月份学年结束时举行大规模的体操和田径比赛,包括举行军事检阅。[2]这种广泛的、延伸到身体和精神上的教育目的在于使学生养成自觉遵守纪律、服从指挥的习惯。在身体和意志力方面也要达到健康矫健,好战斗勇。青岛特别高等专门学校的"军事化"管理与德意志帝国的尚武精神和军国主义有密切联系。众所周知,军国主义是普鲁士的立国根本。19世纪70年代,普鲁士通过三

---

[1] 参见〔德〕余凯思著,孙立新译,刘新利校《在"模范殖民地"胶州湾的统治与抵抗——1897—1914年中国与德国的相互作用》,山东大学出版社2005年版,第290页。
[2] 同上书,第291—295页。

次王朝战争统一德国后,军国主义精神迅速渗透到德意志帝国政治、经济、社会和思想文化生活各个领域。军队纪律、军事行为和生活方式也成为学校管理的重要手段和样板楷模。体操、体育和竞赛等课的设立,不仅仅是为了增强学生的身体素质,而且也是为了培养学生的服从精神。德国殖民主义者认为这种军事化管理模式对于中国学生是必不可少的,是改造中国人种、促进中国进步的重要手段。因此,他们在创办青岛特别高等专门学堂的过程中,也把德意志帝国的尚武精神和军国主义引进来了。

对于德国殖民主义者文化渗透的动机,中国政府始终保持着高度的警觉。因此,它在与德国政府"合作"办学的过程中力争发挥实际作用,尽可能使自己的意图和意志得到贯彻。按照《青岛特别高等专门学堂章程》规定,"总稽察不归监督节制";"本学堂学生应由山东管理学务衙门考选送入,以高等小学堂毕业者为合格,如德国官府欲送学生入堂肄业,须先送山东管理学务衙门考验,是否与高等小学堂毕业者相等,再由山东管理学务衙门送入肄业……中国经学、文学、人伦道德、历史、舆地等科教员,应由山东管理学务衙门选择荐举。德国官府确知有中学优长之教员,亦可由山东管理学务衙门考核合格后,一律聘用……本学堂既由中〔国〕政府立案认可,随时应由山东省视学官,一律视察。每逢考试,由北京学部派委员来堂会考,以昭郑重。并于毕业文凭会同监督总稽察签押。"[①]这些规定赋予中国政府较大的参与学校管理的权力,保证了它对学校经营的有效监督。

"中学为体,西学为用"是近代中国改良派处理中外文化关系

---

① 参见《青岛特别高等专门学堂章程》第五、十四、十五、十六条。

的根本原则。这个原则也被中国政府引入了青岛特别高等专门学堂的办学实践当中。它要求中国学生在接受西方教育时,绝不能背离本民族的文化根基。在特别高等专门学堂的开学典礼上,中国总稽察就向学生们训话说:要遵从孔子之道,首先研究孔子的待人处事的教诲,要理解并深化这些教诲。先辈们所遗留下来的许多格言应是这种学习的基础,要进一步培养自己的德行,做一个真正的人。① 在这里,"孔子之道"是被当作中国民族文化的精粹加以弘扬的。它也被规定为中国学生学习研究的主要课程之一。不仅如此,总稽察还经常在学校举行一些具有中国文化意蕴的活动。在校学生备有靴帽顶戴、长袍马褂等统一制服。每到祭祀孔子的时候,学生们就穿戴整齐,集合于学校礼堂,由总稽察率领向孔子行礼。中国政府希望把西方的科学技术教育与中国的儒教传统结合起来,使学生们既能掌握为国家服务的技能,又不忘却中国文化的根本。对本民族文化传统的崇奉在一定程度上发挥了抵御殖民主义者奴化教育的作用。

对于德国政府推行的"军事化"和"规范化"管理,许多中国学者和官员,如康有为、张之洞、袁世凯等,倒是很感兴趣。在他们看来,全社会的普遍军事化为德意志帝国的世界政治地位奠定了基础。中国要实现现代化、统一和秩序,必须以德国为样板,推行社会军事化政策。因此,在学生管理方面,中国政府同样强调纪律和管教,并把加强纪律管制看作同传授专业知识一样重要。要通过奖罚制度和在节假日庆典中的统一着装和特定仪式,培养学生的

---

① 《胶州发展备忘录(1908.10—1909.10)》附件:"关于德华高等学校开学的报告",载 http://news.qdu.edu.cn/xiaoqing/index.asp 校史研究栏。

"敬仰"和"敬重"意识。① 但是,晚清政府对纪律和管教的强调,主要出自维护社会秩序的需要。针对当时大学生民主思想日趋浓厚,学运高涨以及许多新学校秩序紊乱、纪律松弛的情况,它一再申明,学生必须远离除了学习和学校之外的一切活动。学生的政治活动和学生结社均遭到严厉禁止。与之不同,曾经担任过民国政府临时大总统的孙中山虽然也认为自由与平等不适用于官员、军队和学生,大学生"必须加倍努力,勤劳用功,一心向学",但其目的却是要求大学生"尽全部力量,为国家为人类效劳",而大学生只有在掌握了丰富的科学文化知识之后,才能"贡献学识心力,为全民之幸福尽力"。②

顺便提一下,孙中山曾经发表过一些赞誉德国在青岛的"现代化"建设成就和青岛高等专门学堂的办学实践的言论。他也要求中国学生"以德国的一切为榜样,全心学习",以便将来能够将德国建设青岛的"模例推广到全中国,把祖国建筑得同样的完整"。③然而,仅仅据此并不能说明青岛特别高等专门学堂"办学理念的先进性"④。作为资产阶级革命家,孙中山当时对帝国主义的本质还没有正确的认识,甚至幻想西方国家对民国政府的承认,帮助中国进行现代化建设。直到 20 年代,在中国共产党人的帮助下,他才在思想上有了"联俄、联共、扶助农工"的重大飞跃,并把反对帝国

---

① 参见〔德〕余凯思著,孙立新译,刘新利校《在"模范殖民地"胶州湾的统治与抵抗——1897—1914 年中国与德国的相互作用》,山东大学出版社 2005 年版,第 291 页。
② 孙中山 1912 年 9 月 28 日在青岛特别高等专门学堂的演讲,载 http://news.qdu.edu.cn/xiaoqing/index.asp 校史研究栏。
③ 同上。
④ 语出陈速成《关于校史源头探究的几点思考》,载 http://news.qdu.edu.cn/xiaoqing/index.asp 校史研究栏。

主义作为一项重要任务写进新三民主义之中。无视这一点,很容易对青岛特别高等专门学堂的性质产生错误的认识。

总之,中国政府在青岛特别高等专门学堂的办学实践中发挥了相当大的能动作用。因为在与西方列强交往过程中,中国从来都不是完全被动的客体,尽管政府内各派别,社会上各团体对于西方列强有着不同的认识,相应地也存在着不同的行为方式。除了极少数奴颜婢膝、贪生怕死的卖国贼外,举国上下都以捍卫国家主权,维护民族利益为大体,积极主动地与外国侵略者进行抗争。具体到青岛特别高等专门学堂的创办和经营上,中国政府无论在最初的接触,还是在后来的具体实践中,都为捍卫国家、民族的利益进行了不懈努力,甚至取得了很大的成功。这种情况从胶澳总督特鲁泊对《青岛特别高等专门学堂章程》的批评意见中也可见一斑。特鲁泊担心,由于上列章程,殖民统治当局会失去在学校中实行管教和纪律约束的可能性,而这一点又是殖民的文化政策本来的中心任务。他在1909年9月强调说:"殖民地……不应当忘记它在学校经营中的应当追求的政治目标和必须执行的殖民-文化任务。"而这一目标必须通过垄断"学校管理权"才能实现:"在我看来,我们恰恰应当在学校管教方面放手行动,不受中国人的意见和方法的制约,因为它主要影响着学校的精神,而对于全部经营来说,学校精神比良好的教学结果更重要。"[1]特鲁泊的立场态度十分明确,只是因为中国政府的顽强抵制难以实现罢了。恰恰因为过多干预学校事务,1910年12月28日本来已经患病的特鲁泊被解职回国。[2]

---

[1] 〔德〕余凯思著,孙立新译,刘新利校:《在"模范殖民地"胶州湾的统治与抵抗——1897—1914年中国与德国的相互作用》,山东大学出版社2005年版,第292页。
[2] 同上书,第293页。

概括起来,我们可以说,文化教育是德意志帝国进行殖民统治的一个重要手段。德国政府不惜重金,力图把青岛建设成为德国的一个文化和科学中心。其长远的战略目标是促进德意志帝国在中国的经济和政治利益。直接的目标则是向中国社会施加广泛的文化影响。德国政府希望通过取得中国民众和政治精英的好感和拥护的方式来巩固和扩大自己在中国的利益。那些被相应地感化了的德国学校的毕业生便构成了殖民政权的联系人和合作伙伴。但是,殖民主义者在中国是无法一意孤行的。中国政府通过参与和积极的干预,改变了青岛特别高等专门学堂的本来设计,迫使德国政府较多地承认了中国的平等地位和民族权益以及青岛特别高等专门学堂的"中国化"倾向。中国政府参与办学实践的活动,在一定程度上遏制了德国殖民主义者对中国民众进行文化征服的企图,捍卫了中国文化的根基。从德华青岛特别高等专门学堂的创办和经营情况中我们可以清楚地看到帝国主义时代中德双方的相互作用,无论德国帝国主义的侵华进程,还是中国近代的社会发展都深受其影响。

十一、德占时期青岛中国人社会

1897年,德意志帝国出兵中国,强占胶州湾为其租借地,划山东省为其势力范围。随后,德国政府在胶澳租界内迅速建立起了一整套殖民统治体系,并通过建海港、筑铁路、规划市政建设、实行自由贸易制度等措施,力图把胶澳租界打造成为一个"模范殖民地"。然而,德国殖民者进入的不是一块无人之地,不是一个停滞的、未发展的区域,恰恰相反,这里很早就有人定居,其经济和社会文化也已经有了初步发展。德国殖民者的到来虽然对中国原来的居民共同体产生了巨大冲击,推动和促进了青岛的城市化和现代化进程,但在德国租借地内,中国人自始至终都占总人口的绝大多数,中国社会各群体的意志和行为绝不可能毫无作用。据统计,1897年整个租借地人口为8.3万余。[1] 到1910年,中国人增至161,140人[2],而外国人只有1,809人[3]。到1913年,中国人更多达20万[4],其

---

[1] 袁荣叟:《胶澳志》,胶澳商埠局1928年版,台湾成文出版社1958年影印本,第231页;王守中:《德国侵略山东史》,人民出版社1988年版,第203页。

[2] 谋乐:《青岛全书》,青岛印书局1912年版,第190页;袁荣叟:《胶澳志》,胶澳商埠局1928年版,台湾成文出版社1958年影印本,第233页。

[3] Jefferson Jones, *The Falls of Tsingtau*, Boston 1915, p. 165. 转引自任银睦《青岛城市现代化研究(1898—1922年)》,南京大学博士论文,1998年,第89页。

[4] 督办鲁案善后公署编辑处编:《青岛》,青岛1922年版,第94页。也参见王守中《德国侵略山东史》,人民出版社1988年版,第203页。

中居住青岛市内者 53,312 人[1]；外国人只有 2,411 人，其中德国人为 1,855 人。[2] 青岛从没有成为一个德国人城市！但是，在现有大多数描述青岛早期历史的文献和图片资料中，我们很少能够看到中国人的影子。我们所看到的往往只是德国殖民者的形象：德国的统治、德国的建筑和德国人的聚会等。[3] 不能否认，这些场景曾经出现过，但它们不足以反映青岛殖民地社会的全貌。德占时期的青岛其实是德国殖民统治下的一个中国人社会。中国社会各阶层以这样或那样的方式参与了青岛的建设和发展。他们也在同德国人接触和交往过程中表现出灵活多样的适应和抵抗能力。通过跨文化的相互作用和相互影响，中外各种力量共同塑造了青岛的早期历史。因此有必要对德国殖民统治下的青岛中国人社会进行更深入的考察和研究，尽可能真实地复原殖民地历史的整体结构。

（一）德意志帝国占领前的青岛

位于中国古城胶州和即墨南部的胶州湾自古以来就已经有人定居了。[4] 即使后来成为德国殖民统治中心的青岛口，也从明朝

---

[1] 王守中：《德国侵略山东史》，人民出版社 1988 年版，第 203 页。

[2] 袁荣叟：《胶澳志》，胶澳商埠局 1928 年版，台湾成文出版社 1958 年影印本，第 61—63 页。也参见任银睦《青岛城市现代化研究（1898—1922）》，南京大学博士论文，1998 年，第 89 页。

[3] 德国学者余凯思在其专著《在"模范殖民地"胶州湾的统治与抵抗——1897—1914 年中国与德国的相互作用》（孙立新译，2005 年由山东大学出版社出版）中虽然对胶澳租借地的内部发展进行了考察，但其重点仍在于德国殖民统治当局针对中国居民所采取的种种监控和驯化技术手段，对中国人的社会构成和发展演变未作专门论述。

[4] 关于 1897 年以前胶州湾的状况可参见青岛市博物馆、中国第一历史档案馆、青岛市社会科学研究院编《德国侵占胶州湾史料选编（1897—1898）》，山东人民出版社 1986 年版，第 4—54 页；李宝金：《青岛历史古迹》，青岛出版社 1997 年版。

万历时代起逐渐演化成为一个近海贸易口岸,人丁日益增多。1891年,清政府批准在胶州湾设立防御工事;1893年登州镇总兵章高元奉命带4营兵力约2,000余人移防到青岛,设镇守使署于天后宫之侧,青岛遂成为海防重镇。驻军的到来,刺激了青岛经济发展,商家店铺和车船人口逐日多了起来。到1897年德国占领前夕,青岛口居民增至1,300人,房屋229幢,①商家店铺65家②。青岛口成了中国沿海南北来往货物的聚散中心,对外出口有生猪、猪肉、花生、花生油等土产,进口有广洋杂货、棉布、棉纱、绸缎、糖、桐油、竹木材等物资。随着青岛口经济地位的日益重要,个别商人和商贩甚至过上了富裕生活。

  1898年中德签订《胶澳租界条约》,据此,德意志帝国以"租借"的形式,把胶州湾方圆551.5平方公里的陆地面积变为自己的租借地,并对租借地享有完全的主权。但在该条约的第五款中明确规定:"租地界内华民,如能安分并不犯法,仍可随意居住,德国自应一体保护;倘德国需用地土,应给地主地价。"③这样,原先居住在胶州湾地区的中国人基本都留了下来,他们也构成了德占时期青岛的最早居民。不过,德国殖民当局通过征购土地、划分欧洲人城区和中国人城区、拆迁当地中国人住宅等措施,迫使原先居住

---

  ① 〔德〕余凯思著,孙立新译,刘新利校:《在"模范殖民地"胶州湾的统治与抵抗——1897—1914年中国与德国的相互作用》,山东大学出版社2005年版,第57页。

  ② 胡存约:《海云堂随记》,载青岛市博物馆、中国第一历史档案馆、青岛市社会科学研究院编《德国侵占胶州湾史料选编(1897—1898)》,山东人民出版社1986年版,第25页。

  ③ 袁荣叟:《胶澳志》,胶澳商埠局1928年版,台湾成文出版社1958年影印本,第31页;王铁崖编:《中外旧约章汇编》第一册,生活·读书·新知三联书店1957年版,第739页。

在青岛口一带的中国人迁移到周边的大鲍岛、小鲍岛和台东、台西两镇。家境殷实的中国商人和士绅重新聚集于大鲍岛区和塔埠头区,盖造住宅和店铺,继续商业经营,而广大中国劳工及穷苦民众则蛰居于小鲍岛和台东、台西两镇,依靠出卖劳动力为生。于是,在介于大鲍岛和大港之间的地方形成了一个主要由中国商人居住的商业和工业区。在与大港和小港毗邻的台东镇和台西镇形成了一个中国穷苦劳动人民的居住地。后来,随着城市的发展,青岛逐渐成为一个进出口人员流动性很强的移民城市。中外各色人等的大量涌入,极大地丰富了它的社会构成。

(二) 劳工阶层和商人群体

在德占时期青岛中国人社会中,广大劳工阶层无疑占有重要地位。自 1899 年起,随着德国殖民当局规划的各项建设工程陆续开展,当地破产农民、渔民以及省内外的灾民、贫民纷纷涌入青岛,成为建筑工人、运输苦力、杂役民夫。德国殖民当局还通过山东州县官府到内地招募一些工匠手艺人和广东、上海、宁波、烟台、天津等地的老工人。另有一些人则到中外私营企业做工。据不完全统计,德占时期青岛中国工人总数约 15,000 人,其中产业工人约 5,000 人。[①] 中国劳工为青岛的港口和市政建设作出了重大贡献,为德国资本家创造了巨额财富。他们开山凿路,运石填海,用辛勤的汗水和劳动,建造了大小港、总督府、总督官邸、住宅别墅、

---

① 刘彦民:《德占时期青岛工业与工人阶级状况》,载刘善章、周荃主编《中德关系史文丛》,青岛出版社 1991 年版,第 160 页。

教堂学校等一个又一个或高大宏伟或精美雅致的建筑;另一方面,他们也在外国企业中接触和掌握了不少新知识和新技术,有的甚至成为技术骨干,在青岛后来的工业生产中发挥了重要作用。

毋庸讳言,成千上万的中国民众之所以背井离乡地涌入青岛,主要是因为他们看到这里有较多的就业机会和较高的工资收入,梦想在这里改善自己与生俱来的贫穷命运,部分劳工的生活状况也的确得到了改善。[①]"其初来自外县恒属赤贫,来青二三年后稍知奋勉者大都变赤贫为次贫更由次贫而化小康者不乏其人"[②]。然而,德国殖民者对中国劳工所采取的管制措施相当严格,致使他们毫无自由和尊严可言。他们被强迫居住在四周用高墙围圈起来的工地上,有专人监视其劳动,劳动时间也很长。因此,中国劳工,特别是码头工人、运输工人和建筑工人,也经常以怠工和逃跑的方式进行反抗。1900年冬天,由于工人大量逃跑,租借地内的建筑工程几乎陷入停顿。殖民当局不得不改变由德国企业直接监视中国工人劳动的做法,极力争取让中国工头参与组织和管理,甚至不惜为此付出较高的费用。[③]

随着队伍的壮大和力量的提高,中国劳工还逐渐懂得利用罢工为自己争取权益了。1908年12月,青岛造船厂木工就举行过一次规模较大的集体罢工。这是一场为捍卫中国人尊严而进行的

[①] 与同时期内地劳工相比,德占租借地内劳工的工资水准要高一些。胶海关1901年的报告说:"普通壮工每日工资可得银元二角五分,技工工资自三角到五角,帮佣人员工资每月约八至一十五银元。"见青岛市档案馆编《帝国主义与胶海关》,档案出版社1986年版,第62页。

[②] 袁荣叟:《胶澳志》,胶澳商埠局1928年版,台湾成文出版社1958年影印本,第73—74页。

[③] 〔德〕余凯思著,孙立新译,刘新利校:《在"模范殖民地"胶州湾的统治与抵抗——1897—1914年中国与德国的相互作用》,山东大学出版社2005年版,第160—161页。

斗争。中国工人不能忍受德国资本家的辱骂,义正词严地抗议说:"我辈作工与汝之金钱作交换,汝无骂我权。我辈其能甘为汝骂?"当德国工厂主以"下黑屋子"威胁工人时,工人代表沈君勇敢地回应:"我辈宁下黑屋子,决不甘受此无理之欺辱。"[①] 罢工是一种非暴力的、科学的斗争手段,它的出现说明青岛中国工人的政治意识已有明显提高,为后来工人运动的兴起奠定了基础。

青岛是一个以贸易为主的沿海港口城市,其繁荣与否,与商人群体的势力大小有着密切关系。为了促进租借地内商业贸易的发展,德国殖民当局先是在1898年9月宣布青岛为自由港,后来又在1905年实行新海关制度,改自由港为自由区制,简化了税关管理和稽查手续,此后,不仅外国商人纷至沓来,山东各地以及广东、江苏、浙江、江西、安徽和天津等地的商人也大批涌入青岛。他们有的做包工头,承揽建筑工程;有的经营航运业,从事客货运输;有的建立货栈、钱庄、商店、饭店、妓院,坐地经营;也有的走私鸦片,赚取不义之财;个别商人还开办了一些作坊,虽规模较小,设备简陋,但已开始从手工工场向机器生产过渡。

可以想象,开埠之初,中国商人资金、势力等均十分弱小,不得不依附于享有种种特权的外国势力,靠沾取洋人之余润为生。例如中国商人开办的辫行和丝绸输出行均不能直接向国外输出,而是须由洋行代办。[②] 中国商人办理与贸易有关的国际汇兑,也须钱庄求助德华银行融通,由其代为结算。[③] 但是,通过与外商接

[①] 《盛京日报》,光绪三十四年十二月十七日。转引自刘彦民《德占时期青岛工业与工人阶级状况》,载刘善章、周荃主编《中德关系史文丛》,青岛出版社1991年版,第162页。

[②] 参阅庄维民《近代山东市场经济的变迁》,中华书局2000年版,第207页。

[③] 同上书,第223页。

触,中国商人很快就适应了现代贸易规则。他们也因为谙悉土产货源和行情,通晓内地的商品需求,又有廉价劳动力和运输工具之优势,最终仍在进出口贸易方面占了上风,掌握了青岛贸易的主导权。其结果是:在青岛的商业贸易中,中国商品越来越多,而德国商品所占的比重日趋下降。青岛逐渐发展成为一个较大的中国商业中心而不是德国的商业中心。在德占后期,德国商品基本徘徊在大约6%—8%之间。其中还有一半是供应胶澳总督府和铁路部门的物资,可以在山东市场上销售的德国商品只占胶澳租界贸易总量的3%—4%。① 这与德国政府原先的、把胶澳租界建设成为一个德国的商业贸易中心和把山东开发成为德国产品销售市场的计划大相径庭。青岛经济不是"德国化"而是"中国化"了。②

这个时期,行栈资本在青岛获得大规模发展,不少行栈商人成为商界巨富,资本多达数十万乃至上百万。"各地客商汇集行栈内,根据行栈提供的货样和货源情况进行交易,行栈除居中撮合、代办买卖外,还要负责货物的栈存、运送等事宜,并代客商办理交纳各项税捐。……行栈资本或者通过设立收买庄(坐庄、站庄),直接参与土货收买,或者委托当地号庄收买,并接受号庄委托代为输出。"③其中势力较大的有杨少衡、胡存约、傅炳昭、刘子山、宋雨亭、丁敬臣、顾少山、陈次冶、周宝山、朱子兴、古成章等人,他们开办的福聚栈、瑞泰协、祥泰号、福和永、通聚福、悦来公司、恒祥和、

---

① 〔德〕余凯思著,孙立新译,刘新利校:《在"模范殖民地"胶州湾的统治与抵抗——1897—1914年中国与德国的相互作用》,山东大学出版社2005年版,第197页。
② Annette S. Biener, *Das deutsche Pachtgebiet Tsingtau in Schantung 1897—1914. Institutioneller Wandel durch Kolonialisierung*, Bonn 2001, S. 133.
③ 庄维民:《近代山东市场经济的变迁》,中华书局2000年版,第252页。

复诚号、周锐记、成通号、大成栈等商号,都是颇有实力的土产代理商栈,其经营范围包括草辫、丝绸、花生、棉花、木材等各个行业,在连接不同地区大宗商品远程贸易的方面发挥着重要的纽带作用。一些巨商大贾甚至"设号于神户、横滨、长崎,以运出土货,并运入日本之棉纱、火柴、洋糖、水产、杂货",然后由青岛转销给内地客商。①

为了加强乡亲间的联系,相互保护,协同竞争,来自中国各地的商人还以同乡会形式建起了齐燕、三江和广东会馆,1910年,三大会馆联合组成了"青岛商务总会",入会商号初为160家,稍后增至180家。② 会馆和商会的成立表明了中国商人权益意识和团结精神的加强,也极大地提高了中国商人与德国殖民统治当局和其他外国人打交道的力量。正是在会馆的领导下,中国商人对德国殖民当局以军事—工业基地建设为主体的经济政策提出了批评,迫使胶澳海关修改了妨碍与腹地商业贸易的《青岛设关征税办法》。③ 中国商人还对德国殖民当局1908年9月2日颁布的《装卸存储货物章程》进行了坚决的抵制,发起了一场广泛的抵制所有德国商业贸易和商品的运动。结果,德国殖民当局只好收回成命,颁布新的收费条例,降低了港口装卸货业务的缴费标准,至少部分地满足了中国企业主的要求。④

---

① 袁荣叟:《胶澳志》,胶澳商埠局1928年版,台湾成文出版社1958年影印本,第823页;也参见庄维民《近代山东市场经济的变迁》,中华书局2000年版,第306页。

② 任银睦:《青岛城市现代化研究(1898—1922)》,南京大学博士论文,1998年,第74页。

③ 〔德〕余凯思著,孙立新译,刘新利校:《在"模范殖民地"胶州湾的统治与抵抗——1897—1914年中国与德国的相互作用》,山东大学出版社2005年版,第185—192页。

④ 同上书,第199—202页。

商人"唯利是图"。但在德国殖民统治下,中国商人大多数坚持爱国主义立场,不甘做殖民者的奴仆。他们为自己确定了"一切经纪,当以爱国为本分"原则。1912年9月,三大会馆联合青岛各界爱国群众成功地邀请了孙中山先生来访。这一行动充分显示了中国商人的爱国热情。孙中山先生欣然接受邀请,亲自光临广东会馆,发表演讲,使青岛中国民众获得了巨大鼓舞,爱国热情愈加高涨。①

(三) 文人士绅和青年学生

自唐宋以来,胶州和登莱地区便已成为山东省的一个政治文化中心。这里不仅拥有比较优越的自然地理环境和多产的、发达的传统农业、手工业经济和商业贸易,而且还拥有数量众多、深受儒家正统观念熏陶的文人士绅。大多数获得过科举功名的文人以充当私塾先生为职业,充担着地方社区的教育工作。他们也同乡绅一起发挥着表达民情民意和维护地方社区利益的功能。这种情况在德占以后的相当长时间里未有改变。据统计,1905—1906年间在胶澳租界209个村庄共有私塾246所。② 以每所1名记,充当私塾先生的文人就有246名。

随着外国教会和德国殖民当局针对中国居民的教育事业的举办,也有一些文人进入新式学堂,成为凭借脑力劳动和知识服务于

---

① 马庚存:《早期青岛的三大会馆》,载杨来青主编《青岛旧事》,青岛出版社1991年版,第11页;孙绍先:《孙中山先生到青岛》,载青岛市政协文史资料委员会编《青岛文史资料选辑》第一辑,内部资料,第202—206页。

② Annette S. Biener, *Das deutsche Pachtgebiet Tsingtau in Schantung 1897—1914. Institutioneller Wandel durch Kolonialisierung*, Bonn 2001, S. 291.

社会并获取报酬的"自由职业者"或"专门职业阶层"。例如在德国殖民当局办的 26 所"蒙养学堂"中,讲授《三字经》、《小经》、《论语》、《大学》、《中庸》、《孟子》等课程的教师就是由他们担任的。如以每所学堂教员 3—4 人记①,在这些学堂任教的中国文人则多达 170—200 余人。个别文人甚至受聘担任中德两国政府合办的"青岛特别高等专门学堂"教员。② 他们不仅在传承中国文化方面发挥着重要作用,而且也为促进中外文化交流作出了重大贡献。

为了培养德国企业和政府机关所需要的、能讲一口流利的德语的劳动力,也为了通过学生对中国文化发挥富有成效的影响,培养未来的精英,德国政府、大型工厂企业、基督教新旧教传教差会都在青岛创办了一些学校,这就为一大批中国青少年提供了受教育的机会,使学生人口在青岛中国居民总人口中占据了较大比例。1913 年,胶澳租借地 22 所公立小学有学生 1,008 人,教师 59 人;256 所私立乡村学校有学生 3,200 余人。③

德国政府办的初等学校多由中国传统的私塾改造而成,教以修身、读经、国文、算学、历史、地理、格致、德语,5 年毕业。教会办的学校多以传播基督教为主要目的,但也有个别例外情况,例如德国同善会传教士卫礼贤创办于 1901 年的"礼贤书院"(Zivilisati-

---

① 王守中:《德国侵略山东史》,人民出版社 1988 年版,第 172 页。
② 1913 年就有 7 位中国教员在青岛特别高等专门学堂任教,他们是:中文总教习商衍瀛,广东南海,光绪二十九年癸卯科翰林,进士馆毕业;经学教员孙忠沦,四川三台,光绪二十九年癸卯科优贡;史地教员陆同龢,安徽合肥,光绪三十二年丙午优贡;国文教员徐春官,山东掖县,光绪二十八年庚子辛丑恩正并科举人;人伦道德兼国文教员于濂芳,山东潍县,前清己酉拔贡,济南师范学堂毕业;小学级中文教员熊燮尧,湖北江夏,前清附生,日本巢鸭宏文学院毕业;小学级中文教员朱子贵,直隶天津,前清附生。参见褚承志:《青岛特别高等专门学堂》,《山东文献》第六卷第四期,第 47 页。
③ Annette S. Biener, *Das deutsche Pachtgebiet Tsingtau in Schantung 1897—1914. Institutioneller Wandel durch Kolonialisierung*, Bonn 2001, S. 359.

ons-und Tugend-Buchhof)就自觉地摈弃宗教教育,而"在巩固汉语和足够的德语知识的基础上,着重在算术和地理方面培养学生,在商业技术方面则使学生在簿记、尺牍、算账、几何制图以及基础数学等方面获得更多的实际知识,在科学方面使学生在自然科学和人文科学方面能够入门"。① 接受现代教育的中国学生,毕业后多进机关、企业和学校工作,担任秘书、书记员、翻译、电报员等。也有些毕业生进入"专门职业阶层",成为教师、律师、医生、新闻记者等自由职业者。②

特别值得一提的是德中两国政府 1909 年在青岛合作创办的"德华青岛特别高等专门学堂"。③ 该校设有预备科和高等科,预科修业 6 年,受大学普通知识,该校毕业者可以参加入学考试,预科毕业者可升入高等科。高等科分为法政科、医科、理工科、农林科四门。法政科、农林科学制 3 年;理工科学习 3 年或 4 年;医科学习 3 年,实习 1 年。当时国内有人视入该校如同留学德国,遂从全国各地前来报考,甚至还有海外华侨子弟前来求学。最盛时有学生 400 人,先后毕业者 30 余人。"国内专门医、工人才由此校出身者颇众"。④

---

① 《胶州地区发展备忘录》,1898—1909 年。转引自周东明《德占青岛时期的教育策略及其实施》,载刘善章、周荃主编《中德关系史文丛》,青岛出版社 1991 年版,第 147 页。

② 参见姜如心、胡镇中、安茂均、陈秀亭、徐礼达《"黑澜大学"的概况》,载青岛市政协文史资料委员会编《青岛文史撷英·文教卫体卷》,新华出版社 2000 年版,第 125 页;王宾卿:《青岛水师工业学校》,载青岛市政协文史资料委员会编《青岛文史撷英·文教卫体卷》,新华出版社 2000 年版,第 132 页。

③ 关于该大学的创办经过可参阅孙立新、孙虹《帝国主义时代的中德"合作"》,《北大德国研究》第一卷,2005 年,第 88—104 页。

④ 任银睦:《青岛城市现代化研究(1898—1922)》,南京大学博士论文,1998 年,第 99 页。

尽管德国政府、企业和教会组织创办的学校具有浓厚保守色彩,但青岛中国学生的爱国热情依然十分高涨。1912年,青岛淑范女中的学生拒绝参加欢迎德国亨利亲王到学校"参观"的仪式。女学生们在黑板上写上了"不欢迎亨利狗",然后全部离开学校(这被认为是中国学生运动史上的第一次学生罢课运动)[1]。而德华大学的大学生在听到孙中山将要来访的消息后,马上就在青岛中国人居住区租了一个很大的会议厅,准备予以接待。他们还以罢课和退学来抗议学校当局的阻挠,迫使后者不得不答应其要求。[2]

(四) 买办、华人警察和职员

在中国近代史上,作为中外贸易中介人的通事、买办是士农工商之外的另一行业。他们受雇于在华洋行,属于洋行的华人经理或代办,在洋行的购销活动中起着联系货源和推销商品作用。外商在与买办立下保证书与合同后,就派遣他们携带钱款到内地进行商品购销活动,凡磋商价格、订立交易合同、收付货款、保证华商信用等均由买办操持,买办也可以利用职务之便从中牟利,获取丰厚收入。买办的收入之丰厚不在政府官员和一般商人之下,是当时的"高级华人"。[3]

---

[1] 鲁海:《卫礼贤在青岛》,载孙立新、蒋锐主编《东西方之间——中外学者论卫礼贤》,山东大学出版社2004年版,第69—70页。

[2] 〔德〕余凯思著,孙立新译,刘新利校:《在"模范殖民地"胶州湾的统治与抵抗——1897—1914年中国与德国的相互作用》,山东大学出版社2005年版,第326—327页。

[3] 任银睦:《青岛城市现代化研究(1898—1922)》,南京大学博士论文,1998年,第110页。

青岛开埠初期,"外人不得轻入内地",其"势力限于通商口岸",洋货从通商口岸输入内地,土货从内地运到通商口岸,均由中国商人办理。外商虽然掌握着进出口贸易权,但是洋行必须雇佣华人买办以与内地之栈商相互交易。一批华人买办便在青岛应运而生,他们多属广东、江浙一带原有的买办,其中比较著名的有何永生、莫季樵、杨浩然、朱润身等人。这些买办在青岛早期中外贸易活动中发挥着重要作用。例如草辫的输出,每当外商接到欧美市场输入商订货后,"则使买办从事买入,此际外商指示买办之条款,为期限、种类、数量、价格等。买办乘外商之意,即与辫行交涉,辫行更通知辫庄,使取齐品物;辫庄就制品以成数量,渐次送交辫行",由辫行交付外商,买卖成交后,辫行佣金及买办回扣由辫庄支付,各为货款的 2%。[1]

买办可谓沟通中外贸易的桥梁。[2] 但是,随着中外贸易的扩展和人员接触的增多,不少行栈商就成为外国洋行土洋货物贸易的间接和直接代理商了。买办逐渐被行栈商所取代,中外直接贸易越来越多。"继买办之后,行栈商与行栈业成为中外贸易新的桥梁。"[3]行栈商拥有较大的仓库、稳定的货源和商品销售渠道,既是代理人又是业主。在与洋行打交道时,其身份是独立的,具有较大的自主性和竞争能力。行栈商在代理业务中赚取的是商业佣金,购销行止始终以自身的商业利润为前提。[4] 买办经济价值的丧失,自然会导致其政治地位的降低。杨浩然、朱润身、何永生、莫季

---

[1] 参见庄维民《近代山东市场经济的变迁》,中华书局 2000 年版,第 255 页。
[2] 参见郝延平《十九世纪的中国买办——东西间桥梁》,上海社会科学院出版社 1988 年版。
[3] 庄维民:《近代山东市场经济的变迁》,中华书局 2000 年版,第 245 页。
[4] 同上书,第 268—269 页。

樵等人原先曾分别担任三江会馆和广东会馆的董事,但到青岛商务总会成立时,买办中只有何永生一人以何生记经理身份入选董事,其余31位会董中除3家银行外,全部为行栈商。① 当然也有一些买办在"暴发"后,也自立门户,创办公司,甚至投资实业,逐渐转变成为独立经营者。例如买办出身的黄县人傅炳照后来开设祥泰号杂货店,成为青岛著名的行栈商。他也经营房地产业,成为仅次于刘子山的青岛第二号"房产大王"。②

德占胶州湾后,还在青岛组建了一支由中国青年构成的武装部队。它号称"中国人连队",成立于1899年9月,总数120人,驻扎李村。③ 这是一支特殊的地方部队,由德国军官领导,曾经被派去镇压义和团起义。后来因为不少士兵开小差、偷盗,甚至勒索商人、平民,到1901年9月被解散。一些"表现较好的"士兵被派到警察局当警察,另外一些则成为营地看管员,专门监督苦力劳动,或者充当翻译和采购员。④

德占时期,青岛华人职员阶层亦相当可观。不少中国人,特别是从新式学堂毕业的中国学生和从国外归来的留学生辗转来到青岛,供职于德国殖民政府机关和中外企业。另外一些具备一定专业技能的人则受雇于各种各样的工厂和商店,成为监工、工长和掌柜等管理人员。职员既不同于商人和资本家,也不同于劳工,属于

---

① 庄维民:《近代山东市场经济的变迁》,中华书局2000年版,第274—275页。
② 青岛工商业联合会工商史料工作委员会编:《青岛工商史料》第三辑,1988年版,第137页;也参见任银睦《青岛城市现代化研究(1898—1922)》,南京大学博士论文,1998年,第110页。
③ Annette S. Biener, *Das deutsche Pachtgebiet Tsingtau in Schantung 1897—1914. Institutioneller Wandel durch Kolonialisierung*, Bonn 2001, S. 53.
④ 同上书,第57页。

"中间阶层"或"中产阶级",其收入较高,生活比较稳定。个别职员还通过各种各样的渠道或者在政界飞黄腾达或者在经济界发家致富。例如毕业于青岛特别高等专门学堂的赵琪,就从胶澳总督府德文翻译干起,最后官至胶澳商埠督办(1925年)和青岛市长(1939年日本占领时期)。① 莱州人刘子山则通过自修德语,当上了一家德国建筑行的翻译。1910年自己开办木厂和窑厂生产建筑材料。日本侵占青岛后又通过贩卖鸦片和房地产开发而至"暴富"。②

无论买办,还是华人警察、职员,他们都与外来殖民者有千丝万缕的联系,都是殖民主义的特殊产物。他们或许是"成功者",但其发达的过程往往充满了斑斑劣迹。

(五)前清遗老遗少

在德占后期,青岛中国人社会中还出现了另一个特殊阶层,这就是前清贵族官僚群体。1911年,辛亥革命爆发,中华民国成立。一大批前清贵族、官吏纷纷离开京师及地方官衙署,逃至德国占领下的青岛,寻求避难。其中有前清贵族恭亲王溥伟、多罗特公升允;前清高官显吏徐世昌、吴郁生、李经羲、盛宣怀、刘廷琛、张勋、周馥、于式枚、劳乃宣、杨度、吕海寰、梁士诒、李家驹、郑孝胥、李德顺、张士珩、赵尔巽、王渭滨、王垿、商衍鎏、陆润庠、陈毅等。青岛一度成了前清遗老遗少麇集的重镇。

不过,这批人在寓居青岛期间,表现大不相同。有的如溥伟、

---

① 参见鲁海《老楼故事》,青岛出版社2003年版,第9—10页。
② 同上书,第193—195页。

升允、张勋、陈毅等一心想复辟封建王朝,在青岛策划了多次密谋,但均以失败告终。有的如徐世昌、李经羲、赵尔巽等则投奔袁世凯当了"贰臣"。还有的如周馥父子致力于经营实业,创建了一大批企业;王垿、吴郁生等人则沉湎于丹青文墨,以书法画自娱晚年。

应当看到,前清贵族大臣的到来打破了德国殖民统治当局曾经严格实施的"华洋分居"政策。不少人在原先划定的"欧洲人城区"购置或租赁房屋,成为欧洲人社区中非同寻常的华人居民。而德国统治者或者出于对君主政体的认同,或者出于吸纳投资的经济考虑,对他们采取了宽容和笼络政策。中外文化交流遂得以广泛开展。

在前清遗老当中有不少是饱学之士、国学和书法大师,如溥伟、劳乃宣、杨度、刘廷琛、吴郁生、于式枚、吕海寰、梁士诒、赵尔巽、王渭滨、王垿、商衍鎏、陆润庠等都有深厚的儒学功底,许多人出身翰林。他们在寓居青岛期间也举办了一些文化活动,使青岛遽然间成为中国传统文化的重镇。德国传教士卫礼贤因推崇中国古典文化而与这些前清遗老交往甚笃。据他回忆:"当时,在青岛居住着大臣、总督、巡抚、各种类型的高官、学者和大工业家,中国精神生活的浪潮拍打着迄今为止仍十分荒凉的海滩。各种各样的文化和学术联系出现了。定期的公开聚会在来自扬子江沿岸省份商人装饰豪华的会馆房间里举行。参加者有来自中国各地的学者和官员,从蒙古和西部遥远的甘肃省直到最南端的云南省。精神影响的承载者从四面八方汇聚到了一起。除了长期定居青岛的人,还有些著名来访者驻跸逗留,时间或长或短,这样,人们在当时的青岛就有了一个了解古老文化的高峰的机会,而这样的机会在中国任何地方都是不能找到的。"①一些前清遗老还与卫礼贤结下了深厚友谊,同他一起组织"尊孔文社",帮助他翻译中国古典作品。这对于弘扬中国传统文化,促进中德文化交流是十分有益的。

总之,德占时期青岛的中国人社会形形色色、光怪陆离。但构成这一社会主体的主要是工人、商人、文人、学生、买办、职员以及前清贵族和大臣。其中商人的地位越来越重要,成为青岛中国人社会的中坚力量。他们在德国的殖民统治下,表现出了顽强的顺应和抵抗能力。通过借鉴和学习西方先进的生产技术和经营方式,也凭借自身坚实的文化底蕴,他们不仅取得了卓越的经营成就,而且也在一定程度上捍卫了国家和民族的利益。青岛中国人社会对德国殖民统治的抵抗,从一开始就得到了中国政府和租借地以外广大民众,特别是爱国知识分子的积极支持。最终迫使德国殖民者改变或调整原来的强硬政策,在不放弃武力的前提下,越来越多地强调在中国广泛开展"文化教育"活动和与中国"合作"的重要性了。例如德华青岛特别高等专门学堂的创办就是帝国主义时代德中"合作"的典型事例。在这里,中德双方分别筹款,共同承担办学费用。中德双方各派官员、教员,分工协作,共同进行管理。在教学方面,德国教员讲授德文、世界历史和地理、数理化及法政、工程技术、农林和医学等西学课程。中国教员教中国经学、文学、人伦道德、历史、舆地等中文课程。这就把德国的教育和中国的教育相互结合起来,形成了中西合璧的学习体系。② 中国政府通过参与和积极的干预,改变了青岛特别高等专门学堂的本来设计,迫

---

① Richard Wilhelm, *Die Seele Chinas*, Berlin 1926, S. 163.
② 关于德中双方合作当中的不同侧重点请参阅前面已经提到的孙立新和孙虹著《帝国主义时代的中德"合作"》一文。

使德国政府较多地承认了中国的平等地位和民族权益以及特别高等专门学堂的"中国化"倾向。中国政府参与办学实践的活动,在一定程度上遏制了德国殖民主义者对中国民众进行文化征服的企图,捍卫了中国文化的根基。至于这种合作的后果如何,因为第一次世界大战爆发,学校停办,我们无法预测。但有一点是可以肯定的,这就是德国政府的办学政策受到青岛社会各阶层的普遍赞同,以至于时至今日,许多人还为该大学未能在青岛长期存在而感到惋惜。

十二、青岛中国商人群体的形成

在新近的关于殖民主义和殖民地问题的历史研究中,"相互作用理论"脱颖而出,大有取代单维度、直线式的"西方中心论"模式(如"冲击-反应"模式、"侵略-反侵略"模式等)之势。[①] 人们不再像以前那样,把殖民地视为单方面的强权政治构造,把被殖民者整体地视为被动的、接受的客体,而是自觉地把注意力转向被传统帝国主义理论所遮蔽的维度,努力把殖民形势当作文化间的相互作用来解释,把殖民地当作一个从外来文化和本土文化相互接触、相互重叠和相互交融中产生出来的、复合的社会构造来描述,强调被殖民者即使在极不平等的条件下也能够发挥巨大的主观能动作用。这种理论建构是颇有说服力的,堪称殖民地历史编纂的新"范式"。

1897年德意志帝国侵占胶州湾之后,除了外国商人,中国商人也在青岛展开了各种各样的经营活动。他们通过不懈的努力,逐渐在这个德国殖民地站稳了脚跟,发展成为具有较大势力的社

[①] 关于"相互作用理论",可参见〔德〕余凯思著,孙立新译,刘新利校《在"模范殖民地"胶州湾的统治与抵抗——1897—1914年中国与德国的相互作用》,山东大学出版社2005年版;〔德〕罗梅君和余凯思著,孙立新译:《跨文化行为模式——帝国主义后期在中国的德国经济与传教》,国家清史编纂委员会编译组编《清史译丛》第四辑,中国人民大学出版社2005年版,第135—174页。

会群体,成为青岛中国人社会的中坚力量。那么,在德意志帝国的殖民统治下,他们的经营和生活状况究竟如何?他们与德国殖民当局、德国和其他外国商人发生过什么样的接触和交往?接触和交往在多大程度上导致了中国商人思想意识和行为方式的改变?在青岛是否形成了一个与传统商人不同的新型中国商人团体?他们彼此之间的关系又是怎样?他们在青岛的建设和发展方面发挥了多大作用?所有这些问题都是随着"相互作用理论"的提出而提出的,也都是很有研究价值的。

(一)德占前的商业贸易和商人

据袁荣叟等编纂的《胶澳志》:被德意志帝国强占为租借地的"胶澳区辖境之青岛李村乡区,昔属即墨县之仁化乡;阴岛属里仁乡;而薛家岛则属胶州霱化乡辛林社;小石头、黄岛属胶州霱化乡安林社;塔埠头属胶州济实乡海林社"。① 至晚自唐宋时代起,胶州湾及其沿海港口就有相当繁荣的贸易往来了。宋元祐三年(1088年),中国政府在胶州设立的市舶司不仅是当时北方地区唯一的一处海关,也是全中国五大对外贸易港口之一。"广东、福建、淮、浙贾人航海贩物,至京东、河北、河东等,运载钱帛丝绵贸易",一时间"商贾荟萃,船舶辐辏",好不热闹。不仅如此,胶州还是通过海路向北供应军粮民食和向宫廷运送贡品的重要转运站。明朝中叶,为了防御骚扰中国沿海的海盗,中国政府开始实行海禁政

---

① 袁荣叟:《胶澳志》,胶澳商埠局1928年版,台湾成文出版社1958年影印本,第19页。

策,致使胶州湾地区的商业贸易严重衰落。到清代,海禁政策一度松动,胶州重新成为中国北方重要的贸易港口。但是由于河流带来的泥沙淤积,它不再紧靠海湾了;船只必须在距胶州大约9公里外新形成的海港塔埠头停泊。塔埠头逐渐替代胶州城而成为商品集散转运之地。① 塔埠头的旁边还散落着女姑口和沧口等几个较小的港口,它们主要作为即墨的港口而发挥作用。当地一些商人在这里设立行栈,一方面转售南方沿海船商所载货物,另一方面又向他们贩卖本地土产。②

对于地区市场体系来说,李村也具有重要意义,它发挥着经由沙子口和沧口而至的国际国内舶来品的周转地作用;李村集市名闻遐迩。而薛家岛港则被用作胶州湾的出口。由此可见,在胶州湾及其周边地区很早以来就形成了一个四通八达的商业贸易网络,这一传统网络结构经久不衰,在新的条件下也很容易被激活。

胶州湾不仅被用作商业贸易,而且也被用作军事目的。明朝中期,倭寇猖獗,中国政府在薛家岛附近的灵山卫建立了固定哨所和居民点,并在那里停泊兵船。17世纪时,清政府又在胶州湾周围增设了多处哨所。当西方列强挟裹武力侵入中国并强迫中国政府开放国门之际,一部分具有"自强"意识的政府官员也注意到了

---

① 袁荣叟:《胶澳志》,胶澳商埠局1928年版,台湾成文出版社1958年影印本,第22—24页。也参见〔德〕余凯思著,孙立新译,刘新利校《在"模范殖民地"胶州湾的统治与抵抗——1897—1914年中国与德国的相互作用》,山东大学出版社2005年版,第53—60页。

② 〔德〕余凯思著,孙立新译,刘新利校:《在"模范殖民地"胶州湾的统治与抵抗——1897—1914年中国与德国的相互作用》,山东大学出版社2005年版,第956页。也参见庄维民《近代山东市场经济的变迁》,中华书局2000年版,第248页。

胶州湾,并且要求加强这里的防御体系。中国驻德国和俄国的外交使节许景澄向清政府陈述了德国地质学家李希霍芬有关胶州湾的论述,并且主张立即开始港口建设工作。1891年,时任北洋大臣和海军衙门会办的李鸿章在同山东巡抚张曜一起视察了海湾后,也主张在胶州湾设立防御工事。遵照李鸿章的指示,登州镇总兵章高元1893年带4营兵力约2,000余人移防到青岛口,设镇守使署于天后宫之侧,青岛遂成为海防重镇。[①]

青岛口原是一个拥有300—400名居民的小村庄。村民主要靠捕鱼为生。然而,在清政府军队驻防的几年里,青岛明显地发展了。士兵给养的供应和军事防御工事的建造给不少人带来可资利用的挣钱机会;一些手工业者和商人因此举家迁居。至1897年德国占领前夕,青岛居民已达1300余人,房屋229幢[②],商家店铺六七十家[③]。青岛口成了中国沿海南北来往货物的聚散中心,对外出口有生猪、猪肉、花生、花生油等土产,进口有广洋杂货、棉布、棉

[①] 袁荣叟:《胶澳志》,胶澳商埠局1928年版,台湾成文出版社1958年影印本,第24—26页。也参见王守中《德国侵略山东史》,人民出版社1988年版,第69—72页;〔德〕余凯思著,孙立新译,刘新利校:《在"模范殖民地"胶州湾的统治与抵抗——1897—1914年中国与德国的相互作用》,山东大学出版社2005年版,第57—60页。

[②] 〔德〕余凯思著,孙立新译,刘新利校:《在"模范殖民地"胶州湾的统治与抵抗——1897—1914年中国与德国的相互作用》,山东大学出版社2005年版,第57页。

[③] 根据胡存约《海云堂随记》的记载,1897年,青岛口"商董首事集议本口禀县商铺数目。除新近由即墨、平度、金口、海阳来此赁屋暂营者六家外,计车马、旅店七,烘炉一,成衣、估衣、雉发三,油坊、磨坊、染坊六,杂货、竹蓆、瓷器店铺五,药铺二,当铺一,织网、麻、草、油篓木材八,肉鱼盐铺行六,鞋帽、皮货各一,纱布绸店、洋广杂货店三,酒馆、饭铺九,酱园、豆腐坊各一,糕店茶食三,计六十五家"。如果将"赁屋暂营"的那六家店铺计入。当时青岛已有71家店铺。见胡存约《海云堂随记》,载青岛市博物馆、中国第一历史档案馆、青岛市社会科学研究院编《德国侵占胶州湾史料选编(1897—1898)》,山东人民出版社1986年版,第25页。

纱、绸缎、糖、桐油、竹木材等物资。①随着青岛口经济地位的日益重要,个别商人和商贩甚至过上了富裕生活,即使德国占领时期他们也在表达中国人的经济利益方面发挥着重要作用。

1897年11月14日,德意志帝国借口"巨野教案",悍然出兵占领胶州湾。随后又于1898年强迫清政府签订《胶澳租界条约》,以"租借"的形式,把胶州湾方圆551.5平方公里的陆地面积变为自己的租借地,并对租借地享有完全的主权。德意志帝国政府力图把青岛建设成为德国在远东的一个军事-工业基地,以便使德国的国民经济并借此使"德国所有阶层直接或间接地获取好处"②。在其建设和管理德国租借地的计划纲要中,经济发展得到了突出强调,被置于所有与胶澳租借地相关的其他发展之前。为此,它在这里迅速建立起了一整套殖民统治机构,大力开展海港、铁路和市政建设,宣布贸易自由和职业自由原则,实行一种积极的、鼓励各国商业公司和工业企业到青岛开展经营的政策。

德国政府还特别认识到中国商人对于青岛商业贸易发展的重要性,把鼓励中国商人移居德国占领区当作一件大事来抓。早在1898年8—10月关于租借地划界的谈判中,它就强迫清政府把胶

---

① 根据胡存约《海云堂随记》的记载,"航载写船多由广洋、杂货木材诸店号兼业",而在航运贸易方面,北与牛庄(今辽宁省营口),西与安东卫、石白所、胶州、海州(今江苏省连云港),南方远至江淮、闽浙,国外同朝鲜等均有贸易往来。进出口的商品中,"出口以披猪、花生、生油、豆油、豆饼、白蜡、青梨等为最,进口以洋广杂货、细白棉布、棉纱、绸缎、糖、桐油、竹木柴"。此外,"吾邑劳山盛产水晶,有色白晶透者,有色暗而微紫者。往昔南船多来口采置。"见胡存约《海云堂随记》,载青岛市博物馆、中国第一历史档案馆、青岛市社会科学研究院编《德国侵占胶州湾史料选编(1897—1898)》,山东人民出版社1986年版,第23—25页。

② 〔德〕余凯思著,孙立新译,刘新利校:《在"模范殖民地"胶州湾的统治与抵抗——1897—1914年中国与德国的相互作用》,山东大学出版社2005年版,第154页。

州附近海岸的帆船码头塔埠头划归租借地。在德国殖民当局看来,塔埠头港将会对计划在青岛建造的海港构成一种来自中国方面的竞争,必须予以掌控。① 德国殖民当局还与中国政府签订海关协定,使胶澳租借地在关税征收、税率的高低、货物过境运输办法等方面与其他条约口岸完全相同,并通过允许中国政府在青岛设关征税的方式,避免在德国占领区之外形成一个"竞争性的商业点"②。因此,随着青岛的开放,特别是在1905年新的海关制度实施后,不仅外国商人纷至沓来,中国商人也逐渐增多,其势力日益加强,形成为一个足以左右青岛商业贸易的经济群体。

(二) 德占后中国商人的重新聚集

德占时期,青岛的中国商人群体主要由来自山东各地和来自江苏、浙江、江西、安徽、广东、天津、宁波诸省市的商人组成,他们按照传统习惯分属于各个地域性帮派。

人数最多、经营最早和地位最重要的还是胶州湾土著的和来自山东省内地的商人。在《胶澳租界条约》的第五款中明确规定:"租地界内华民,如能安分并不犯法,仍可随意居住,德国自应一体保护;倘德国需用地土,应给地主地价。"③这样,原先居住在胶州湾地区的中国商人基本都留了下来,成为德占时期青岛最早的商

---

① 〔德〕余凯思著,孙立新译,刘新利校:《在"模范殖民地"胶州湾的统治与抵抗——1897—1914年中国与德国的相互作用》,山东大学出版社2005年版,第175—176页。

② 同上书,第156页。

③ 袁荣叟:《胶澳志》,胶澳商埠局1928年版,台湾成文出版社1958年影印本,第31页;王铁崖编:《中外旧约章汇编》第一册,生活·读书·新知三联书店1957年版,第739页。

业活动经营者,其中胡存约最为著名。胡存约,字规臣,祖辈经营商业,在地方上颇有影响。由于父亲早逝,胡存约青年时就弃读从商,经理贸易事务,后在青岛口开设了"瑞泰"商号,经营土产杂品、日用百货,还操办货物航运。余者还有"瑞顺"、"协昌福"、"庆泰"三家商号。

另有一些商人来自黄县、掖县、即墨、烟台、平度、潍县等地。黄县人傅炳昭(1865—?)来青后先在经销德国洋酒罐头之"源泰"号充当伙友,后升为经理,因通晓德语,事业逐渐发达。

在掖县帮商人中,宋雨亭、刘锡三和刘子山堪称代表。宋雨亭(1884—1951),名润霖,号甘泉,幼年读私塾,勤学好问,学习成绩优良。13岁到青岛读中学,毕业后进其四叔开办的"瑞记"商店工作。他白天经商,晚间刻苦攻读英语和德语,不久便能用外语直接同外国顾客谈生意。1903年接任"瑞记"(后改称"通聚福")商店经理,主营草帽辫业务,因其虚心好学,善于经营和交际,很快就在青岛商界崭露头角。与宋雨亭的学生出身和家族渊源不同,刘锡三"闯青岛"是从当伙计干起的,后来又进入一家洋行当业务员,到农村收购草辫。在掌握了一些制帽技术以后,便自立门户,于1911年创建"盛锡福",以草帽为主打产品兼生产呢制礼帽、皮制三块瓦帽,注册商标为"三帽"牌,因外形美观质量上乘,获得成功。不到几年,就添了八九个专业工厂,如皮帽厂、便帽厂、缎帽厂等。刘子山(1877—1948)也是白手起家的。他14岁来青岛谋生,初为街头叫卖小贩,后给德国人充当西崽(洋行仆役),学会了德语后又去一家德国建筑行当翻译。1910年开设"福和永"木材行,次年又办"福和永"窑厂,并任德商礼和洋行华经理。[①] 刘子山发家史的

---

① 另一说是:1910年独资开设青岛永和福杂货行,经营草帽辫、代销德国货。

重要一环是贩鸦片。他在胶海关税务司的支持下,与总商会丁敬臣等集资开设立升官膏店,大发不义之财,后又投资房地产业,拥有天津路、肥城路、武定路、甘肃路、无棣二路整条街道房产,人称"刘半城"。

因为青岛原属即墨县管辖,所以在青岛人口中即墨县人占有很大比例,其在商界的势力也十分显要。早期的代表人物有仙家寨村的富商陈次冶,他开设的八大诚商号,在青岛颇有名声。"福诚号"生产的花生油因质量高,被日商三井洋行采购出口,深受欢迎。①

与上列在青岛发达起来的商人不同,牟平人张颜山是先在烟台起家然后再到青岛发展的。张颜山,名宗桂,号颜山、燕山,祖籍牟平养马岛,随父辈迁至牟平城东邵家土巷定居。19世纪末,他在烟台开办"泰生东"染料庄,初见成效后又在青岛设立分号。第一次世界大战前夕,德国德孚洋行将所存染料全部移交"泰生东"销售。大战期间因染料来源断绝,价格猛涨,张颜山遂大发横财,并开始了棉花庄、绸缎庄、面粉公司、银号等多项经营,成为一大富商。

山东章丘风俗素有经营商业之特长,早在清康熙年间,该县旧军镇的孟氏家族就靠贩运土布发家了,到清末民初成为中国北方地区最大的商业资本集团,其家族成员开设的祥字号商店包括绸布店、茶叶店、锅店、金店、钱庄、当铺等等,遍及济南、周村、青岛、北京、天津等大中城市。② 德占时期,该家族在青岛开设了"瑞蚨

---

① 青岛工商业联合会工商史料工作委员会编:《青岛工商史料》第三辑,1988年版,第140页。也见任银睦:《青岛城市现代化研究(1898—1922)》,南京大学博士论文,1998年,第73—74页。

② 参见民国初年的《山东各县乡土调查》。

祥"、"谦祥益"和"泉祥"等三大祥商号,经营绸布、茶叶和百货等,赢得了顾客的普遍赞誉。

德占时期,到青岛开展经营的还有杨少衡、朱式文、谭辑五、任约卿、徐秩卿、王逊卿、顾少山、姜晓岩、高子安、邵舫艇、苏勋臣、纪毅臣、徐锡三、于选甫、张俊卿等山东籍商人,属于山东商人开设的商号则有"福聚栈"、"天祥永"、"恒祥号"、"通聚成"、"恒升和"、"义源永"、"恒祥和"、"万利源"、"义德栈"、"双盛泰"、"天诚号"、"大有恒"、"德源永"、"立诚号"、"润泰号"、"和合栈"、"恒升和"、"洪祥益"、"源裕"、"裕东泰"、"如裕大号"、"振昌德"、"泰昌号"、"增顺复"、"东兴祥"、"恒祥栈"等许多家。

青岛虽地处华北一隅,但在商贸方面,与广东、浙江、江苏、江西、安徽、天津、宁波等省市早就有了密切关系。德占时期,不但上述地方的物产和商品充斥青岛市场,而且许多商人也亲自来青岛从事各种商贸活动。广东帮商人所经营的行业主要有土产品进出口、餐饮、印刷等。经营土产品进出口业的著名商号是"景昌隆"、"广有隆"、"广合兴"、"同顺昌"、"裕和祥"、"昌兴"油厂、"大成行"油厂等①,这些商号大多集中在冠县路、李村路一带,它们受理广州、佛山等地商人的委托,代购山东农副产品和手工业品,并代销洋货。餐饮业有"英记楼"、"广兴隆"、"广裴隆"、"广安隆"菜馆等。印刷业有"宜今"和"福昌"印务局。

在来自浙江、江苏、江西、安徽四省的"三江"②帮商人当中,丁

---

① 另一说是:"景昌隆"、"广有隆"、"大成栈"、"宜今兴记"、"康有隆"、"南洋兄弟烟草公司"等行栈。
② 安徽、江苏原为一个省——江南省,清康熙六年(1667)被一分为二,所以清末的"三江",实际包括四个省。

敬臣首屈一指。丁敬臣（1880—?）江苏江都人，光绪年间捐为监生，授知县，官至候补知府，上海开埠后弃官经商。1897年来青岛，被德商禅臣洋行高薪聘为买办，并自开"悦来"进出口兼航运公司、"悦升"煤矿公司以及后来的"永裕"盐业公司等，成为青岛中国商人中的头面人物之一，也深受德国统治当局的重视。另一"三江"帮商人周宝山则开办有"周锐记"商号，经营木材业务。

天津富商朱子兴在青岛投资扩建"春和楼"饭店，初以天津菜肴为主，后来聘福山人林重孚任经理，转营鲁菜。因装饰典雅、名菜众多，不少外国客人也慕名前来大饱眼福和口福。

至于青岛中国商人总体数目、行业门类、经营规模、盈利额度等，由于缺乏资料，无法详考。但有一点值得注意，这就是，到德占胶澳后期，行栈资本的发展进入鼎盛时期，当时"巨商大贾莫不扩张其贸易，而获利则丰厚焉"[1]。青岛的商业主要由从事进出口贸易的行栈商和一些买卖进出口商品的商店主所控制。迄1914年，在加入青岛商务总会的160家商号中，除个别银行、钱庄外，绝大部分为行栈商。[2] 行栈资本的发达反映了中国新旧商人的更替。在商人群体中，原先资金最雄厚的是盐、典、钱商人，现在最有实力的则是开埠城市的行栈主、大批发商和银行家等。尽管居于顶端的这类城市商人为数不多，但是他们却掌握着主要市场上主要商品的交易，他们的经营活动通常发生在商品流通的最顶端，而具有近代资本主义商业特征的信托代理、合同购销、信贷、期货、票据承

---

[1] 《宣统元年通商各华洋贸易总册》，1910年，胶州口，第26页。也见庄维民《近代山东市场经济的变迁》，中华书局2000年版，第249页。

[2] 〔日〕田原天南：《胶州湾》，大连满洲日日新闻社1914年版，第536页。也见庄维民《近代山东市场经济的变迁》，中华书局2000年版，第249页。

兑等,恰恰正是从这一顶端的活动中衍生出来。[1]

为了加强乡亲间的联系,相互保护,协同竞争,来自中国各地的商人还以同乡会形式建起了齐燕会馆、广东会馆、"三江"会馆。齐燕会馆成立于 1905 年,主要由山东帮、天津帮商人组成。广东会馆同样成立于 1905 年,由广东帮商人组成。"三江"会馆成立于 1906 年,由安徽、江苏、浙江、江西四省商人组成。

如果说会馆属于与地域性相连的传统型民间商业团体,有排他性等许多消极的特点,那么商会则是具有独立性格的现代社团。1910 年(宣统二年)清政府颁布《商会简明章程》后,在青三大会馆曾呈报德国总督批准,成立了"青岛商务总会","商界公益市政得失尝集议而决于此"。[2] 商会的建立虽然与清政府的新工商业政策有密切关系,但与西方商会制度的传入和在华外商商会活动的示范效应也息息相关,更直接和更深层次的原因还是市场的扩大、商业的发展和商人自身力量的不断增强。"商会"的建立标志着青岛中国商人群体社会上的成熟和组织上的正式形成。

(三) 对殖民政策的抗争

同西方所有的殖民者一样,德国殖民者也是对中国人民持种种偏见,视之为"低劣"、"落后"、"欠文明"种族的,侵占胶州湾以后,更对当地中国居民采取了一系列具有明显种族歧视色彩的统治政策:发布各种章程告示,强迫中国居民遵从并严加管制;设立

---

[1] 庄维民:《近代山东市场经济的变迁》,中华书局 2000 年版,第 275 页。
[2] 袁荣叟:《胶澳志》,胶澳商埠局 1928 年版,台湾成文出版社 1958 年影印本,第 431 页。

巡捕局和巡捕房,对中国犯人严刑拷问,甚至不惜杖笞殴打;划分中国人居住区和西方人居住区,严禁中国人在环境优美、气候宜人、设施精良的欧洲人居住区盖屋定居;采取中外有别的司法审判制度,实行"华洋分治";对西方人实行初等裁判和高等裁判制度,并设陪审员,处理比较慎重。对中国人则由青岛、李村的区长兼理司法。另一方面又通过对西方的或者更准确地说德国的现代文明的展示,从精神上和思想上消除中国民众的反抗意志,力图把他们改造成为统治者的顺民和"有用之人"。

然而,拥有数千年历史文化传统的中国商人决不会轻易就范,也是不可能被彻底征服的。对于德国殖民当局伤害历史文化遗产、宗教信仰和经济利益的行为,中国商人进行了顽强抵抗,并且部分地获得了成功。不过,商人们的心态总的说来是比较开放的,善于接受新鲜事物,能够比较快地理解和掌握外来文化,采取比较灵活的斗争策略,并通过学习借鉴迅速提高自身的素质。

反对拆除天后宫,便是中国商人为捍卫本民族历史文化遗产和宗教信仰而进行的一次卓有成效的抵抗斗争。天后宫位于青岛南部海滨,始建于明成化三年(1467年),是一处典型的具有民族风格的砖木结构古建筑群,也是青岛沿海地区渔民航海人寄托希望、祭祀神灵的圣地(俗称"中国大庙")。德国侵占胶州湾后,把青岛沿海一带规划为西方人居住区,视天后宫为障碍,意欲拆除。对于这种毫不尊重中国人民族和宗教情感的蛮横做法,中国商人胡存约与傅炳昭等十分愤慨,他们遂联络众人奋起抗争,最终迫使德国殖民者放弃了原先的计划,使天后宫逃过一场大劫。

为了更好地捍卫自身利益,中国商人还强烈要求建立一个自我管理机构。这一要求也得到了认可。1902年4月5日,德国殖民当局颁布了《中华商务公局章程》,"批准设立中华商务公局,以佐整理青岛内界及商酌德署所中华事宜。"①初指定山东籍商人6名、外省商人3名、各洋行买办3人为该局董事,以后每届中国年节,占阄暗定交卸4人,由12名董事另选4人。虽然该局所办事项仅限于所谓的纯中国人事务,也就是说仅限于那些与殖民政权利益无关的事务,但也在代表中国商人利益、维持青岛中国居民与中国政府当局之间联系的方面发挥了一定作用。

对于德国殖民当局来说,成立一个中国人管理委员会,让它在法庭外调解中国居民的遗产继承纠纷和家庭矛盾,可以大大减轻自己的负担,使自己避免卷入琐碎的争端。然而,它把该机构仅仅看作一个临时性、试验性的设施,并且尽量限制其职权,这远远不能满足中国商人的愿望,中国商人坚持要求更多地参与青岛市政管理。

1910年8月18日,胶澳总督颁布《公举参议督署中华董事告示》,宣布撤销中华商务总局,"试行举派四位华人充作督署信任,遇有关系华人之举借以襄助商酌,而备将来招其随入督署参议会内协同参议之基础"②。这就意味着认可了中国人参与市政的要求,虽然督署参议会本身权力有限,但中国人毕竟获得了一定的发言权。③ 其人选,规定齐燕会馆2人,三江会馆、广东会馆各1人。

对于德国殖民当局早期倾向于德国大企业的经济政策,青岛中国商人也深感不满,并提出了尖锐批评。1903—1904年,他们在一份用德语写作并准备上呈商会的陈情书中指出,这种片面的

---

① 谋乐:《青岛全书》,青岛印书局1912年版,第7页。
② 同上书,第10页。
③ Fu-the Huang, *Qingdao: Chinesen unter deutscher Herrschaft 1879—1914*, Bochum 1999, S. 107—108.

政策对于德国殖民地的经济发展也是非常不利的。"毫无疑义,青岛不是为中国人建的,自由港的好处首先要让德国人享用。……但是,如果人们对德国人当中的商人有所了解,那么很显然,这些商人的利益与中国商人的利益是一致的、密切联系的。他们不能长久地依靠向胶澳总督府供货生存,早晚有一天必须与中国商人进行贸易。为此,营造一个繁荣的中国人城市蔚为必要,进口公司可以在这里销售他们的商品。……人们很容易低估中国商人对于我们殖民地的繁荣的意义。"①在这里,中国商人以高度的自我意识表达了他们在青岛经济发展能够发挥的作用。为了使他们的要求得到广泛响应,他们还明确指出了德国小商人与中国商人之间的利益一致性。

他们同样提到了德国当局对待中国工人的态度。"中国苦力在当地经济发展中的作用也不像许多人想象的那样无足轻重。……如果要把他们吸引过来,必须先把工资提高到一个合理的水平上,把为建立一个新城市所要耗费的、数以百万计的资金用到合适的地方。单凭这一点就可以保证数量不少的劳工长期留下来做工。"②中国商人争辩说,德国当局对待中国工人的方式方法已经导致了这样的结果,即中国劳工都不愿意长期留在青岛工作,一旦合同期满,他们马上就扬长而去,带着他们挣下的工钱到别的地方消费。这里所谈的虽然只是经济政策,中国商人也一再表示是为德国殖民当局的利益着想的,但其总的倾向是,要求德国殖民

---

① 〔德〕余凯思著,孙立新译,刘新利校:《在"模范殖民地"胶州湾的统治与抵抗——1897—1914年中国与德国的相互作用》,山东大学出版社2005年版,第186—187页。

② 同上。

当局关注他们的利益,吁请吸纳中国民众参与青岛未来的发展。

中国商人主要是依靠与山东内地进行贸易生存的。他们一方面从内地收购土特产品供青岛市民消费和从青岛向外地出口,另一方面也从青岛置办洋货,向内地转售。对于后一种商业行为,德国政府在 1899 年制定并强迫中国接受的《青岛设关征税办法》①是很不利的。因为该征税办法虽然方便了商品向租借地的输入,但却妨碍了与腹地的商业贸易。它规定货物不是在进入海港时由大进口商缴税,而是——同其他所有条约口岸一样——在离开租借地时征税,就是说由中国的零售商缴税。这无疑意味着巨大的经济和时间损失。另一方面,《青岛设关征税办法》也没有产生德国殖民当局所期望的促进殖民地内部工商业发展的效果。中国商人不愿意进入租借地购买货物,海关对于商品走私活动也难以稽查。中国商人很早就提出了修改关税条约的要求,而鉴于商业贸易发展迟缓的情况,德国商人也越来越多地希望改变征税方法了。但是关税条约修改事宜被德国的一些大公司,特别是山东铁路公司成功地拖延了两年多,因为它们输入的设备不需要支付很多管理费就可以获得免税。②

直到在 1904 年胶济铁路竣工后,在中国和德国的一些从事与山东内地贸易业务的德国公司(如礼和洋行)的双重压力下,德国政府才会同清政府总税务司赫德制定了一个《青岛设关征税修

---

① 条约全文见王铁崖编《中外旧约章汇编》第一册,生活·读书·新知三联书店 1957 年版,第 884—886 页。

② 〔德〕余凯思著,孙立新译,刘新利校:《在"模范殖民地"胶州湾的统治与抵抗——1897—1914 年中国与德国的相互作用》,山东大学出版社 2005 年版,第 190—192 页。

办法》①,把胶澳租借地的免税权限制在海港范围内,事实上停止了驻青德国企业的免税权。这一修正意义重大,因为它意味着实行了很长时间的经济政策发生了变动,意味着德国殖民当局终于认识到了与中国贸易的重要性和中国商人的重要作用了。德国殖民当局越来越多地把与中国的商业贸易看作胶澳租借地发展的基础,并且开始寻求与中国方面的合作了。

但是在大港建设工程结束之际,德国殖民当局颁布的《装卸存储货物章程》(1908年9月2日)②再次导致了青岛中国商人的大规模抵制。他们不再买卖德国商品,闭店歇业。《装卸存储货物章程》的制定与汉堡—美洲轮船公司等大型企业有密切关联,它对个体商人和私营企业使用海港设备的收费标准作了调整。一方面规定了明显的较高收费标准,另一方面规定不再由船主而是由在海港从事卸货业务的中国和德国代理商交费。此外,还勒令关闭了所有私营仓库。汉堡—美洲轮船公司从新章程中受益匪浅,而对于中国商人和小商贩来说,新规定却意味着进口商品价格的提高。中国商人遂向殖民当局提出了修改章程的要求,然而遭到了否决。于是,在中华商务总局的组织领导下,大规模抵制德货和罢市运动就开始了。抵抗运动从1908年9月14日起一直持续到12月2日。11月时,还爆发了一场声势浩大的示威游行。③ 最后,在1909年9月30日,胶澳总督府颁布了一个

---

① 条约全文见王铁崖编《中外旧约章汇编》第二册,生活·读书·新知三联书店1957年版,第336—338页。

② 谋乐:《青岛全书》,青岛印书局1912年版,第122—123页。

③ Fu-the Huang, *Qingdao: Chinesen unter deutscher Herrschaft 1879—1914*, Bochum 1999, S. 106—107.

新收费条例①，降低了港口装卸货业务的缴费标准，至少部分地满足了中国商人的要求。②

1908 年的抵抗运动使中国商人在青岛的社会和政治地位发生了明显改善。他们被殖民当局承认为行动主体和谈判对象，其经济利益也受到了一定程度的关注。抵抗运动还促进了政治性公共舆论在青岛的形成。政治事务受到了公开讨论，中国民众由此认识到他们在殖民统治体系内进行政治活动的可能性。其积极参与、努力改造和共同建设愿望得到了进一步激发。但与义和团运动不同，现在人们所使用的是非暴力的、并且在许多方面都卓有成效的经济手段，目的在于迫使殖民者作出妥协让步。

商人"唯利是图"。但在德国的殖民统治下，青岛中国商人的民族意识和爱国热情不断提高，最终确定"一切经纪，当以爱国为本分"的原则。1912 年 9 月，三大会馆联合青岛各界民众成功地邀请到孙中山先生的来访。这一行动充分显示了中国商人的爱国热情。当孙中山应邀来到三江会馆时，欢迎会上鞭炮齐鸣，掌声雷动。三江会馆副会长丁敬臣主持大会，参加者有原青岛中华商务公局董事长傅炳昭、广东会馆会长古成章、三江会馆创始人郑章华、青岛商务总会董事长胡存约等中国商人代表。孙中山先生发表即兴演讲，使与会者获得了巨大鼓舞。人们用青岛啤酒招待孙中山先生。喝到酒意昂然、群情激昂时，广东会馆的会长古成章起

---

① 参阅 1909 年 9 月 30 日《码头栈房费项规条》，载谋乐《青岛全书》，青岛印书局 1912 年版，第 131—147 页。

② 〔德〕余凯思著，孙立新译，刘新利校：《在"模范殖民地"胶州湾的统治与抵抗——1897—1914 年中国与德国的相互作用》，山东大学出版社 2005 年版，第 199—202 页。

身提议:"我们中国千百年的封建统治被推翻,国家实现了民主共和。大总统孙中山先生就在面前为我们指点迷津,设计未来。让我们举杯再次欢呼'中华民国万岁!''孙中山大总统万岁!'"[①]

(四) 与外商的合作和竞争

青岛开埠之初,由于西方殖民主义和帝国主义的侵略,也由于资金短绌和技术落后,中国商人处处受到牵制和制约,大都不得不依附于外国势力,靠沾取洋人之余润为生。在进出口贸易方面,洋行控制着货物输出,中国商人不能直接向国外输出,必须由洋行代办。在进出口货物报关方面,洋行各项手续均由外国人办理,报关极为简便,而一般中国商人则要费很大周折,延宕相当时日才能办完通关手续。为了避免麻烦和节约时间,许多中国商人也只好事先出资委托报关行代为办理各项手续。此外,洋行经营贸易,由外国银行调剂资金,有轮船公司担任运输,有保险公司接受货物保险。中国商人缺乏这种贸易辅助机构的支持,必须事事仰人鼻息。[②]

然而,由于不通中国语言,不熟悉中国复杂的货币体系,不了解中国的商业惯例和市场情况,不懂得中国社会的规章制度、风俗习惯,也由于中国人民的反抗和抵制,外商难以到内地开展活动,

---

[①] 马庚存:《早期青岛的三大会馆》,载杨来青主编《青岛旧事》,青岛出版社 1991 年版,第 11 页;孙绍先:《孙中山先生到青岛》,载青岛市政协文史资料委员会编《青岛文史资料选辑》第一辑,内部资料,第 202—206 页;《用青岛啤酒欢迎孙中山》,青岛新闻网 2003—06—18,16:30:05 http://www.qingdaonews.com/content/2003—06/18/content_1564613.htm

[②] 庄维民:《近代山东市场经济的变迁》,中华书局 2000 年版,第 207 页;王守中:《德国侵略山东史》,人民出版社 1988 年版,第 196 页。

也难以找到可靠的商家。"外人不得轻入内地",其"势力限于通商口岸"。在把洋货从通商口岸输入内地,土货从内地运到通商口岸时,外商必须依靠买办和中国商人。

在中国近代史上,作为中外贸易中介人的买办是在士农工商之外的另一行业。他们受雇于在华洋行,属于洋行的华人经理或代办,在洋行的购销活动中起着联系货源和推销商品作用。买办与在华洋行立下保证书与合同后,即可得工资、佣金收入。外商则放手派遣买办携带巨款深入内地进行商品购销、磋商价格、订立交易合同、收付货款、保证华商信用等等活动。买办在中外商人之间发挥着联系商品供需双方贸易活动的作用,可谓沟通中外贸易的桥梁。①

青岛的买办最初多属广东、江浙一带原有的买办,例如广东人何永生、莫季樵就分别是怡和洋行与太古洋行的买办,江苏人丁敬臣则为禅臣洋行的买办。这些买办在青岛早期中外贸易活动中发挥着重要作用。例如草辫的输出,每当外商接到欧美市场输入商订货后,"则使买办从事买入,此际外商指示买办之条款,为期限、种类、数量、价格等。买办乘外商之意,即与辫行交涉,辫行更通知辫庄,使取齐品物;辫庄就制品以成数量,渐次送交辫行",由辫行交付外商,买卖成交后,辫行佣金及买办回扣由辫庄支付,各为货款的2%。②

为了确保更大的信用,除保证书外,洋行主东还要求买办提供铺保或人保,要交纳保金,而保金又经常被洋行主东挪作营运资

---

① 参见郝延平《十九世纪的中国买办——东西间桥梁》,上海社会科学院出版社1988年版。

② 参见庄维民《近代山东市场经济的变迁》,中华书局2000年版,第255页。

金。这种买办在外商经济活动中显然居于"合作者"的地位。买办要向洋行主东承担以至保证洋行全部购销任务的完成,从而使外国老板无须承担风险就能随心所欲地开展进出口贸易业务。买办在洋行里,招募和管理中国雇员,充当银库保管,提供市场行情,为钱庄票据作保,从各方面协助外国大班同中国人做生意。这就导致大洋行内,出现了层层相属的各级买办所构成的"买办间"或"华帐房",洋行主东只要控制总买办便能驾驭他以下的全班人马。

然而买办并非只起帮助作用,他们在跨文化的接触中具有很强的独立自主性,大都自己承担责任。买办利用职务之便,投机倒把,走私偷税以及敲诈勒索,由此而来的收入,几乎没有限度,是当时的"高级华人"。[①] 有一些买办在"暴发"后,就自立门户,创办公司,甚至投资实业,逐渐转变成为独立经营者。例如何永生后来创办了"何生记",自任经理。丁敬臣则创办了"悦来"航运公司、"悦升"煤矿公司和"永裕"盐业公司等。通过与外国商号(公司),买办对于西方现代的经济法规、企业财务制度、经营和管理技术有了比较深入的认识,并且模仿应用于自己的经营实践当中,因此在引进和创造性地接受新知识和新技术方面,买办也功不可没。

买办因为自己与他者打交道的能力和在介绍新知识方面的作用而深孚众望,后来发展成为一个颇具影响力的团体,发展成为一个新兴的精英阶层,其影响甚至延展到中国的和德国的政治决策中心,并因为他们与他者打交道的能力和在介绍新知识的作用而

---

① 任银睦:《青岛城市现代化研究(1898—1922)》,南京大学博士论文,1998年,第110页。

特别在地方层面发挥着关键作用。1906年青岛三江会馆和广东会馆成立时,洋行买办杨浩然、朱润身、何永生、莫季樵等人曾分任董事。丁敬臣则是先任"三江"会馆的副会长,后来又任会长。1916年甚至当上了青岛总商会的会长。

但是,随着中外联系的密切和接触交流的增多,不少中国商人也能够直接与外商进行交易了,越来越多的行栈商成为了外国洋行土洋货物贸易的间接和直接代理商。买办逐渐被行栈商所取代,中外直接贸易逐渐增加。"继买办之后,行栈商与行栈业成为中外贸易新的桥梁。"①与大多数买办不同,行栈在交易中具有独立性,它以独立商人或商业企业的身份与洋行打交道,在代理业务中赚取的是商业佣金。在贸易经营中,行栈虽然也在外商与华商之间充当中介人,服务于洋行的购销活动,有着与买办相似的"买办性"(仅就这个词的商业含义而言),但其同时又具有商业上的独立性,购销行止始终以自身的商业利润为前提,并在经营中与外商有一定的竞争。②

到20世纪初,行栈资本在青岛也获得了较快的发展,成为最具实力、最富朝气的商人资本。青岛中国商人开办的"悦来"公司、"德源永"、"洪泰号"、"通聚福"、"复诚号"、"镇昌利"、"大有恒"、"万利源"、"裕昌号"、"成通号"、"泰生东"、"恒升和"、"双盛泰"、"义源永"、"天诚号"、"周锐记"、"恒祥号"、"大成栈"、"协聚祥"、"立诚号"、"福和永"、"祥泰号"、"天祥永"、"义德栈"、"瑞泰协"、"福聚栈"、"通聚成"、"恒祥和"等商号都是规模较大的行栈。③ 各

---

① 庄维民:《近代山东市场经济的变迁》,中华书局2000年版,第245页。
② 参见庄维民《近代山东市场经济的变迁》,中华书局2000年版,第268—269页。
③ 庄维民:《近代山东市场经济的变迁》,中华书局2000年版,第250页。

地客商汇集行栈内,根据行栈提供的货样和货源情况进行交易,行栈除居中撮合、代办买卖外,还要负责货物的栈存、运送等事宜,并代客商办理交纳各项税捐。行栈资本或者通过设立收买庄(坐庄、站庄),直接参与土货收买,或者委托当地号庄收买,并接受号庄委托代为输出。许多行栈商人成为商界巨富首商,出现了资本数十万乃至上百万的大行栈商人资本。

随着力量的壮大、视野的开阔、知识的增加和思想觉悟的提高,中国商人对西方列强对中国的经济侵略也有了更清楚的认识,对外国商人从中国攫取的种种特权越来越感到愤慨。国家和民族利益成为了中国商人的最高原则,通过非暴力的商业竞争,抵抗和消除殖民主义和帝国主义强加给中国的负面影响成为中国商人的自觉行动。[①] 而在与西方商人进行竞争的过程中,中国商人完全可以对本土的传统资源加以有效利用。传统商业结构和交通渠道因为其成本优势仍具有强大的抵抗力和竞争力。中国商人继续通过"旧有的运输道路和运输工具"来运输货物。他们也尽可能避免利用海港、防波堤、货物装卸机械、仓库以及铁路运输等价格昂贵的现代设备,继续依靠本土众多而且价廉的劳动力资源。

塔埠头港是一个能够说明传统的社会经济结构之强大抵抗力的典型事例。塔埠头原本是胶州县的一个帆船码头。该港口对于整个山东省的商业贸易都具有十分重要的意义。尽管该港口在关于租借地划界的谈判中被划归德国租借地,但仍为中国商人继续使用。在胶济铁路通车、青岛港建成之后,这个传统的、被德国人

---

① Fu-the Huang, *Qingdao: Chinesen unter deutscher Herrschaft 1879—1914*, Bochum 1999, S. 108—109.

控制的港口虽然面临着激烈的竞争,但仍能继续保持着繁荣的商业往来。中国商人在这里主要进行互换贸易。来自宁波和其他口岸的纸张、熏制品、筷子、竹木家具等商品与山东当地生产的花生油和豆油、豆饼、腌猪肉和煤炭等进行交换。德国人的所有努力都没有能够削弱塔埠头的商业贸易。而青岛的贸易额在最初几年只占胶州湾地区总贸易额的 2.5%。①

青岛中国商人通过与本土和外来的各种势力的相互作用,并且因为谙悉土产货源和行情,通晓内地的商品需求,又有廉价劳动力和运输工具之优势,逐渐在从事进出口贸易方面占了上风,掌握了青岛贸易的主导权。结果,在青岛的商业贸易中,中国商品越来越多,而德国商品所占的比重日趋下降。青岛逐渐发展成为一个较大的中国商业中心而不是德国的商业中心。德国的一些商家虽然也获得了较好的收益,但它们主要依靠胶澳总督府的国家订货以及山东铁路公司和山东矿务公司的订货为生。在德占后期,德国商品基本徘徊在 6%—8%。其中还有一半是供应胶澳总督府和铁路部门的物资,可以在山东市场上销售的德国商品只占胶澳租界贸易总量的 3%—4%。② 这与德国政府原先设想的、把胶澳租界建设成为一个德国的商业贸易中心和把山东开发成为德国产品销售市场的计划大相径庭。德国政府在青岛的殖民经营基本上是亏本的买卖。

总起来看,青岛中国商人在德国的殖民统治下,表现出了顽强的顺应和抵抗能力。通过借鉴和学习西方先进的生产技术和经营

---

① 〔德〕余凯思著,孙立新译,刘新利校:《在"模范殖民地"胶州湾的统治与抵抗——1897—1914 年中国与德国的相互作用》,山东大学出版社 2005 年版,第 177 页。
② 同上书,第 197 页。

方式,也凭借自身坚实的文化底蕴,他们不仅取得了卓越的经营成就,而且也捍卫了国家和民族的尊严。他们的抵抗行为充分表明了中国社会的主体意识和能动作用,特别是用非暴力经济手段进行的抵抗突出表现了中国社会的革新能力。德国殖民者最终不得不调整原来的强硬政策,在不放弃武力的前提下,越来越多地关注中国人的利益和要求,主动谋求与中国的"合作"。这就为青岛的建设和发展开辟了一条新途径。

第五部分：

近代中德关系史德文文献和档案介绍

十三、德文著述提要

中德两国虽然远隔千山万水,但很早以来就发生了接触和交往,特别是自19世纪初以来,来华德国人日益增多,两国之间的政治、经济和思想文化联系越来越密切,最终导致中德(或德中)关系史作为一个专门学科正式地建立起来。与这一历史发展进程相对应,各种各样的有关近代中德关系史的德文著述也先后涌现,这些著述有的是不可多得的历史见证,有的是富有启发意义的研究成果。鉴此,由于语言障碍和查阅困难,国内学者对这些著述尚缺乏了解,有必要进行一番爬梳剔抉,钩玄提要,为有心人提供点滴方便。下面谨就一些与近代中德关系史相关的重要德文著述,按照时间顺序,分门别类地加以简要介绍。

(一)当事人的报道

自19世纪初以来,有许多德国人游历中国。他们的身份和职业不同,来华的动机和在华居留时间、地点不一,所从事的活动更是多种多样,但不管怎样,他们都对中德关系有所作为和感知,不少人还写作了一系列报道,为中德两国的接触和交往提供了见证。

首先值得关注的是新教传教士撰写的报道。德国新教传教士自19世纪30年代起就开始了中国传教活动,其目的是争取中国人皈依基督教,使"中华帝国"迅速地"基督教化"或者说"福音化"。为了实现这一目的,传教士们一方面不辞辛苦地深入中国内地,频繁接触中国社会各界,力图通过口头和文字布道、建立传教站、创办学校和举行医疗卫生事业等活动,用强制和感化手段来影响中国民众;另一方面,他们也面向西方社会写作了大量报道,详细介绍了中国的政治、经济、社会发展和历史文化诸方面情况以及他们自己在中国的工作,积极争取西方社会对传教事业的支持和捐助,深入探讨传教方法,努力扩大传教规模。尽管存在着明确的目的性和功利性,传教士的报道作为见证者的供词,仍不失为一种珍贵史料,对于研究德国基督教新教传教史和中德关系史具有不可替代的意义。

在德国新教传教士撰写的中国报道中,郭实腊著《1831—1833年中国沿海省份三次旅行记》[①]相当重要。郭实腊是最早来华的德国新教传教士,他于1826年受派到东方传教,初在巴达维亚和东南亚一带活动,30年代起开始向中国人传教。然而,由于清政府实行禁教政策,传教士无法进入中国内地。为了探寻到中国内地传教的可能性,郭实腊接受英国海外贸易公司和鸦片走私商的雇佣,以翻译的身份乘船沿中国海岸北上进行了多次实地考察,其中最著名的是1831—1833年进行的三次考察。他在每一次考察结束后,都写一份报告寄回欧洲,这些报告一方面比较详细地描述了中国沿海地区气候、水土、居民生活、行政管理和军事防御设施,

---

① Karl Friedrich August Gützlaff, *Gützlaffs Bericht über drei Reisen in den Seeprovinzen Chinas: 1831—1833*; mit einem biographischen Essay und einem Vorwort von Wienfried Scharlau und erlaeuternden Fussnoten von Katja Levy, Hamburg 1997.

另一方面也不厌其烦地讲述了作者本人的传教实践,揭示了中国传教的可能性。郭实腊的考察报告在西方社会产生过巨大影响,不仅使西方人在中国信息中断了很长时间之后,再次对中国有了比较切实的了解,也在一定程度上坚定了西方列强用武力打开中国封闭的国门的决心。

郭实腊的考察报告最初是用英文写作的,书名为:Charles Gutzlaff, *Journal of three voyages along the coast of China in 1831, 1832 ＋ 1833, with notices of Siam, Corea and the Loo-Choo Islands*. London 1834。1843 年始出版德译本,书名为:Carl Guetzlaff, *Reisen in China*. Leipzig 1843。1997 年,郭实腊游记德文本被加以重新整理出版并附维恩弗里德·沙尔劳(Wienfried Scharlau)撰写的作者生平简介和前言以及卡提娅·莱维(Katja Levy)的脚注。该书在北京大学图书馆和中国国家图书馆均有收藏,可随时查阅利用。

弗里德里希·施莫尔(Friedrich Schmoll)著《远方的闪电——1902—1922 年作为传教士在中国》[①]从作者 1896 年进入巴色会的传教士学校开始写起,先描写了在传教士学校的生活和培训,然后记录了外派和到达中国后的一系列经历,详细描写了德国新教传教士在中国的生活和工作情况。

在中德文化交流史上,卫礼贤是一位不应被忘却的重要人物。他原是德国新教同善会的一名传教士,来到中国后,因为深受中国文化的浸染,对古代中国人的生活智慧、孔子和老子的学说产生了

[①] Friedrich Schmoll, *Wetterleuchten. Als Missionar in China von 1902 bis 1922*, Ammersbeck bei Hamburg 1990.

无比真诚的爱慕。他也通过办学、讲学、翻译中国经籍和解说中国文化,为"东学西渐"作出了巨大贡献。《中国心灵》一书是卫礼贤在旅居中国 20 多年后写作的一部回忆录。该书栩栩如生地描写了作者在中国的生活、工作和游历,饱含深情地展示了他对中国社会和中国文化的感知以及他本人的思想转变,堪称意境超拔、壮丽旷达的佳作。

几乎与新教传教士同时,德国商人也梯海远航,来华贸易。而在从事中德贸易的德国商行当中,礼和洋行占有一席重要地位。该公司早在第一次鸦片战争结束后不久就派遣理查德·冯·卡洛维茨等人到南洋和中国考察商机,并委托他们销售德国产品,收购中国土货。卡洛维茨到达东印度和中国后,积极开展业务,取得了很大成功,后来又被普鲁士和萨克森政府任命为驻广州的领事。卡洛维茨曾经向德国发回许多信函,详细汇报了他在中国的经历和中国本土的政治经济状况。这些信函后来被编辑成册,定名为:《理查德·冯·卡洛维茨自 1844 年起发自东印度和中国的书信》[①]。该书信集为打字机打印,未正式出版,编辑者姓名也不详,但它对于研究中外早期贸易史具有珍贵的史料价值。特别是它收录了卡洛维茨致普鲁士政府的一些书信,真实地反映了德国商人为开发中国市场而请求本国政府帮助之事。幸运的是该书信集在中国社会科学院近代史研究所图书馆就有收藏,中国学者可查阅利用较为方便。

由保罗·胡戈尔(Paul Hugger)和托马斯·威斯克曼(Thom-

[①] Richard v. Carlowitz, *Briefe Richards V. Carlowitz aus Ostindien und China von 1844 an*, O. O. ,O. J.

as Wiskemann)编辑,阿道夫·克赖尔(Adolf Krayer)著的《当东方还很遥远时——1860—1869年中国、日本旅行回忆》[1]也十分重要。克赖尔是一位巴塞尔丝绸商人,他在19世纪中叶到达中国,供职于一家英国公司。在长达10多年的时间里,他游历了中国许多省份,也到过刚刚对西方人开放的日本。他所写的回忆文章,既包含了他对东方世界的种种观察,也反映了他本人的许多感受。特别是他所描写的日常商业经营活动,从若干细微方面反映了中外贸易关系的实际状况。克赖尔的笔触虽然尖刻,无论对东方人还是西方人,但并没有殖民主义者的狂妄自负,这也是十分珍贵的。

第一次鸦片战争以后,英国用武力打开了中国国门。为了进一步扩大对华贸易,夺取更多的特权,英法又发动了第二次鸦片战争,战火直逼清政府的京都。普鲁士意欲趁火打劫,加入在东亚享有特权的国家行列,遂于1859年派遣了一个由4艘军舰运载的庞大外交使团到东亚,与中国、日本、暹罗谈判建立外交关系和缔结条约事宜。外交使团团长由艾林波伯爵担任,其成员有外交使节、海军军官、商人、教士和科学家等。除了缔结条约,他们还负有考察商业贸易和殖民地占领的可能性的使命。

约翰内斯·克赖赫尔(Johannes Kreyher)是"阿尔科纳"号巡洋舰上的牧师,他写作的《1859—1862年普鲁士的东亚远征——日本、中国和暹罗观感》[2]记录了普鲁士外交使团东亚之旅全部过程,也比较详细地描述了沿途所经过的海洋、岛屿、国家及其居民

---

[1] Adolf Krayer, *Als der Osten noch fern war. Reiseerinnerungen aus China und Japan. 1860—1869*, Basel: Schweizerische Gesellschaft für Volkskunde, 1995.

[2] J. Kreyher, *Die preussische Expedition nach Ostasien in den Jahren 1859—1862: Reisebilder aus Japan, China und Siam*, Hamburg 1863.

的情况。作为基督教神职人员,他特别对东亚各国的宗教状况十分关注并进行了细致入微的观察和描写,也从基督教的立场观点出发论述了东亚传教的必要性。相对而言,他对外交谈判却没有多少了解和记录。

古斯塔夫·施皮斯(Gustav Spiess)以萨克森商会全权代表的身份参加了普鲁士东亚远征活动。他所写的《1860—1862年间普鲁士远征队的东亚考察——日本、中国、暹罗和印度诸岛的旅行札记》①一书,对远征过程和远征队所到之处进行了详细观察和记录,依次描写了埃及、锡兰、新加坡、日本、中国、菲律宾、暹罗诸国或其个别港口的情况。在总共19章的篇幅当中,与中国相关的内容占有4章,主要讲述了上海、天津、北京、香港、广州和澳门等地的情况。

莱因霍尔德·维尔纳(Reinhold Werner)著《1860、1861、1862年普鲁士远征中国、日本和暹罗——旅行书信》②对远征的倡议、组织、行程和历次外交谈判都作了详细介绍。作者曾以皇家海军舰队舰长和东亚远征军"易北河"号船指挥官的身份直接参加了远征行动。他也描写了他本人在海上的经历,记述了他对东方世界的国家和民众的观察。他用批判的眼光来观察陌生的国家,强调他的评判与以往的游记作者完全不同。他主要是从德国的商业和航运利益出发来评论东亚的关系的。

---

① Gustav Spiess, *Die preussische Expedition nach Ostasien wärend der Jahre 1860—1862. Reise-Skizzen aus Japan, China, Siam und der indischen Inselwelt*, Berlin/Leipzig 1864.

② Reinhold Werner, *Die preussische Expedition nach China, Japan und Siam in den Jahren 1860—1861 und 1862. Reisebriefe*, Leipzig 1873.

艾林波伯爵原为普鲁士东亚外交使团团长,他在出使期间给国内的亲属和朋友写了大量"东亚书信",详细叙述了与日本、中国和暹罗政界要员谈判建立外交关系和缔结通商条约的过程,披露了大量外人难以知晓的内幕。这些信函本来仅限于亲属和朋友范围阅读。1897年德国侵占胶州湾后,社会舆论对中国的兴趣大增,了解和开发中国"庞大市场"的热情日益高涨。奥伊伦堡-赫特费尔德的菲利普伯爵(Graf Philipp zu Eulenburg-Hertefeld)遂将艾林波的书信编辑出版,定书名为:《肩负特别使命前往中国、日本和暹罗的普鲁士王家使节艾林波伯爵书信中1860—1862年的东亚》[①],其目的是为了彰扬德国东亚利益开拓者的"丰功伟绩",宣传威廉二世"世界政策"的历史源头和重要意义。这原本是一种极端狭隘的民族沙文主义狂热,但对研究近代中德关系史来说,艾林波的"东亚来信"无疑具有重要的史料价值,值得认真对待。

1868—1872年间,原为普鲁士东亚外交使团成员的地质和地理学家费迪南·李希霍芬先后7次到中国进行科学考察,足迹遍布13个行省,收集了大量有关中国地理、地质、矿产资源、经济政治关系和风土人情的第一手资料,也对当时的中德关系进行了比较深入的考察。李希霍芬在考察期间坚持每天写日记,详细记录了每日的行程、考察项目、考察结果以及旅行中的观感。这些日记具有重要的史料价值,但李希霍芬生前并没有将它们付梓,整理出

[①] Graf Philipp zu Eulenburg-Hertefeld (Hrsg.), *Ost-Asien 1860—1862 in Briefen des Grafen Fritz zu Eulenburg*, Königlich Preussischen Gesandten, betraut mit ausserordentlicher Mission nach China, Japan und Siam, Berlin 1900.

版工作是在其遗孀的帮助下,由学生恩斯特·蒂森(Ernst Tiessen)完成的。《费迪南·冯·李希霍芬男爵的旅华日记》[①]共有两大卷,960多页,按照考察地点和先后时间编排。通过这些日记,我们可以对近代来华德国人的思想和行动有更深刻的了解和认识。鉴此,德国当代学者克劳斯-迪特里希·彼得森(Klaus-Dietrich Petersen)又对这些日记进行了筛选,编辑出版了《1868—1872年中国考察旅行——对中华帝国的首次研究》[②]一书,剔除日记中有关地理和地质的专业内容,清楚地再现了李希霍芬在中国的考察旅行,突出了李希霍芬本人的经历和观感,为研究李希霍芬及其中国考察旅行提供了极大的方便。

巴兰德是19世纪后期德国著名的外交官。他在1861年随普鲁士东亚外交使团来到亚洲,自1872年起担任驻日公使,1875年改任驻华公使。1893年因违拗德皇威廉二世的意志与美国驻朝鲜公使欧之女结婚,被迫辞职回国。巴兰德在东亚外交生涯长达33年,参与了同时期若干重大外交活动。

巴兰德晚年著有回忆录三卷,对其东亚外交生涯进行了全面系统的回顾和总结。各卷题目分别为:《在东亚33年——一位德国外交官的回忆。第一卷。普鲁士远征东亚:日本、中国、暹罗,1860—1862年;回到日本,1862年》《在东亚33年——一位德国外交官的回忆。第二卷。日本,1863—1875年,1866年;漫游美

---

① E. Tiessen (Ausg. u. Hrsg.), *Ferdinand von Richthofen's Tagebücher aus China*. 2 Bände, Berlin 1907.

② Klaus-Dietrich Petersen (Hrsg.), *Ferdinand von Richthofen. Entdeckungsreisen in China 1868—1872. Die Ersterforschung des Reiches der Mitte*, Tübingen 1982.

国,1871—1872年》和《在东亚33年——一位德国外交官的回忆。第三卷》①,其中,第一卷主要讲述了1859—1862年普鲁士东亚外交使团与日本、中国和暹罗缔结通商条约的经过和他本人的参与;第二卷主要描写作者在日本和美国的经历;第三卷详细叙述了自13世纪以来中国与西方各国的接触和交往,也讲述了他本人在中国的种种经历。这一卷按照不同专题划分为12章,各章之间既相互联系又自成一体。第一章是一个总括性回顾和前瞻,论述了中外关系的源头和未来的发展趋势。第二章讲述了巴兰德本人初来中国的印象和后来的经历。第三章则是关于东正教、天主教和基督教新教在中国传教的历史。第四、五章讨论了对近代中外关系产生过重要影响的鸦片问题和烟台协定。第六、七、八、九章分别论述了俄中关系、法中关系、英中关系以及中国同朝鲜和日本的关系。第十章谈论了外国公使觐见中国皇帝的问题。第十一章着重讲述了巴兰德本人与中国高级官员之间的交往。最后的第十二章则总括性地论述了中国人的性格和中国未来的发展前景。

巴兰德因其长时间旅居中国和在中国积极的外交活动,加上他对中国语言文化的喜爱和研究,堪称"中国通",他的回忆录是研究晚清历史和近代中德关系史不可或缺的重要文献。

---

① M. von Brandt, *Dreiunddreissig Jahre in Ost-Asien. Erinnerungen eines deutschen Diplomaten*. Band I. *Die preussische Expedition nach Ost-Asien. Japan, China, Siam. 1860—1862. Zurück nach Japan. 1862*, Leipzig 1901; M. von Brandt, *Dreiunddreissig Jahre in Ost-Asien. Erinneungen eines deutschen Diplomaten*. Band Ⅱ. *Japan 1863—1875. 1866. In und durch Amerika. 1871. 1872*, Leipzig 1901; M. von Brandt, *Dreiunddreissig Jahre in Ost-Asien. Erinnerungen eines deutschen Diplomaten*. Band Ⅲ, Leipzig 1901.

马丁·菲舍尔(Martin Fischer)著回忆录《四川——帝制时代最后三年间在中国的外交生涯和旅行》也很有史料价值,早在1968年就由德国著名汉学家福赫伯(Herbert Franke)编辑出版了①。马丁·菲舍尔曾在柏林大学东方研究所学习汉语,1907年入外交机关,此后到中国任职达30多年。先是在北京、成都、汉口、芝罘(烟台)、沈阳和南京等地领事馆工作。1938年担任德国驻上海总领事馆总领事,1941年任驻北京公使。他所写的上列回忆录,比较详细地描述了他在中国的生活、工作和旅行,也记录了若干不为人知的中德外交交涉。

《1890—1894年中国来信》为外交翻译出身的汉学家佛尔克所作,由德国当代学者哈特穆特·瓦拉文斯(Hartmut Walravens)编辑出版②。这些书信不仅记述了作者本人在中国的工作和生活情况,也记述了其他一些旅华外国人的事迹,其中包括被李鸿章任命为铁路事务最高顾问格奥尔格·包尔(Georg Bauer)、供职于张之洞的海因里希·希尔德布兰特(Heinrich Hildebrand)和中国青岛海关税务司阿理文等。

由德国当代学者莱纳·法尔肯贝格(Rainer Falkenberg)编辑出版的汉纳根(Constantin von Hanneken)书信集《1879—1886年发自中国的书信——作为德国军官在中华帝国》③,同样是研究近代中德关系的珍贵史料。汉纳根原为德国军官,1879年退伍后被

---

① Martin Fischer, *Szetschuan. Diplomatie und Reisen in China wärend der letzten drei Jahre der Kaiserzeit*, München / Wien 1968.
② Alfred Forke, *Briefe aus China 1890—1894*, Hamburg 1985.
③ Rainer Falkenberg (Hrsg.), *Constantin von Hanneken. Briefe aus China 1879—1886. Als deutscher Offizier im Reich der Mitte*, Köln / Weimar / Wien 1998.

中国驻柏林公使馆聘请来华担任军事教官。他深受李鸿章赏识,被提升为李的副官,后又被委派设计和建筑旅顺口炮台,参加过中日甲午海战。清末转而经营井陉煤矿,与担任中国海关税务司的德国人德璀琳交往密切,娶其女为妻。在其书信中,汉纳根既描述了他本人在中国的生活和经历,也报道了不少有关中国的政治、经济发展和对外交往情况。

19世纪80年代以后,德国天主教也开始了对华传教活动。德国天主教的中国传教虽然起步晚,但它在整个传教史、中国近代史和中德关系史上却占有重要地位。因为紧跟着"圣言会"传教士的到来,山东民众的反基督教斗争就大规模爆发了,并在1899—1900年与义和团运动相会合。而1897年圣言会传教士被谋杀事件("巨野教案"),则被德国政府当作出兵占领胶州湾的借口加以利用,并由此开始了对青岛和山东长达17年的殖民统治和经营。

对于德国天主教的中国传教史和一系列对近代中德关系史产生过重大影响的"教案",圣言会的传教士早就写作了大量报道,其中比较重要的有薛田资(Georg Maria Stenz)著《在孔夫子的故乡:山东的概述、图片经历》①。德国圣言会传教士薛田资曾在山东南部工作7年多时间,亲身经历过"巨野教案"和"日照教案"。《在孔夫子的故乡》一书实际上是他早年写作的一些报道和文章的汇编。全书共分八章,依次介绍了山东的地理、历史、山东人的性格、山东的妇女和家庭生活,重点则在于对德国圣言会鲁南传教活动的描写。在此,作者一方面叙述了自己的传教工作,另一方面也描写了

---

① Georg Maria Stenz, *In der Heimat des Konfuzius. Skizzen, Bilder und Erlebnisse aus Schantung*, Kaldenkirchen 1902.

中国人对天主教传教活动的不同反应,特别是详细讲述了"巨野教案"的发生的原委和他本人对"大刀会"的一些认识,尽管其真实性仍需检验,但属天主教传教史、"教案"和中德关系史一手资料这一点毋庸置疑。作者在前言中批评过去欧洲人对中国文化和中国人的歪曲和低估,声称不对中国人是否残忍或没有法律观念的问题加以讨论。他所关注的主要是德国与中国的贸易问题,认为德国的利益主要集中在山东。他希望以其旅华经历,帮助本国同胞更好地了解中国和中国人,特别是中国人的风俗习惯,并且自信自己的著述是对事实真相的真实写照。薛田资的观点是否符合历史实际,这是一个值得研究的问题,但作为当事人的供词,它们在很大程度上反映了一部分来华传教士的真实心态,其史料价值也更多地体现在这一方面。此书第四章的第五、六节和第五章全部已被翻译成中文,载青岛市档案馆等编《德国侵占胶州湾史料选编,1897—1898》第 216—238 页。

自从李希霍芬在其《中国——个人旅行的成果和在此基础上的研究》第二卷《华北》一书中论述了胶州湾的地理位置、战略意义和经济价值之后①,德国政府和军方逐渐对这个海湾发生了兴趣。在后来的关于向东亚扩张和在中国谋求一个海军基地的殖民讨论中,胶州湾也一再被人提起。但是,李希霍芬本人并没有到过胶州湾,他的论述主要是依据文献记载和地图研究而形成的。② 新闻

---

① 参见 Ferdinand Freiherrn von Richthofen, *China. Ergebnisse eigener Reisen und darauf gegründeter Studien.* Zweiter Band. *Das nördliche China.* Berlin 1882, S. 262—266.

② 在欧洲,有关山东的最早记载和第一幅绘有胶州湾的地图均出自德意志-蒂罗尔人耶稣会传教士卫匡国绘制的中国地图(Atlas Sinensis)。

记者恩斯特·冯·海塞-瓦泰格(Ernst von Hesse-Wartegg)在德国军队占领胶州湾不久就来到山东并游历了它的大部分地区。他在自己的游记《山东与德属中国——1898年从胶澳租借地到中国圣地和从扬子江到北京之旅》[1]中着重介绍了胶州湾和山东省的情况,包括其城乡和货物市场、煤炭和工业区域、德国天主教传教士所在的鲁南传教区以及计划铺设的铁路将穿越的地区。他还特别对曲阜、泰山和黄河进行了访问并作出了大量描写。身为新闻记者,海塞-瓦泰格写游记就轻驾熟,轻松自如,但他走马观花,且不谙中文,对中国的了解是可想而知的。

德国海军建筑顾问格奥尔格·弗兰齐乌斯(Georg Franzius)著《胶州湾——德国在东亚的猎物》[2]也是记事性质的。作者曾在1897年奉命前往胶州湾,考察其建港和修铁路的可行性。在上列著作中,他除了描写他的旅行和考察经过外,还对胶州湾的自然环境、当地居民的生产生活情况和德意志帝国占领的经过作了详细记载,颇具史料价值。

汉斯·魏克尔(Hans Weicker)著《胶州湾——德国在东亚的保护领》[3]有意识地续接格奥尔格·弗兰齐乌斯所写的《胶州湾》一书,对德国的占领、青岛及其周围地区、保护领的行政管理、青岛的日常生活、青岛的商业、工业和交通发展以及青岛作为自由港对

---

[1] Ernst von Hesse-Wartegg, *Schantung und Deutsch-China. Von Kiautschou ins Heilige Land von China und vom Jangtsekiang nach Peking im Jahre 1898*, Leipzig 1898.

[2] Georg Franzius, *Kiautschou. Deutschlands Erwerbung in Ostasien*, Berlin, O. J.

[3] Hans Weicker, *Kiautschou. Das deutsche Schutzgebiet in Ostasien*, Berlin 1908.

中国人的好处加以更进一步的论述。魏克尔原为德国东亚巡洋舰队牧师,曾在 1904—1906 年间多次旅行青岛。他在书中描写的物事大部分属于个人观感,言辞委婉动人,充满对德国"新疆域"和那里的工作业绩的赞美。另附有 145 插图,但均为绘画作品。该书对于研究青岛历史并无多大史料价值,只是其流露出的情愫却真实地反映了某些德国人对青岛的感知。

占领胶州湾后,德国殖民当局马上开始了在山东铺设铁路的工程。这一举动曾经引发山东农村居民的激烈反对。为了保护铁路的铺设和顺利运营,德国殖民当局在高密建立了一个骑兵站,派遣第三海军陆战队的部分骑兵驻扎巡逻。M. 普法伊费尔(M. Pfeiffer)原为该骑兵站成员之一。他在德国军队撤离高密后撰写并发表了回忆录:《在山东的一个德国骑兵站》[1],比较详细地描述了骑兵站的历史和骑兵站德国士兵的日常生活以及他们与中国当地居民的交往。书中还附有 121 幅照片,大部分为作者自己拍摄。这对于研究德国在山东的殖民经营具有一定的史料价值,但作者的殖民主义和民族主义思想十分强烈,大肆宣扬"德意志精神"和德国骑兵的严格纪律性。对此,研究者要有清醒的认识。

1900 年,义和团运动爆发。义和团"扶清灭洋"的口号及其捣毁基督教堂、追杀传教士、围攻外国驻北京公使馆的行动,使西方列强大为震惊,英、法、德、奥、意、日、俄、美八国联合出兵,发动了大规模的侵华战争。

对于义和团起义和包括德国在内的八国联军侵华战争,同时

---

[1] M. Pfeiffer, *Ein deutscher Reiterposten in Schantung*, Berlin 1909.

代德国人早有多种多样记录和报道,其中比较重要的有:阿西亚提库斯(Asiaticus)著三卷本《在中国的战斗》、阿尔弗雷德·冯·米勒(Alfred von Mueller)著《我们的海军在中国——有关我们的海军和海军陆战队在"中国动乱"第一阶段的行动的详细论述》和两卷本《中国动乱与联军的战役》、尤思图斯·沙伊贝特(Justus Scheibert)著两卷本《1900—1901年中国的战争——兼论该国的风俗习惯和历史》、E.巴龙·宾德尔-克里格尔施泰因(E. Baron Binder-Krieglstein)著《德国远征部队在中国的战斗》和鲁道夫·察贝尔(Rudolf Zabel)著《德国在中国》等[1]。

阿西亚提库斯著《在中国的战斗》的第一卷首先考察了中国从甲午中日战争到1900年春天的政治局势及其军事力量,然后叙述了义和团起义的爆发和英、法、德、奥、意、日、俄、美诸国军队在东亚的集结。第二卷主要讲述了八国联军进攻大沽口和天津的战

---

[1] Asiaticus, *Die Kämpfe in China. In militärischer und politischer Beziehung. In drei Heften*. Erstes Heft, Berlin 1900; Asiaticus, *Die Kämpfe in China. In militärischer und politischer Beziehung. In drei Heften*. Zweites Heft. *Die Ereignisse bis zur Erstuermung von Ti''entsin am 14. Juli 1900*, Berlin 1900; Asiaticus, *Die Kämpfe in China. In militärischer und politischer Beziehung. In drei Heften*. Drittes Heft. *Die Vorgänge in Peking. Ereignisse von Mitte Juli bis Mitte September 1900. Die Kämpfe in der Mandschurei*, Berlin 1901; Alfred von Müller, *Unsere Marine in China. Eingehende Darstellung der Thätigkeit unserer Marine und der Seebataillone im ersten Abschnitt der "China-Wirren"*, Berlin 1901; Alfred von Müller, *Die Wirren in China und die Kämpfe der verbuendeten Truppen*. 2 Bände, Berlin 1902; Justus Scheibert, *Der Krieg in China 1900—1901, nebst einer Beschreibung der Sitten, Gebräuche und Geschichte des Landes*. Erster Band, Berlin 1901; Justus Scheibert, *Der Krieg in China 1900—1901, nebst einer Beschreibung der Sitten, Gebräuche und Geschichte des Landes*. Zweiter Band, Berlin 1902; E. Baron Binder-Krieglstein, *Die Kämpfe des deutschen Expeditionkorps in China*, Berlin 1902; Rudolf Zabel, *Deutschland in China*, Leipzig 1902.

役。第三卷主要讲述了八国联军攻占北京的经过、德国军队在满洲里的军事行动和战争的后果。作者视八国联军侵华战争为"当代最重大、最有影响的事件",声称要提供一幅"可信的、清楚的画面",作出"客观的、忠实于历史的描写"。然而他的立场观点是"德意志民族的",认为解决德国未来重要问题的途径在于"加强德意志帝国的海陆军,以便能够在世界各地需要保护或者加强德意志利益的地方强有力地出现"。

米勒著《我们的海军在中国》详细报道了八国联军镇压义和团起义时德国海军的行动。作者不仅利用了其他参战目击者的大量报道,而且还利用了发表在《海军瞭望》上的官方报告。它也附有阵亡士兵名单、德国海军远征军总构成表和德国在东亚军舰总览表以及许多插图和略图。

沙伊贝特是德国东亚远征军随军记者,他在《1900—1901年的中国战争》一书中,除了讲述中国人民反洋教斗争、义和团运动和八国联军侵华的历史,还比较详细地介绍了中国各地的风土人情及其宗教、政治和司法状况。

察贝尔是《东亚劳伊德》报主编和战争时期《福斯报》的通讯员,他因为亲临战场和到"满洲里"、山东省及中国南方省份作研究旅行获得了大量经历和印象。他所写的《德国人在中国》一书发表于义和团起义和八国联军联合行动结束之后。全书分两部分,第一部分论述了中国与条约国家之间政治和经济关系的发展,特别分析了西方列强对中国采取的"瓜分政策"、"势力范围政策"、"门户开放政策"和德意志帝国在中国的势力;第二部分论述了中国义和团起义的爆发和欧洲列强的联合镇压行动。作者对西方列强的军事行动持批判态度,认为它们的殖民战争违背了"平等"、"博爱"、"自由"等原则,也不符合"基督教"和"西方文化"的精神。揭露殖民战争不是为了基督教和文化利益而进行的,而是为了商业和世界霸权。作者指出,八国联军的联合行动并没有解决中国的问题。恰恰相反,中国问题还要长时间地对世界政治发挥作用,正如东方问题对大陆政治发挥的作用一样。战后所形成的英日同盟和俄法同盟不能保证东亚的和平,相反只能加剧列强的竞争。这些见解是很精辟的,值得我们认真对待。

除了上列报道,还有一些后来得以出版的参战士兵日记,如海因里希·哈斯林德(Heinrich Haslinde)的《1900—1901年中国日记》和胡贝尔·迈因策尔(Huber Mainzer)和赫瓦德·西贝格(Herward Sieberg)著《1900—1901年中国的义和拳战争——后来成为希尔德斯海姆地方警官的古斯塔夫·保罗的日记》等[①]。

哈斯林德曾自愿报名参加了德国东亚远征军,1900年7月27日乘坐"德累斯顿"号轮船从不来梅港启程,1900年9月7日抵达大沽口,然后随军出征,参加了几次战斗,后负伤住院。他在1900年7月17日到1902年3月期间,给在德国的亲戚朋友写了大量书信,信中包含有许多关于义和团起义、八国联军军事行动以及哈斯林德个人的亲身经历和观感等内容,反映了一个年轻德国士兵战争时期的思想行动。1990年,哈斯林德的侄子发现了这些书信并把它们整理出版。

[①] Heinrich Haslinde, *Tagebuch aus China. 1900—1901*, München 1990; Hubert Mainzer / Herward Sieberg (Hrsg.), *Der Boxerkrieg in China 1900—1901. Tagebuchaufzeichnungen des späteren Hildesheimer Polizeioffiziers Gustav Paul*, Hildesheim 2001.

古斯塔夫·保罗的日记则是由德国当代学者胡贝特·迈因策（Hubert Mainzer）与赫华德·西贝格（Herward Sieberg）编辑出版的。古斯塔夫·保罗也参加过德国镇压义和团的远征军，他在日记中记录了自己的亲身经历和感受，披露了义和团起义和八国联军侵华的若干史实。从日记中，我们可以看到古斯塔夫·保罗作为一个普通士兵从开始时积极应征入伍的民族狂热到最后对自己的使命发生了怀疑的转变过程，并透过他的观察对义和团起义和八国联军侵华的历史产生一些新的认识。

（二）研究性著作

所谓的研究性著作是指作者根据各种资料和已有研究成果写作并发表的作品，这些作品有的出现得较早，其作者是被书写的历史的亲历者；有的则出现得较晚，其作者多为专门的研究者、汉学家和历史学家。但不管怎样，它们都是特定历史时代的产物，一旦出现，自身也就成为历史了。

卡尔·弗里德里希·诺伊曼（Karl Friedrich Neumann）著《从第一次中国战争到北京条约的东亚历史（1840—1860）》[1]就是一部出现较早、并且具有一定学术价值的论著。诺伊曼是19世纪德国的东方学家，出生于法国，父母均为犹太人。他曾在巴黎学习汉语，1829年来华，办了一所拥有12,000册书籍和手抄本的图书馆。1831年诺伊曼将他从广东搜集的一批书以2,000塔勒的价格卖给巴伐利亚国王，这批书籍遂成为巴伐利亚国家图书馆馆藏

---

[1] Karl Friedrich Neumann, *Ostasiatische Geschichte vom ersten chinesischen Krieg bis zu den Verträgen in Peking* (1840—1860), Leipzig 1861.

中文书籍的主体。同年,诺伊曼任慕尼黑大学汉文和亚美尼亚文教授,直到1852年去职。他在上列著作中,除了描述两次鸦片战争和同一时期英法俄美等西方列强对东亚诸国的侵略以及中国国内的政治和社会局势,还特别记录了普鲁士强迫中国和日本签订一系列条约的经过和条约内容,堪称近代中德关系史研究开山之作。

费迪南·冯·李希霍芬著《中国——个人旅行的成果和在此基础上的研究》这一五卷本巨著更是名闻遐迩,历久不衰。其第一至第三卷详细论述了中国的自然地理和人文社会状况,其中有不少地方涉及中德关系的历史和现状。[1] 第四卷、第五卷则是李希霍芬的朋友和学生对李希霍芬收集的中国古生物材料所作的分类鉴定和论述,属于纯自然科学研究性质。

在第一卷中,上编主要讨论了中国与中亚在地质结构上的关联、华北黄土高原的形成、中亚盐碱草原的形成和改造、地球上其他地方无河水支流和被黄土覆盖地区的扩张以及中亚的山脉架构。李希霍芬据此对中国的自然地理的历史作了系统阐释。下编根据中外文文献论述了历代中国人对本国历史地理的认识、中国与中亚和欧洲的陆路和海路交通、中外邦交、经贸和文化关系的产生和发展以及地理学研究的任务。这一卷在1971年由格拉茨-奥斯特里亚学术印刷出版社重新翻印,并附加了底特马·亨策写的前言、李希霍芬中国旅行概况和已出版的研究李希霍芬中国旅行

---

[1] Ferdinand Freiherr v. Richthofen, *China. Ergebnisse eigener Reisen und darauf gegründeter Studien*. Erster Band. *Einleitender Theil*, Berlin 1877; Ferdinand Freiherr v. Richthofen, *China. Ergebnisse eigener Reisen und darauf gegründeter Studien*. Zweiter Band. *Das nördliche China*, Berlin 1882; Ferdinand Freiherr v. Richthofen / Ernst Tiessen (Hrsg.), *China. Ergebnisse eigener Reisen und darauf gegeründeter Studien*. Dritter Band; *Das südliche China*, Berlin 1912.

的作品目录等内容。① 第二卷包括今辽宁南部、河北、山东、山西、陕西甘肃、河南等地的观察记录和论述，以地质和自然地理面貌为主，也包括有经济、社会方面的材料。第三卷是在费迪南·冯·李希霍芬去世后由他的学生蒂森编写的，其体例与第一卷相同，但它并不局限于李希霍芬亲自考察掌握的资料，而是同时收录了许多在李希霍芬考察之后其他人提供的新材料，因此它不仅描写了四川、湖北、湖南、广东、江苏、浙江、安徽、江西等省的情况，而且也描写了贵州省和西藏的情况。

1897年德国占领胶州湾。这个当时还鲜为人知的中国北方沿海区域立即成为关注的焦点。李希霍芬从其《中国》一书中选出了部分内容，出版了《山东和它的门户胶州湾》一书②，对胶州湾作为德国在东亚的军事据点和商业中心的意义作了详细论述。全书共有七章，重点描述了山东的自然特色、人口和国民经济、交通状况和黄河故道、鲁西平原、沂州府、济南府、泰安府、芝罘（烟台）、博山县、潍县等地的情况，最后落脚于胶州湾。除此之外，还论述了在山东的基督教传教活动。国内学者对此书早有关注。也有部分选译刊登于《德国侵占胶州湾史料选编，1897—1898》第55—80页。

卡尔·许马赫（Karl Schuemacher）著《中国海关的欧洲官员及其对促进我们外贸的影响》③则是较早描写近代中国海关的德

---

① Ferdinand Freiherr v. Richthofen, *China. Ergebnisse eigener Reisen und darauf gegründeter Studien*. Erster Band. *Einleitender Theil*, Graz-Austria 1971.

② Ferdinand Freiherr von Richthofen, *Schantung und seine Eingangspforte Kiautschou*, mit 3 grossen Karten ausser Text; 3 kleinen Karten im Text und 9 Lichtdrucktafeln, Berlin 1898.

③ Karl Schuemacher, *Europäische Zollbeamte in China und ihr Einfluss auf die Förderung unseres Aussenhandels*, Karlsruhe 1901.

文专著之一,作者虽然没有到过中国,但他利用海关官员写的大量报告,对近代中国海关的建立和发展过程以及欧洲官员在这一过程中所发挥的作用作了系统论述。不过,作者是从促进德国对华贸易的角度写作的,因此对供职于中国政府的德国海关官员多有褒扬和溢美之词。

单维廉(Ludwig Wilhelm Schrameier)著《胶澳租借地——它的发展和意义,一个回顾》[1]。单维廉原为德国胶澳总督府负责中国人事务的官员,懂中文,参与过制定和实施土地征购计划。他所写的上述著作本来是"德中联合会"1914年工作报告的附录。鉴于德国民众对胶澳地区的浓厚兴趣,"德中联合会"主席团决定将它作为该会丛书第一册出版发行。在书中,单维廉结合自己的亲身经历,详细介绍了德国占领胶澳租借地的前后经过、胶澳租界条约的内容和从1898—1914年胶澳租借地的建设和发展情况。内容十分丰富,但他写作于日本占领青岛之后,统篇皆是不加掩饰的怀旧情调和对德国的功绩充满自豪的颂词。我们可以把它看作是古典形式的殖民地史学著作。

20世纪20年代以来,随着中德外交新局面的出现,德语国家有关中德关系史的研究著作不断涌现,其中比较重要的有保罗·曼(Paul Mann)著《胶澳租借地的意义及其在德国行政管理下的经济发展》(弗赖堡1923年)、奥托·菲舍尔(Otto Fischer)著《中国与德国:一个尝试性分析》(明斯特1927年)、马蒂亚斯·默勒(Matthias Moeller)著《德国的中国政策,从阻挠马关条约到占领

---

[1] Ludwig Wilhelm Schrameier, *Kiautschou, seine Entwicklung und Bedeutung: Ein rückblick*, Berlin 1915.

胶州湾》(明斯特1927年)、卡尔滕·莱洛伊·沃德(Carlton Leroy Wood)著《德国对中国的政策》(海德堡1935年)[①]。这些著作的观点虽然已经过时,但它们所收集的史料仍然非常重要。

第二次世界大战结束后,德语国家的中德关系史研究重新兴起,一系列新作再次涌现。特别是20世纪70和80年代,随着中国与联邦德国邦交正常化和中德经济文化交流的迅速发展,联邦德国学者对于中德关系史的研究进一步加强。就近代中德关系史研究而言,已出版的论著有海因茨·博伊特勒(Heinz Beutler)著《汉堡礼和洋行与中国一百年——关于德中贸易经济发展史的一篇论文》(汉堡大学博士论文1946年)、萨美懿(Salome Wilhelm)编辑《卫礼贤——中国与欧洲之间的精神沟通者》(杜塞尔多夫/科伦1958年)、伯恩德·鲁兰(Bernd Ruland)著《德国驻北京大使馆——德中关系命运一百年》(拜罗伊特1973年)、薇拉·施密特(Vera Schmidt)著《1897—1914年德国在山东的铁路政策——论德意志帝国主义在中国的历史》(威士巴登1976年)、保罗·多斯特(Paul Dost)著《德国-中国与山东铁路》(克雷费尔德1981年)、彼得·米尔曼(Peter Mielmann)著《1870—1949年德国-中国的商业关系,以电子工业为例》(法兰克福等1984年)、洛特劳特·比格-布伦茨尔(Rotraut Bieg-Brentzel)著《同济大学——关于上海德国文化工作的历史》(1984年)、薇拉·施密特(Vera Schmidt)著《欧洲顾问在中国的任务和影响——在李鸿章身边服务的德清(德璀

[①] Paul Mann, *Die Bedeutung Kiautschous und seine wirtschaftliche Entwicklung unter deutscher Verwaltung*, Freiburg 1923; Otto Fischer, *China und Deutschland, Ein Versuch*, Münster 1927; Matthias Möller, *Deutschlands Chinapolitik vom Einspruch von Shimonoseki bis zur Erwerbung von Kiautschou*, Münster 1927; Carlton Leroy Wood, *Die Beziehungen Deutschlands zu China*, Heidelberg 1935.

琳)》(威士巴登1984年)、马维利(Wilhelm Matzat)著《中国人事务专员单维廉的青岛土地条例》(波恩1985年)、乌多·拉滕霍夫(Udo Ratenhof)著《1871—1945年德意志帝国的中国政策:经济—军备—军事》(博帕德恩1987年)、罗尔夫-哈拉尔德·维皮希(Rolf-Harald Wippich)著《日本与1894—1898年间德国的远东政策:从中日战争的爆发到占领胶州湾——论威廉皇帝的世界政策》(斯图加特1987年)、伯恩德·埃伯施泰因(Bernd Eberstein)著《汉堡-中国合作史》(汉堡1988年)、W. U. 艾卡尔特(W. U. Eckart)著《1897—1914年德国医生在中国——作为德意志第二帝国文化使命的医学》(斯图加特1989年)等[①]。

[①] Heinz Beutler, *Hundert Jahre Carlowitz & Co Hamburg und China. Ein Beitrag zur wirtschaftsgeschichtlichen Entwicklung des deutschen China-Handels*, Hamburg 1946; Salome Wilhelm (Hrsg.), *Richard Wilhelm. Der geistige Mittler zwischen China und Europa*, Düsseldorf / Köln 1958; Bernd Ruland, *Deutsche Botschaft in Peking. Das Jahrhundert deutsch-chinesischen Schicksals*, Bayreuth 1973; Vera Schmidt, *Die deutsche Eisenbahnpolitik in Shantung 1897—1914. Ein Beitrag zur Geschichte des deutschen Imperialismus in China*, Wiesbaden 1976; Paul Dost, *Deutsch-China und die Shantung-Bahn*, Krefeld 1981; Peter Mielmann, *Deutsch-chinesische Handelsbeziehungen am Beispiel der Elektroindustrie 1870—1949*, Frankfurt u. a. 1984; Rotraut Bieg-Brentzel, *Die Tongji-Universität. Zur Geschichte deutscher Kulturarbeit in Shanghai*, O. O 1984; Vera Schmidt, *Aufgabe und Einfluss der europäischen Berater in China: Gustav Detring (1843—1913) im Dienste Li Hung-Chang's*, Wiesbaden 1984; Wilhelm Matzat, *Die Tsingtauer Landordnung des Chinesenkommissars Wilhelm Schrameier*, Bonn 1985; Udo Ratenhof, *Die Chinapolitik des Deutschen Reiches 1871 bis 1945. Wirtschaft-Rüstung-Militär*, Boppard am Rhein 1987; Rolf-Harald Wippich, *Japan und die deutsche Fernostpolitik 1894—1898: Vom Ausbruch des chinesisch-japanischen Krieges bis zur Besetzung der Kiautschou-Bucht. Ein Beitrag zur Wilhelminischen Weltpolitik*, Stuttgart 1987; Bernd Eberstein, *Hamburg-China: Geschichte einer Partnerschaft*, Hamburg 1988; Wolfgang Eckart, *Deutsche Ärzte in China 1897—1914. Medizin als Kulturmission im Zweiten Deutschen Kaiserreich*, Stuttgart 1989.

这些论著分别从政治、经济、文化诸方面论述了清代或近现代的中德关系。但必须看到,在这些论著中,"现代化理论"占据着主导地位。大多数学者虽然批判德国帝国主义的侵略行径,但又肯定它在例如建立现代化高效率管理机制和促进中国经济发展方面的积极作用。在他们看来,帝国主义虽然在政治上对中国产生了瓦解作用,但在科学技术和经济上却给予中国社会重要的发展和革新的动力。1897年以前,山东的经济发展停滞状态明显可见。德意志帝国的各项措施对于新科技、新思想和新战略的输入发挥了巨大作用。它们使一种现代基础设施的建立和一种现代工业的建设成为可能,为后来的发展奠定了基础。这种观点明显地带有西方中心取向,自觉或不自觉地把中国看成了一个被动者和接受者,或多或少地忽略了中国社会的主体地位和主观能动性。

在研究中德关系史方面,原民主德国的史学家也作出了一定的贡献,他们的一些著作曾对中国学者产生过很大影响。早在20世纪50年代,原民主德国历史学家赫尔穆特·施丢克尔(Helmuth Stoecker)就利用中国政府在1954年转交给民主德国政府的前德国驻华公使馆档案写作了《十九世纪的德国与中国》(柏林1958年)一书[1],该著作依据大量史实,对德意志帝国的侵华行为进行了揭露批判,受到中国学者的好评,很快就被翻译成中文出版[2],并且迄今仍是中国学者研究中德关系史的必备参考书。施丢克尔的书只写到19世纪80年代,其他原民主德国学者继续他所开拓的领域,对19世纪后期的中德关系史,特别是德意志帝国侵占胶州湾和派兵镇压义和团起义的历史,进行了研究讨论。这

---

[1] Helmuth Stoecker, *Deutschland und China im 19. Jahrhundert*, Berlin 1958.
[2] 见〔民主德国〕施丢克尔著,乔松译《十九世纪的德国与中国》,生活·读书·新知三联书店1958年版。

里只指出维尔纳·洛赫(Werner Loch)著《1898—1901年帝国主义德国的对华政策及其镇压义和团人民起义的军事干预》(莱比锡1960年)和费路(Roland Felber)与豪斯特·罗斯泰克(Horst Rostek)著《威廉二世的"匈奴战争":1900—1901年帝国主义对中国的干涉》(柏林1987年)就可以了[①]。

对于德国基督教中国传教史,早期的研究性著作大都是由神学教会史家写作的,例如格奥尔格·拜尔(Georg Beyer)著《中国传教区》(柏林1923年)、威廉·厄勒(Wilhelm Oehler)著《中国与过去和现在的基督教传教》(斯图加特/巴塞尔1925年)、尤利乌斯·里希特(Julius Richter)著《基督教会在中国的形成》(居特斯洛1928年)、奥托·马尔巴赫(Otto Marbach)著《东亚传教五十年——形成与发展》(苏黎世1934年)、赫尔曼·施吕特(Herman Schlyter)著《中国传教士郭实腊》(隆德/哥本哈根1946年)、威廉·厄勒(Wilhelm Oehler)著《德国福音教传教史》第一卷:《1706—1885年德国福音教传教的兴起和兴盛》(巴登-巴登1949年)和《德国福音教传教史》第二卷《1885—1950年德国福音教传教的成熟和巩固》(巴登-巴登1951年)、赫尔曼·施吕特(Herman Schlyter)著《中国传教士郭实腊及其本土基础——关于由中国先锋郭实腊传教活动及其传教宣传所激发的兴趣的研究》(隆德1976年)、居恩特·贝岑贝格尔(Günter Bezzenberger)著《中国传教——中国基金会的历史》(卡塞尔1979年)、施普伦(Spuren)著

---

① Werner Loch, *Die imperialistische deutsche Chinapolitik 1898—1901 und die militäristische Intervention gegen den Volksaufstand der Ihotwan*, Leipzig 1960; Roland Felber / Horst Rostek, *Der "Hunenkrieg" Kaiser Wilhelms II.: imperialistische Intervention in China 1900 / 01*, Illustrierte historische Hefte, 45. Berlin 1987.

《东亚传教一百年》(斯图加特 1984 年)和卡尔·伦施蒂希(Karl Rennstich)著《十字架的两个标记——在中国和东南亚的贸易和传教》(斯图加特 1988 年)等①。这些著作主要描述了传教士在中国的生活和工作,传教的成果和困难,中国教徒的皈依和信仰状况,对中国社会和文化的描述大都限于泛泛而论。

同关于新教传教的神学教会史学家著作一样,关于圣言会传教的神学教会史学家著作也着重于对传教士个人和团体的刻画和描写。例如奥古斯蒂努斯·海宁豪斯(Augustinus Henninghaus)著《圣言会神甫福若瑟——他的生平事业兼论鲁南传教的历史》(兖州府 1926 年)、赫尔曼·菲舍尔(Hermann Fischer)著《奥古斯丁·海宁豪斯传记——五十三年的传教士和传教主教生涯》(卡登基尔兴 1946 年)、雅各布斯·屈佩尔斯(Jacobus Kuepers)著《1882—1900 年的中国和鲁南天主教传教——一部对抗的历史》(斯泰伊尔 1974 年)、弗里茨·博尔内曼(Fritz Bornemann)著

---

① Georg Beyer, *China als Missionsland*, Berlin 1923; Wilhelm Oehler, *China und die christliche Mission in Geschichte und Gegenwart*, Stuttgart / Basel 1925; Julius Richter, *Das Werden der christlichen Kirche in China*, Gütersloh 1928; Otto Marbach, *50 Jahre Ostasienmission. Ihr Werden und Wachsen*, Zürich 1934; Herman Schlyter, *Karl Gützlaff als Missionar in China*, Lund / Kopenhagen 1946; Wilhelm Oehler, *Geschichte der deutschen evangelischen Mission. Erster Band: Frühzeit und Blüte der deutschen evangelischen Mission 1706—1885*, Baden-Baden 1949; Wilhelm Oehler, *Geschichte der deutschen evangelischen Mission. Zweiter Band: Reife und Bewährung der deutschen evangelischen Mission 1885—1950*, Baden-Baden 1951; Herman Schlyter, *Der China-Missionar Karl Gützlaff und seine Heimatbasis. Studien ueber das Interesse an der Mission des China-Pioniers Karl Gützlaff und ueber seinen Einsatz als Missionserwecker*, Lund 1976; Günter Bezzenberger, *Mission in China. Die Geschichte der chinesischen Stiftung*, Kassel 1979; Spuren, *Hundert Jahre Ostasien-Mission*, Stuttgart 1984; Karl Rennstich, *Die zwei Symbole des Kreuzes. Handel und Mission in China und Südostasien*, Stuttgart 1988.

《1880年到达山东之前的安治泰》(罗马1977年)和《圣言会的中国传教士有福者J. 福若瑟神甫(1852—1908)——根据同时代史料撰写的生平传记》(鲍岑1977年)、理查德·哈特维希(Richard Hartwich)著《斯泰伊尔传教士在中国》第一卷《鲁南传教区的开辟(1879—1903年)》(内特塔尔1983年)、《斯泰伊尔传教士在中国》第二卷《A. 海宁豪斯主教召唤斯泰伊尔女传教士,1904—1910年——历史论文》(内特塔尔1985年)和《斯泰伊尔传教士在中国》第三卷《关于1911—1919年中华民国和第一次世界大战的历史论文》(内特塔尔1987年)、施泰凡·普尔(Stephan Puhl)著《圣言会的薛田资(1869—1928)——帝国和共和国时期的中国传教士》(内特塔尔1994年)。[①] 这些著作基本是以颂扬和辩护的基调来描写的,其指导思想和价值取向显然相当偏颇,它们对于现今历史编纂的意义仅仅表现在史料储存上。

进入20世纪90年代,联邦德国学者有关近现代中德关系的

[①] Augustinus Henninghaus, *Pater Joseph Freinademetz SVD. Sein Leben und Wirken. Zugleich Beiträge zur Geschichte der Mission Süd-Shantung*, Yenchowfu 1926; Hermann Fischer, *Augustin Henninghaus. 53 Jahre Missionar und Missionsbischof. Ein Lebensbild*, Kaldenkirchen 1946; Jacobus Kuepers, *China und die katholische Mission in Süd-Shantung 1882—1900. Die Geschichte einer Konfrontation*, Steyl 1974; Fritz Bornemann, *Johann Baptist Anzer bis zur Ankunft in Shantung 1880*, Rom 1977; Fritz Bornemann, *Der selige P. J. Freinademetz 1852—1908, ein Steyler China-Missionar: ein Lebensbild nach zeitgenössischen Quellen*, Bozen 1977; Richard Hartwich, *Steyler Missionare in China. Band Ⅰ: Missionarische Erschließng Südschantungs (1879—1903)*, Nettetal 1983; Richard Hartwich, *Steyler Missionare in China. Band Ⅱ: Bischof A. Henninghaus ruft Steyler Missionsschwestern 1904—1910. Beiträge zu einer Geschichte*, Nettetal 1985; Richard Hartwich, *Steyler Missionare in China. Band Ⅲ: Beiträge zu einer Geschichte: Republik China und Erster Weltkrieg 1911—1919*, Nettetal 1987; Stephan Puhl, *Georg M. Stenz SVD (1869—1928). Chinamissionar im Kaiserreich und in der Republik*, Nettetal 1994.

研究继续向纵深发展,研究成果不断涌现,其中主要有洛斯维塔·赖因博特(Roswitha Reinbothe)著《文化输出与经济实力——第一次世界大战前德国在华创办的学校》(美因河畔法兰克福1992年)、伊丽莎白·伊娜·弗里德里希(Elisabeth Ina Friedrich)著《作为德国在青岛推行其土地政策的工具的税收——推动力、目标、结果》(波恩1992年)、华纳(Torsten Warner)著《中国的德式建筑》(柏林1994年)、托马斯·哈尼施(Thomas Harnisch)著《德国的中国大学生——他们在1860—1945年间的留学史和留学的效果》(汉堡1999年)、余凯思(Klaus Muehlhahn)著《在"模范殖民地"胶州湾的统治与抵抗——1897—1914年中国与德国的相互作用》(慕尼黑2000年)、碧能艳(Annette S. Biener)著《1897—1914年德国在山东租借地青岛——因殖民化而引起的机构变化》(波恩2001年)、伊丽莎白·卡斯克(Elisabeth Kaske)著《俾斯麦的传教士——1884—1890年德国军事教官在中国》(威士巴登2002年)和伯恩德·埃贝施泰因(Bernd Eberstein)著《普鲁士与中国——错综复杂的关系史》(柏林2007年)等[①]。

---

① Roswitha Reinbothe, *Kulturexport und Wirtschaftsmacht: deutsche Schulen in China vor dem Ersten Weltkrieg*, Frankfurt am Main 1992; Elisabeth Ina Friedrich, *Die Steuer als Instrument der deutschen Bodenpolitik in Tsingtau. Triebkräfte, Ziele, Ergebnisse*, Bonn 1992; Torsten Warner, *Deutsche Architektur in China*, Berlin 1994; Thomas Harnisch, *Chinesische Studenten in Deutschland. Geschichte und Wirkung ihrer Studienaufenthalte in den Jahren von 1860 bis 1945*, Hamburg 1999; Klaus Mühlhahn, *Herrschaft und Widerstand in der "Musterkolonie" Kiautschou. Interaktionen zwischen China und Deutschland 1897—1914*, München 2000; Annette S. Biener, *Das deutsche Pachtgebiet Tsingtau in Schantung 1897—1914. Institutioneller Wandel durch Kolonialisierung*, Bonn 2001; Elisabeth Kaske, *Bismarcks Missionaere: deutsche Militärinstrukteure in China 1884—1890*, Wiesbaden 2002; Bernd Eberstein, *Preussen und China: eine Geschichte schwieriger Beziehungen*, Berlin 2007.

这些论著不仅拓宽了研究领域,而且理论观点也发生了明显变化,例如赖因博特就联系德意志帝国的整个对华政策,对其文化政策进行了批判分析,坚决驳斥了19世纪末叶在德国和德属殖民地盛行的"德中友好伙伴"的神话。

对于余凯思来说,德占青岛殖民地实际是中德两个不同社会发生接触、冲突和强制性共同生活的特殊场所,中德各社会团体之间的关系十分复杂,其突出特点是相互影响和相互作用。中德双方都把控制山东省经济,统治胶澳殖民地社会,向中国民众施加宗教影响看作是主要斗争领域。在每一个领域,德意志帝国都发展了一套统治战略,而中国则制定了相应的抵抗战略。对此,无论以欧洲为中心的帝国主义理论,还是"冲击与反应"的现代化思维模式,都不能很好地说明历史实际。必须从相互作用的角度对中德关系的实际发展过程作出具体分析。

卡斯克同样否定片面强调西方人对中国现代化的积极作用、忽略中国的主体地位和主动性的观点。她以19世纪80年代来华供职的30位德国军官和低级军官为研究对象,考察了他们退伍的原因,他们适应中国的生活的策略,他们在结束其在中国的供职之后的生活道路以及他们自己对于与中国遭遇的看法。同时,她也在一种跨文化的研究框架内,讨论了德国教官在中国的工作条件、中国雇主对受聘者的要求以及他们在顺应这些要求方面的成功或者失败,德国外交官在现场发挥的作用以及知识和科学转让的条件。卡斯克指出,德国军官在中国并没有发挥多大作用,他们不是高官显吏的"顾问"而是这些高官的随员,他们对其效力的中国官员未产生多大影响。中国现代化的成就是中国人自己争取的。这些观点突破了"欧洲(或西方)中心主义"的旧框架,对于我们重新审视近代中外关系史很有启发意义。

还有不少在德国攻读博士学位的中国留学生选择中德关系史作为研究方向,用德文写作并在德国发表了自己的博士论文,其中与近代中德关系史相关的有李国祁(Lee Kuo-chi)著《中国抗议马关条约和反对占领胶州湾的政策》(明斯特 1966 年)、余文堂(Yue Wen-tan)著《1860—1880 年的德中关系》(波鸿 1981 年)、黄逸(Huang Yi,音译)著《1871—1918 年德国对中国教育事业发展的影响——德意志帝国时期德中关系的文化领域研究》(法兰克福 1995 年)、蔡江(Cai Jiang,音译)著《蔡元培——东西方之间的学者和沟通者》(明斯特 1998 年)、黄福得著《青岛——1879—1914 年德国统治下的中国人》(波鸿 1999 年)和靖春晓(Jing Chunxiao)著《"以夷制夷"——19 世纪晚期中国的自强运动与德国的军火贸易》(明斯特 2002 年)等[①]。

这些著作的选题和立论与德国各个时期的学术讨论有密切关系,但也能够反映出中国学者的价值取向。例如蔡江在论述蔡元培的政治生涯和思想发展过程就利用了大量原始资料,包括许多

[①] Lee Kuo-chi, *Die chinesische Politik zum Einspruch von Shimoneseki und gegen die Erwerbung der Kiautschou-Bucht*, Muenster 1966; Yue Wen-tang, *Die deutsch-chinesischen Beziehungen von 1860—1880*, Bochum 1981; Huang Yi, *Der deutsche Einfluss auf die Entwicklung des chinesischen Bildungswesens von 1871 bia 1918. Studien zu den kulturellen Aspekten der deutsch-chinesischen Beziehungen in der Aera des Deutschen Kaiserreiches*, Frankfurt am Main 1995; Cai Jiang, *Cai Yuanpei: Gelehrter und Mittler zwischen Ost und West*, Muenster / Hamburg / Lodon 1998; Fu-the Huang, *Qingdao: Chinesen unter deutscher Herrschaft 1879—1914*, Bochum 1999; Jing Chunxiao, *Mit Barbaren gegen Barbaren. Die chinesische Selbststaerkungsbewegung und das deutsche Ruestungsgeschaeft im spaeten 19. Jahrhundert*, Muenster / Hamburg / London 2002.

有价值的、至今尚未刊印的遗稿。他也联系当时复杂的政治和社会变革并从蔡元培本人的思想特征出发,深入分析了蔡元培与德国文化的关系,他对不同政治力量和政党的态度以及他坚决主张的东西方文化综合思想。

靖春晓则竭力突出中国方面在与德国交往中的主体地位和主动性。在她看来,19世纪下半叶,中国政府鉴于内部农民起义、外部列强入侵而出现的危局,充分认识到改革的必要性和紧迫性。自强运动遂成为最重要的政治力量。其主要要求是用西式武器来装备本国军队,这就与西方的一些军火商发生了密切关系。在欧洲竞争十分激烈的军火市场上,中国政府有很大的活动余地,它也不失时机地与德国克虏伯等军火企业讨价还价,力争以最低的价格购买最好的武器。不过,中国官场的普遍腐败也让军火商们钻了不少空子,他们在很大程度上利用游说和行贿手段来争取商机,因此从军火贸易中得到实惠的主要是实力派政府官员,国家所获利益甚微。靖春晓的著作利用了大量克虏伯档案史料,这一点尤为难得。

韩国留学生金春植(Chun-Shik Kim)在博士论文《德国在中国的文化帝国主义——1898—1914年胶澳租借地(中国)中的德国殖民学校》[1]中指出,基督教传教和欧洲列强的统治利益在19世纪和20世纪初对被确定为殖民化目标的世界各地同时施加影响。在办学方面,双方的利益既有交叉又有竞争。对德国胶澳保护领殖民教育事业和其他教育活动的广泛分析和对其合法性与目

---

[1] Chun-Shik Kim, *Deutsche Kulturimperialismus in China. Deutsches Kolonialschuwesen in Kiautschou (China) 1898—1914*, Stuttgart 2004.

标的比较表明：出于天主教或新教动机的基督教化、权力巩固和商业开发相互间有着不可分割的联系，当事者随着框架条件的变化总是一再平衡其相互间的关系。然而，对当地人的教育事业无一例外地发挥了文化帝国主义载体的作用。

圣言会神学家卡尔·J.李维纽斯（Karl J. Rivinius）也以批判的眼光审视传教士过去的实践。他在《传教与政治——"圣言会"成员与中央党政治家卡尔·巴赫恩未出版的通信》（圣奥古斯丁1977年）、《鲁南的天主教传教——公使馆参赞施皮克·冯·施坦因堡1895年就斯泰伊尔中国传教写作的报告》（圣奥古斯丁1979年）和《世俗的保护与传教——德国对鲁南天主教传教的保护权》（科伦1987年）等著作①中，利用新发现的原始资料，大胆揭露了圣言会传教与政治的勾结，批判了传教士自觉寻求政治保护、通过德国政府代表向中国施加压力的行为。

德国海外史专家贝内迪克塔·维尔特（Benedicta Wirth）、豪斯特·格林德（Horst Gründer）以及中国留德学者陈晓春（Chen Xiaochun）同样对传教史进行了批判分析。维尔特在《帝国主义的海外政策和传教政策——以中国为例的论述》②一书中，简明扼要地论述了帝国主义时代西方政治与传教士政治活动在中国的联

---

① Karl J. Rivinius, *Mission und Politik. Eine unveröffentlichte Korrespondenz zwischen Mitgliedern der "Steyler Missionsgesellschaft" und dem Zentrumspolitiker Carl Bachen*, St. Augustin 1977; Karl J. Rivinius, *Die katholische Mission in Süd-Schantung. Ein Bericht des Legationsrates Speck von Sternberg aus dem Jahre 1895 über die Steyler Mission in China*, St. Augustin 1979; Karl J. Rivinius, *Weltlicher Schutz und Mission. Das Deutsche Protektorat über die katholische Mission von Süd-Shantung*, Koeln 1987.

② Benedicta Wirth, *Imperialistische Uebersee- und Missionspolitik. Dargestellt am Beispiel Chinas*, Münster 1968.

系。格林德则在内容丰富的《基督教传教与德意志帝国主义——以非洲和中国为重点探讨两者在德国殖民扩张时代(1884—1984)的关系的政治史》和《世界征服与基督教——近代史手册》两部著作①中,把所有传教活动都与欧洲的海外扩张联系起来,视之为殖民扩张事业的动机、激励因素和独立自主的组成部分。因为共同的欧洲文化优越论、基督教使命感以及某些实际利益促使它们自然联合起来,互相支持和互相利用。传教还在殖民主义当中发挥着整合作用。它在欧洲宗主国的公共舆论中制造了种种帝国主义心态,为殖民扩张提供相当重要的民众动员。经过基督教传教士详细论证的关于欧洲扩张进程的符号解说在帝国主义时代以后的很长时间里继续产生影响,虽然形式有所变化。在边缘地区,无论在殖民地内部还是在殖民地以外,传教士都承担了教育改造土著居民的任务,并且力图通过"精神征服"把他们整合起来。格林德的批判精神是难能可贵的,他的论证也十分严谨,即使教会人士也为之折服。陈晓春的博士论文《传教与政治——论山东南部的德国天主教传教》②利用中德文史料,进一步深化了这个主题。

对于传教与政治问题的研究,使人们清楚地看到了帝国主义时代传教的局限性,但是国家与传教毕竟是有区别的。国家理性有时也会与传教士的宗教狂热发生冲突,自觉调整与传教的关系。

---

① Horst Gründer, *Christliche Mission und deutscher Imperialismus. Eine politische Geschichte ihrer Beziehungen während der deutschen Kolonialzeit（1884—1914）unter besonderer Berücksichtigung Afrikas und Chinas*, Paderborn 1982; Horst Gründer, *Welteroberung und Christentum. Ein Handbuch zur Geschichte der Neuzeit*, Gütersloh 1992.

② Chen Xiaochun, *Mission und Politik. Studie über die deutsche katholische Mission in Süd-Shandong*, Hamburg 1992.

而传教的组织、工作方法、与中国民众的日常接触是多种多样的。李维尼乌斯后来写作的《传统主义与现代化——奥古斯丁·海宁豪斯主教对中国教育事业的贡献(1904—1914)》[1](内特塔尔 1994年)就对传教士对于中国新式教育的贡献作了分析说明。

余凯思则在《在"模范殖民地"胶州湾的统治与抵抗》一书中独辟一章,对圣言会鲁南传教史进行了重新审视。[2] 他一方面论述了"圣言会"在制造帝国主义舆论和为 1897 年以后德国在山东的扩张作辩护方面的作用;另一方面也探讨了传教士与中国社会多种多样的相互作用形式,具体分析了传教活动对中国社会的社会文化影响以及山东各社会团体对圣言会的理论分析和实际反抗。在此,作者不再仅仅局限于德国天主教鲁南传教对德意志帝国或者更确切地说对中国的政治功能,而是把基督教化的具体实践看作是传教士、中国基督教社团以及中国非基督教民众之间的相互作用。因为在传教实践中,中国的基督教教徒也构成了一股重要力量:他们具体参与了讨论传教方法和表述宗教内容等活动。传教士、中国基督教社团以及中国非基督教民众之间的相互作用一方面导致了一种独立的、折中主义的基督教在中国的形成;另一方面,相互作用自身也经历了紧张的对立冲突。传教活动激起了多方面的抵抗。在基督教徒与非基督教徒之间,暴力斗争连绵不断,最终汇合成为 1900—1901 年的义和团大起义。在宗教的相互作

---

[1] Karl J. Rivinius, *Traditionalismus und Modernisierung, Das Engagement von Bischof Augustin Henninghaus auf dem Gebiet des Bildungs—und Erziehungswesens in China (1904—1914)*, Nettetal 1994.

[2] 参见 Klaus. Mühlhahn, *Herrschaft und Widerstand in der "Musterkolonie" Kiautschou. Interaktionen zwischen China und Deutschland 1897—1914*, München 2000, S. 285—403.

用中,排斥占主导地位,也就是说对外斗争和与各自的他者保持距离成了主要的相互交往形式。这些论述使帝国主义时代的传教活动得以更全面地展现,极大地丰富了人们的认识。

还有米尔加姆·弗赖塔格(Mirjam Freytag)著《妇女传教在中国——女传教士的跨文化和教育学意义》[1]。该书专门考察了女传教士在中国的生活和工作,并根据女传教士们写作的一系列报道论述了她们对中国社会和文化,特别是中国妇女的地位和生活状况的认识。这一著作选题新颖,很有参考价值。

众所周知,在漫长的历史发展过程中,中国与德国(或整个西方)逐渐形成了两种不同的文化传统,而在中西接触和交往过程中,文化差异又表现得格外突出。对于非欧洲、非基督教的"他者"——中国,德国人曾经有过各种各样的猜测和臆想,形成了形形色色的中国观。这些中国观的出现是一种典型的跨文化现象,有关的研究也构成跨文化研究的一个重要方面。

中国首先在德语国家的文学作品中受到种种描述。对于这些作品和由它们所构造的中国观,中外文学家已经进行了多方面研究,也发表了不少论著,如英格瑞特·舒斯特(Ingrid Schuster)著《德国文学中的中国和日本,1890—1925年》(伯尔尼1977年)和《楷模与漫画——1773—1890年德国文学所反映的中国和日本》(伯尔尼1988年)、方维规(Fang Weigui)著《1871—1933年德国文学中的中国观——关于比较影像学的一篇论文》(美因河畔法兰克福1992年)、张振奂(Zhang Zhenhuan)著《作为想望和想象的中

---

[1] Mirjam Freytag, *Frauenmission in China. Die interkulturelle und pädagogische Bedeutung der Missionarinnen untersucht anhand ihrer Berichte von 1900 bis 1930*, München / New York 1994.

国——1890—1945年德国消遣文学中的中国和中国人图像》(雷根斯堡1993年)等①。这些著作虽然与中德关系史没有直接关系,但对于了解18、19世纪德国人对中国的认识还是很有帮助的。

17世纪以降,随着中西交通的日趋频繁,越来越多的德国人从陆路和海路纷纷东来,或者经商,或者传教,或者也负有某种外交使命。不管动机和目的如何,不少来华德国人写作并发表了各种各样的游记。游记可以被当作史料来用,但是它们究竟能够在多大程度上反映旅游国的历史实际,这需要认真细致的研究考证。可以肯定的是,游记一方面记录了作者与其他国家和文化的接触,不同程度上展示了他者的情况;另一方面,游记也记录了作者对其他社会和文化的感知,显示了作者本人的思想意识。游记因为反映了作者"文化的自我理解",所以可以被当作出发国的历史资料来使用,可以借助于它们在心态史的意义上复原出发国的"时代精神"。基于这样的认识,德语国家学者对德国人的旅华游记进行了研究,写作了不少著作,其中论述17世纪以来德文中国游记的著作有罗梅君(Mechthild Leutner)和达格玛·余-戴姆博斯基(Dagmar Yue-Dembski)主编《异国情调与现实——17世纪至今旅游报道中的中国》(慕尼黑1990年)、汉斯·C.雅各布斯(Hans C. Jacobs)著《旅游与资产阶级——19世纪德国人中国游记剖析——

---

① Ingrid Schuster, *China und Japan in der deutschen Literatur 1890—1925*, Bern 1977; Fang Weigui, *Das Chinabild in der deutschen Literatur 1871—1933. Ein Beitrag zur komparatistischen Imagologie*, Frankfurt am Main 1992; Zhang Zhenhuan, *China als Wunsch und Vorstellung: eine Untersuchung der China- und Chinesenbilder in der deutschen Unterhaltungsliteratur 1890—1945*, Regensburg 1993.

作为本国镜鉴的异域》(柏林 1995 年)等[1]。

罗梅君和余-戴姆博斯基主编的《异国情调与现实——17 世纪至今旅游报道中的中国》一书,是由多位作者合作完成的,它跨越的时间也很长,论述描写清代中国的游记的文章主要有三章:一是哈拉尔德·布劳伊纳尔著"堪称一个新发现的世界";二是罗梅君和余-戴姆博斯基著"'显示实力和扩展空间'——19 世纪中国的'门户开放'";三是罗梅君和哈拉尔德·布劳伊纳尔著"代表高级文明"。它们分别对 17、18 和 19 世纪德国人的中国旅行、他们写作的游记和游记中所反映的中国进行了考察分析。

雅各布斯则在其著作中剖析了 19 世纪德国人的中国游记。他认为,这些游记在许多方面是相对均一的,都反映出欧洲人强烈的优越感和他们欲使全世界都臣服于自己的使命意识。欧洲人也力图把他们的技术、他们的经济,甚至他们的价值和规范强加给全世界。在这些游记中,对现代化的信仰可谓锋芒毕露,现代化被看作是中国未来的必由之路,必须不惜任何代价地加以推行。与之相辅相成的则是对中国本土文化的蔑视,而这种蔑视是由欧洲盛行的先入之见(偏见)所决定的。资产阶级的进步意识形态根本不关心其他落后国家的文化传统,所有与自己的趣味不同的价值观念都被视若粪土。当然,也有部分对中国文化表示敬重的德国人,但他们仅仅属于少数的例外。

---

[1] Mechthild Leutner / Dagmar Yue-Dembski (Hrsg.), *Exotik und Wirklichkeit. China in Reisebeschreibungen vom 17. Jahrhundert bis zur Gegenwart*, München 1990; Hans C. Jacobs, *Reisen und Bürgertum: eine Analyse deutscher Reiseberichte aus China im 19. Jahrhundert: die Fremde als Spiegel der Heimat*, Berlin 1995.

还有两部作品是专门讨论传教士的中国报道和中国观的。19世纪时,许多德国新教传教士被派往中国,他们一方面在中国积极开展活动,力图通过布道、建立传教站、创办学校和医院等活动吸收中国人皈依基督教;另一方面也向欧洲的亲友、传教会和传教社团寄回了许多信件和报道,目的在于争取到更大的支持。这些报道大多是描写传教活动的,但也有一部分论述了中国社会和文化。对于德国新教传教士的中国评论,中国学者孙立新在《19世纪德国新教传教士的中国观——关于文化接触和感知问题的一项个案研究》[①]一书中进行了深入考察。在这里,传教士的中国观被看作一种独特的文化产物,它的产生和形成既与传教士在中国的经历有关,也与传教士的文化背景和宗教信仰密切联系。

莉迪娅·格贝尔(Lydia Gerber)著《和士谦的"驱逐异端"与卫礼贤的"崇高中国"——1898—1914年德国新教传教士发自德国胶澳租借地的报道》[②]考察了传教士在德国殖民统治下的生活和他们对从1898年戊戌变法、经义和团起义到1911年辛亥革命一系列政治事件的报道和评论。作者选择巴陵会传教士和士谦和同善会传教士卫礼贤作为重点考察对象,指出了他们两人立场观点的差异,并分析了产生差异的主要原因。

---

① Sun Lixin, *Das Chinabild der deutschen protestantischen Missionre des 19. Jahrhunrts. Eine Fallstudie zum Problem interkultureller Begegnung und Wahrnehmung*, Marburg 2002.

② Lydia Gerber, *Von Voskamps "heidnischem Treiben" und Wilhelms "höherem China". Die Berichterstattung deutscher protestantischer Missionare aus dem deutschen Pachtgebiet Kiautschou 1898—1914*, Hamburg 2002.

(三) 资料整理和汇编

对于中德关系史,德语国家的学者不仅写作和出版了各种各样的研究著作,还在史料整理方面做了大量工作。他们以其惯常的"彻底性"搜集、整理并出版了若干档案文献、官方文件和私人著述。有的学者还对史料选编的原则和方法进行了深入思考,并通过具体实践,表达了新的历史观。这一点尤其值得我们重视。

资料汇编工作至晚自德意志帝国参加八国联军镇压义和团运动之后就开始进行了。德国海军参谋部编辑的《1900—1901年中国动乱期间的皇家海军》①收集整理了大量军事外交资料,例如附录中所展示的"动乱期间东亚水域现有海军兵力的集结"、"海军与东亚远征军的兵力"、"参谋部会议备忘录"和"皇家海军士兵死亡名单"等,对于研究工作具有一定的参考价值。但它不惜重墨浓彩大力张扬德国海军的军事行动,极尽歌颂武功,为侵略战争辩护之能事,这是应当受到批判的。

德国殖民当局在统治和经营青岛和山东过程中,曾经颁布过许多法令法规,也采取了许多临时措施,所有这一切后来都成为了历史研究的第一手资料。对此,原德国胶澳总督府候补官员和翻译谋乐(Friderich Wilhelm Mohr)不辞辛苦,做了大量收集整理工作,最终编辑出版了德文版《胶澳保护领手册》②。他也把书中收

---

① Admiralstab der Marine (Hrsg.), *Die Kaiserliche Marine wärend der Wirren in China 1900—1901*, Berlin 1903.

② Friderich Wilhelm Mohr, *Handbuch für das Schutzgebiet Kiautschou*, Tsingtau 1911.

集的与中国人相关的法令法规单独汇编成册,出版了中文版《青岛全书》①。这两本资料集国内多家图书馆都有收藏,对于研究近代中德关系史、德国在华殖民统治史以及青岛和山东地方史均具有重要参考价值。

法学博士海因里希·贝茨(Heinrich Betz)1898年受德国外交署派遣来华,历任汉口、宜昌、汕头、济南等地领事。他编辑出版的《青岛开放以来山东省的经济发展(1898—1910)》②也属于资料汇编性质。作者编辑此书的目的在于"使那些对山东的经济状况感兴趣并特别期望对青岛之于山东的意义作出判断的人能够很方便地获得重要的数据"。这与当时德国国内围绕着是否放弃胶澳租借地问题展开的争论有密切关系。当时德国国内有不少人认为政府对该殖民地投资太大,而其经济前景并不看好,所以应当放弃殖民政策。与之相反,海因里希·贝茨则对殖民政治持坚决支持态度。他力图通过展示德国建设胶澳租借地方面的成就来为自己的主张寻找依据。因此他在资料收集方面有明显的倾向性。对此,我们必须有清醒的认识。但该书采集丰富,对于历史研究还是很有参考价值的。特别是它的附件中收集了若干统计数据,这是很难得的。

在汇编德文档案方面,约翰内斯·莱普修斯、阿尔布雷希特·门德尔松·巴托尔迪、弗里德里希·蒂梅(Johannes Lepsius/Albrecht Mendelssohn-Bartholdy/Friedrich Thimme)受外交署委托编辑出版的《1871—1914年欧洲内阁的重大政策:外交署外交文

---

① 参见谋乐《青岛全书》,青岛印书局1912年版。
② Heinrich Betz, *Die wirtschaftliche Entwicklung der Provinz Shandong seit der Eröffnung Tsingtaus 1898—1910*, Tsingtau 1911.

件汇编》①占有重要地位。该书共有四十卷,各卷题目分别为:
  第一卷 法兰克福和约及其后果,1981—1877 年
  第二卷 柏林会议及其前史
  第三卷 俾斯麦的联盟体系
  第四卷 三国联盟与英国
  第五卷 东方的新纠纷
  第六卷 东西方的战争危险。俾斯麦时代的终结
  第七卷 新路线的开始:1.俄罗斯的电话线
  第八卷 新路线的开始:2.英国在列强之间的地位
  第九卷 近东和远东
  第十卷 1895 年的土耳其问题
  第十一卷 克吕格的紧急电报与 1896 年的联盟体系
  第十二卷 1896—1899 年旧的和新的巴尔干交易(两册)
  第十三卷 1897—1899 年欧洲列强的相互关系
  第十四卷 世界政治的竞争(两册)
  第十五卷 第一次海牙和会期间的争斗
  第十六卷 1900—1902 年中国的动乱与列强
  第十七卷 德英关系的转折
  第十八卷 1900—1904 年的两国联盟与三国联盟(两册)
  第十九卷 俄日战争
  第二十卷 1904—1905 年的协约国和第一次摩洛哥危机(两册)
  第二十一卷 阿尔及利亚会议及其后果(两册)

---

① Johannes Lepsius / Albrecht Mendelssohn-Bartholdy / Friedrich Thimme (Hrsg.), *Die Großsse Politik der Europäischen Kabinette 1871—1914*, im Auftrage des Auswärtigen Amtes, Berlin 1922—1927.

第二十二卷 奥地利-俄罗斯协约和东方 1904—1907 年

第二十三卷 第二次海牙和会:北海和东海协议(两册)

第二十四卷 德国和西方列强 1907—1908 年

第二十五卷 英俄协约和东方(两册)

第二十六卷 1908—1909 年波斯尼危机(两册)

第二十七卷 1909—1911 年巴尔干危机之间(两册)

第二十八卷 1908—1911 年的英国与德国海军

第二十九卷 1911 年第二次摩洛哥危机

第三十卷 1911—1912 年意大利—土耳其战争(两册)

第三十一卷 哈尔丹那使命的失败及其对 1911—1912 年三国协约的反作用

第三十二卷 1909—1914 年的列强与东方

第三十三卷 1912 年的第一次巴尔干战争

第三十四卷 伦敦大使联盟与 1912—1913 年的第二次巴尔干战争(两册)

第三十五卷 1913 年的第三次巴尔干战争

第三十六卷 1913—1914 年巴尔干战争的消除(两册)

第三十七卷 1912—1913 年列强之间关系的缓和(两册)

第三十八卷 1913—1914 年东方新的危险区域

第三十九卷 1912—1914 年世界大战的临近

第四十卷 第二十六至三十九卷的人名索引

《1871—1914 年欧洲内阁的重大政策》一书卷帙浩繁,内容丰富。但它主要是从外交史角度进行编辑的,所收录的资料也仅限于官方文献,特别是编辑者有明确的政治目的,即为德国洗刷"战争罪责",揭示凡尔赛和约的历史性错误及其部分规定对国际法原则的违背,因此他们拒不收入任何足以证明德意志帝国长久以来就存在动用军队的意愿和战争准备的文献。这显然是不应当的。尽管存在严重缺陷,该资料集还是有重要利用价值的。因此,中国学者孙瑞芹从中选取了所有与中国有关的文献,翻译出版三卷本《德国外交文件有关中国交涉史料选译》①。至今为止,这三卷本的史料选译仍然是中国中德关系史研究最主要的史料来源。

此外,G. P. 古奇(G. P. Gooch)和 H. 泰姆佩里(H. Temperley)还把英国人公布的与第一次世界大战相关的官方文献翻译成德文,出版了《关于1898—1914年战争起源的不列颠官方文件》一书。②

20 世纪 60 年代,德国进步历史学家弗里茨·菲舍尔(Fritz Fischer)连续发表著作,对德意志帝国争霸世界的预谋进行了大胆揭露。在所谓"菲舍尔争论"影响下,一批对德意志帝国历史持批判态度的历史学家又编辑出版了多部有关德意志帝国对外政策的史料集,更进一步揭露了其对外侵略的本性。其中主要有沃尔夫冈·舒曼(Wolfgang Schumann)和路德维希·内斯特勒尔(Ludwig Nestler)主编《幻想中的世界统治——关于从世纪之交到 1945 年 5 月的德意志帝国主义欧洲和世界统治计划的文献》(柏林 1975 年)、米夏埃尔·贝嫩(Michael Behnen)主编《关于1890—1911 年帝国主义时代德国对外政策的史料》(达姆施达特 1977 年)、维利巴尔德·古切(Willibald Gutsche)主编《1897 或 1898 年至 1917 年德意志帝国主义的统治方法——与德意志帝国统治阶级的内外战略战术相关的文献》(柏林 1977 年)、福尔克尔·

---

① 参见孙瑞芹译《德国外交文件有关中国交涉史料选译》三卷本,商务印书馆 1960 年版。

② G. P. Gooch / H. Temperley (Hrsg.), *Die britischen amtlichen Dokumente über den Ursprung des Weltkriegs 1898—1914*, Berlin 1926.

R. 贝格汉(Volker R. Berghahn)和威廉·戴斯特(Wilhelm Deist)主编《威廉主义世界政治氛围中的军备——1890—1914 年的主要文献》(杜塞尔多夫 1988 年)等[1]。这些史料汇编都包含与德意志帝国对华政策的文献,对于研究帝国主义时代的中德关系具有重要的利用价值。

在德中关系史研究和史料汇编方面,柏林自由大学东亚研究所后来居上,独占鳌头。自 20 世纪 80 年代起,郭恒钰教授就在这里首倡"近代德中关系史研究",并获得了德国大众汽车基金会的资助,举办过多次国际学术研讨会。90 年代,以罗梅君教授为首的德中关系史课题组开始编辑《德中关系史史料集》,力图对已有德中关系史研究成果加以重新评估并为进一步的研究奠定基础。

自 1997 年至今,柏林自由大学东亚研究所德中关系史课题组已出版多卷大型《德中关系史史料集》,其中第一卷,即罗梅君主编、余凯思协助编辑的《"模范殖民地":德意志帝国在中国的扩张——1897—1914 年德中关系史料集》[2](柏林 1997 年),与近代

---

[1] Wolfgang Schumann / Ludwig Nestler (Hrsg.), *Weltherrschaft im Visier. Dokumente zu den Europa- und Weltherrschaftsplänen des deutschen Imperialismus von der Jahrhundertwende bis Mai 1945*, Berlin 1975; Michael Behnen (Hrsg.), *Quellen zur deutschen Aussenpolitik im Zeitalter des Imperialismus 1890—1911*, Darmstadt 1977; Willibald Gutsche, *Herrschaftsmethoden des deutschen Imperialismus 1897/1898 bis 1917. Dokumente zur innen—und aussenpolitischen Strategie und Taktik der herrschenden Klassen des deutschen Reiches*, Berlin 1977; Volker R. Berghahn / Wilhelm Deist (Hrsg.), *Rüstung im Zeichen der wilhelminischen Weltpolitik. Grundlegende Dokumente 1890—1914*, Duesseldorf 1988.

[2] Mechthild Leutner (Hrsg.), Klaus Mühlhahn (Bearb.), *"Musterkolonie Kiautschou". Die Expansion des Deutschen Reiches in China. Deutsch-chinesische Beziehungen 1897 bis 1914. Eine Quellensammlung*, Berlin 1997.

中德关系直接相关。该史料集收集编译了以前没有刊印的若干关于1897—1914年中德关系史和德国在中国的殖民统治史的德文和中文史料,但也有一些德文史料选自约翰内斯·莱普修斯等人编辑的资料集。在编选过程中,罗梅君等人提出了打破欧洲中心论,消除关系史研究中的"霸权主义"和"不平等现象"的要求,阐发了德中双方地位对等和相互作用的理论。其主旨是:尊重中国的主体性和主观能动作用,重视中国政府和社会各阶层独立自主的战略选择,关注德中双方在相互交往过程所发生的相互影响和策略变化。在这样的原则指导下,史料集比较全面地反映了中德关系的整体面貌,第一次系统地对涉及这一时期双边关系所有重大事件和问题进行了取证,包括德意志帝国在山东扩张的起源和前提、胶州湾的占领和租借、中国民众对德意志帝国的侵略扩张的抵抗、殖民地与山东腹地的政治关系、在青岛的经济发展和基督教传教活动以及殖民地在德中关系发展中所起的作用等。它取材广泛,布局合理,所选资料均有较高的代表性和权威性。

进入21世纪,柏林自由大学东亚研究德中关系史课题组编辑又出版了一本史料集,此即罗梅君和余凯思主编的《19世纪的德中关系——从跨文化角度看传教与经济》[①]。该史料集的编辑原则与上一部一样,只是内容有所变化。它以有关19世纪末期来华的德国商人和传教士资料为收集对象,力图更清楚地展现中国本土居民与外来势力的代表之间的相互作用,展现德国方面传教士、商人和外交官之间错综复杂和变化不定的关系。该书同时也是一

---

① Mechthild Leutner / Klaus Mühlhahn (Hrsg.), *Deutsch-chinesische Beziehungen im 19. Jahrhundert. Mission und Wirtschaft in interkultureller Perspektive*, Münster 2001.

部研究著作,其中包括六篇专题论文,其史料基础恰恰是所收编的资料。这些论文所表达的主要观点是:来华德国人无论在工作中还是在私人生活中,总是要与包围着自己的中国社会打交道。不管他们有什么特殊兴趣和利益,他们都遭遇了这样一个社会,其社会制度和文化导向与自己所出的社会大不相同。即使在帝国主义步步进逼的时候,德国方面的各色人等也逐渐认识到,他们在中国的活动的成功与否取决于与他者进行谈判和妥协的可能性。中国方面同样试图扩大自己的活动空间,创建自己的优先权。德国与中国在相互交往中所采取的实际行动可以被归纳为四种文化间行为模式:本土化、顺应、排斥和反抗。这些观点是很富有启发性的,值得我们深思。

属于资料汇编的著作还有格奥尔格·阿道夫·纳尔西斯(Georg Adolf Narciss)编辑出版的《在远东——1689—1911年在西藏、中国、日本和朝鲜的研究者和考察者》(图宾根1978年)和哈特穆特·瓦拉文斯编辑出版的《从俄国经蒙古到中国:19世纪早期的报道》(威士巴登2002年)等[1]。纳尔西斯的资料集首次从一些著名的德文游记和报道中选择若干片断,按照时间先后和所游历的地区汇编成册。既方便了人们阅读,又节省时间。入选的作家有恩格贝尔特·肯普弗(Engelbert Kaempfer)、卡尔·冯·舍策尔(Karl von Scherzer)、费迪南·冯·李希霍芬、卡尔·约瑟夫·富特雷尔(Karl Joseph Futterer)、恩斯特·雅各布·奥珀特

---

[1] Georg Adolf Narciss (Hrsg.), *Im fernen Osten. Forscher und Entdecker in Tibet, China, Japan und Korea 1689—1911*, Tübingen 1978; Hartmut Walravens (Hrsg.), *Von Russland über Mongolei nach China; Berichte aus dem fruehen 19. Jahrhundert*, Wiesbaden 2002.

(Ernst Jakob Oppert)、弗兰茨·冯·西博尔德(Franz von Siebold)等。所描写的旅行地点有澳门、广州、香港、上海、北京、南京、芝罘(烟台)、台湾、中国内地、西藏以及朝鲜和日本。瓦拉文斯则收集了若干已经被翻译成德文并在德国各种杂志上发表的俄文中国报道。这些报道现在已散落各地,不容易见到,通过重新编辑,阅读和利用都得到了极大的方便。

汉斯-格奥尔格·黑尔姆(Hans-Georg Helm)编辑出版的《德国海军医生在济南府——关于海军胶澳租借地德国海军医疗卫生事业历史史料的评论性编辑》(汉诺威1994年)和马维利(Wilhelm Matzat)编辑出版的《关于中国人事务专员单维廉在青岛的活动的新资料——献给青岛土地和税收制度颁布100周年纪念日,1998年9月2日》[1](波恩1998年)等也是比较重要的成果。

从上面不免挂一漏万的简要介绍可见,有关近代中德关系史的德文史料和论著是相当丰富的,中国学人如要在这一研究领域有所建树,发表高质量和高水平的研究成果,必须花大力气学习、掌握德语,认真研读原始资料,充分借鉴新出现的理论方法论,深入思考所面临的问题。只有这样才能真正走向世界,参与国际学术对话,展现新时代的中国学术风采。

---

[1] Hans-Georg Helm, *Deutsche Marinärzte in Tsinanfu. Eine kommentierte Quellenedition zur Geschichte des deutschen Marinesanitätswesens im Marinepachtgebiet Kiautschou*, Hannover 1994; Wilhelm Matzat, *Neue Materialien zu den Aktivitaeten des Chinesenkommissars Wilhelm Schrameier in Tsingtau. Zum 100 jährigen Jubilaeum der Tsingtauer Land-und Steuerordnung am 2.9.1998*, Bonn 1998.

十四、德文档案馆藏状况简介

历史研究离不开史料,中德关系史研究除了中文史料外,还有数量众多的德文档案史料,而收藏这些史料的德国国家机构主要有联邦档案馆柏林分馆、联邦档案馆弗赖堡分馆(军事档案馆)、柏林外交部政治档案馆、柏林普鲁士机密国家档案馆、慕尼黑巴伐利亚国家档案馆等。兹分别介绍如下:

(一)联邦档案馆柏林分馆

联邦档案馆是全德国性的档案保管和行政管理机构,受德国内政部长领导,总部设在科布伦茨,在波茨坦、柏林、亚琛、弗赖堡(因布莱斯高)、法兰克福(美因河畔)、圣奥古斯丁、拜罗伊特、拉斯塔特、科斯维希-安哈尔特等地设有分馆。由于合并了原民主德国的中央国家档案馆和原先由民主德国国防部管辖的军事档案馆、由文化部管辖的国家影片档案馆等,德国联邦档案馆现在编人数近800人,内设9个部:中央行政事务部,中央专门事务部,档案方法、信息技术、私人手稿和音像档案部,德意志帝国档案部,德意志联邦共和国档案部,德意志民主共和国档案部,军事档案部,影片档案部,战争赔偿档案部。其馆藏总量约19万米,时间跨度为15—20世纪。

设在联邦档案馆柏林分馆内的德意志帝国档案部主要收藏1945年以前的历史档案,其中,外交署档案有相当一部分涉及近现代中德关系史。

德意志帝国外交署始建于1871年,最初分政治部和商务部两大部门。1885年从后者产生出了司法部。而在1890年从政治部分化出来的殖民部到1907年被解散,成为新设立的帝国殖民署的基础。现在,联邦档案馆柏林分馆德意志帝国档案部所藏外交署案卷有1000余卷与中德关系史相关。其中,外交署政治部案卷主要涉及德意志帝国驻华公使馆,驻香港领事馆,驻上海总领事馆,驻广州、天津、厦门、汕头、汉口、福州领事馆,驻宁波、芝罘(烟台)、牛庄、淡水副领事馆以及德国胶澳总督府等机构的建立和内部事务,也有一些关于中国驻德国公使馆、中国皇室、由于德国干预中日冲突而设立的中国驻柏林皇家非常公使馆等机构情况的报告。

外交署商务部案卷主要涉及德国与中国的贸易往来、外交谈判、贸易条约的签订和修订,在中国任职的德国官员和技师,东亚劳埃德报,德意志-东亚银行,与满洲里的贸易,驻华总领事馆和领事馆的商务年报,在中国的投资,对通往亚洲轮船航线的补贴,德国公司向外国政府的武器供应,克虏伯公司向中国政府的武器供应,派遣德国铁路工程师到中国,德国向东亚的贸易扩张,胶澳租借地的经济开发,山东铁路公司,德国在华医疗事业等,也涉及中国的海关管理机构及其对德国人的雇用,汉阳钢铁厂、萍乡煤矿、天津-镇江铁路、南满洲里铁路、德亚协会、东方联合会以及对中国政府的起诉和判决要求等。

外交署司法部案卷涉及普鲁士加入中、英、法关于输出苦力的协定,德国"保护领"苦力的招募,德国在汉口和天津的租界,外国人在中国购置地产,北京的使馆区,德国在华为中国人创办的学校,在华传教事业,德国在华军事顾问,"保护领"的国家法和国际法状况,殖民地的印刷品,驻华领事馆的报告和新闻消息,因引渡或惩办罪犯与中国的交涉,对在德国的中国人的刑事拘捕,上海国际混合法院,领事裁判权和德国的领事法院等。

在联邦档案馆柏林分馆的馆藏中,还有一整套"德国驻华公使馆档案",这是我国政府在1954年初移交给德意志民主共和国的,两德统一后被运送到此处。这批档案多达1,500多卷,其中与近现代中国史和中德关系史相关的案卷有1,200余卷。因为德国驻华公使馆的重要任务之一,便是向德国外交部门详细报告一切与"德国利益"有关的消息,而在许多方面,他们的确能得到比柏林更多更准确的消息。有的人甚至专门从事间谍活动,他们到处探听和搜集有关中国政治、经济和军事情况的情报,不惜用贿赂中国官员的手段盗窃清政府机密文件。

驻华公使馆档案主要包括1864年以后德国驻华公使或其代办致德国外交署报告的底本以及德国政府发给公使馆的训令。此外还包括德国公使馆与中国总理衙门和各国驻华公使及德国公使馆与本国领事馆和商人们广泛的往来书札,也有大量中国官方文件。其内容则涉及中国的一般政治情况,义和团起义,公使馆内部事务,外国驻华公使馆,传教事务,中国驻外使领馆,对外国人的敌对行动,外国人租界,条约、护照问题,探险活动,海关与港口事务,苦力贸易,东亚海军舰队等。

（二）联邦档案馆弗赖堡分馆（军事档案馆）

1897年，德意志帝国出兵胶州湾，强占青岛为其殖民地。1898年4月德皇威廉二世发布命令，规定德占青岛隶属于德意志帝国海军署，而不是像德国的其他殖民地那样由外务署的殖民部管辖。胶澳总督之职由一位军衔为海军上校的德国高级军官担任，他既是驻青部队的最高指挥官，也是胶澳租借地所有民事管理部门的领导者。因此，有关德占时期青岛军事和民事情况的资料主要储存于德国联邦档案馆军事档案部，即德国联邦档案馆弗赖堡分馆。

德国联邦档案馆弗赖堡分馆的档案收藏范围包括德意志帝国建立以来的所有军事文献。个别军事案卷可上溯到北德联邦建立时期，海军案卷则始于1848年。这里所收藏的关于德占时期的青岛的资料多达830卷，不过其篇幅都较大，少则15页，多则500页。不少纸页正反都书写了文字。保守的估计，总共有125,000页直接或间接涉及1897—1914年的青岛和中国。其中海军内阁卷宗有23卷，涉及德国政府的殖民地占领计划、为缔结租借条约而与中国政府进行的谈判、胶澳租借地的行政管理机构以及德国军队参与镇压"义和团起义"的活动等。

海军署的案卷仅仅涉及1900—1903年德国对中国的军事干预时期，包括德国政府为镇压义和团起义而派遣的各兵种部队的人员名单、伤亡和物资损耗报告、命令、调遣和装备清单等。帝国海军署3b部，即青岛行政管理部门的案卷多达452卷，主要涉及青岛和它的腹地山东的民政发展情况。这里有报告商业、船运及包括商务登记变更在内的其他经营活动情况的文献，有以印刷品形式存放的胶澳总督和柏林海军行政管理当局的年度报告,还有关于海港建设、供水厂、法院大楼、供电厂、医疗卫生设施、采矿业、铁路铺设(胶济线)、银行、土地条例、丝绸厂等情况的资料。军需处案卷可以使人们洞悉有关后勤、青岛的补给,以及从翻译官到建筑材料等问题的一般情况。东海海军站案卷主要涉及镇压义和团起义时期德国海军陆战队的征招、训练和装备情况。巡洋舰舰队案卷包含有关于海军部队、船舰和步兵的实际投入以及前线与义和团作战的情况,而反映义和团围困外国驻北京公使馆和八国联军救援情况的资料尤其突出,还有一些参战士兵写作的报道,人们从中可以看到这些"小人物"的经历和感受。东亚站案卷记录了 1897 年占领青岛之前德国远东舰队的情况,对于研究德国占领胶州湾史前史具有一定价值。重型和中型战船案卷包含有在占领胶州湾的军事行动充当旗舰的"恺撒"号战舰和总指挥棣利斯的情况的资料。德意志帝国海军陆战队案卷包含有参加镇压义和团起义部队,特别是第Ⅰ、第Ⅱ和第Ⅲ海军陆战队的战争日记以及担任八国联军总司令的德国陆军元帅瓦德西伯爵与其柏林上级主管部门之间的通讯往来等。

除了上述官方档案,在弗赖堡档案馆还收藏着若干私人遗物,如瓦德西的遗稿、胶澳总督奥斯卡·冯·特鲁珀(1901—1911 年在职)的遗物、帝国海军署国务秘书阿尔弗里德·冯·蒂尔皮茨(1897—1916 年在职)的遗物、东亚巡洋舰舰队司令棣利斯的遗物和特鲁珀的参谋弗里德里希·法特(1902—1908 年在职)的遗物等。作为官方案卷和私人遗物的补充的有在青岛出版的四种德文日报:《胶澳官报》(1900—1914 年)、《德意志亚洲瞭望》(1898 年

11月—1904年12月31日)、《胶州邮报》(1908年10月1日—1914年8月)、《青岛最新消息报》(1904年11月1日—1914年8月)以及在上海出版的杂志《东亚劳伊德》(1897—1914年)。

（三）柏林外交署政治档案馆

除联邦档案馆外,成立于1919年的德国外交署政治档案馆也收藏有不少与中德关系史相关的资料。同联邦档案馆一样,外交部政治档案馆也属于国家级别。它初设在柏林,二战后改设波恩,两德统一后重新搬回柏林。其收藏主要是1860—1945年德国外交机构人事和行政管理部的文件,二战后一度被占领当局运往英国,后来经过编目整理悉数移交给了联邦德国政府。

德国外交署政治档案馆与中德关系史相关的案卷有840多卷,其内容涉及德国驻北京公使馆关于中国内部状况的书信往来,德国在华铁路公司、军事与海军事务,军事与海军专员报告,中国政府对基督教会的态度,中国驻外外交代表,驻华公使巴兰德与天津海关税务司德璀琳的电报往来,胶州及其周围的工商企业,胶澳租界和德国在山东的利益,中国的起义和列强的干涉,德国对外国在华利益的考虑,赔偿要求和战争损失赔偿,德英为缔结有关所有国家在中国河港与海港贸易自由以及有关保持中华帝国领土完整的协定而进行的谈判,中国谢罪团到柏林,北京观象台的仪器,与中国就修改贸易条约谈判,德国士兵的残暴行为,武器禁运,外国在中国的租界,在中国任职的外国人（普通的）、官员、军事人员等。

（四）柏林普鲁士机密国家档案馆

设在柏林的普鲁士文化遗产基金会所属的机密国家档案馆也是一个国家级档案管理机构，藏有12—20世纪的历史档案约3.2万米。其中涉及1866—1911年普鲁士与中国的关系的案卷有60余卷，内容包括外交部案卷：普鲁士驻华外交代表、在华传教事业、授予普鲁士公民的中国勋章、普鲁士驻华领事的信息与报告、普鲁士的东亚考察及其结果等。不来梅公使馆案卷涉及1890年与中国的航运关系、1900年远征中国、1904年中国大学教师的柏林之行、1900—1907年远征中国、向中国运送武器等。海牙公使馆案卷涉及1876—1879年普鲁士对华贸易条约的修订。汉堡公使馆案卷涉及中国的贸易与经济事务、中国的航运。慕尼黑公使馆案卷涉及德国在北京的代办处、德国的东亚政策、在中国的传教活动、向中国出售武器、德国天主教的在华传教事业等。科学、艺术与国民教育部案卷涉及德国在上海创办的医学院等。普鲁士内务部案卷涉及德意志帝国与中国的贸易关系、为参加镇压中国义和团起义的德国部队发行的纪念币、授予中国勋章和荣誉称号、中国劳工在普鲁士的活动等。农业、国土和林业部案卷涉及中德关于贸易条约的谈判、德国的对华贸易等。瓦德西的遗产案卷涉及东亚总司令的私人档案、致国王的报告、远征中国的资料等。公共事业部案卷涉及德国驻广州、天津领事馆的建造。贸易与工业部案卷涉及德国的对华贸易、与中国的贸易条约、德国在中国胶州湾的保护领等。州议会案卷也有不少资料涉及1898—1911年的中国。

（五）慕尼黑巴伐利亚国家档案馆

德国每个州或"自由国家"都有自己的档案法规和档案馆,用来保存本地政府的档案文件、历史资料。位于慕尼黑的巴伐利亚国家档案馆收藏有 8—20 世纪的档案文件 4 万米。其中涉及近代中德关系的有商业部案卷:1843—1915 年与中国的贸易情况,禁止武器和战争物资向中国出口的法令,普鲁士、德意志关税同盟国家与中国缔结的通商与友好条约,1861 年 9 月 2 日与中国签订的"友好"、航运和贸易条约,准备输入中国市场的外国进口货物样品收集,德国出口样品库在上海的建立,对华贸易关系总体情况,与中国签订的通商条约的更新,英法联合对华作战期间的贸易中立规定,在胶澳的公司,巴伐利亚向香港和上海出售的军火,在上海出版的《东亚劳伊德》等。司法部案卷涉及 1913 年 5 月 16 日为互相保护在中国的工商业财产和知识产权而订立的德日协定,关于在中国租界和胶澳保护领发放小额股票的法令,1900 年 6 月 25 日关于在胶澳实施军事制裁的法令、德国银行在中国(上海)开张等。文化部案卷涉及在中国西藏的考察旅行等。

迄今为止,中外学者对德国档案馆藏中德关系史资料只进行了有限的编辑整理和翻译出版。德国学者约翰内斯·莱普修斯等人在第一次世界大战后对现存于德国外交署政治档案馆的外交文献进行了一次大规模汇编,出版了 40 卷本的《1871—1914 年欧洲内阁的重大政策》(柏林 1924 年及以后数年)资料集,其中有不少资料涉及中德关系,但其目的不是为了说明历史真相,而是为了为德国在大战前的侵略活动进行辩解。两德统一后,柏林自由大学东亚研究所以罗梅君教授为首的"德中关系史"研究小组先后出版了《"模范殖民地胶州":德意志帝国在中国的扩张——1897—1914年德中关系史料集》(柏林1997年)和《19世纪德中关系——从跨文化角度看传教与经济》(明斯特2001年)等史料集,除了对中德文档案资料进行了有选择的编辑整理外,还从"跨文化相互作用"的视角,对19世纪中德关系史作出了新的解说。

中国学者过去主要是通过外国学者的资料集接触到一些德文档案的,例如孙瑞芹就从约翰内斯·莱普修斯编辑的资料集中选取了所有与中国有关的文献,翻译出版了三卷本《德国外交文件有关中国交涉史料选译》(商务印书馆1960年),张蓉初则出版了《红档杂志有关中国交涉史料选译》(三联书店1957年)。改革开放以后,一些到德国访学、留学的中国学者和留学生始有机会直接到德国档案馆查阅和利用资料。自20世纪80年代起,青岛的史学工作者和青岛市档案馆也通过多种途径,收集了大量与德意志帝国在青岛和山东殖民经营相关的德文档案,并把其中的一部分翻译成中文出版,其中包括德文档案资料翻译在内的《帝国主义与胶海关》(青岛市档案馆主编,档案出版社1986年)、《德国侵占胶州湾史料选编(1897—1898)》(青岛市档案馆、中国第一历史档案馆、青岛市社会科学院合编,山东人民出版社1986年)、《中德关系史译文集》(刘善章、周荃编,青岛出版社1992年)、《胶澳租借地经济与社会发展——1897—1914年档案史料选编》(青岛市档案馆编,中国文史出版社2004年)和《青岛开埠十七年——〈胶澳发展备忘录〉全译》(青岛市档案馆编,中国档案出版社2007年)等史料集。

然而,鉴于数量众多,要对德国档案馆藏中德关系史资料全部加以编辑整理、翻译出版几乎是不可能的,也是没有必要的,但可以设立一些专题,有目标、有计划地分批研读、择要翻译出版。就上列档案的档次级别来说,联邦档案馆柏林分馆藏"德国驻华公使馆档案"对于中德关系史研究具有不可替代的重要性,如果可能,可优先考虑。